Périgord, Dordogne

Cofondateurs : Philippe GLOAGUEN et Michel DUVAL

Directeur de collection et auteur
Philippe GLOAGUEN

Secrétaire général
Gavin's CLEMENTE-RUIZ

Rédacteurs en chef
Amanda KERAVEL (France)
Benoît LUCCHINI (Étranger)

Directrice administrative
Bénédicte GLOAGUEN

Conseiller à la rédaction
Pierre JOSSE

Responsable voyages
Carole BORDES

Direction éditoriale
Élise ERNEST

Rédaction
Isabelle AL SUBAIHI
Emmanuelle BA[illegible]
Mathilde de BOISGRO[illegible]
Thierry BROUAR[illegible]
Marie BU[illegible]
[illegible]
[illegible]DON
[illegible]
[illegible]CHARMETANT
[illegible]RABANDER
[illegible]e-Caroline DUMAS
Éléonore FRIESS
Géraldine LEMAUF-BEAUVOIS
Olivier PAGE
Alain PALLIER
Anne POINSOT
André PONCELET

2021/22

hachette

TABLE DES MATIÈRES

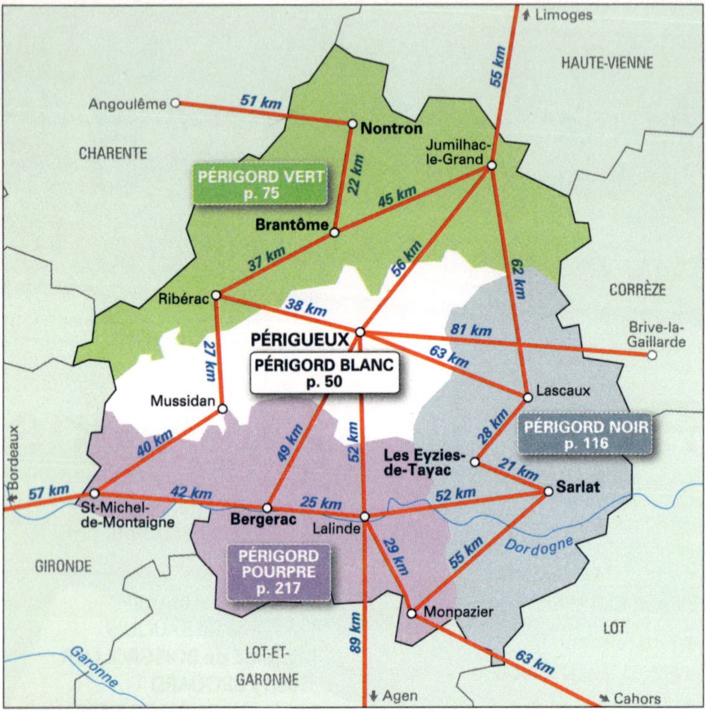

PRÉAMBULE

COMMENT Y ALLER ? 34

BON À SAVOIR AVANT LE DÉPART 38

☎ **112 :** c'est le numéro d'urgence commun à la France et à tous les pays de l'UE, à composer en cas d'accident, agression ou détresse. Il permet de se faire localiser et aider en français, tout en améliorant les délais d'intervention des services de secours.

« OSONS LE PAS DE CÔTÉ »

Le surtourisme ? Tous concernés. Et pourtant, à l'écart des grands flux touristiques, il existe plein de pépites méconnues, souvent oubliées des circuits trop encombrés. Ici un site ignoré ; là un quartier secret ; plus loin un village caché au charme discret, avec un troquet d'une autre époque. Il existe une infinité de lieux peinards que l'on a envie de mettre en avant avec ce pictogramme. Un vagabondage enfin calme favorisé aussi par les **visites aux heures creuses**. Vive le *slow trip* !

#osonslepasdecote

UNE PANDÉMIE INOUÏE !

Depuis toujours, le ***Routard*** **apporte son soutien aux hôteliers et restaurateurs** qui accueillent nos lecteurs avec sourire et professionnalisme. Inlassablement, nos enquêteurs sont à l'affût de ces établissements, pour le plus grand bonheur de nos lecteurs. Des adresses familiales et accueillantes que nous continuerons à soutenir et mettre en valeur. Malgré toute notre vigilance, certains d'entre eux auront fermé quand ce livre sortira. Cette terrible **pandémie de Coronavirus** a, on le sait, des conséquences importantes pour tous les professionnels du tourisme. **Nous sommes de tout cœur avec eux !**

Pâté au foie gras en croûte

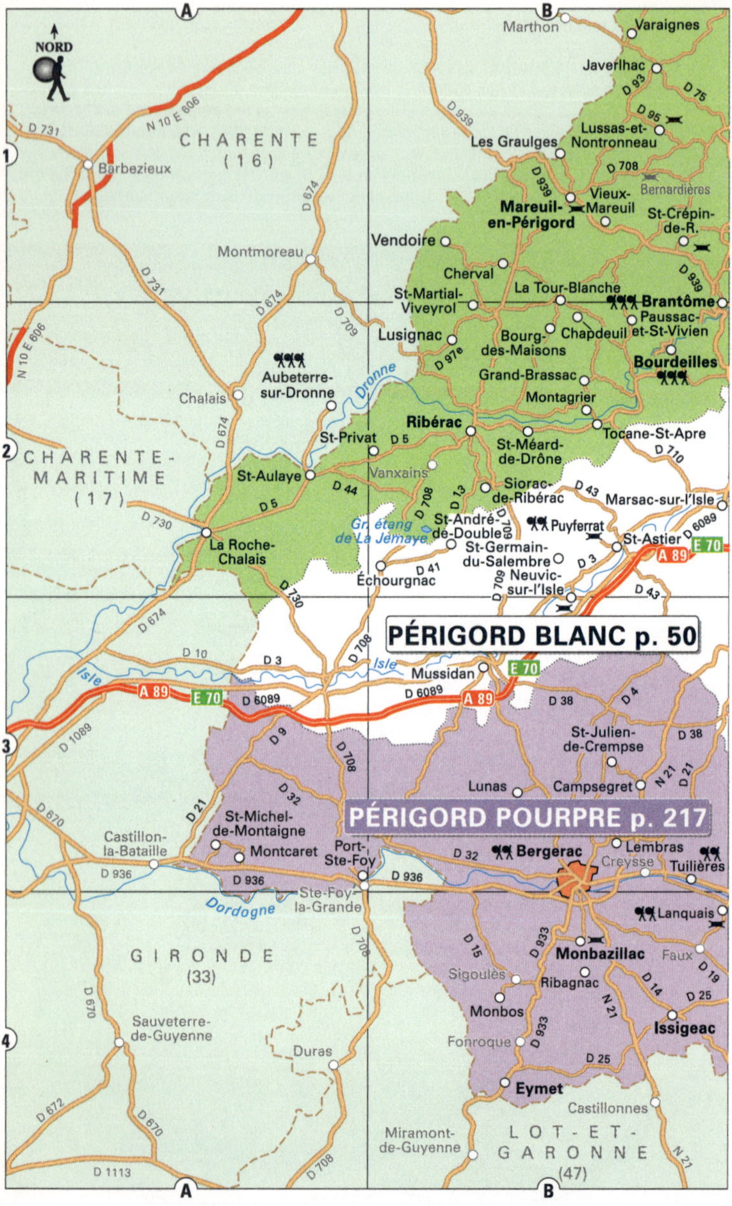
NORD
CHARENTE (16)
CHARENTE-MARITIME (17)
GIRONDE (33)
LOT-ET-GARONNE (47)
PÉRIGORD BLANC p. 50
PÉRIGORD POURPRE p. 217
Barbezieux
Montmoreau
Chalais
Aubeterre-sur-Dronne
St-Aulaye
La Roche-Chalais
St-Privat
Ribérac
Vanxains
Marthon
Varaignes
Javerlhac
Lussas-et-Nontronneau
Les Graulges
Bernardières
Mareuil-en-Périgord
Vieux-Mareuil
St-Crépin-de-R.
Vendoire
Cherval
St-Martial-Viveyrol
La Tour-Blanche
Brantôme
Paussac-et-St-Vivien
Chapdeuil
Lusignac
Bourg-des-Maisons
Bourdeilles
Grand-Brassac
Montagrier
Tocane-St-Apre
St-Méard-de-Drône
Siorac-de-Ribérac
Marsac-sur-l'Isle
St-André-de-Double
Puyferrat
St-Astier
Gr. étang de La Jemaye
St-Germain-du-Salembre
Neuvic-sur-l'Isle
Échourgnac
Mussidan
St-Julien-de-Crempse
Lunas
Campsegret
St-Michel-de-Montaigne
Montcaret
Castillon-la-Bataille
Port-Ste-Foy
Ste-Foy-la-Grande
Bergerac
Lembras
Creysse
Tuilières
Lanquais
Monbazillac
Faux
Sigoulès
Ribagnac
Monbos
Issigeac
Fonroque
Eymet
Castillonnes
Miramont-de-Guyenne
Sauveterre-de-Guyenne
Duras
Dronne
Isle
Dordogne
N 10 E 606
A 89
E 70
D 731
D 674
D 709
D 939
D 93
D 75
D 95
D 708
D 5
D 44
D 730
D 13
D 97e
D 710
D 43
D 6089
D 41
D 3
D 10
D 1089
D 9
D 38
D 4
D 21
N 21
D 32
D 670
D 936
D 933
D 15
D 14
D 19
D 25
D 672
D 1113
A
B
1
2
3
4

Nontron Lieux traités
La Coquille Adresses et lieux dans les environs
Vaunac Repères
Sites inscrits au Patrimoine mondial de l'Unesco
PÉRIGORD VERT p. 75
PÉRIGORD NOIR p. 116
CORRÈZE (19)
LOT (46)
Nontron
St-Estèphe
Abjat-sur-Bandiat
St-Saud-Lacoussière
La Coquille
Jumilhac-le-Grand
St-Yrieix-la-Perche
Château de Puyguilhem
Grotte de Villars
Abb. de Boschaud
St-Jean-de-Côle
Thiviers
Villars
Champagnac-de-Belair
Sarrazac
Nantheuil
Nanthiat
Angoisse
Payzac
Uzerche
Lanouaille
Vaunac
St-Pierre-de-Côle
Corgnac-sur-l'Isle
Savignac-Lédrier
Génis
Gorges de l'Auvézère
Excideuil
Anlhiac
Sorges
Tourtoirac
Hautefort
Badefols-d'Ans
Antonne-et-Trigonant
Chancelade
Les Bories
Sainte-Orse
PÉRIGUEUX
Brive-la-Gaillarde
Terrasson-Lavilledieu
Château de Sauvebœuf
St-Pierre-de-Chignac
Vallée de la Vézère
Ch. de l'Herm
Montignac
Fanlac
St-Amand-de-Coly
Chavagnac
Rouffignac
Losse
Grotte de Lascaux
Le Thot
Thonac
St Félix-de-Reilac
Grotte de Rouffignac
St-Léon-sur-V.
La Chapelle-Aubareil
Cendrieux
Valojoulx
Paulin
St-Geniès
La Roque St-Christophe
Sergeac
V. tr. de la Madeleine
Tursac
Tamniès
Salignac-Eyvigues
Gr. du Grand-Roc
Commarque
St-Crépin
Les jardins d'Eyrignac
Eyrignac
Marquay
Les Eyzies
Cab. du Breuil
Le Bugue
Campagne
Puymartin
Ste-Nathalène
Limeuil
Meyrals
Sarlat
Souillac
Trémolat
Carlux
St-Cyprien
Calviac
St-Julien-de-Lampon
Le Buisson-de-Cadouin
Coux-et-Bigaroque
La Canéda
Carsac
Lalinde
Beynac-et-Cazenac
Montfort
Couze
Vitrac
Fénelon
Bayac
Bannes
Molières
Les Milandes
La Roque-Gageac
Beaumont-du-Périgord
Cadouin
Siorac
Castelnaud
Domme
Belvès
Marqueyssac
Cénac
St-Avit-Sénieur
Vallée du Céou
Labouquerie
Montferrand-du-Périgord
Daglan
Nojals-et-Clottes
Prats-du-Périgord
Monpazier
Besse
Mazeyrolles
Villefranche-du-Périgord
Villeréal
Biron
Vézère
Dordogne
l'Isle
Auvézère
A 20
E 9
E 70
A 89
0 10 20 km

LE PÉRIGORD

LA RÉDACTION DU ROUTARD

(sans oublier nos 50 enquêteurs, aussi sur le terrain)

© R. Delalande et E. Dessons

Jean-Sébastien, Olivier, Mathilde, Thierry, Alain, Gavin's, Éléonore, Anne-Caroline, André, Laura, Florence, Véronique, Isabelle, Géraldine, Fiona, Amanda, Benoît, Emmanuelle, Bénédicte, Philippe, Carole, Diane, Anne, Marie.

La saga du *Routard* : en 1971, 2 étudiants, Philippe et Michel, avaient une furieuse envie de découvrir le monde. De retour du Népal germe l'idée d'un guide différent qui regrouperait tuyaux malins et itinéraires sympas, destiné aux jeunes fauchés en quête de liberté. 1973. Après 19 refus d'éditeurs et la faillite de leur 1re maison d'édition, l'aventure commence vraiment avec Hachette. Aujourd'hui, le *Routard*, c'est plus d'une cinquantaine d'enquêteurs impliqués et sincères. Ils parcourent le monde toute l'année dans l'anonymat et s'acharnent à restituer leurs coups de cœur avec passion.

Merci à tous les Routards qui sont solidaires de nos convictions : liberté et indépendance d'esprit ; découverte et partage ; sincérité, tolérance et respect des autres.

NOS SPÉCIALISTES PÉRIGORD-DORDOGNE

Amanda, Mathilde et Marie : quand l'une arpente les routes bretonnes en quête de la meilleure pâte à crêpes, l'autre explore le bocage normand à coups de gorgées de cidre, pendant que la troisième chausse les skis pour dégoter le meilleur refuge alpin. La curiosité, l'enthousiasme et la gourmandise sont leur meilleur sonar, que complètent deux décennies d'expérience à user leurs semelles sur les routes de l'Hexagone. Un trio complice et indépendant qui essaie, entre deux voyages, de garder la ligne.

Florence Charmetant : très tôt le voyage est devenu une nécessité, quelle que soit la destination. Le voyage pour les personnes, les rencontres, les liens, les lieux, les cultures, les langues, les valeurs, les goûts, les parfums, les différences… Trente années ont passé, son appétit demeure et son envie de transmettre, à vous lecteurs du Routard, tout autant.

Cédric Fischer : grandir entouré de voyageurs, ça donne la bougeotte ! Mais peu importe la destination. Pour lui, le voyage, c'est d'abord les rencontres... surtout hors piste autour d'une spécialité locale (capital !) et d'un bon cru (tout aussi vital !). L'appel de la route, ce fut en stop dès le lycée et à la fac d'histoire, puis avec le Routard depuis 2000.

UN GRAND MERCI À NOS AMI(E)S SUR PLACE

Pour cette nouvelle édition, nous remercions particulièrement :

- **Micheline Morissonneau,** du comité départemental du tourisme de la Dordogne-Périgord ;
- **Marie-France Bunel, Sarah Boissart, Magali Manière** et l'équipe de l'office de tourisme du Grand-Périgueux ;
- **Pauline Gasseling** et l'équipe de l'office de tourisme des Bastides Dordogne-Périgord ;
- **Julie Martinet** et l'équipe de l'office de tourisme de Brantôme ;
- l'équipe de l'office de tourisme du Périgord gourmand ;
- **Younès Rouissi,** de l'office de tourisme Haut-Périgord noir ;
- **Myriam Gabiole,** de l'office de tourisme de la vallée de la Vézère ;
- **Katia Veyret,** de l'office de tourisme de Sarlat et du Sarladais ;
- **Matthieu Druillole,** du conseil départemental ;
- **Marie-Cécile Grasseau,** de l'office de tourisme Bergerac Sud Dordogne ;
- **Anne Guillon,** pour son aide précieuse sur le terrain ;
- **Cath,** pour sa conduite sans failles et son soutien permament.

Pictogrammes du Routard

Établissements

- Hôtel, auberge, chambre d'hôtes
- Camping
- Restaurant
- Terrasse
- Pizzeria
- Boulangerie, sandwicherie
- Pâtisserie
- Glacier
- Café, salon de thé
- Café, bar
- Bar musical
- Club, boîte de nuit
- Salle de spectacle
- Boutique, magasin, marché

Infos pratiques

- Office de tourisme
- Poste
- Hôpital, urgences
- Adapté aux personnes handicapées

Sites

- Présente un intérêt touristique
- Point de vue
- Plage
- Spot de surf
- Site de plongée
- Recommandé pour les enfants
- Inscrit au Patrimoine mondial de l'Unesco
- Pas de côté

Transports

- Aéroport
- Gare ferroviaire
- Gare routière, arrêt de bus
- Station de métro
- Station de tramway
- Parking
- Taxi
- Taxi collectif
- Bateau
- Bateau fluvial
- Piste cyclable, parcours à vélo

Le *Routard* est imprimé sur un papier issu de forêts gérées.

I.S.B.N. 978-2-01-787137-8

Descente de la Vézère en canoë à Saint-Léon-sur-Vézère

© Caviglia Denis/hemis.fr

« Il se peut qu'un jour, la France cesse d'exister, mais la Dordogne survivra, tout comme les rêves, dont se nourrit l'âme humaine. »
Henry Miller

Périgord, ancienne province, ancien nom de la Dordogne... Nom un peu magique, évoquant paysages merveilleux, douceur de vivre, chaudes tonalités de la nature, châteaux et légendaire gastronomie.

Est-ce un hasard si l'homme choisit d'y vivre, plus qu'en tout autre lieu ? Le citoyen de Cro-Magnon, les chasseurs du Magdalénien investirent les grottes et falaises de la Vézère ; certains étaient des artistes dont les œuvres nous touchent tant aujourd'hui.

Le Périgord constitue une **destination idéale** pour des vacances en famille, tant les activités sportives et culturelles abondent. Sans jamais se lasser, on pourra descendre au fond d'une **grotte préhistorique** aux murs tapissés de bêtes étranges ou d'un gouffre orné de fabuleuses concrétions, partir à l'assaut d'un **château fort,** visiter des jardins… sans oublier l'incontournable promenade **en gabare sur la Dordogne** ou la descente de **la Vézère en canoë...** Rien de mieux pour donner aux plus petits le goût de l'histoire, de l'aventure et du voyage !

Le Périgord, pour nous, se décline encore en **4 régions et 4 couleurs,** même si, il faut l'avouer, certaines sont un peu passées de mode. Commençons notre itinéraire par l'ancien **Périgord blanc,** le pays de Périgueux, avant de remonter le fil de l'Isle et de traverser la forêt de la Double pour découvrir le **Périgord vert,** au fil de la Dronne, et le parc naturel régional Périgord-Limousin. Du vert, qui ne manque pas de nuances, au noir, il n'y a qu'un pas à franchir, ou plutôt une rivière à descendre, la Vézère. La **fameuse « vallée de l'Homme »,** avec Lascaux et toutes ces grottes qui restent le spot numéro 1. Puis l'on pénètre au cœur du **Périgord noir,** avec Sarlat comme figure de proue et la vallée de la Dordogne, où sont blottis **les plus beaux villages** et les châteaux les plus célèbres. Enfin, le pays de Bergerac, ce qui fut et reste aux yeux de certains le **Périgord pourpre** et qu'on abordera côté **bastides,** avant de poursuivre la balade jusqu'à Bergerac.

Le Périgord se conjugue toujours au pluriel, et ce n'est pas le moindre de ses charmes.

Abri-sous-roche à Peyzac-le-Moustier, vallée de l'Homme

NOS COUPS DE CŒUR

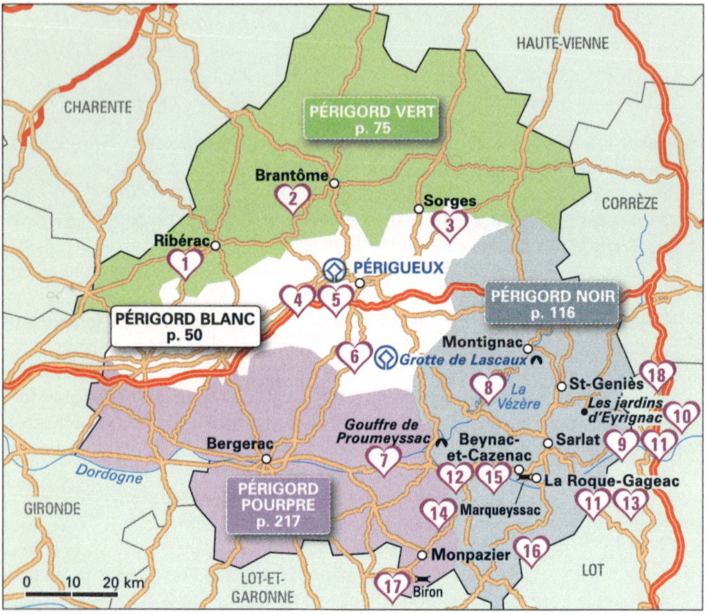

Parcourir les marchés du Périgord, de Sarlat à Hautefort, de Périgueux à Ribérac.

Impossible de se balader en Périgord sans tomber sur un marché. 2, 3 fois par semaine, chaque ville, bourgade, village et même le moindre hameau possède son marché. En saison, on découvre ceux aux truffes évidemment, les marchés « au gras » ça va de soi (où sont vendus les foies), les marchés aux noix (autre joyau périgourdin), mais aussi des marchés de producteurs de pays, qui se déroulent tout l'été, souvent en nocturne. Quand on peut manger sur place, c'est un régal. *p. 44*

© Caviglia-Denis/hemis.fr

© Chicurel Arnaud/hemis.fr

(2) **À Brantôme, petite capitale du Périgord vert, découvrir la blanche abbaye et son église qui se reflètent dans les eaux paisibles de la Dronne.**

Nichée sous de belles falaises calcaires, voilà une des plus jolies cités du pays, baignée par une boucle de la Dronne. Son abbaye mire sa blanche aube dans les eaux sombres de la rivière. Plus de moine ici : tout est désormais laïc ; pourtant quelques chants grégoriens résonnent parfois dans les grottes de la 1re abbaye troglodytique, sous la falaise. Et puis l'église se targue d'une histoire plus que millénaire, prenant sa source sous le règne de Charlemagne. *p. 93*

3 S'offrir quelques grammes de truffes à Sorges, capitale « officielle » du diamant noir.

À 20 km de Périgueux, sur le trajet du chemin de Saint-Jacques, Sorges s'est taillé la réputation de capitale de la truffe, véritable or noir du Périgord… au point que, pour certains, c'est aujourd'hui tout le pays qui est noir. Ce n'est pas une raison pour oublier la truffe blanche. De décembre à janvier, tous les dimanches matin, elles sont les reines des marchés. Le dernier dimanche de janvier clôt la saison truffière avec une fête aux animations folkloriques. *p. 66*

© Barrère Jean-Marc/hemis.fr

4 **Déambuler dans les ruelles médiévales de Périgueux, étape incontournable du Périgord.**

Capitale de la Dordogne, Périgueux, labellisée Ville d'art et d'histoire, nous entraîne dans une belle promenade dans le temps : des vestiges de la cité gallo-romaine, de la tour Mataguerre (beau panorama de la ville) jusqu'à l'ancienne ville médiévale, en passant par le dédale des venelles tortueuses du quartier Saint-Front, où le piéton est roi. *p. 60*

5 **Toujours à Périgueux, chausser des « brogues » souples pour partir sur les traces des Gallo-Romains à travers le kaléidoscope de Vesunna.**

L'Aquitaine comptait 21 cités à l'époque gallo-romaine, dont celle de Vesunna – l'actuel quartier de Vésone – du nom d'une divinité gauloise, déesse tutélaire de la cité. C'est l'évolution de Vesunna qui est présentée dans ce splendide musée. Son architecte, Jean Nouvel, fidèle à ses habitudes, a privilégié le verre, le béton et la lumière. En créant une perspective sur l'extérieur, il a su intégrer les vestiges dans le paysage urbain. Une réussite totale. *p. 63*

6 **Visiter Lascaux aux côtés d'un compagnon de route érudit, et admirer le talent des hommes de la préhistoire.**

Le 12 septembre 1940, 4 adolescents, à la recherche d'un chien, descendent dans une crevasse et tombent sur une grande salle couverte de peintures d'animaux. C'est la révélation d'une merveille archéologique et artistique : Lascaux, la « chapelle Sixtine de la préhistoire »… Aujourd'hui, le Centre international de l'art pariétal nous guide virtuellement sur les chemins autrefois empruntés par les artistes à l'origine de ce superbe spectacle. Régalez-vous ! *p. 139*

7 Descendre dans le gouffre de Proumeyssac en nacelle, comme ses découvreurs, et se laisser séduire par sa beauté.

Grandiose voûte souterraine mise en valeur par de superbes jeux de lumière. Fontaines pétrifiantes et concrétions calcaires uniques au monde ! Visite guidée et commentée offrant une grande variété de points de vue. Son et lumière impressionnant. Ceux qui le souhaitent peuvent, comme au début du XXe s, descendre dans le gouffre par une nacelle ; la grotte s'illumine au fur et à mesure de la descente : sensationnel ! *p. 162*

8 Descendre la Vézère en canoë-kayak, pour admirer les sites et châteaux au fil de l'eau.

Le parcours, bucolique et romantique, révèle des panoramas à couper le souffle sur quelque château médiéval oublié, mais aussi d'imposantes falaises ou des paisibles villages. De tout cela se dégage une réjouissante et apaisante beauté. Rien de mieux pour donner aux plus petits le goût de l'histoire, de l'aventure et du voyage ! En partant de Saint-Léon, un des Plus Beaux Villages de France, 7 possibilités de descente, de 4 à 30 km, s'offrent à vous. *p. 146*

9 **Suivre une balade contée de Sarlat, à la tombée du jour. Une remontée dans le temps pleine d'Histoire avec un grand « H ».**

Sarlat est internationalement connue pour compter parmi les villes les plus séduisantes du pays ; une incroyable notoriété méritée ! Incontournable donc, d'autant qu'elle est aussi une cité bien vivante qui accueille un des plus beaux marchés de France. Que de superlatifs ! *p. 166*

10 Admirer les jardins du manoir d'Eyrignac, parmi les plus beaux de France.

Ces jardins furent créés au XVIIIe s dans un style à la française, puis transformés au XIXe s en parc à l'anglaise, selon les goûts de l'époque. Aujourd'hui retournés à leur forme initiale, hyper structurés, domestiqués, les jardins sont un parfait exemple de l'art topiaire – art de sculpter les végétaux –, peuplés de végétaux persistants (ifs, buis, cyprès…). Ils sont labellisés Jardins remarquables. *p. 185*

© Boisvieux Christophe/hemis.fr

11 Survoler la Dordogne et ses châteaux en ULM ou en montgolfière ! Les villages médiévaux sont encore plus beaux vus du ciel.

Superbe ! Que ce soit en biplace ou en ULM… Pour profiter au maximum des boucles de la Dordogne et de ses 5 châteaux. Certains préféreront peut-être la montgolfière. Parfait, en Périgord, tout est possible ! Cela vaut vraiment le coup de casser sa tirelire pour s'en mettre plein la vue et s'offrir de merveilleux souvenirs. Renseignements à l'aérodrome de Sarlat ou à Vézac pour les ULM, et à La Roque-Gageac pour les montgolfières. *p. 194*

© Morandi Tuul et Bruno/hemis.fr

© Cyrille Gibot/Age fotostock

12 **Remonter la Dordogne en gabare, comme autrefois, en passant devant les miracles de pierre que sont Beynac et Vitrac.**

Cette généreuse vallée offre d'incroyables panoramas sur les châteaux plantés au sommet des villages, témoignages apaisés des guerres qui ont vu ici Anglais et Français se surveiller avant de s'affronter. Pour les admirer au fil de l'eau, il faudra monter à bord d'une gabare, embarcation qui permet de prendre le temps de voir danser les lumières sur la pierre blonde de Domme, de Vitrac, de La Roque-Gageac ou de Beynac… Autant de villages nichés à flanc de falaises ou sertis dans leur gangue de verdure. *p. 194*

13 Musarder à La Roque-Gageac, village d'une homogénéité quasi parfaite.

Coincé entre la Dordogne et la falaise, il est classé parmi les Plus Beaux Villages de France. Les quais rappellent l'activité batelière de jadis, qui fit vivre et prospérer pêcheurs et gabariers durant quelques siècles. Les touristes ont aujourd'hui pris le relais. Ses belles maisons aux toits bruns se serrent les unes contre les autres ou tentent de s'accrocher aux flancs vertigineux de la masse rocheuse qui surplombe le village. Par beau temps, au soleil déclinant, le village s'illumine véritablement. *p. 192*

14 Profiter du superbe panorama sur la Dordogne depuis les jardins suspendus de Marqueyssac.

Sur un promontoire, sorte d'îlot rocheux, au-dessus de la rivière et autour d'un château du XVIIIe s coiffé de lauzes, les jardins, mêlant massifs (150 000 buis taillés à la main !), végétation méditerranéenne et chemin d'eau, vous conduisent à un panorama de rêve sur les châteaux environnants et les méandres de la Dordogne. Une promenade romantique le long de la falaise, au milieu du labyrinthe pour les enfants, ponctuée par de petites pauses dans des alcôves de verdure et les cabanes en pierre sèche… ou parcours acrobatique à flanc de falaise en se lançant dans l'incroyable via ferrata. *p. 199*

15 **Grimper les ruelles de Beynac-et-Cazenac, un des temps forts de la vallée de la Dordogne.**

Encore un vénérable village d'une remarquable homogénéité architecturale. Dominé par un château fort qui est à lui seul une leçon d'histoire, et qu'il faudra immanquablement visiter, Beynac possède autant de charme que La Roque-Gageac. Grimpez jusqu'au château, cheminant entre de nobles demeures dont la belle pierre change sans cesse de couleur, au gré des caprices du soleil couchant… Une balade romantique en diable, et un superbe panorama sur la rivière en prime. *p. 200*

16 Admirer les vieilles demeures de Monpazier, bastide aux proportions parfaites qui a su traverser les siècles.

The most beautiful… Un des Plus Beaux Villages de France (eh oui, encore un !), et LA plus belle bastide du Périgord, construite par Édouard Ier, roi d'Angleterre et duc d'Aquitaine. Elle fut longtemps la rivale de Villefranche-du-Périgord : l'une anglaise, l'autre française ; l'une protestante, l'autre catholique. Un miracle qu'elle ait réussi, depuis 1284, à traverser les vicissitudes de l'histoire. À chaque passage voûté en ogive, on s'attend à voir débouler les archers de la garde écossaise… *p. 219*

(17) **Remonter le cours des siècles au château de Biron, remarquable exemple d'histoire de l'architecture, d'Henri IV à Louis XVI.**

Ce château est l'un des témoignages les mieux conservés de l'histoire du Périgord. De sa haute stature, il surveille la région sur au moins 30 km. Construit au XIIe s, il a appartenu à la même famille (les Gontaut) sur 24 générations, jusqu'au XXe s. Tous les types d'architecture y cohabitent : du donjon du XIIe s aux bâtiments du XVIIIe s, en passant par une chapelle Renaissance. Lieu privilégié de tournage de films, il vous offre dans certaines pièces la reconstitution d'une rue de tisserands, ou d'oubliettes avec salle de torture. *p. 223*

(18) **Dîner dans une ferme-auberge de pays où le canard est de la fête, entre l'omelette aux cèpes et le gâteau aux noix.**

Le Périgord est réputé dans le monde entier pour les richesses de son terroir. C'est le berceau des truffes et du foie gras. La sauce Périgueux, l'omelette aux cèpes, les pommes sarladaises, le tournedos Rossini y mènent la danse. 200 fermes accueillent le public en Dordogne, dont une bonne vingtaine de fermes-auberges : une aubaine pour tâter du terroir. *p. 266*

19 **Flâner dans les ruelles tortueuses de quelques-uns des Plus Beaux Villages de France.**

Qu'ils soient perchés sur un éperon rocheux comme Belvès et Castelnaud-la-Chapelle, blottis entre falaise et rivière comme Beynac-et-Cazenac ou La Roque-Gageac, posés au bord de l'eau comme Saint-Léon-sur-Vézère, le Périgord compte 10 des Plus Beaux Villages de France. On profite de l'ombre des maisons ocre faites de pierre sarladaise et aux toits de lauzes avant de découvrir ici un château, là une abbatiale du XIIe s, un pont, une église et des enceintes fortifiées. Chacun a son caractère et ses particularités, mieux vaut tous les visiter pour choisir son préféré. *p. 45*

Maison de Belvès décorée pour la Félibrée

ITINÉRAIRES CONSEILLÉS

Les essentiels

Impossible de s'ennuyer en Dordogne, terre de préhistoire et d'histoire unique au monde. 1er arrêt en Périgord vert : **Brantôme (1),** adorable cité baignée par une boucle de la Dronne que l'on vous invite à suivre jusqu'au **château de Bourdeilles (2)** qui, planté sur son rocher, résiste depuis le Moyen Âge. À **Périgueux (3)** vous attend une balade entre vestiges de la cité gallo-romaine, ancienne ville médiévale et hôtels Renaissance. Gardez des forces, on attaque la **vallée de la Vézère** par **Montignac (4)** et la plus célèbre des grottes, **Lascaux.** Le Centre d'interprétation de l'art pariétal est devenu le principal pôle d'attraction de la région. Arrêtez-vous dans la vallée à **La Roque Saint-Christophe (5),** au **village troglodytique de La Madeleine (6),** puis aux **Eyzies (7)** et au **Bugue (8),** qui regorgent de vestiges préhistoriques. **Limeuil (9),** adorable village fortifié et fleuri, invite à quitter la Vézère pour la Dordogne. Si vous souhaitez explorer la région des bastides, poussez jusqu'à **Monpazier (11),** la plus célèbre d'entre elles, en passant par **Cadouin (10)** et son **abbaye.** Sinon, remontez la Dordogne pour découvrir les plus beaux châteaux du pays : celui des **Milandes (12),** qui convoque le souvenir de Joséphine Baker, ceux de **Castelnaud-la-Chapelle (13)** ou de **Beynac-et-Cazenac (14),** charmant village et bon spot pour une descente en canoë. Terminus **Sarlat (15)** : tout le monde succombera, c'est sûr, au charme de ce joyau médiéval.

Dans les entrailles de la terre

La vallée de la Vézère regorge de sites préhistoriques, qui fascineront les archéologues en herbe, petits et grands. Prenons comme point de départ **Montignac** et les reproductions de l'incontournable **Lascaux (1).** À côté, le **Regourdou (2)** est une des 1res sépultures de l'humanité, et la visite du **Thot (3)** est indispensable pour en savoir plus sur les techniques artistiques préhistoriques. En descendant la Vézère, ne manquez pas **La Roque Saint-Christophe (4),** un site de Neandertal habité jusqu'en 1588, ni le **village troglodytique de La Madeleine (5),** lui aussi préhistorique et médiéval. Faites un détour par la **grotte de Rouffignac (6),** dite « la grotte aux Cent Mammouths ». Démonstration de taille de silex, allumage du feu et tir au propulseur ? C'est au **Préhisto-Parc (7)** que ça se passe. Aux **Eyzies,** on visite le **musée de la Préhistoire (8)** et l'**abri Pataud (9)** où les fouilles se poursuivent, avant de rayonner autour du village à la découverte d'un chapelet de grottes et abris : la grotte du **Grand-Roc (10)** tout en stalactites et stalagmites, la **grotte de Font-de-Gaume (11),** un site rare où l'on peut encore observer d'authentiques fresques polychromes, la **grotte des Combarelles (12)** et ses 600 gravures représentant la faune magdalénienne, l'**abri de Cap-Blanc (13)** et sa frise sculptée de 13 m de long. Au Bugue, arrêtez-vous à la **grotte de Bara-Bahau (14),** avant de descendre en nacelle dans le **gouffre de Proumeyssac (15)** : sensationnel.

Envie de grand air

Le Périgord est une destination familiale par excellence, et au grand air ! Le **parc régional Périgord-Limousin (1)** est idéal pour partir en randonnée en suivant le GR 36. On pourra sortir ses jumelles pour observer les oiseaux sur l'**étang de Miallet (2)** ou tester le **vélorail (3)** à Corgnac-sur-l'Isle. Les sportifs apprécieront les 86 km de la **véloroute (4)** qui longe la vallée de l'Isle de Pizou jusqu'à Périgueux. Après l'effort, le réconfort d'une **vraie glace à la ferme (5)** à Saint-Martial-d'Artenset. Les **jardins du manoir d'Eyrignac (6),** où la nature est domptée, vous apporteront calme et fraîcheur ! Mais n'oubliez pas de programmer l'incontournable descente de la **Vézère (7)** en **canoë** ou la **balade en gabare sur la Dordogne (8).** Pour les plus grands en mal de frissons, un seul objectif : la **via ferrata** des **jardins de Marqueyssac (9).** Et pour clore ce séjour, offrez-vous un vol en **ULM (10)** depuis Sarlat ou en **montgolfière (11)** depuis La Roque-Gageac pour survoler rivières, châteaux et collines du Périgord noir.

Abbaye de Cadouin

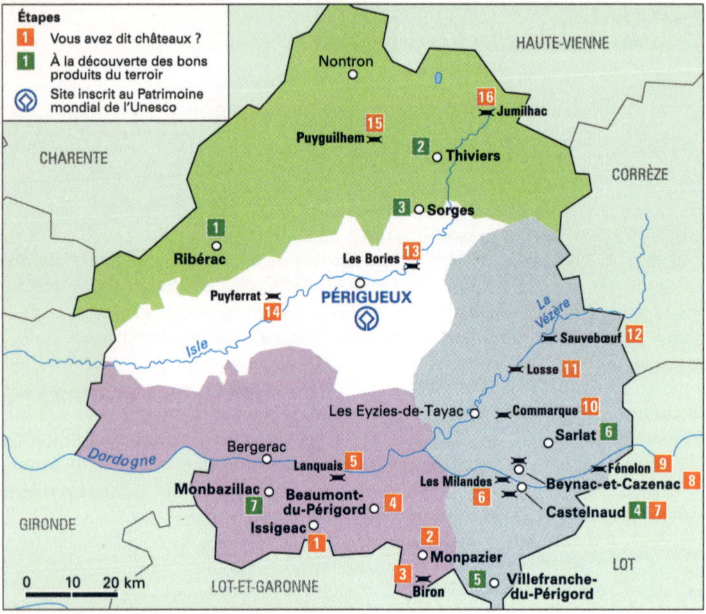

Vous avez dit châteaux ?

Au XIIIe s, le Périgord s'est trouvé partagé entre la France et les possessions anglaises. Le long de cette zone frontière, bastides et châteaux sont construits pour asseoir la domination des uns et des autres. Pour se différencier, tout est affaire de tours, de donjon, de hauteur des fenêtres et de point de vue. À la lisière entre pays de Bergerac et Périgord noir s'étend la région des bastides, ces villes fortifiées. **Issigeac (1)** et ses ruelles médiévales ; **Monpazier (2),** un temps anglaise, est la plus belle avec ses ruelles tirées au cordeau et à angle droit. À quelques encablures, tous les types d'architectures cohabitent au **château de Biron (3),** un habitué des tournages. À côté de **Beaumont-du-Périgord (4),** jolie bastide, le **château de Lanquais (5),** dans son jus gothico-Renaissance. Que ce soit le long de la Vézère ou de la Dordogne, quelques beaux châteaux se mirent dans l'eau. En remontant la Dordogne, le **château des Milandes (6),** une demeure d'agrément du XVe s, a appartenu à Joséphine Baker. Dans un autre style, le défensif **château de Castelnaud (7),** un des plus visités du Sud-Ouest, surveille la **forteresse de Beynac (8).** Mêlant le caractère guerrier du Moyen Âge et l'esthétique de la Renaissance, le **château de Fénelon (9)** domine Sainte-Modane. Sur la vallée de la Vézère, arrêtez-vous quand le soleil décline au **château de Commarque (10),** romantique à souhait. Surplombant la rivière, le **château de Losse (11)** et celui de **Sauvebœuf (12),** qui accueille le musée de Préhistoires : d'un silex deux coups ! À côté de Périgueux, les **châteaux des Bories (13)** et de **Puyferrat (14)** valent le détour. En remontant vers le nord, 2 châteaux nous arrêtent dans le Périgord vert : le **château de Puyguilhem (15),** qui a déjà un petit quelque chose de ses confrères de la Loire, et pour finir, l'imposant **château de Jumilhac (16),** tout en originalité.

À la découverte des bons produits du terroir

Pour beaucoup et pour nous aussi, Périgord rime avec gourmand, et vous remarquerez bien vite que chaque village a son **marché** où trouver de bons produits du terroir. L'hiver, place aux marchés au gras, aux truffes et aux noix, comme à **Ribérac (1).** Référence absolue de la gastronomie périgourdine, le **foie gras** a sa maison à **Thiviers (2),** mais n'hésitez pas à flâner de ferme en ferme pour rencontrer les éleveurs, découvrir le processus de fabrication et rapporter le meilleur foie gras. La truffe, autre joyau bien connu du terroir, a elle aussi ses marchés et même son **écomusée à Sorges (3).** Huile, gâteaux, vins, liqueurs, la Dordogne est le 1er producteur de noix, et Sarlat sa capitale. Vous trouverez un **écomusée de la Noix à Castelnaud-la-Chapelle (4)** et une **Maison de la châtaigne à Villefranche-du-Périgord (5).** Pour en finir avec les fruits, la **fraise du Périgord** pousse en plein sol entre Sarlat, Bergerac et Ribérac. Côté liquide, on trouve quelques bonnes **distilleries à Sarlat (6)** qui produisent eaux-de-vie, liqueurs de fruit, vins de noix, sans oublier le pastis local. Mais pour le **vin,** c'est en **pays de Bergerac** que ça se passe, du côté de **Monbazillac (7)** notamment. Et qu'on se le dise, le château propose des dégustations gratuites.

Vignoble de Monbazillac

Statue de Cyrano à Bergerac

Interview #experienceroutard

Par la rédaction du *Routard*

En quoi cette destination est-elle unique ?

Ce petit territoire est intensément riche à tous points de vue : gastronomie, paysages de caractères, châteaux et bastides, sites préhistoriques, jardins, activités au fil de l'eau... ; sans compter que la Dordogne est le département qui compte le plus grand nombre de villages classés « Plus Beaux Villages de France ». Des attraits bien variés donc.

La spécialité locale à goûter absolument ?

Le foie gras sous toutes ses formes bien sûr ! Et pour mieux l'apprécier, la meilleure option est d'aller à la rencontre des producteurs qui vous raconteront ces gestes ancestraux à l'origine de ce mets d'une grande finesse et vous proposeront des dégustations. Après, oie ou canard ? Ça c'est un autre sujet !

Ton meilleur souvenir de voyage ?

Avoir eu la chance de participer à la fameuse Félibrée, la plus grande fête occitane. Elle a lieu tous les ans dans une ville différente du Périgord fin juin ou début juillet, décorée pour l'occasion. Tous les ambassadeurs de la culture occitane s'y donnent rendez-vous. On y écoute des groupes folkloriques, on danse, et on se requinque autour du repas traditionnel. Très festif et une belle façon de promouvoir langue et culture occitanes, largement centenaires.

Une activité à faire absolument ?

La descente de la Vézère en canoë, impétueuse par endroits, plus assagie ailleurs. On se fait des bras de Popeye tandis que défilent des paysages des premiers jours ; on est toisé par d'abruptes falaises de calcaire ou de fiers châteaux, et escorté par des martins pêcheurs ou des escadrons de colverts. Dépaysant et majestueux.

Un souvenir à rapporter chez soi ?

Outre quelques grammes de truffe (il suffit de quelques brisures dans une omelette pour prolonger le voyage), ou des noix, on peut aussi, moins périssable, rapporter un couteau de Nontron. Ce couteau de poche issu d'un savoir-faire artisanal qui remonte au XVᵉs, au manche en buis, en amarante ou en ébène, est un parfait compagnon de pique-nique (et ce ne sont pas les beaux marchés qui manquent pour vous approvisionner).

COMMENT Y ALLER ?

EN VOITURE

Pour Périgueux

➢ ***Depuis Bordeaux :*** Périgueux est sur l'A 89 qui relie Bordeaux à Clermont-Ferrand en passant par Brive-la-Gaillarde, que dessert justement l'A 20 (Orléans-Toulouse). Enfin, la N 21 passe à Limoges et continue vers Marmande. Autant dire que les options pour joindre Périgueux en voiture sont multiples, d'où que l'on vienne.

➢ ***Depuis Paris :*** Périgueux est à environ 550 km de la capitale. Prendre l'autoroute A 6/E 50, puis successivement les autoroutes A 10/E 50, A 71/E 09, A 20/E 09, et enfin A 89/E 70 (direction Bordeaux-Périgueux-Sarlat). Sortie nº 15 (Agen-Bergerac-Périgueux centre).

Pour Bergerac

La ville est à une croisée de chemins. Reliée à Périgueux (à 48 km au nord-est) et à Agen (à 90 km au sud-est) par la N 21 ; à Bordeaux (à 100 km à l'ouest) par la belle D 936 ; et à Marmande (à 50 km au sud-ouest) par la bonne D 935.

Tarifs autoroutiers

Pour connaître les tarifs des principaux tronçons autoroutiers, consulter le site ● *autoroutes.fr/fr/les-principaux-tarifs.htm* ●

Le covoiturage

Le principe est simple, économique et écologique. Il s'agit de mettre en relation un chauffeur et des passagers afin de partager le trajet et les frais, que ce soit de manière régulière ou de manière exceptionnelle (pour les vacances, par exemple). ● *blablacar.fr* ●

Location de voiture

■ ***ADA :*** ADA propose des véhicules particuliers et utilitaires à la location, à petits prix partout en France. Les véhicules sont disponibles en agence, mais aussi en libre-service. Grâce à l'application mobile, vous pouvez récupérer votre véhicule avec votre smartphone 24h/24 et 7j/7. Plus d'attente en agence et donc un gain de temps considérable. Location possible dès 18 ans, sans surcoût. Offres sur l'application *ADA* et sur ● *ada.fr* ● *Réduc de 10 % sur votre location avec le code « ROUTARD ».*

■ ***BSP Auto :*** *BSP Auto* est un courtier qui propose, sur son moteur de réservation en ligne, les locations de véhicules des grandes compagnies de location, assurant un très bon niveau de service. Les prix comparés sont attractifs et comprennent les assurances et, le plus souvent, le kilométrage illimité. Le plus : vous ne payez votre location que 5 jours avant le départ. ☎ *01-43-46-20-74 (tlj 9h-21h30, w-e 9h-20h).* ● *bsp-auto.com* ● *Réduc de 5 % aux lecteurs de ce guide avec le code « routard21 ».*

EN BUS

Le réseau de bus longue distance s'étant intensifié ces dernières années, le plus pratique est de consulter le comparateur de billets d'autocars ● *comparabus.com* ● qui regroupe et compare les prix des compagnies présentes en France. De nombreuses villes sont desservies sur tout l'hexagone avec régulièrement de nouvelles dessertes. À vous de voir en temps réel les liaisons existantes. Un lien vers les compagnies permet d'acheter ses billets en direct.

EN TRAIN

Au départ de Paris

➢ ***De Paris vers Périgueux :*** pas de liaison directe. Plusieurs possibilités : la plus rapide (3h50), Paris Montparnasse-Bordeaux en TGV, puis Bordeaux-Périgueux en TER ; le changement peut aussi se faire à Libourne. On peut aussi faire Paris Austerlitz-Limoges en Intercités, puis Limoges-Périgueux en TER ; compter alors 4h30-5h de trajet.

➢ ***De Paris vers Sarlat :*** pas de liaison directe. Plusieurs options : soit Paris-Libourne en TGV, puis Libourne-Bergerac et Bergerac-Sarlat en car ; soit Paris-Bordeaux en TGV, puis Bordeaux-Niversac et Niversac-Sarlat en TER. Autre possibilité : Paris-Agen en TGV, puis Agen-Le Buisson en TER. Quelle que soit l'option, compter entre 5h et 7h30 de trajet. Autre possibilité (notre préférée) pour ceux qui louent une voiture à l'arrivée : Paris-Brive-la-Gaillarde en TGV, puis 1h de route. Avantage : pas de changement. Trajet en 4h30 env.

Au départ de la province

➢ ***De la province vers Périgueux :*** nombreux trains quotidiens en provenance de Sarlat, Limoges et Bordeaux. Correspondance par bus *CFTA* (synchronisés avec les TGV) à partir de la gare d'Angoulême.

➢ ***Liaisons Bordeaux-Bergerac-Sarlat :***

– *Ligne Bergerac-Sarlat :* Bergerac, Couze-et-Saint-Front, Lalinde, Mauzac, Trémolat, Le Buisson-de-Cadouin, Siorac-en-Périgord, Saint-Cyprien, Sarlat.

– *Liaison Bergerac-Bordeaux :* Bergerac, Lamonzie-Saint-Martin, Gardonne, Sainte-Foy-la-Grande, Saint-Antoine-de-Breuilh, Vélines, Lamothe-Montravel, Castillon-la-Bataille, Saint-Émilion, Libourne, Cenon, Bordeaux.

Pour voyager au meilleur prix

La SNCF propose des tarifs et des cartes adaptés à chacun de vos voyages. Mais pour voyager au meilleur prix, mieux vaut s'y prendre le plus tôt possible et viser les billets Prem's, les TGV Ouigo (disponibles uniquement sur Internet) et... les promos.

➢ ***Les cartes de réduction :*** pour ceux qui voyagent régulièrement, de 30 % de réduction avec les cartes « Avantage » *Famille, Jeune, Week-end* ou *Senior* (49 €, valables 1 an).

➢ ***Billets Prem's :*** des billets à petits prix, échangeables et remboursables comme les autres billets (offres soumises à conditions), mis en vente 4 mois avant le départ du train. Impossible de poser des options de réservation sur ces billets : il faut les payer immédiatement. Leur prix augmente à l'approche du départ. Ils ne sont pas proposés sur les TGV Ouigo.

Renseignements et réservations

– ***Internet :*** *• oui.sncf •*

– ***Téléphone :*** *☎ 36-35 (appel gratuit).*

– Également dans les gares, les boutiques SNCF et les agences de voyages agréées.

– ***OUI.sncf :*** acteur majeur du tourisme en Europe, expert de la distribution du train et de la destination France, OUI.sncf propose les offres des transporteurs train tels que TGV INOUI, OUIGO, INTERCITÉS, Eurostar, Thalys, TGV Lyria ; compagnies de bus, compagnies aériennes ; nombreuses offres d'hôtels référencés... et des services exclusifs (relation clients disponible 24h/24, Alerte Petits Prix, OUIbot...).

EN AVION

✈ ***Aéroport de Bergerac :*** *☎ 05-53-22-25-25. • bergerac.aeroport.fr •* Bruxelles-Charleroi (via *Ryanair*) avr-oct 3 vols/sem, Londres (City, Southend, Stansted) et une poignée d'autres villes au royaume de Sa Majesté.

BON À SAVOIR AVANT LE DÉPART

ABC de la Dordogne (Périgord)

- ***Superficie :*** 9 060 km², 3e département en superficie après la Gironde et les Landes.
- ***Préfecture :*** Périgueux.
- ***Population :*** env 409 560 hab.
- ***Densité :*** 46 hab./km² (France : env 118 hab./km²).
- ***Présence humaine :*** sans discontinuer, l'homme est présent en Périgord depuis 400 000 ans.
- ***Activités économiques :*** tourisme, agriculture, agroalimentaire (foie gras, vins de Bergerac), exploitation forestière (papier, carton...).
- ***Le plus de... :*** la Dordogne est le département après Paris qui abrite le plus grand nombre de monuments inscrits ou classés en France. Toujours après Paris, la Dordogne est le département où vivent le plus de citoyens britanniques. Bon, le Brexit pourrait changer la donne !
- ***Tourisme :*** 1er département touristique français hors départements côtiers !
- ***Nombre de châteaux :*** 1 001 ! En réalité, il y en a plus de 2 000 si l'on inclut manoirs et grosses gentilhommières.

AVANT LE DÉPART

Adresses et infos utiles

Comité départemental de tourisme (CDT) : *25, rue Wilson, BP 40032, 24002* ***Périgueux*** *Cedex.* ☎ *05-53-35-50-24.* • *dordogne-perigord-tourisme.fr* • *Infos sur tt le département.* Toutes les brochures éditées par le CDT sont à votre disposition (à télécharger ou envoi sur demande). C'est aussi auprès d'eux qu'on peut obtenir les ***Pass'Périgord Avantages*** (voir plus loin « Bon plan »).

Loisirs-Accueil (service de résa d'hébergements) : *même adresse que le CDT et mêmes horaires.* ☎ *05-53-35-50-24.* • *perigord-reservation.com* • S'occupe des réservations pour les *Gîtes de France, Clévacances,* hôtellerie, campings, villages vacances, chambres d'hôtes et séjours à thème « tout compris » (stages gourmands, randonnées en canoë...).

Parc naturel régional Périgord-Limousin : *Maison du parc, La Barde, 24450* ***La Coquille.*** ☎ *05-53-55-36-00.* • *parc-naturel-perigord-limousin.fr* • *Ouv au public tte l'année, lun-ven 9h-13h, 14h-18h (17h ven).* Toutes les infos sur la faune et la flore du parc dans le *Guide-Nature.* Leur *Guide pratique* référence les hébergements en *Gîtes Panda.*

Bienvenue à la Ferme : • *bienvenue-a-la-ferme.com/dordogne/* • Près de 200 fermes accueillent le public en Dordogne-Périgord. Vente de produits, goûter à la ferme... et bien sûr fermes-auberges (une bonne vingtaine).

Gîtes de France : • *gites-de-france-dordogne.com* • *Brochure payante.* Les réservations se font directement auprès des propriétaires ou auprès du service *Loisirs-Accueil.*

Bon plan

– ***Pass'Périgord Avantages :*** carnet de réductions pour certaines visites et animations (environ 40), délivré par le CDT. Il est accordé aux touristes qui réservent par le biais du service *Loisirs-Accueil* ou qui ont fait une réservation en direct dans un hébergement. Il suffit d'en faire la demande par téléphone au ☎ 05-53-35-50-24 ou par mail à ● *cdt24doc@tourismeperigord.com* ●

Carte d'adhésion internationale aux auberges de jeunesse (carte FUAJ)

Cette carte vous ouvre les portes des 4 000 auberges de jeunesse du réseau *HI-Hostelling International* en France et dans le monde.
Elle permet aussi de bénéficier de tarifs préférentiels avec les partenaires des auberges de jeunesse *HI* (locations de voitures, excursions et activités variées). Il n'y a pas de limite d'âge pour séjourner en auberge de jeunesse. Il faut simplement être adhérent ; carte valable 1 an à compter de la date d'achat (sur Internet ou dans les AJ).

Renseignements et inscriptions

– ***En France :*** ● *hihostels.com* ● *Tarif 11 €*
– ***En Belgique :*** ● *lesaubergesdejeunesse.be* ●
– ***En Suisse :*** ● *youthhostel.ch* ●
– ***Au Canada :*** ● *hihostels.ca* ●
Si vous prévoyez un séjour itinérant, vous pouvez réserver plusieurs auberges en une seule fois en France et dans le monde : ● *hihostels.com* ●

Carte internationale d'étudiant (carte ISIC)

Elle prouve le statut d'étudiant dans le monde entier et offre de nombreuses réductions (billets d'avion spécial étudiants, hôtels et auberges de jeunesse, assurances, location de voitures...).

Renseignements et inscriptions

– ***En France :*** ● *isic.fr* ● *13 € pour 1 année scolaire.*
– ***En Belgique :*** ● *isic.be* ●
– ***En Suisse :*** ● *isic.ch* ●
– ***Au Canada :*** ● *isiccanada.com* ●

BUDGET

Nous vous indiquons ci-après l'échelle des tarifs auxquels nous nous référons pour l'ensemble de nos guides France.

Hébergement

D'une manière générale, nous indiquons des fourchettes de prix allant de la chambre double la moins chère en basse saison à celle la plus chère en haute saison. Ce qui implique parfois d'importantes fourchettes de prix, pas toujours en adéquation avec la rubrique dans laquelle l'établissement est cité. Le classement retenu est donc celui du prix moyen des chambres et de leur rapport qualité-prix.
– Les tarifs des ***campings*** sont calculés sur la base d'un emplacement pour 2, avec voiture et tente en haute saison. Ils sont classés en tête de rubrique « Où dormir ? ».

– Pour les ***auberges de jeunesse,*** le tarif indiqué est celui du lit en dortoir et/ou parfois de la chambre double, quand il y en a.
– En ***chambres d'hôtes,*** les prix sont donnés sur la base d'une chambre double. Ils incluent presque toujours le petit déjeuner. Les cartes de paiement sont rarement acceptées. En cas contraire, nous indiquons « petit déj en sus » et « CB acceptées ».
– Concernant les ***hôtels,*** le prix retenu reste celui d'une nuit en chambre double (sans petit déjeuner). La fourchette de prix englobe toutes les saisons, mais il est important de noter que, dans les grandes villes, les prix baissent significativement le week-end. Lorsque l'établissement dispose de chambres familiales, nous l'indiquons sans précision de prix.
– ***Bon marché :*** jusqu'à 60 €.
– ***Prix moyens :*** de 60 à 90 €.
– ***Chic :*** de 90 à 120 €.
– ***Plus chic :*** de 120 à 150 €.
– ***Beaucoup plus chic :*** plus de 150 €.

– Logis est la 1re chaîne de restaurateurs-hôteliers indépendants en Europe avec 2 200 établissements répartis dans 8 pays. Fort de ses 70 années d'expérience, le réseau offre l'assurance d'un accueil personnalisé et chaleureux, d'un hébergement de qualité ainsi que d'une restauration faite maison mettant à l'honneur produits locaux et de saison. Engagés sur les territoires, tous les Logis sont impliqués dans une démarche d'économie locale, privilégiant les circuits courts et les produits régionaux. Plus d'infos : ● *logishotels.com* ●

Restos

Au restaurant, ***notre critère de classement est le prix du 1er menu servi le soir*** (hors boissons). Les notions de « Prix moyens » ou « Plus chic » n'engagent donc que les prix, pas le cadre, même si, souvent, ils vont de pair. Ainsi, certains restos gastronomiques (et chics) qui proposent parfois des formules avantageuses au déjeuner seront malgré tout classés dans la rubrique « Plus chic » en raison des tarifs pratiqués le soir. Ne boudez donc pas cette rubrique qui recèle parfois d'intéressantes pépites. Enfin, la rubrique « Sur le pouce » référence des adresses que l'on recommande pour les sandwichs et plats à emporter. Les tarifs correspondent généralement à la rubrique « Très bon marché ».
– ***Très bon marché :*** moins de 15 €.
– ***Bon marché :*** de 15 à 25 €.
– ***Prix moyens :*** de 25 à 35 €.
– ***Chic :*** de 35 à 50 €.
– ***Plus chic :*** plus de 50 €.

Recommandation à ceux qui souhaitent profiter des réductions et avantages proposés dans le *Routard* par les hôteliers et les restaurateurs.

À l'hôtel, pensez à les demander au moment de la réservation ou, si vous n'avez pas réservé, **à l'arrivée.** Ils ne sont valables que pour les réservations en direct et ne sont pas cumulables avec d'autres offres promotionnelles (notamment sur Internet). Au restaurant, parlez-en **au moment** de la commande et surtout **avant** que l'addition ne soit établie. Poser votre *Routard* sur la table ne suffit pas : le personnel de salle n'est pas toujours au courant et une fois le ticket de caisse imprimé, il est souvent difficile de modifier le total. En cas de doute, montrez la notice relative à l'établissement dans le *Routard* de l'année et, bien sûr, ne manquez pas de nous faire part de toute difficulté rencontrée.

CHEMINS DE SAINT-JACQUES-DE-COMPOSTELLE

Les différents chemins de Compostelle convergent vers la côte galicienne espagnole et la cathédrale Saint-Jacques, où sont conservées les reliques d'un des plus importants apôtres de Jésus, Jacques, mort en martyr vers l'an 35. Dès le Xe s, des pèlerins en provenance de toute l'Europe viennent s'y recueillir.
Au fil des ans, aux pèlerins se joignent amateurs d'art roman et férus de randonnées. Il faut dire que les chemins de Compostelle, cadre de ressourcement spirituel extraordinaire, sont aussi d'une beauté et d'un intérêt historique qui valent le détour : les échanges culturels et religieux et la nécessité d'héberger un grand nombre de pèlerins ont favorisé dès le Moyen Âge le développement des villes et des monuments-étapes sur le chemin.
Balisés en 1970 par la Fédération de randonnée pédestre, les 4 sentiers français commencent respectivement à Vézelay, au Puy-en-Velay, à Arles et à Tours (aujourd'hui à Paris). Depuis 1998, le parcours est classé au Patrimoine mondial de l'Humanité. En Périgord, le chemin passe par Le Buisson-de-Cadouin et Périgueux.
Renseignez-vous sur les possibilités de faire transporter quotidiennement votre sac à dos si besoin (ou vous-même sur une ou plusieurs étapes, si vous avez un coup de mou ou êtes éclopé), de confier vos clés pour que votre voiture vous attende à la dernière étape de votre parcours, ainsi que sur les technologies récentes qui permettent aux malvoyants de cheminer, etc.
Pour en savoir plus : ***Fédération française des associations des chemins de Saint-Jacques-de-Compostelle (FFACC).*** • *compostelle-france.fr* •

FÊTES ET MANIFESTATIONS

– ***La Félibrée*** (ou *felibrejada*) **:** *1er dim de juil, ts les ans, dans une ville différente du Périgord.* Fête traditionnelle ancestrale dont l'origine est la sauvegarde de la langue d'oc. Des milliers de Périgourdins, en costume traditionnel, y montrent leur attachement à la langue et à la culture d'oc. Les rues de la ville qui accueille la Félibrée sont couvertes de fleurs de papier. Défilés dans de superbes costumes, chants et danses folkloriques sur scène, dite « cour d'amour », après le pantagruélique banquet, dit « taulada », et sa soupe de haricot-couenne quasi obligatoire.
– ***Itinéraire baroque en Périgord vert :*** *juin et juil.* Associe musique baroque et architecture romane. • *itinerairebaroque.com* •
– ***Le Festival du Périgord noir :*** *août.* De la musique classique que l'on peut venir écouter l'été dans les plus belles églises du Périgord noir. De grandes voix internationales se mêlent à de jeunes talents dans des sites exceptionnels. • *festivalmusiqueperigordnoir.com* •
– ***Autres fêtes et manifestations :*** toutes les fêtes locales sont évidemment décrites dans les rubriques « Manifestations » de chaque ville. Citons tout de même *La Ringueta,* fête des jeux traditionnels à Sarlat, les foires aux dindons, aux tisserands et aux potiers du Périgord vert. À Belvès, la *Fête médiévale* début août.

LIVRES DE ROUTE

– ***La Préhistoire, vérités et légendes***, d'Éric Pincas (Perrin, 2020). Les dernières avancées scientifiques permettent à chaque fois un peu plus de lever le voile sur les différents aspects de la vie de nos lointains ancêtres. Un bon livre de chevet avant d'aborder la découverte de sites majeurs de la préhistoire.
– ***Meurtre en Périgord,*** de Martin Walker (Le Masque, 2012). Le chef de la police municipale d'un petit village est amené à se pencher sur le meurtre particulièrement odieux d'un octogénaire...

- ***La Grande Beune,*** de Pierre Michon (Gallimard, Folio n° 4345, 2006). À 20 ans, un jeune instituteur arrive à Castelnau, au fin fond du Périgord. Derrière le rideau gris des pluies de septembre, entre 2 dictées, il s'abandonne aux rêves les plus violents, archaïques, secrets et troubles. Un récit court, dense et puissant, à la sensualité retenue, une plume limpide et impétueuse.
- ***Les Guerres de mon père,*** de Colombe Schneck (Stock, 2018). De nombreux Alsaciens et Mosellans ont trouvé refuge en Dordogne en 1939, parmi lesquels des juifs, dont Gilbert et ses parents. Colombe Schneck retrace l'histoire de ce père silencieux, de son enfance périgourdine, entre forces du mal et gens de bien, et de 2 autres guerres, qui l'ont marquée à jamais.
- ***Malevil,*** de Robert Merle (Gallimard, Folio n° 1444, 1983). Une guerre atomique dévaste la planète. En France, un groupe de survivants s'organise en communauté dans une forteresse du Périgord, Malevil, un château du Moyen Âge en ruine auquel Robert Merle redonne vie.
- ***Fortune de France,*** de Robert Merle (1977 ; LGF, Le Livre de poche n° 13535, 1994). Ce 1er tome (d'une série de 13 !) se déroule de 1547 à 1565. On y découvre la vie dans le Périgord de l'époque, en proie aux affrontements entre catholiques et protestants. Une saga à la fois intimiste, régionale puis nationale.
- ***Passe-temps pour les âmes ignobles,*** de Louis Sanders (Rivages/Noir n° 449, 2002). Voici une originale immersion dans la communauté anglaise du Périgord. Un livre signé d'un mystérieux auteur sème la panique chez 4 gentlemen. Soupçon, haine, hypocrisie s'entremêlent. Sordide, sanglant et amusant.
- ***Jacquou le Croquant,*** d'Eugène Le Roy (1897 ; LGF, Le Livre de poche n° 1256, 2014). Fils de métayers, Jacquou est plongé dans les difficiles conditions de vie de la paysannerie au XIXe s en Périgord. Il subit la faim, le froid, le malheur et la tyrannie du comte de Nansac. Adulte, il combattra l'injustice. Ce roman a fait l'objet d'un feuilleton télévisé à grand succès et d'une adaptation cinématographique.
- ***Mangez-le si vous voulez,*** de Jean Teulé (2009 ; Pocket, 2010). Un des crimes les plus honteux du XIXe s est ici dévoilé et décrit : le lynchage d'un jeune aristocrate périgourdin qui se rendait tout naturellement à une foire. Sur une incompréhension et des rumeurs, 600 personnes ordinaires vont se livrer aux pires atrocités.
- ***Prisonniers du temps,*** de Michael Crichton (Pocket n° 11368, 2004). Le maître américain du suspense *(Jurassic Park)* entraîne le lecteur dans un passionnant voyage dans le temps entre l'Arizona de nos jours et le Périgord du XIVe s.
- ***Les Démons de sœur Philomène,*** de Jean-Luc Aubarbier (2003 ; Terre de Poche de Borée, 2011). L'auteur sarladais a bâti son 1er roman autour d'une authentique histoire d'amour entre une religieuse et un prêtre sur fond de maquis périgourdin. Ils se retrouvent pour le plaisir, mais aussi pour combattre au sein de la Résistance. Puis il s'éloigne d'elle. Meurtrie, brisée, la sœur ne veut pas renoncer et va imaginer une terrifiante trahison.
- ***Le Marchand de Bergerac,*** de Guillemette de La Borie (Presses de la Cité, Terres de France, 2007). Bergerac, port prospère et bastion du protestantisme, au début du XXe s. Soumise à la tutelle de sa belle-famille, une jeune fille entend être maîtresse de son destin. L'histoire bouleversante et intemporelle d'une femme qui doit renoncer à son amour.
- ***La Rivière Espérance,*** de Christian Signol (1990 ; Pocket n° 3909, 2000). *La Rivière Espérance,* c'est le 1er opus d'une grande trilogie romanesque. Suivront *Le Royaume du fleuve* et *L'Âme de la vallée.* Pour le petit peuple des bateliers qui naviguaient au XIXe s sur la Dordogne, de Souillac à Bordeaux, la Dordogne est la vie. Elle dispense bonheurs et malheurs. « Mon Montana à moi, c'est la vallée de la Dordogne », a déclaré Christian Signol. Une fresque télévisée a été réalisée en 1995 par Josée Dayan.
- ***Les Enfants de la Terre,*** de Jean M. Auel (1980 ; Pocket, 2002). Quelque part en Europe, 35 000 ans avant notre ère, Ayla, 5 ans, du peuple des hommes de Cro-Magnon, est recueillie par une tribu néandertalienne. Cette saga préhistorique fleuve

raconte l'histoire de nos ancêtres, fait se côtoyer Néandertaliens et *Homo sapiens* jusqu'en Périgord, cadre du *Pays des grottes sacrées,* 6e et dernier tome (en 2 parties).
– ***La Bouille,*** de Troub's (Rackham, 2012). Bande dessinée. D'octobre 1999 à mars 2000, l'auteur a suivi un des derniers bouilleurs de cru du Périgord. La bouille, c'est le moment privilégié pour les vieux paysans de voir du monde, de se remémorer les souvenirs. Outre les dessins de l'auteur et les témoignages des paysans, la technique de la distillation à l'alambic est abordée. Une sorte de reportage, humaniste et humoristique.

MARCHÉS EN PÉRIGORD

Impossible de se balader en Périgord sans tomber sur un marché. 2, 3 fois par semaine, chaque ville, bourgade, village et même le moindre hameau possède son marché. En basse saison, il y a ceux aux truffes évidemment, les marchés « au gras », ça va de soi (où l'on présente les foies) comme à Ribérac et à Thiviers. Mais l'engouement ne cesse d'augmenter en faveur des *marchés de producteurs de pays,* qui se déroulent tout l'été, souvent en nocturne, uniquement composés de producteurs fermiers et artisanaux, comme à Périgueux, Sarlat, Saint-Amand-de-Coly ou encore Montignac. On y joue la carte du produit de qualité, car on n'a pas affaire à des revendeurs ni à des intermédiaires, mais à ceux qui fabriquent ce qu'ils vendent. À l'abri du folklore, on trouve sur ces marchés des merveilles de magrets, de cous farcis, de foies gras entiers, frais ou mi-cuits, de terrines... On en indique les jours, ville par ville, dans les rubriques « Adresses et infos utiles ». De plus, sur ces marchés, il est évidemment possible de faire ripaille. Quelques tables sont toujours dressées pour les visiteurs.

PERSONNES HANDICAPÉES

Tourisme et Handicap

Créée par le secrétariat d'État à la consommation et au tourisme en partenariat avec les professionnels du tourisme et les associations représentant les personnes handicapées, ce label permet d'identifier les lieux de vacances (hôtels, campings, sites naturels, etc.), de loisirs ou de culture (musées, monuments, etc.) mais aussi des offices de tourisme accessibles aux personnes en situation de handicap. Cette accessibilité, visualisée par un pictogramme correspondant aux 4 types de handicap (moteur, visuel, auditif et mental), garantit accueil, accessibilité et confort et une utilisation des services proposés avec un maximum d'autonomie dans un environnement sécurisant.

Pour connaître la liste des sites labellisés par départements : ● *tourisme-handicaps.org* ●

Par ailleurs, dans notre guide, nous indiquons par le logo les établissements qui possèdent un accès ou des chambres pouvant accueillir des personnes handicapées. Certaines adresses sont équipées selon les critères les plus modernes. D'autres, plus simples, plus anciennes aussi, sans répondre aux normes les plus récentes, favorisent l'accueil des personnes handicapées en facilitant l'accès à leur établissement, tant sur le plan matériel que sur le plan humain. Appelez donc auparavant pour savoir si l'équipement de l'hôtel ou du resto est compatible avec votre niveau de mobilité.

LES PLUS BEAUX VILLAGES DE FRANCE

Pas moins de ***10 villages*** sont inscrits sur la liste des Plus Beaux Villages de France en Dordogne (155 à travers l'Hexagone), dont 6 dans le seul Périgord noir. Rappelons qu'il s'agit de villages dégageant une harmonie, une cohérence et un charme particuliers. Il s'agit de ***Belvès, Beynac-et-Cazenac, Castelnaud-la-Chapelle, Domme, La Roque-Gageac, Limeuil, Monpazier, Saint-Amand-de-Coly, Saint-Jean-de-Côle*** et ***Saint-Léon-sur-Vézère.*** Ceux qui veulent les découvrir en été étant nombreux, mieux vaut se lever tôt pour en profiter avant l'arrivée de la foule. ● *les-plus-beaux-villages-de-france.org* ●

RANDONNÉES EN PÉRIGORD

L'incroyable variété des paysages périgourdins est quadrillée par 780 km de sentiers de grande randonnée, avec des « ponts » entre eux, et 4 000 km de boucles locales de sentiers de petite randonnée créés par les communes. On n'a donc que l'embarras du choix pour mettre ses pas dans ceux de Cro-Magnon. Dans ce pays de collines et de vallées, avec quelques falaises à longer, les itinéraires ne présentent aucune difficulté majeure et sont accessibles à tout marcheur en bonne forme physique.
La collection de plans-guides *Sentiers du Périgord* comprend 27 titres disponibles au CDT et dans les offices de tourisme. Également un topoguide *La Dordogne à pied* et plus d'infos sur ● *rando24.com* ●
– ***Le GR 36 :*** il parcourt le Périgord du nord au sud, venant d'Angoulême vers le Lot-et-Garonne. Il passe par Bourdeilles et Brantôme, la verte Venise du Périgord sur la Dronne, traversant des paysages de vraie campagne. Il sinue à travers les rues pavées et Renaissance de Périgueux, descend par la sombre forêt barade de « Jacquou le Croquant », puis vers les préhistoriques falaises de la Vézère. C'est ensuite qu'il emprunte les surplombs spectaculaires de Montignac aux Eyzies, avant de traverser le fleuve Dordogne à Saint-Cyprien pour piquer vers le pays des bastides de carte postale, plus méridionales, aux murs de pierres blondes que sont Belvès ou Monpazier.
– ***Le GR 646 :*** version piétonne de l'autoroute A 89, ce GR parcourt d'ouest en est le grand Sud-Ouest, de Bordeaux jusqu'au Limousin. Il suit la large vallée de l'Isle jusqu'après Périgueux, et remonte l'Auvézère, ses célèbres gorges vertes, moulins, cascades et relais nature secrets jusqu'en Corrèze.
– ***Le GR 6 :*** remontant la vallée de la Dordogne par Bergerac, il offre de larges panoramas. Il se divise en 2 : une branche vers Sarlat et Souillac avec des paysages de causses, et une autre au plus près du fleuve, où il joue les funambules, proposant de nombreux points de vue sur les spectaculaires châteaux de Beynac et de Castelnaud.
– ***Le GR 361 :*** il descend en droite ligne du nord au sud depuis la Charente, traversant les hameaux perchés et les plaines à céréales du Ribéracois. Il rejoint le Lot après avoir fait découvrir Brantôme et le verdoyant val de Dronne. Le sentier passe par Périgueux et la calcaire vallée de l'Isle à Saint-Astier, puis les coteaux viticoles de Bergerac et de Monbazillac.
– ***Le chemin des pèlerins – GR 654 :*** de Vézelay à Saint-Jacques-de-Compostelle, cet axe des 1ers routards entre en Dordogne depuis Limoges par la bien nommée La Coquille et le causse truffier de Sorges, où l'on trouve des haltes-hébergements spécialement réservées. À partir de Périgueux, les pèlerins suivent le GR 654 pour rejoindre Bergerac. Voir le texte consacré aux chemins de Saint-Jacques-de-Compostelle plus haut.

RIVIÈRES ET DESCENTES DE RIVIÈRES

2 grandes rivières se partagent le flot des kayakistes et canoéistes en Périgord : la Dordogne et la Vézère, auxquelles il faut tout de même ajouter l'Isle, la Dronne et l'Auvézère, bien charmantes également, même si moins fréquentées. Elles sont toutes différentes et possèdent chacune leurs particularités. Quel que soit le parcours, on voit défiler de nombreux châteaux nichés au cœur des Plus Beaux Villages de France : Beynac, La Roque-Gageac... Ceux qui souhaitent organiser de longues descentes prévoiront une journée entière, en prenant le temps de pique-niquer et de se baigner. Si toutes les rivières sont paisibles, il est indispensable de savoir nager et de porter le gilet de sauvetage en toute occasion. Certaines rivières peuvent être interdites d'accès durant quelques jours en fonction de leur niveau. Bien s'informer. Les nombreux loueurs installés au fil de l'eau vous donneront toutes les indications et sauront vous conseiller. On en indique quelques-uns dans nos rubriques « À faire ». Sinon, liste exhaustive dans les offices de tourisme et dans la brochure *Terre de randonnées,* disponible au CDT. Quelles que soient la rivière et la descente choisies, c'est une expérience extra, à vivre en famille.
Sur la Dordogne et l'Isle, on peut également effectuer une promenade en gabare, réplique des anciens bateaux de commerce qui descendaient jusqu'à Bordeaux au XIXe s, chargés de vivres et de marchandises (voir nos textes sur La Roque-Gageac et Beynac).
– ***La Dordogne*** est la rivière des châteaux forts. Entre Carsac et Beynac, la descente permet d'entreprendre un voyage au cœur du Moyen Âge ! Sur le plan technique, c'est une rivière de classe 1, elle est donc accessible à tout débutant sachant nager (sauf niveau de crue). C'est la 2e rivière en termes de navigation en canoë en France, derrière l'Ardèche. Tout au long de la descente, on découvre des châteaux perchés au sommet des collines et des villages construits à flanc ou au pied des falaises. Quelques grandes plages sont propices aux arrêts pique-nique ou à la pause baignade.
– ***La Vézère*** est la rivière de la « vallée de l'Homme » et de la préhistoire. Elle traverse le Périgord noir pour se jeter dans la Dordogne à Limeuil. On peut la descendre de Thonac jusqu'aux Eyzies. Rivière de classe 1, elle est accessible à toutes les personnes sachant nager (sauf niveau de crue). Elle ne présente donc aucun danger particulier, au-delà des règles de bon sens. 2 fois plus étroite que la Dordogne, elle est beaucoup plus sauvage, moins fréquentée (peu de plages et d'accès) et ses flancs plus resserrés lui donnent un caractère puissant, surtout lorsqu'on passe au plus près des falaises de La Roque Saint-Christophe. Et ce sont des châteaux, des sites préhistoriques et des villages troglodytiques célèbres dans le monde entier qui s'offrent à vous.
– ***L'Isle :*** impétueuse dans sa haute vallée, en Périgord vert, où elle faisait jadis tourner de nombreuses forges, voici une rivière large et tranquille, que l'on peut descendre aisément sur un parcours de 21 km entre Trélissac (base de Chariéras), Périgueux (base de Sainte-Claire) et Marsac (base de La Roche), avec une douzaine de passes et de mises à l'eau. Sur le parcours, plusieurs haltes aménagées avec sanitaires, points d'eau, aires de repos, points d'infos nautiques... du 3-étoiles ! Qui, de plus, suit une voie verte que l'on peut emprunter quand on veut pour alterner coups de pédales et coups de pagaies...
– ***La Dronne :*** née en Limousin, cette rivière traverse le Périgord vert et rejoint la Charente. D'abord bouillonnante, elle s'épanouit à Brantôme en une boucle majestueuse où canoës et bateaux à passagers se croisent avec élégance.
– ***L'Auvézère :*** la vallée de l'Auvézère creuse son sillon en provenance du Massif central et traverse une partie du Périgord vert pour rejoindre le Périgord blanc. Entre Guimalet et La Forge-d'Ans, sur une vingtaine de kilomètres, dans un environnement resté très nature, on peut descendre en canoë les gorges de l'Auvézère en passant devant quelques sites superbes. C'est dans ce secteur que se sont développées des forges au XVIIe s, grâce au minerai de fer présent dans la rivière.

L'Auvézère est largement bordée de forêts et de papeteries qui viennent agrémenter la balade. Ceux qui n'ont pas peur de l'eau froide peuvent aller rejoindre les truites à l'occasion...

LES ROUTES DU PÉRIGORD

Les « routes gourmandes »

La route des vins de Bergerac

Il s'agit de circuits routiers « suggestion découverte » du patrimoine vitivinicole et touristique, de 80 à 150 km, au départ de Bergerac. Pour partir à la rencontre de véritables passionnés, épris de leur région et de leur travail, et heureux de partager leur enthousiasme avec les visiteurs désireux de découvrir cette partie du Périgord. De nombreux propriétaires ont signé la charte de qualité et ouvrent leurs portes aux secrets de leurs vins. Infos disponibles à l'office de tourisme de Bergerac ou sur • *vins-bergeracduras.fr* •

La route du foie gras

Elle associe producteurs et restaurateurs qui se sont engagés à informer le public sur le foie gras et à commercialiser des produits IGP et/ou des produits issus de canards à foie gras IGP Périgord. Carte disponible au CDT et dans les offices de tourisme, ou sur • *route-foiegras-perigord.com* •

La route de la noix du Périgord

Cet itinéraire dévoile les richesses cachées de son terroir, mais aussi les secrets des hommes qui en vivent : restaurateurs, artisans de bouche, exploitants, marchés locaux, musées... autour d'authentiques noix périgourdines comme la Grandjean, « la typique », et la Corne, « la rustique ». Cette route se déploie principalement en Périgord noir, de Hautefort à la vallée de la Dordogne (écomusée de la Noix de Castelnaud). Brochure disponible au CDT et dans tous les offices de tourisme. • *noixduperigord.com* •

La route de la pomme du Limousin

Cette appellation déborde largement en Périgord. Visites gratuites de vergers et coopératives les lundis entre juin et août. Les artisans et restaurateurs qui y participent vous invitent à découvrir les mariages gustatifs possibles avec ce fruit aux variétés multiples : la perlim, la pompadour, la meylim et la limdor, notamment en Périgord vert, autour de Lanouaille, qui abrite la Maison à la gloire de ce produit. • *pomme-limousin.org* •

Les « routes historiques » et culturelles

La route légendaire des châteaux, des chevaliers et du monde médiéval

Quelque 1 001 châteaux recensés en Périgord, mais ils ne sont pas tous ouverts à la visite. Brochure disponible au Comité départemental de tourisme (CDT, voir coordonnées plus haut), qui propose une sélection des sites dont les propriétaires ont accepté d'ouvrir leurs portes. • *sejours@tourismeperigord.com* •

La route des métiers d'art en Périgord

Autant de portes ouvertes (plus de 60) pour découvrir les coulisses de la création artisanale, sous l'égide de la chambre des métiers de la Dordogne et de l'association Valoris'Art. Plaquette disponible au CDT et dans tous les offices de tourisme, ou sur • *dordogne-perigord-tourisme.fr* •

SITES INTERNET

• ***routard.com*** • Le site de voyage nº 1, avec près de 800 000 membres et plusieurs millions d'internautes chaque mois. Pour s'inspirer et s'organiser, près de 300 guides destinations actualisés, avec les infos pratiques, les incontournables et les dernières actus, ainsi que les reportages terrain et idées week-end de la rédaction. Partagez vos expériences avec la communauté de voyageurs : forums de discussion avec avis et bons plans, carnets de route et photos de voyage. Enfin, vous trouverez tout pour vos vols, hébergements, voitures et activités, sans oublier nos suggestions pour réserver votre voyage au meilleur prix.

– ***Bon à savoir :*** entre 2 parutions, des événements fortuits (conditions d'accès aux sites, fermetures inopinées, etc.) peuvent intervenir et modifier vos projets de voyage ou de visite. Pour éviter les déconvenues, nous vous recommandons de consulter la rubrique « Inspirations » par région et cliquer sur l'onglet « Actus ».

• ***espritdepays.com*** • L'objectif des chroniqueurs de ce site est de « valoriser le patrimoine naturel, humain et architectural », d'où des thématiques variées (histoire, gastronomie, métiers d'artisanat et d'art...) et bien documentées, accessibles sur un site attrayant.

• ***au-fil-du-temps.com*** • Une dynamique association culturelle qui propose une découverte ludique du patrimoine historique et naturel du Sud périgourdin : jeux de piste, ateliers, balades, visites costumées... Ce qui donne par exemple : une enquête à mener au château de Lanquais, la projection d'un film en plein air dans les Jardins panoramiques de Limeuil, un atelier de fabrication de papier au moulin de la Rouzique ou de feutrage de la laine à la filature de Belvès...

• ***semitour.com*** • Présente toutes les activités de la *Semitour,* gestionnaire de plusieurs sites majeurs en Périgord, avec entre autres Lascaux II et IV, le gisement préhistorique de l'abri Pataud, le Thot.

LE PÉRIGORD BLANC

• Carte *p. 52-53*

Tout le monde connaît le Périgord noir, mais celui-là, d'où sort-il ? On ne le voit sur aucune carte régionale. Et pourtant il existe, on ne l'a pas inventé, ce Périgord blanc ! Blanc comme les coupoles de la cathédrale Saint-Front, à Périgueux. Blanc comme la chaux des carrières de Saint-Astier. Blanc comme la pierre de ses castels d'agrément, qui jouent les châteaux de la Loire au bord de l'Isle. Blanc comme...
On pourrait continuer longtemps si un blanc ne se faisait pas dans les conversations quand on l'évoque auprès des offices de tourisme, car les couleurs sont un peu passées de mode, sous le soleil de la Dordogne, et on parle aujourd'hui de « pays de Périgueux ».
Ce bout de Dordogne fait le lien entre les 3 autres Périgord qui donnaient naguère ses couleurs au pays. Il servira, pourquoi pas, de bon point de départ à votre escapade dans le temps... À l'ouest et au nord, il partage avec le Périgord vert les édifices d'architecture romane. À l'est, les rondeurs marquées de ses collines préfigurent la physionomie encaissée du Périgord noir. Au sud, le pays de Bergerac, avec ses vignes et ses bastides, est tout proche. Jolis coins de nature, patrimoine, activités de plein air, bien-vivre et bien-manger. Vous savez ce qui vous attend !

PÉRIGUEUX

(24000) 31 550 hab. *Carte Périgord, C2*

• Plan *p. 54-55*

Capitale de la Dordogne, Périgueux, ville riche de son histoire et de son patrimoine architectural, nous entraîne dans une merveilleuse promenade tout à la fois dans le temps et hors du temps : de la tour Mataguerre (beau panorama de la ville) ou des vestiges de la cité gallo-romaine à l'ancienne ville médiévale, en passant par le dédale des ruelles tortueuses du quartier Saint-Front, où le piéton mène la danse, une succession de découvertes, quartiers anciens, venelles médiévales, hôtels de type et d'époque Renaissance... Ici, mieux vaut d'ailleurs être du genre tête en l'air pour en apprécier tous les détails. Dès lors, impossible de ne pas être séduit par le charme serein de cette balade dans une cité qui voit ses places s'animer aux 1ers rayons de soleil, avec des terrasses où il fait bon se poser pour boire un verre ou grignoter des tapas locales. Périgueux possède un vaste secteur sauvegardé et a reçu le label de Ville d'art et d'histoire. C'est une étape incontournable du Périgord.

N'EST PAS PÉRIGOURDIN QUI VEUT !

Le Périgordin est l'habitant du Périgord. Même si les usages de la langue et du temps lui ont collé un « u » vers la fin du XVIIIe s. Pour le coup, le terme de Périgordin ne sort plus guère que de la plume des historiens. Même le dictionnaire ne le reconnaît plus. Qui est donc le Périgourdin, alors ? L'habitant de Périgueux, pardi ! D'accord ou pas « d'accord » ?

UN PEU D'HISTOIRE (PAS TOUJOURS SAINTE)

L'époque gallo-romaine voit la fondation de la cité de Vesunna, cité des Pétrocores (qui ont par ailleurs donné leur nom au Périgord). Cette dernière devient le siège du diocèse au milieu du IVe s. C'est là, tout naturellement, dans cette cité des évêques et des comtes, que la cathédrale Saint-Étienne est édifiée au XIe s, dans un style typique du Périgord roman, celui des églises à coupoles. Parallèlement, un nouveau quartier prend forme sur la colline dominant l'Isle : le Puy-Saint-Front. Autour des reliques du saint évangélisateur de la région se bâtit une église (Saint-Front, qui sera par la suite érigée en cathédrale). Les 2 entités sont rivales, mais, en ***1240,*** un acte d'union est signé sous l'égide de Saint Louis, donnant raison à la ville neuve et à la bourgeoisie qui la domine. ***Périgueux est née,*** et la ville connaîtra les vicissitudes de l'Histoire (peste noire, guerre de Cent Ans) avant de retrouver la prospérité à la Renaissance. Les guerres de Religion seront très meurtrières, affaiblissant la ville. Marginalisée au profit de Bordeaux, elle va perdre peu à peu de son importance.
À la fin du XIXe s, alors qu'elle ne compte plus que 5 000 habitants, la ville va faire parler d'elle jusqu'à Paris en instaurant un ***jumelage de cœur ou de hasard avec Montmartre...*** La « commune libre » des rues neuves à Périgueux ouvre la voie à celle, plus célèbre, de Montmartre... Puis l'architecte Abadie s'inspire (à ce stade ce n'est plus de l'inspiration, mais du copier-coller) de la cathédrale Saint-Front pour bâtir la basilique du Sacré-Cœur. Enfin, Émile Goudeau, natif de Périgueux, fonde le célèbre bistrot du *Chat Noir,* pendant que le caricaturiste pétrocorien Sem croque le Tout-Paris et dessine la carte de *Maxim's.* Quelques décennies plus tard, son atmosphère de petite ville de province bien française fait le bonheur d'auteurs de polars comme Exbrayat, dans *Tout le monde l'aimait.* Aujourd'hui, la ville espère développer ses atouts, dans les domaines de la culture et du tourisme notamment, même si l'absence de liaisons ferroviaires directes et surtout d'hôtellerie de charme n'incite qu'à un court mais intense séjour.

Arriver – Quitter

Par la route

➢ Périgueux se situe sur l'A 89, qui relie Bordeaux à Lyon en passant par Clermont-Ferrand et Brive-la-Gaillarde. Brive que dessert l'A 20 (Orléans-Toulouse). Et la N 21 passe à Limoges et continue vers Marmande.

En train

Gare SNCF *(plan A1)* ***:*** *11, rue Denis-Papin. ☎ 36-35. • sncf.com •* Nombreux trains tlj en provenance de Sarlat, Limoges et Bordeaux.

En car

Grâce au programme *Transpérigord,* de nombreux cars rallient les principales villes du département. Tous les détails sur *• transperigord.fr •*

Terminal des cars : toutes les lignes passent par la place Francheville *(plan C2-3)* et la plupart à la gare SNCF. Tarif unique (ttes destinations confondues) : compter 2 €. Voici la compagnie opérant depuis Périgueux :
■ ***CFTA :*** *☎ 05-53-08-43-13. • cftaco.fr • transperigord.fr •*

Adresses et infos utiles

Office de tourisme du Grand-Périgueux *(plan C-D2)* ***:*** *9 bis, pl. du Coderc. ☎ 05-53-53-10-63. • grandperigueux.fr • Juil-août : lun-sam 9h-19h, dim et j. fériés 10h-18h ; le reste de l'année : tlj sauf dim 9h-18h.* Une équipe dynamique et souriante. Mention spéciale pour l'accueil. Le service réservation propose plusieurs forfaits-découverte *(infos : ☎ 05-53-53-41-05).* Retrouvez les visites guidées de la ville dans la rubrique « À voir ». Pour les randonneurs, la carte des circuits est également disponible à l'office.

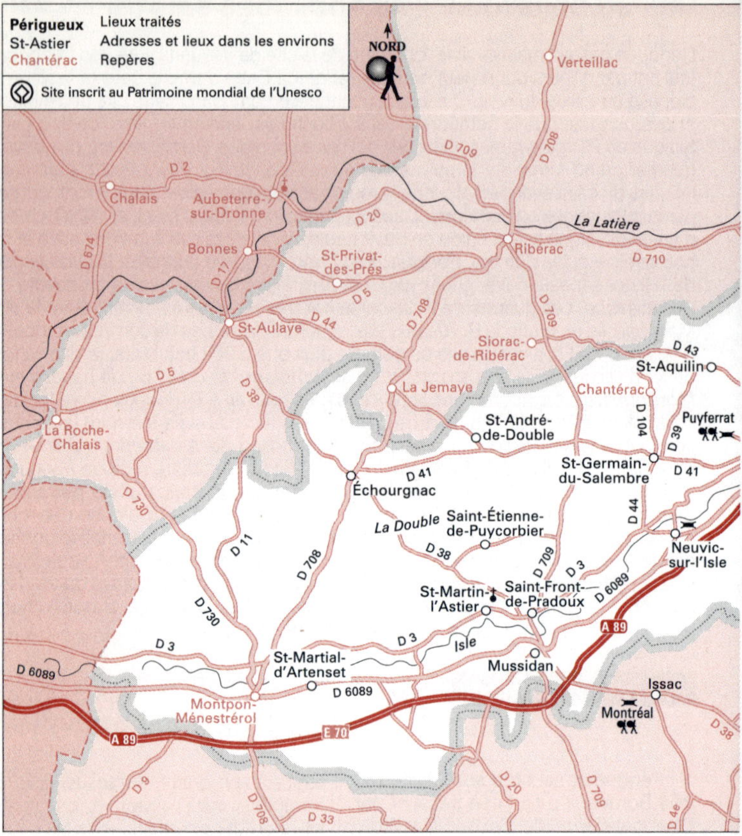

– ***Pass Tourisme :*** *☎ 05-53-53-41-05. • passgrandperigueux.com • Tarifs : 19 € pour 24h, 28 € pour 48h et 38 € pour 72h. Vente en ligne ou dans des points de vente (voir le site).* L'office de tourisme propose désormais 3 formules pour visiter une vingtaine de sites étalés sur le territoire du Grand-Périgueux à moindre coût. Une fois activé, le temps s'écoule. Bon à savoir, le *pass* 72h s'étale sur 7 jours glissants, pour éviter les visites marathon !

■ ***Allo Taxis Périgueux :*** *105, av. Georges-Pompidou. ☎ 05-53-09-09-09. • taxiperigueux.com •* Propose, en plus des courses, des excursions touristiques à la journée ou à la ½ journée.

■ ***Location de voitures :*** les 3 loueurs ci-après ont élu domicile à 2 pas de la gare ferroviaire (pratique). ***Ada,*** *4 bis, av. Henri-Barbusse. ☎ 05-53-05-40-28. • ada.fr •* ***Europcar,*** *7, rue Denis-Papin. ☎ 05-53-08-15-72. • europcar.fr •* ***Avis,*** *12, rue Denis-Papin. ☎ 05-53-53-39-02. • avis.fr •*

■ ***Location de vélos :*** *à Périgueux,* ***Un Vélo pour Tous*** *(au* ***Véloc Café,*** *voir « Où manger ? »), 7, av. Daumesnil. 📱 06-33-48-22-89.*

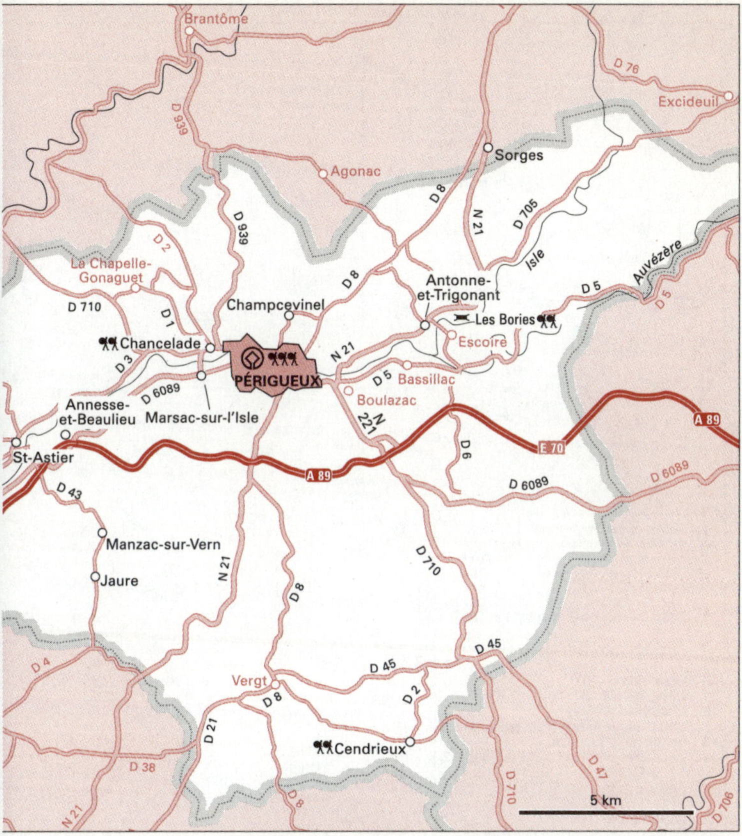

LE PÉRIGORD BLANC

À ***Marsac-sur-l'Isle*** *(6 km à l'ouest),* ***Giant Store,*** *3, bd de l'Horizon, route de Ribérac. ☎ 05-53-53-31-56.* • *giant-perigueux.fr* • ***Ludo Cap,*** *bd de l'Avenir. ☎ 05-53-53-44-62.*

■ ***Parkings :*** *3 parkings* ***Indigo*** *en centre-ville ; Francheville, Montaigne et Théâtre.* 1re demi-heure gratuite.

– ***Marchés au gras :*** *sur la pl. Saint-Louis (plan C-D2). De mi-nov à mi-mars : mer et sam mat.* Périgueux, capitale gourmande du Périgord, est réputée pour ses étals d'oies et de canards, magrets, foie gras... et ses marchés primés, animés par les confréries gourmandes en costume d'apparat (se renseigner à l'office de tourisme).

– ***Marchés fermiers :*** *tte l'année, ts les mat sur la pl. du Coderc (plan C-D2), mer et sam mat sur les pl. de la Clautre (plan C-D2) et de l'Ancien-Hôtel-de-Ville (plan C2). Également un marché nocturne (certains soirs en été, dates disponibles à l'office de tourisme).* Les marchés de Périgueux sont chaleureux, authentiques et hauts en couleur. Ambiance marché de village : en tendant l'oreille, on entendra les petits producteurs locaux s'échanger des nouvelles en occitan, *plan segur (of course)* !

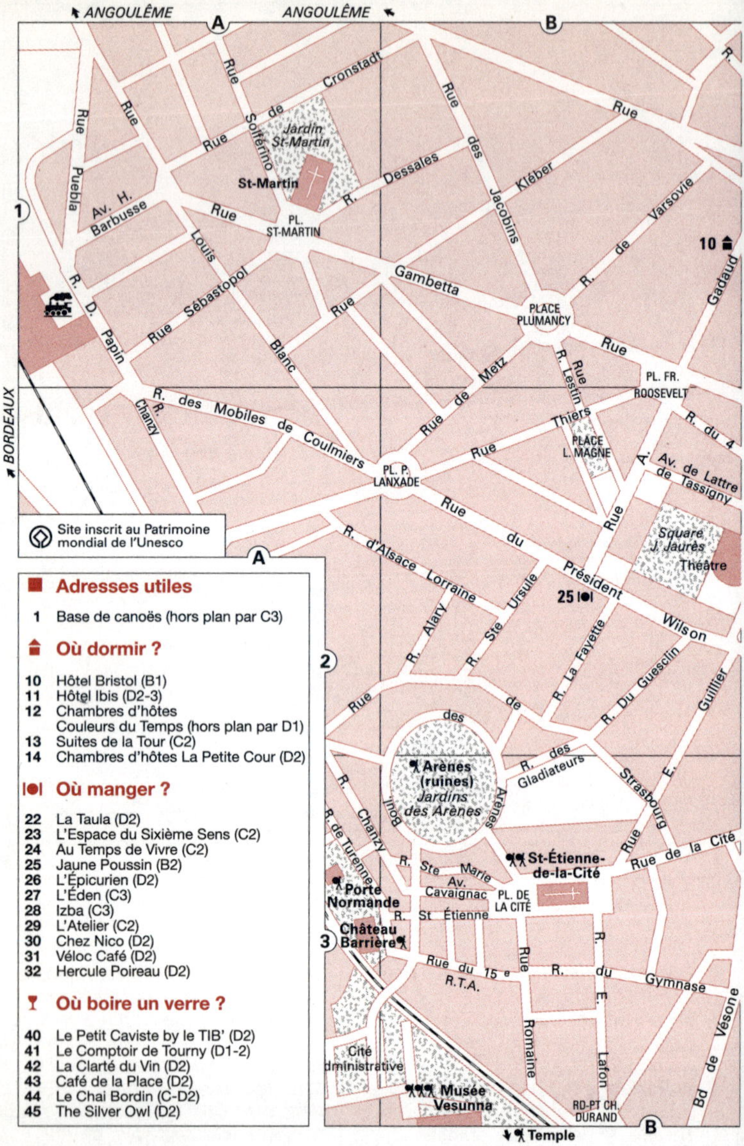

Adresses utiles

1 Base de canoës (hors plan par C3)

Où dormir ?

10 Hôtel Bristol (B1)
11 Hôtel Ibis (D2-3)
12 Chambres d'hôtes Couleurs du Temps (hors plan par D1)
13 Suites de la Tour (C2)
14 Chambres d'hôtes La Petite Cour (D2)

Où manger ?

22 La Taula (D2)
23 L'Espace du Sixième Sens (C2)
24 Au Temps de Vivre (C2)
25 Jaune Poussin (B2)
26 L'Épicurien (D2)
27 L'Éden (C3)
28 Izba (C3)
29 L'Atelier (C2)
30 Chez Nico (D2)
31 Véloc Café (D2)
32 Hercule Poireau (D2)

Où boire un verre ?

40 Le Petit Caviste by le TIB' (D2)
41 Le Comptoir de Tourny (D1-2)
42 La Clarté du Vin (D2)
43 Café de la Place (D2)
44 Le Chai Bordin (C-D2)
45 The Silver Owl (D2)

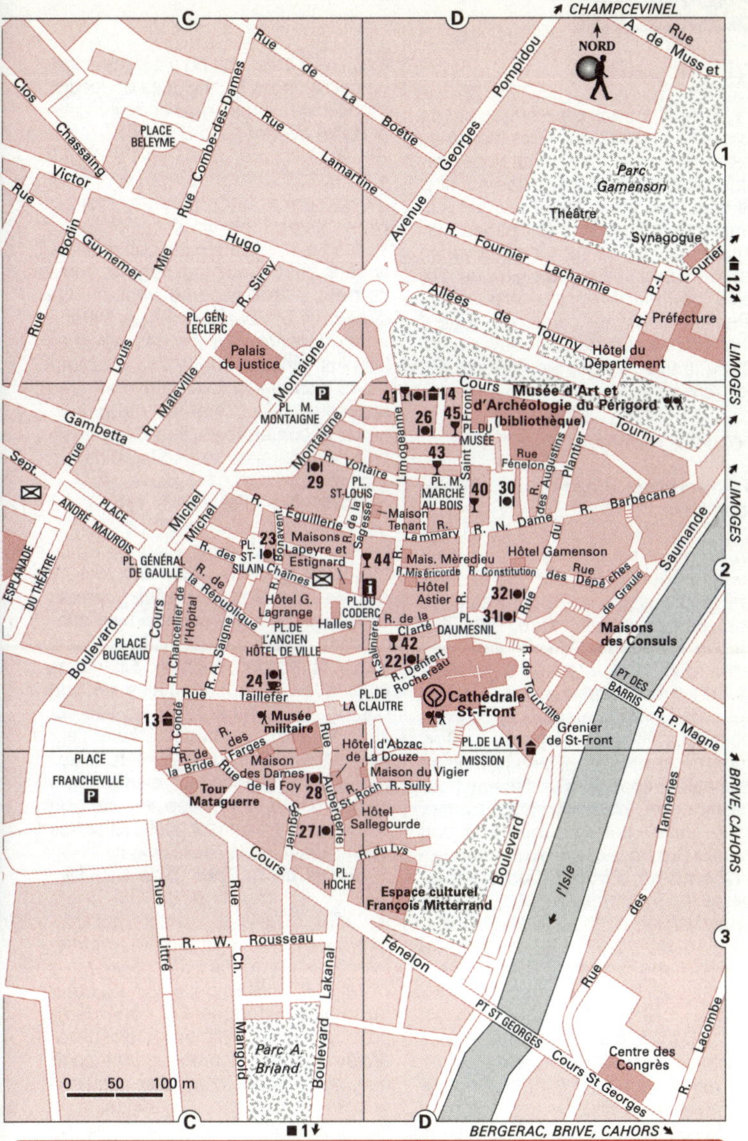
CHAMPCEVINEL
NORD
Parc Gamenson
Théâtre
Synagogue
Préfecture
Hôtel du Département
Musée d'Art et d'Archéologie du Périgord (bibliothèque)
PLACE BELEYME
PL. GÉN. LECLERC
Palais de justice
PL. M. MONTAIGNE
PL. ST-LOUIS
PL. M. MARCHÉ AU BOIS
PL. DU MUSÉE
Maison Tenant
Maisons Lapeyre et Estignard
Mais. Mèredieu
Hôtel Gamenson
Hôtel Astier
Hôtel G. Lagrange
PL. DU CODERC
Halles
PL. DE L'ANCIEN HÔTEL DE VILLE
PL. DAUMESNIL
Maisons des Consuls
PL. GÉNÉRAL DE GAULLE
ESPLANADE DU THÉÂTRE
PLACE ANDRÉ MAUROIS
PLACE BUGEAUD
PLACE FRANCHEVILLE
Cathédrale St-Front
PL. DE LA CLAUTRE
Musée militaire
Hôtel d'Abzac de La Douze
Maison des Dames de la Foy
Maison du Vigier
PL. DE LA MISSION
Grenier de St-Front
Tour Mataguerre
Hôtel Sallegourde
PL. HOCHE
Espace culturel François Mitterrand
Parc A. Briand
Centre des Congrès
PT DES BARRIS
PT ST GEORGES
l'Isle
LIMOGES
BRIVE, CAHORS
BERGERAC, BRIVE, CAHORS
0 50 100 m

PÉRIGUEUX

Où dormir ?

Prix moyens

Il y a, tout autour de Périgueux, de bonnes adresses pour vous mettre au vert et dormir au calme, qui vous permettront de passer du temps en ville, les distances étant assez courtes. On vous les signale dans les pages suivantes, au cas où vous ne trouveriez pas de disponibilité – ou simplement votre bonheur – dans notre courte sélection. Quant aux campings, ils sont à une quinzaine de kilomètres au nord-est de la ville, à Antonne-et-Trigonant (voir plus loin).

De prix moyens à chic

🏠 ***Chambres d'hôtes La Petite Cour*** *(plan D2,* ***14****)* ***:*** *9, rue Roletrou. ☎ 05-53-53-40-24. 📱 06-76-41-64-06. • francois@lapetitecour.house • lapetitecour.house • Doubles à partir de 75 €.* Dans une ruelle qui s'enfonce dans le centre historique, une jolie maison bourgeoise dissimulant une petite cour. Bel intérieur avec parquet en chêne d'origine, pierre apparente, meubles anciens, imposantes cheminées, le tout équipé du confort moderne nécessaire. Dans la maison principale, 2 chambres seulement, pour un séjour en toute intimité. Et enfin, cette – toute – petite cour où il fait bon prendre l'apéro. Accueil sympathique.

🏠 ***Chambres d'hôtes Couleurs du Temps*** *(hors plan par D1,* ***12****)* ***:*** *chez Luc Springinsfeld, 20, bd Albert-Claveille. 📱 06-79-81-83-71. • couleursdutempsdordogne@yahoo.fr • couleursdutempsdordogne.blogspot.com • Doubles 75-85 € ; dégressif à partir de 2 nuits.* Dans le bel arrondi d'une rue en fer à cheval, au bout de laquelle on a une jolie vue sur la ville, et à 2 pas du cœur historique de la ville. Cette petite maison des années 1930 abrite 2 chambres à l'ancienne, bien décorées, avec vieux parquet, tableaux colorés et une jolie salle de bains. La plus chère donne côté jardin, tandis que l'autre a vue sur la rue. Petit déj à prendre dans les chambres (elles sont vastes, avec coin salon), dans lesquelles on trouve également une machine à café, une bouilloire, un frigo, un micro-ondes et quelques douceurs. Propriétaire sympa et très communicatif.

🏠 ***Hôtel Bristol*** *(plan B1,* ***10****)* ***:*** *37, rue Antoine-Gadaud. ☎ 05-53-08-75-90. • hotel@bristolfrance.com • bristolfrance.com • Congés : vac scol de Noël. Doubles env 65-90 € ; familiales. Parking gratuit.* La façade cubique des années 1970 peut surprendre, mais ce petit 3-étoiles d'une trentaine de chambres est parfaitement entretenu et par conséquent l'une des adresses les plus sérieuses de la ville. Les touristes comme la clientèle d'affaires apprécient les chambres modernes, nickel et confortables. Il faut dire aussi que l'accueil est aux petits soins, un gros plus.

🏠 ***Hôtel Ibis*** *(plan D2-3,* ***11****)* ***:*** *8, bd Georges-Saumande. ☎ 05-53-53-64-58. • h0636@accor.com • accorhotels.com • ♿ Doubles env 59-98 € (vérifier les promos).* Un *Ibis,* certes ! Mais il est bien placé, aussi bien géographiquement (face à l'Isle, la rivière locale) qu'économiquement. Chambres classiques et fonctionnelles de bon confort (literie récente), avec vue sur la rivière et/ou sur la cathédrale. Leur seul défaut, c'est qu'elles sont assez petites. Et la déco est évidemment standard. On se rattrape en jetant un œil au vieux grenier sur pilotis à l'entrée et en flânant le long de la rivière.

🏠 ***Suites de la Tour*** *(plan C2,* ***13****)* ***:*** *13, rue Condé. ☎ 05-53-53-38-68. 📱 06-77-82-07-46. • contact@suitesdelatour.fr • appartements-hotels-perigueux-dordogne.suitesdelatour.fr • Doubles 89-129 € ; dégressif.* Au cœur du centre historique, un hôtel particulier entièrement reconverti en suites-appartements. À l'intérieur, beaucoup de charme : cage d'escalier ancienne et pierre apparente. Les suites, d'un vrai bon confort, sont décorées de façon contemporaine. Certaines avec poutres apparentes, d'autres dotées de balcons avec vue. Possibilité de se faire livrer le petit déj. La même propriétaire propose également la *Suite du Théâtre,* à 2 pas, dans un esprit design vraiment sympa.

Où manger ?

Beaucoup de bonnes adresses en ville, témoignant de la richesse gastronomique de la région. Mais trouver mets à son palais un dimanche soir ou un lundi est une véritable gageure...

Très bon marché

|●| ***Jaune Poussin*** *(plan B2,* ***25****) : 33, rue du Président-Wilson. ☎ 05-53-06-90-70. • jaunepoussin24@gmail.com • Lun-ven 11h45-13h45. Congés : 1 sem en mai, 3 sem en août et pdt les fêtes de fin d'année. Buffet à volonté (hors boissons) 12,30 €. Café offert sur présentation de ce guide.* Cette immense salle en sous-sol a plus l'air d'un ancien bowling (ce qu'elle était !) que d'un restaurant classique. Néanmoins, les Périgourdins qui ont peur du coup de gourdin viennent s'y restaurer, pour 3 fois rien, et sans déplaisir. Gérard Caillé a sorti sa formule anticrise : un énorme buffet avec une quinzaine d'entrées, 1 ou 2 plats du jour, fromage, salade, et un bon choix de desserts. Bien sûr, ce n'est pas de la haute gastronomie, mais c'est du frais, du vrai fait maison dans un registre familial, y compris le pain et les pâtisseries. À ce prix-là, qui dit mieux ? Imbattable, d'autant que l'accueil est vraiment sympa.

|●| ☂ ***Véloc Café*** *(plan D2,* ***31****) : 7, av. Daumesnil. 📱 06-33-48-22-89. • unvelopourtous@gmail.com • Tlj 7h30-21h (13h dim). Cuisine ouv seulement le midi. Plat du jour env 12 €.* Au pays du bric et du broc, les chineurs et amateurs de déco rétro trouveront largement leur bonheur ici. Luminaires délirants, meubles en formica et vélos vintage occupent l'espace en un joyeux mélange. Bonne cuisine de grand-mère préparée avec les produits du marché. Carte courte (2 plats, du genre blanquette et pot au feu, et 2 desserts), signe de fraîcheur ! Un peu d'attente, car le sympathique patron est tout seul en cuisine et en salle. Jeux de société et de la lecture pour passer le temps. Location de vélos classiques et à assistance électrique. Jolie terrasse fleurie avec vue sur la cathédrale.

De bon marché à prix moyens

|●| ☂ ***L'Éden*** *(plan C3,* ***27****) : 3, rue de l'Aubergerie. ☎ 05-53-06-31-08. • restaurant.eden.24@gmail.com • Tlj sauf dim-lun et mar soir. Résa conseillée le soir. Formules déj 12,90-15,90 € ; menus 17,90-27,90 ; carte env 25 €. Café offert sur présentation de ce guide.* 3 petites salles intimistes aux murs de pierre apparente. Le chef (qui est aussi le patron) travaille selon arrivage et change ses menus tous les 15 jours ; vous allez vous régaler avec sa « cuisine de saison soignée » (c'est son expression), si vous savez prendre votre temps. *L'Éden* est connu pour son rapport qualité-prix, or le lieu n'est pas grand et le service parfois un peu long... Pensez à réserver une des tables du petit jardin, aux beaux jours.

|●| ☂ ***Izba*** *(plan C3,* ***28****) : 19, rue Aubergerie. ☎ 05-53-09-37-51. • contact@restaurant-izba.com • ♿ Tlj sauf dim-lun 12h15-15h. Formules 15-18 € ; carte 24 €.* Une *izba,* c'est une « maison traditionnelle en bois des paysans russes ». Ce n'est donc pas un hasard si les origines slaves de la cuisinière se retrouvent dans les savoureux plats. Du végétarien et du végétalien bio préparés chaque jour en fonction du marché, du style bortsch, millefeuille de blinis, crumble courgettes-menthe, tarte aux herbes. Le tout est produit localement. Reposant pour le corps comme pour l'esprit. Agréable terrasse dans une courette juste derrière.

|●| ☕ ☂ ***Au Temps de Vivre*** *(plan C2,* ***24****) : 10, rue Saint-Silain. ☎ 05-53-09-87-18. ♿ Ouv tlj 12h-18h sauf dim. Plats env 13-17 €.* Une petite adresse cocooning pour venir s'offrir le midi des ris de veau aux cèpes, une salade périgourdine, un poisson du jour accompagné d'un risotto, ou un burger de canard, le tout réalisé à base de produits frais. Service rapide et accueil très sympa. Pas mal non plus pour une pause sucrée-salée dans l'après-midi, la maison faisant aussi salon de thé.

|●| ⛱ ***L'Espace du Sixième Sens*** *(plan C2,* ***23****) : 6, pl. Saint-Silain. ☎ 05-53-09-24-29. • delpeyfrancis@orange.fr • Ouv du petit déj à l'apéro en juil-août ; fermé le dim soir et le lun hors saison ; ouv certains j. fériés. Plats 10-18 €.* Pour casser la croûte à toute heure, des assiettes réjouissantes, comme l'omelette aux cèpes et les coquillettes aux truffes d'été, à moins que vous ne préfériez le risotto à la truffe. Au choix, terrasse sur la place ou les quelques tables au coude-à-coude dans la micro-épicerie.

|●| ⛱ ***Chez Nico*** *(plan D2,* ***30****) : 4, rue Judaïque (pl. de la Vertu). ☎ 05-53-54-93-21. Ouv mar-ven ainsi que sam soir. Formules déj en sem 15-18 € ; carte 30 €.* Sièges rouges, fresques colorées, pierre apparente, service souriant qui a du caractère, comme la cuisine que Nico prépare en coulisses, du sérieux, du savoureux. À l'ardoise, des ravioles de gambas émulsion gingembre-citronnelle côté mer, des ris de veau si on est dans le trip, ou un bon tataki de thon si on aime les voyages. La terrasse est accueillante, l'ambiance est plus Sud-Ouest que gastro, on aime.

De prix moyens à chic

|●| ⛱ ***La Taula*** *(plan D2,* ***22****) : 3, rue Denfert-Rochereau. ☎ 05-53-35-40-02. • lataula@laposte.net • Tlj sauf lun midi. Formule déj en sem 19 € ; menus-carte 35-40 €.* Bonne et belle cuisine de tradition réalisée avec les produits du marché. Une qualité hyper régulière, des préparations rigoureuses et classiques, un cadre tout aussi classique : les habitués apprécient. Terrasse.

|●| ⛱ ***L'Atelier*** *(plan C2,* ***29****) : 2, rue Voltaire. ☎ 05-53-04-56-71. • restaurant.atelier.perigueux@gmail.com • Tlj sauf dim-lun. Le midi en sem, formules 20-24 € ; menus 34-60 € et carte env 40-60 €.* Cyril Haberland, dont la réputation n'est plus à faire dans la région, réserve à vos papilles bien des surprises. Ce chef talentueux propose une carte courte changeant au gré des saisons et sublime les produits du coin grâce à des cuissons justes et des associations surprenantes. Cadre contemporain sobre et élégant.

|●| ⛱ ***L'Épicurien*** *(plan D2,* ***26****) : 1, rue du Conseil. ☎ 05-53-09-88-04. • lepicurien.g2l@gmail.com • ♿ Tlj sauf dim soir, mar soir et mer. Formule et menu déj en sem 16,50-19,50 € ; puis 29-38 € le soir et carte 50 €.* Ici, on fait dans l'intimisme, côté salle ou terrasse, et la sincérité, côté cuisine. Pas d'esbroufe inutile, juste du travail précis dans l'assiette, du terre-mer frais et savoureux réalisé par Gilles Labbé, un Breton désormais marié au Périgord. Entre le tourteau et les superbes viandes maturées, le cœur balance, mais tout est un régal. Courte carte des vins.

|●| ***Hercule Poireau*** *(plan D2,* ***32****) : 2, rue de la Nation. ☎ 05-53-08-90-76. • romainsauvage@hotmail.com • ♿ Tlj sauf mar-mer. Formules déj sauf dim 17-21 € ; le soir, menus 29-44 €.* Le héros d'Agatha Christie aurait été parfaitement à son aise dans cette salle en partie voûtée, où l'on mange en s'essuyant délicatement les moustaches, et où il n'y a pas de terrasse ni de bruit extérieur pour distraire de l'assiette. Chez Romain Sauvage, il est décidément bien agréable de s'attabler en bonne compagnie. C'est aussi un des rares restos où toute la carte fait envie.

Où manger dans les environs ?

|●| ⛱ ***La Table du Pouyaud*** *(hors plan par D1) : route de Paris, 24750* ***Champcevinel.*** *☎ 05-53-09-53-32. • tabledupouyaud@laposte.net • À 4 km du centre de Périgueux, par l'av. Pompidou (la D 8). Tlj sauf dim soir-lun. Formule déj en sem 24 € ; menus 34-78 € ; carte env 50 €.* Ne vous fiez pas à l'environnement, poussez la porte en confiance, comme font les habitués. Gilles Gourvat, un enfant du pays, est revenu au bercail après avoir tourné chez les plus grands. Son resto est à son image, simple et raffiné ; le genre de table pas crâneuse qui vous met les papilles en émoi. Une excellente adresse. Terrasse aux beaux jours.

Où boire un verre ? Où grignoter sur le pouce ?

De jour, les places de la vieille ville se prêtent parfaitement à la pause, autour d'un apéro ou d'un petit noir. Chacune d'entre elles a d'ailleurs son bar : du bistrot à papa jusqu'au rade étudiant. Le matin, c'est marché : on choisit son camp entre fleuriste ou vendeur de merveilles de gueule façon Périgord profond. Plus tard... ça coince ! La vie nocturne de Périgueux a du mal à séduire. Malgré tout, quelques lieux attirent la jeunesse locale et les touristes en saison, mais préférez tout de même le week-end si vous cherchez un peu d'ambiance.

Le Petit Caviste by le TIB' *(plan D2, **40**) : 12, rue Saint-Front. 06-64-28-97-72. Mer-sam, 11h-14h, 17h-23h. Fermé dim-mar. Brunch le w-e (11h-15h) 16 €.* Un caviste bar à vins pas comme les autres ! Les vins sont conditionnés dans des TIB', sorte de boîte plus légère qu'une bouteille mais qui ne prend pas plus de place, recyclable, et qui contient environ 1,5-2 l ! L'emballage est plutôt joli et le vin garde toute ses saveurs 3 semaines après l'ouverture. Bien évidement on entre ici aussi pour boire un verre, accompagné d'une planche (fromage, charcuterie), dans un décor contemporain réussi. Les 2 propriétaires sont de bon conseil pour choisir, dans la sélection, plutôt tournée vers les petits récoltants en bio ou en culture raisonnée, le nectar qui vous convient. On peut aussi profiter du brunch le week-end.

Le Comptoir de Tourny *(plan D1-2, **41**) : 6, cours Tourny. ☎ 05-53-13-92-99. Tlj sauf dim, 7h30-1h (20h lun-mar). Plat du jour 13 €, menus 16-18 €.* Cette grande brasserie reprise par « une bande de copains » a fait peau neuve. Belle terrasse aux beaux jours pour se poser et boire un verre à toute heure de la journée, ou profiter de la grande salle lumineuse, même les jours de pluie. On peut aussi s'y restaurer d'un plat du jour ou des menus d'un très bon rapport qualité-prix.

La Clarté du Vin *(plan D2, **42**) : 4, rue de la Clarté. ☎ 05-53-47-45-80-25. Mar-sam 11h-22h. Fermé dim-lun.* Une ambiance bien sympa dans ce joli bar à vin. Belle terrasse pour se délecter des flacons proposés, accompagnés de tapas goûteuses. Une bonne halte pour un apéro-dinatoire entre amis !

Café de la Place *(plan D2, **43**) : 7, pl. du Marché-au-Bois. ☎ 05-53-08-21-21. • cafedelaplace24@gmail.com • Tte l'année, tlj 8h (9h dim)-1h. Fermé 1er janv et 25 déc.* Sur cette petite place arborée aux portes du quartier piéton, les Pétrocorien(ne)s et visiteurs de tout âge investissent la salle rétro façon vieux bistrot parisien ou la terrasse avec parasols dès le petit déj. Dans une ville pas des masses animée le soir c'est aussi une des rares occasions d'user de la permission de minuit... Et régulièrement, un petit concert (voir la programmation sur leur page Facebook). Bon accueil.

Le Chai Bordin *(plan C-D2, **44**) : 8, rue de la Sagesse. ☎ 09-81-89-40-65. • contact@lechaibordin.com • Mar-sam 10h-12h30, 15h-21h (22h jeu-sam) ; bar à vins à partir de 18h (plus sam midi). Fermé dim-lun (sauf dim mat juil-août).* Ce caviste a voulu faire de sa boutique un lieu de convivialité, un repaire chaleureux où l'on peut goûter au verre ses jolies trouvailles dans les vignobles d'ici et d'ailleurs, dans le bar à vins situé juste en face. Petite terrasse dans une cour à l'arrière. Prix très démocratiques et vins friands (renouvelés chaque semaine). Fromages et charcuterie du coin pour casser la croûte. Idéal à l'heure de l'apéro !

The Silver Owl *(plan D2, **45**) : 25, rue Saint-Front. ☎ 09-72-89-13-21. Tlj 18h-1h sauf dim-lun (ouv lun juil-août).* On sirote ici de bons cocktails, à base de produits naturels, parfois dotés d'un zeste d'originalité. Les fans peuvent même participer aux ateliers de préparation organisés régulièrement. Belles planches pour picorer, cocktails sans alcool et des soirées à thème pour accompagner le tout. Quelques tables accolées au bar à l'extérieur. Superbe accueil.

À voir

2 quartiers distincts à visiter : la ville médiévale et Renaissance, tout autour de Saint-Front, et la ville gallo-romaine. Des plans historiques avec propositions de circuits et commentaires des monuments sont distribués à l'office de tourisme, très bien documenté.

➢ ***Les visites-découverte :*** *programme à l'office de tourisme des différentes visites-découverte commentées par des guides conférenciers agréés par le ministère de la Culture. La tour Mataguerre est en visite libre en juil-août, lun, mer et sam 11h-13h, 14h-18h ; mar, jeu et ven 14h-17h ; excursions en bus aux alentours de Périgueux animées par les mêmes guides en juil-août ; à la journée ou ½ journée. Se renseigner.* La ville possède un riche patrimoine historique, et des équipes dynamiques qui savent le mettre en valeur. Ne ratez pas ces intéressantes visites qui font découvrir Périgueux de l'intérieur (avec accès à des sites habituellement fermés au public). En juillet et août, des promenades nocturnes insolites, parfois ponctuées de rencontres avec des artistes ou une dégustation. Les mercredis de mi-juillet à fin août, des ateliers pour enfants autour d'un thème historique *(compter 3 €).* Un bon moyen d'initier les gouassous (c'est comme ça qu'on dit par ici !) à l'histoire.

Dans la ville médiévale et Renaissance

Le circuit dans la ville médiévale est jalonné de coquilles Saint-Jacques incrustées dans les pavés. Elles rappellent que Périgueux est une étape majeure sur la route de Saint-Jacques-de-Compostelle. La balade sur la trace des coquillards mène directement à la cathédrale Saint-Front. Celle-ci ainsi que l'abbaye de Saint-Avit-Sénieur sont les seuls lieux cités comme « remarquables » en Dordogne depuis que le pèlerinage a été inscrit au Patrimoine mondial de l'Humanité, en 1998.

La cathédrale Saint-Front *(plan D2)* **:** *(seulement la cathédrale ; entrer rue Saint-Front). Ouv tlj : 9h-19h30 juil-août ; 8h30-18h30 le reste de l'année. Visite sur résa des toits de la cathédrale : mars-oct, tlj sauf dim ; 6 € ; réduc (6 à 8 départs/j. ; rens à l'office du tourisme).*
Elle a vraiment fière allure et domine la ville historique. Vision la plus pittoresque depuis la place de la Clautre et le pont des Barris. L'évêque Raoul de Couhé entreprit l'une des croisades en Orient, d'où le plan en croix grecque de la cathédrale (comme à Saint-Marc de Venise) : elle est la seule cathédrale romane en France à être bâtie sur ce modèle. Construite au XIe s, agrandie au XIIe s, elle ne possède pourtant guère plus que le clocher d'origine et la façade du XIe s donnant sur la place de la Clautre. Elle fut restaurée au XIXe s. Toujours très vénérée car elle renfermait les reliques de saint Front (évangélisateur de la région) jusqu'en 1575, elle n'est cathédrale de Périgueux que depuis 1669. À l'intérieur, très beau retable baroque du XVIIe s : les 2 statues sculptées dans le bois qui encadrent le retable (l'archange Gabriel et la Vierge Marie) ont les traits de Louis XIII et d'Anne d'Autriche ! Gros travail de ciselage des colonnes. Un Hercule en bois sculpté soutient la chaire en noyer sculpté de la cathédrale. Quant au monumental lustre principal (au centre), il illumina Notre-Dame de Paris lors du mariage de Napoléon III.

UN PETIT AIR MONTMARTROIS

Dès le 1er regard, la cathédrale a un petit air de déjà-vu. Forcément. Paul Abadie, qui la restaura en 1852, a fait un copier-coller des plans des bâtisseurs du XIIe s pour dessiner, 20 ans plus tard, la basilique du Sacré-Cœur... à Montmartre.

– **Le cloître :** *accès depuis la boutique à l'angle sud-ouest de la croisée de transept. Ouv avr-oct, tlj 14h15-17h30. Entrée : 1,50 € ; gratuit moins de 18 ans.* Il est mi-gothique, mi-roman. Et vice versa. Dépouillé, il offre un point de vue un peu différent sur l'abbatiale. Quelques jolis culs-de-lampe accueillent les retombées des arcatures de voûtes. Au centre a été déposé l'ancien dôme de pierre qui couronnait le clocher (déposé par Abadie lors de la restauration du XIXe s). À noter, sur les piliers, des incrustations de silex noir : une caractéristique de la pierre locale. Presque tous les édifices du vieux Périgueux portent clairement les restes d'empreintes de ces silex, généralement retirés pour éviter la moucheture des façades. En dehors des horaires d'ouverture, le cloître reste visible au travers d'une grille, place de la Clautre.

Le musée d'Art et d'Archéologie du Périgord *(plan D2) : 22, cours Tourny. ☎ 05-53-06-40-70. • perigueux-maap.fr • Tlj sauf mar et j. fériés : en sem 10h30-17h30 (10h-17h oct-mars) ; le w-e 13h-18h. Entrée : 6 € ; réduc ; gratuit moins de 18 ans ; supplément visite commentée 1 € ; gratuit également le jeu 12h30-13h (début oct-fin avr) lors de la « pause-musée » : une belle mise en bouche qui permet de s'arrêter sur une œuvre en particulier et de la découvrir à travers les commentaires des conservateurs et des chercheurs pdt env 30 mn. Billet jumelé avec Vesunna : 9 € ; réduc.*

Un vrai musée comme jadis, avec ses étiquettes et ses parquets cirés qui grincent sous les pas ; le 1er musée créé en Dordogne ! Il occupe d'ailleurs un bâtiment construit tout spécialement pour l'accueillir, désormais classé Monument historique. Très riche, il expose la 4e collection de France de vestiges préhistoriques. Très intéressante présentation d'archéologie et des beaux-arts, avec une section d'ethnographie non européenne (Afrique et Océanie). On la doit à Maurice Féaux et à Édouard Galy, passionnés de préhistoire. Ils se sont lancés dans une étude comparée des peuples « primitifs », fondant ainsi l'« ethnologie comparée » à la fin du XIXe s. Riche section des îles du Pacifique, Samoa, Nouvelles-Hébrides, Nouvelle-Calédonie. Quelques pièces curieuses comme ces sabres et lances à pointes de dents de requin des îles Gilbert. En peinture, salles présentant des tableaux du XVIe au XIXe s. Dans la salle XVIe s, vous trouverez le portrait original de Pierre de Bourdeille, abbé de Brantôme, auteur du célèbre livre *Vies des dames galantes.* Également une remarquable section contemporaine avec de splendides sculptures d'Étienne Hajdu. Section lapidaire dans le cloître avec des pierres et des vestiges gallo-romains, ainsi que de nombreux décors sculptés provenant de la cathédrale Saint-Front.

Le public est ici au centre des préoccupations du musée. Nombreuses installations ludiques et espaces sont mis à disposition, sous le signe de la convivialité et du partage.

– Possibilité de pique-niquer dans la cour centrale, très agréable. Entre 2 œuvres, jeux de dames et d'échecs à disposition.

– Pour les enfants, jeux de piste, carnets-découverte, ateliers-vacances *(lun et jeu à 14h, se renseigner),* visites commentées des sections sur la préhistoire à 15h *(mer et ven en été)* et des expos temporaires (qui changent 5 à 6 fois par an).

Le Musée militaire du Périgord *(plan C2-3) : 32, rue des Farges. ☎ 05-53-53-47-36 ou 05-53-53-10-63 (office de tourisme). Tte l'année, lun-sam 14h-18h. Fermé dim et j. fériés. Entrée : 5 € ; réduc ; gratuit moins de 12 ans.*

Petit musée associatif ouvert en 1911 par les vétérans de la Dordogne (dont les anciens de la guerre franco-prussienne de 1870). Il présente de nombreux documents et objets sur l'histoire militaire française, avec logiquement un focus sur la région, et honore tous les combattants locaux, des plus humbles aux plus célèbres. Présentation très dense, voire touffue ; plus de 15 000 pièces ! On n'est pas obligé de tout aimer, mais, sur le plan historique, on y trouvera toujours des infos, des détails, des documents insolites. Musée touchant, plus nostalgique que guerrier, d'autant qu'il est entre les mains de connaisseurs. À visiter en famille, pour revivre le quotidien de ceux dont de simples objets, parfois, des armes aussi, bien sûr, rappellent le souvenir, de l'époque médiévale à nos jours.

Le quartier du Puy-Saint-Front : c'est l'ancienne ville médiévale. Secteur sauvegardé, l'un des plus pittoresques de France : hôtels particuliers, demeures Renaissance, ruelles aux tracés alambiqués, le tout empreint d'un charme doucereux. Impossible de tout décrire, en voici les plus beaux fleurons.

– ***La tour Mataguerre*** *(plan C3)* ***:*** la dernière des 28 tours des fortifications médiévales. Au n° 4 de la rue des Farges, maison des Dames de la Foy, du XIIe s, transformée en couvent au XVIIe s, où aurait été hébergé le connétable Du Guesclin. Rue Aubergerie, hôtel d'Abzac de La Douze (XVe s) avec sa tour octogonale, symbole de richesse. Voir encore l'hôtel de Sallegourde (XVe s), avec son haut pignon donnant sur rue et sa tour en encorbellement.

– ***La rue du Calvaire :*** âpre et dure à gravir. Elle était empruntée par les condamnés au pilori, et, pendant la Révolution, par ceux à qui on infligea la guillotine. Belles demeures aux nos 1, 3 et 4. Au n° 7, une intéressante bâtisse de style Renaissance.

– ***La galerie Daumesnil :*** *attention, les grilles ferment à 21h.* Débute au n° 3 de la rue Limogeanne et débouche rue de la Miséricorde. Succession de passages et de petites places intérieures fort bien restaurés, très belles façades. Des fenêtres de tous les styles vous reluquent d'en haut.

– ***La rue Limogeanne*** *(plan D2)* ***:*** part de la place du Coderc (*per couda* signifie « pour paître » en occitan : on y faisait paître les bêtes au Moyen Âge). Rue commerçante et vivante, bordée d'élégants hôtels particuliers. Au n° 1 (à l'angle de la place), la demeure Lapeyre avec tourelle d'angle. À côté, au n° 3, superbe porte Renaissance avec fronton triangulaire orné de la salamandre de François Ier. Au n° 5, détailler la belle façade (fenêtre à meneaux, lucarnes, têtes d'hommes et d'animaux). Au n° 12, hôtel de Mérédieu. Belle porte sculptée et tympan armorié.

UN GÉNÉRAL QUI A SU TENIR LA JAMBE AUX PRUSSIENS !

Natif de Périgueux, Daumesnil fut de toutes les bravoures. Un personnage intrépide qui protégea de son corps le jeune général Bonaparte, menacé par l'explosion d'une bombe en Égypte. On le retrouve général à Wagram, où il perd une guibole. Le personnage, façon Cyrano de Périgueux, ne manque pas de repartie. En 1814, gouverneur du château de Vincennes qui renferme un énorme arsenal, il répond aux sommations des Prussiens : « Rendez-moi ma jambe et je vous rendrai Vincennes. »

– ***La rue de la Sagesse :*** mène à la charmante place Saint-Louis. Ici se tient les mercredi et samedi de mi-novembre à mi-mars un « marché au gras ». À l'angle de la place Saint-Louis et de la rue Éguillerie s'élève la maison du Pâtissier, très belle demeure du XIVe s, remaniée au XVIe s, avec tourelle en encorbellement. Voir la très belle porte à fronton en forme de conque.

– ***La rue Notre-Dame :*** là convergent de façon très œcuménique les rues de la Vertu, Saint-Joseph et... des Francs-Maçons, tandis que la rue Judaïque indique une importante présence de la communauté juive au Moyen Âge dans ce quartier.

– ***La rue de la Constitution*** *(plan D2)* ***:*** élégants hôtels particuliers aux nos 3 (porche en accolade) et 7 (à l'intérieur, puits avec coupole du XVIIe s). Rue du Plantier et rue Barbecane, nombreux beaux porches et hôtels particuliers.

– ***La rue de l'Abreuvoir :*** elle menait à un abreuvoir médiéval (d'où le nom). Pittoresque avec ses escaliers, ses nombreuses rigoles en gros pavés se ramifiant.

Elle aboutit aux rues du Port-de-Graule et Sainte-Marthe. Sombres, étroites, tortueuses, elles ont gardé quasiment intacte leur atmosphère médiévale.
– ***La maison des Consuls*** *(plan D2)* **:** *bd Georges-Saumande.* Construite au XVe s. Une curiosité : édifiée en partie sur l'ancien rempart (dont on distingue les mâchicoulis). Belles lucarnes Renaissance. Au no 17, la *maison Lambert* du XVIe s, aux élégantes galeries joliment décorées, fenêtres à meneaux et fines sculptures. Après l'avenue Daumesnil, allez admirer le Vieux Moulin à pans de bois et encorbellement, ancienne loge de guet, bâti sur un fragment de rempart.

Dans la ville gallo-romaine

L'Aquitaine comptait 21 cités à l'époque gallo-romaine, dont celle de Vesunna (dans l'actuel quartier de Vésone), du nom d'une divinité gauloise, déesse tutélaire de la cité. Cette cité connut son apogée au IIe s apr. J.-C., et, au même moment, une importante révolution sociale : l'arrivée du christianisme. À la fin du IIIe s-début du IVe s, la ville va s'enfermer dans un mur d'enceinte et prend, à ce moment-là, le nom de « cité des Pétrocores ». Mais la cité antique fut peu à peu abandonnée.

★★ ***L'église Saint-Étienne-de-la-Cité*** *(plan B3)* **:** édifiée aux XIe et XIIe s. Elle fut cathédrale de Périgueux jusqu'au XVIIe s. Lors d'une révolte protestante au XVIe s, elle fut amputée de 2 travées. Ça donne une curieuse façade où l'on distingue encore des amorces de pendentifs et de travées. À l'intérieur, architecture du plus pur roman. Le volume est imposant mais n'a rien pour émouvoir. Immense retable en noyer sculpté de pampres. Fonts baptismaux du XIIe s.

★ ***Les arènes*** *(plan B2-3)* **:** vestiges d'un amphithéâtre édifié au Ier s. Au Moyen Âge, il servit de soubassement à l'édification d'un château fort, puis de carrière pour la construction de nombreux bâtiments de la ville. Malgré cela, les portions de voûtes et d'escaliers qui subsistent laissent deviner son ampleur passée (il fut l'un des plus vastes de la Gaule, comparable à ceux de Nîmes et d'Arles). Depuis le XIXe s, un jardin public *(ouv tlj 7h30-18h30, jusqu'à 21h en saison)* en épouse les anciens contours, permettant de baguenauder entre ces fondations de pierres à fleur de terre.

★ ***La porte Normande*** *(plan A3)* **:** avec vestiges du rempart. Noter les matériaux composites prélevés sur les monuments romains (entablements, linteaux, chapiteaux, etc.). Belle vue sur le château Barrière.

★ ***Le château Barrière*** *(plan A3)* **:** à côté d'une maison romane du XIIe s. Tous 2 sont construits sur le mur d'enceinte gallo-romain (gros blocs de pierre). Donjon datant du XIIe s, assis sur une tour de l'enceinte gallo-romaine. Le corps principal du bâtiment date, lui, du XVe s. Belle porte à arc en accolade.

★ ***Le temple et la tour de Vésone*** *(hors plan par B3)* **:** au milieu d'un agréable jardin public *(ouv tlj 7h30-18h30, jusqu'à 21h en saison),* la tour de Vésone, haute de 24 m, date du IIe s. Le jardin permet d'en faire le tour. C'est la partie la plus sacrée, vestige d'un grand temple dédié à la divinité qui protégeait la ville. Superbe appareillage de pierres, entrecoupé de lignes de briques. Une grosse brèche (la porte) déchire tout un côté. Couvert autrefois de plaques de marbre (on peut voir encore les crochets en partie haute).

★★★ 👪 ***Vesunna – Site-musée gallo-romain*** *(plan B3)* **:** *20, rue du 26e-R.-I., parc de Vésone. ☎ 05-53-53-00-92. • vesunna@perigueux.fr • perigueux-vesunna.fr • ♿ Oct-mars : mar-ven 9h30-12h30, 13h30-17h ; w-e 10h-12h30, 14h30-18h ; fermé j. fériés. Avr-juin et sept : mar-ven 9h30-17h30 ; w-e 10h-12h30, 14h30-18h ; ouv j. fériés. Juil-août : tlj 10h-19h. Fermé 2 sem en janv. Entrée : 6 € ; réduc ; gratuit moins de 18 ans. Audioguide : 1 €. Visite guidée et animations les ap-m en été. À noter, une excellente initiative, par Toutatis : en plus des*

explications classiques pour les parents, le musée propose un audioguide (« Apollinaris et la colère des dieux » : c'est vous dire !) ludique et didactique rien que pour les « plupetix ». Billet jumelé avec le musée d'Art et d'Archéologie : 9 € ; réduc. Circuit piéton au départ du musée pour découvrir les monuments de la ville romaine, « De Vesunna à la Cité », qui se décline aussi en application smartphone (« Périgueux Visite Patrimoine »).
À côté du temple, on a découvert en 1959 les vestiges d'une demeure urbaine gallo-romaine (ou *domus*), à l'occasion d'un projet de construction de HLM.
Ce splendide musée place la maison dans son contexte urbain (plans, maquettes, et un film de 13 mn avec animation en 3D, *La Domus de Vésone et son décor,* et développe les différents aspects de la vie quotidienne des Pétrocores sur ce site (activités, artisanat, coutumes). On peut y observer les plus beaux vestiges de la ville antique : statues, céramiques, bijoux, blocs sculptés, etc. La muséographie de Jean Nouvel a privilégié le verre, le béton, le bois et la lumière au sein de l'environnement verdoyant du jardin de Vésone. Au plafond, un plan des murs répond comme un miroir aux fondations visibles au sol. Une mezzanine permet d'embrasser le site dans son ensemble.

À faire

La voie verte : *brochure disponible à l'office de tourisme.* Aménagé par la communauté d'agglomération périgourdine, ce parcours s'étire sur presque 30 km de voies, entre Trélissac et Marsac-sur-l'Isle, sur les berges de l'Isle et du canal, qui permettent de découvrir la ville de manière différente. Une escapade nature à réaliser en famille à pied, à vélo ou à rollers. Génial pour traverser le grand Périgueux sans voiture. À certains endroits, on peut même échanger son vélo pour un canoë sur la voie bleue et goûter aux joies du franchissement de barrages. Il y a 11 passes à canoës, spécialement aménagées à cet effet. On peut sinon plus simplement emprunter le bac de Campniac pour passer d'une rive à l'autre. Cet itinéraire permet de rejoindre au pont de Gravelle une véloroute de 86 km, d'Annesse-et-Beaulieu à Pizou, qui devrait permettre aux sportifs de gagner la Gironde à Libourne.

Association loisirs Périgueux : *brochure disponible à l'office de tourisme. ☎ 05-53-04-24-08 (Périgueux Canoë-kayak). • perigueuxcanoe@wanadoo.fr • perigueuxcanoe.org • Juil-août, tlj 10h-18h. À Périgueux, la* ***base de canoës*** *se situe au* ***moulin de Sainte-Claire*** *(hors plan par C3,* ***1****).* Comme une réponse du gabarier à la bergère, la voie bleue trace son chemin sur l'Isle en parallèle de la voie verte. Différents circuits possibles. *Compter 6 €/pers.* Les clubs de canoë proposent d'autres types de sorties, dont un très original « Cocktail-Flambeaux au fil de l'Isle », en été *(résa conseillée).* Également, sous le titre « sentiers nautiques », des balades à thème sur le patrimoine et l'environnement. Découverte, pour ceux qui ne connaissent pas encore, du *stand-up paddle.*

– ***Golf municipal de Périgueux :*** *domaine de Saltgourde, 24430* ***Marsac-sur-l'Isle.*** *☎ 05-53-53-02-35. • golfdeperigueux.com • À l'ouest, route d'Angoulême (bien fléché).* Put, swing, *green* et *bunker* à portée de toutes les bourses.

Fêtes et manifestations

– ***Carnaval :*** *fév ou mars.*
– ***Expoésie :*** *mi-mars.*
– ***La Saint-Georges :*** *1er w-e de mai, sur 4 j.* La plus grande fête foraine de Périgueux et du département. Tout un quartier mobilisé depuis plus de 100 ans.
– ***Livre en fête :*** *autour du 20 juin, à* ***Champcevinel.*** Salon de littérature générale. Rencontre avec des auteurs aquitains et espagnols, animations pour les enfants...

– ***Truffe d'argent :*** *juil-août.* Concours de chant ouvert aux amateurs compositeurs-interprètes. Éliminatoires dans plusieurs quartiers de la ville. Finale en août au parc Gamenson.
– ***Macadam Jazz :*** *de mi-juil à mi-août.* Concerts de jazz sur les nombreuses places de la ville.
– ***Mimos – Festival international du mime :*** *fin juil.* • *mimos.fr* • L'un des festivals mondiaux majeurs consacrés à l'art du mime.
– ***Sinfonia :*** *août. Rens :* • *sinfonia-en-perigord.com* • Festival de musique classique et baroque, à Périgueux et dans les églises et châteaux alentour.
– ***Salon du livre gourmand :*** *ts les 2 ans, les années paires, un w-e mi-nov.*
– ***Péri'Meuh :*** *ts les 2 ans, les années impaires, un w-e mi-sept.* Fête agricole.

DANS LES ENVIRONS DE PÉRIGUEUX

ANTONNE-ET-TRIGONANT (24650)

C'est sur le territoire d'Antonne-et-Trigonant, à une dizaine de kilomètres à l'est de Périgueux, que les amateurs de nature verdoyante et de camping vont trouver leur bonheur. Notamment au cœur de la forêt domaniale de Lanmary, où Huttopia a réalisé, en partenariat avec l'ONF, un village vacances au cœur du bois.

Où dormir ?

Campings

⛺ ***Camping Le Bois du Coderc :*** *route des Gaunies.* ☎ *05-53-05-99-83.* • *coderc-camping@wanadoo.fr* • *campinglecoderc.com* • ♿ *Accès par la N 21, à 2 km après Antonne. Tte l'année. Compter 14-18,20 € pour 2. Locatifs 2-6 pers.* Un camping à taille humaine en bord de rivière, avec des emplacements en partie ombragés et très agréables. Également une vingtaine de mobile homes. Esprit quelque peu écolo grâce notamment au photovoltaïque. Laverie, frigo à dispo. Piscine chauffée. Pétanque, ping-pong, badminton, billard, baby-foot et aire de pique-nique au bord de l'eau. Bon accueil.

⛺ ***Camping Au Fil de l'Eau :*** *6, allée des Platanes.* ☎ *05-53-06-17-88.* • *campingaufildeleau@wanadoo.fr* • *campingaufildeleau.com* • *Accès par la N 21 ; à la sortie nord d'Antonne, suivre la D 6 vers Escoire. Ouv de mi-avr à mi-sept. Compter env 16,50-20 € pour 2. Locatifs 2-5 pers. CB refusées. 50 empl.* Un autre camping à taille humaine à proximité de la rivière. Une cinquantaine d'emplacements herbeux séparés par des haies. Également des caravanes, des mobile homes et des toiles. Tranquille. Laverie, snack. Piscine, canoës et jeux pour les enfants.

⛺ ***Village Huttopia Lanmary :*** *RD 69.* ☎ *05-53-45-88-63.* • *lanmary@huttopia.com* • *europe.huttopia.com/site/village-lanmary* • *Dans la forêt de Lanmary. Ouv fin juin-août. Compter 29-61,50 € pour 2 avec tente. Locatifs 2-6 pers.* En pleine nature, un superbe village vacances pas comme les autres. Orchidées, pins sylvestres, chênes et pruniers sauvages... Dans cet espace protégé, des emplacements nature bien isolés. Et pour ceux qui recherchent un peu plus de confort, de jolies cabanes cahutes réparties le long du chemin. Tentes trappeur et canadiennes dispersées dans la forêt, à la façon des parcs nationaux québécois. Activités gratuites et départ de sentiers de rando. Piscine.

De prix moyens à chic

🏠 ***Le Mas des Bories :*** *51, route de Limoges.* ☎ *05-53-02-23-52.* • *hotel@masdesbories-dordogne.fr* • *masdesbories-dordogne.fr* • *À 11 km à l'est de Périgueux. Doubles env 70-135 €. Resto tlj sauf mer l'été (tlj sauf ven le reste de l'année).* L'ancienne ferme du château des Bories ne manque pas de charme et nous fait même oublier la nationale qui la borde. Dès le portail passé, la jolie terrasse fleurie avec piscine (chauffée) et le parc arboré donnent le ton. On s'y sent bien. Chambres assez cocooning et bien équipées, dans la tendance actuelle. Dîner possible pour les clients sur résa.

À voir

Le château des Bories : *Les Bories, Antonne-et-Trigonant.* ☎ *05-53-06-00-01.* • *sitedesbories@orange.fr* • *Juil-août, tlj sauf dim 13h-19h et pour les Journées du patrimoine. Visites guidées (env 40 mn) : 5,50 € ; réduc.*
Imposant château qui plante ses douves au bord de l'Isle. Sa construction s'est étalée de 1497 à 1610. Quoique massifs, tours, mâchicoulis et autres bretèches avaient une fonction principalement ornementale : les commanditaires (la famille Saint-Astier) l'ont fait bâtir comme demeure d'agrément. Après moult péripéties, la famille de Lary en a fait l'acquisition en 1910 et continue de l'occuper (et de nous guider sur les traces de son histoire !).
L'accès se fait par une très belle porte cloutée. Au rez-de-chaussée, superbe cuisine gothique, restée dans son jus depuis 500 ans. Certes, les foyers sont des jeunots... du XVIIIe s. Les clefs de voûtes ont été martelées à la Révolution, mais l'ensemble a gardé un cachet et une authenticité remarquables. On accède aux étages par un autre morceau de choix : un escalier Renaissance à section carrée. Tout en haut, notez le balcon et les croisées de voûtes qui viennent mourir sur de beaux culs-de-lampe. Au centre de la section, un joli petit oratoire. Reste à découvrir « la galerie », pièce où l'on reçoit, avec sa cheminée Renaissance encadrée de colonnes à chapiteaux corinthiens et coiffée de plafonds à la française, d'origine. Une peinture murale, prière à la Vierge Marie, y a été exhumée. On finit par les caves, la partie la plus ancienne, fondations de ce qui fut sans doute une ferme fortifiée. Belle voûte en palmier autour d'une colonne centrale.

SORGES *(24650)*

À 20 km de Périgueux, sur le trajet du chemin de Saint-Jacques, Sorges, au sud du Périgord vert, s'est longtemps taillé la réputation de capitale de la truffe... Ne prétendons pas le contraire. Rien ne lui échappe dans le domaine de ce riche tubercule, véritable or noir de Dordogne. Noir ? Ce n'est pas une raison pour oublier la truffe blanche.

LE DÉCLIN DE LA TRUFFE

En un siècle, la production s'est effondrée pour 2 raisons : les truffières ont besoin de lumière ; le débroussaillage était assuré par les moutons et les chèvres. C'est de moins en moins le cas aujourd'hui. Et puis les pluies sont nécessaires à certaines époques. Le réchauffement climatique n'y contribue pas.

Adresse et infos utiles

Office de tourisme : *à l'écomusée.* ☎ *05-53-05-90-11.* • *grandperigueux.com* • *De mi-juin à fin sept, tlj 9h30-18h30. Le reste de l'année, tlj sauf dim-lun 10h-12h, 14h-17h.* Très bon accueil. Organise également sur demande une visite guidée du sentier des truffières.
– **Marchés :** *marché traditionnel dim mat.* Marchés de nuit *(le 1er ven de juil et le 1er d'août)* avec des producteurs locaux : pâtes fraîches aux truffes pour tout le monde, et chacun complète son repas avec le fruit de ses achats.
– **Marché aux truffes :** *déc-janv, ts les dim mat.* Le dernier dimanche de janvier clôt la saison truffière par une fête avec animations folkloriques.

Où dormir ? Où manger à Sorges et dans les environs ?

Auberge de la Truffe : N 21, au bourg. ☎ 05-53-05-02-05. • contact@auberge-de-la-truffe.com • auberge-de-la-truffe.com • Tte l'année. Fermé lun midi et mer midi sauf j. fériés (plus dim soir hors saison). Doubles 70-92 € ; familiales. Petit déj-buffet 12 €. Formules déj 14,50-19,50 € (en sem) ; menus 27-66 € et...115 € pour le menu truffe ! Côté resto, classique cuisine de terroir, fort bien tournée, et une large carte des vins. Mais pour rester dans la thématique truffe, mieux vaut ne pas avoir le porte-monnaie vide pour profiter du menu éponyme. Cadre soigné et déco colorée, avec un petit côté vieille France, pas désagréable. Même si l'auberge est au bord de la route, les chambres restent agréables, surtout celles du rez-de-jardin. Piscine couverte et sauna.

Domaine des Bories : Fontniovas, 24420 Sorges. ☎ 05-53-13-29-29. • contact@domainedesbories.fr • location-gites-dordogne-perigord.com • (3 maisons équipées). À 7 km du centre de Sorges ; fléché depuis la N 21 (sur la droite en direction de Périgueux). Tte l'année. Compter 436-3 150 €/sem pour 2 à 16 pers ; possibilité de louer au w-e sauf juil-août. 20 charmantes maisons en bois, dotées de tout le confort et surtout bien séparées les unes des autres pour plus d'intimité. Le gros plus, c'est la gestion écologique du lieu. Le site de 8 ha est par ailleurs joliment paysager et par conséquent très agréable. Piscines chauffées et bien sécurisées et aires de jeux pour les petits et les grands.

LE PÉRIGORD BLANC

À voir. À faire

L'écomusée de la Truffe : *le bourg. ☎ 05-53-05-90-11. • ecomuseedelatruffe.com • De mi-juin à mi-sept tlj 10h-12h30, 14h-18h ; le reste de l'année lun-sam 10h-12h30-14h-17h30 (plus dim mat en déc-janv pour le marché aux truffes). Entrée : 5 € ; 2,50 € pour les 11-15 ans ; réduc.* Dans un beau bâtiment d'architecture moderne. On est guidé par une remarquable scénographie, claire, ludique et conviviale, mêlant de nombreux panneaux et des montages audiovisuels pour tout connaître de cet étrange tubercule souterrain produit par les champignons ascomycètes (en forme d'outre). Visite qui peut être prolongée par la promenade du sentier de nature des Truffières (1,5 km et 3 km environ) et même par la possibilité de participer à la démonstration du cavage (recherche de la truffe avec un chien). Petite boutique (et sur résa, dégustation).

UN LIMIER Z'AILÉ !

L'homme n'est pas le seul à adorer la truffe. On savait déjà que les cochons en étaient très friands. Mais ce n'est rien en comparaison des larves de certaines mouches qui s'en délectent littéralement ! Certains anciens qui savaient observer la nature ont eu vite fait de remarquer que la pondeuse cherchait et trouvait à coup sûr le tubercule afin d'y déposer ses œufs qui, ensuite, se développeraient au cœur du champignon. Un œil habile traque donc la mouche pour dénicher la truffe ! Un indice précieux : cette mouche-là vit en hiver, à la saison des truffes. La nature est bien faite !

L'église : d'aspect massif. Mur-façade auquel on a ajouté un beau portail Renaissance (2 coquilles y rappellent la vocation d'accueil des pèlerins sur la route de Saint-Jacques). À l'intérieur, larges arches gothiques. Au fond, absidiole avec colonnes et chapiteaux sculptés (visages de style naïf). On distingue la litre, autour de la nef (une bande noire avec quelques restes de blasons).

AU SUD DE PÉRIGUEUX

Un territoire plaisant à explorer quand on a le temps et qu'on préfère éviter l'autoroute pour rejoindre Lascaux et la vallée de la Vézère. On rejoint le Bugue par de petites routes tranquilles.

🍴 ***Le musée Napoléon :*** *La Pommerie, 24380* ***Cendrieux.*** *☎ 05-53-03-24-03. • info@musee-napoleon.fr • musee-napoleon.fr • Accès : à 35 km au sud de Périgueux (D 710 puis D 42) ou à 16 km au nord-ouest du Bugue. Visites guidées seulement : d'avr à mi-juil, jeu et dim à 15h ; de mi-juil à août, tlj (sauf sam) à 10h30, 15h et 17h ; sept, tlj à 15h sauf sam. Tte l'année, sur résa pour les groupes (min 5 pers.). Entrée : 8 € ; réduc ; gratuit moins de 12 ans.* Baudoin de Witt, descendant du plus jeune frère de Napoléon, présente avec passion ses collections privées léguées par ses ancêtres (des centaines d'objets, pour beaucoup inscrits aux Monuments historiques). 2 salles renferment également des dioramas de scènes militaires, mais aussi civiles : batailles, remise de drapeaux dans la cour des Invalides, et même un mariage. Les 2 Empires en sont le thème, vous l'aurez compris !

LA VALLÉE DE L'ISLE

À l'ouest de Périgueux, partez à la découverte des coins cachés et des lieux enchanteurs de la vallée de l'Isle, de l'abbaye de Chancelade jusqu'à la forêt de la Double. Pour vous guider, nombreux guides pratiques à l'office de tourisme du Grand Périgueux, et un ouvrage réalisé par 2 guides de l'office amoureuses de leur territoire : *Périgord blanc, l'Isle aux trésors* (Geste Éditions).

CHANCELADE *(24650)*

Où dormir ? Où manger ?

De chic à beaucoup plus chic

🏠 🍽 ☂ ***L'Orangerie et le bistrot La Verrière du château des Reynats :*** *15, av. des Reynats. ☎ 05-53-03-53-59. • contact@chateau-hotel-perigord.com • chateau-hotel-perigord.com • À 6 km au nord-ouest de Périgueux. Bistrot ouv tlj 12h-14h (plus lun soir tte l'année pour les hôtes, et dim soir avr-oct). Doubles env 100-179 € ; vérifier les promos sur Internet. Petit déj 15 €. Menus bistrot 19 € (midi), puis 26-33 €.* Profitez du charme bucolique de ce lieu historique, du confort classique des chambres de l'Orangerie, du bon petit-déjeuner et de la table du bistrot chic et savoureux (ou de la bonne table gastronomique si le portefeuille suit). Service agréable. Terrasse, piscine.

À voir. À faire

🍴🍴 ***L'abbaye de Chancelade :*** *à 6 km au nord-ouest de Périgueux. ☎ 05-53-04-10-46. • contact@abbaye-chancelade.com • abbaye-chancelade.com • Tte l'année : accès libre à l'église abbatiale et à la chapelle 8h-20h sauf pdt les offices. Visite gratuite commentée par des bénévoles sur résa au 📱 06-85-88-45-77.* L'abbaye a été bâtie autour d'une source par un ancien moine bénédictin. La petite chapelle romane datant de 1130 en est la 1re pièce, et la mieux conservée. Très

belles proportions. Certains chapiteaux « tournés », l'austère portail à 3 voussures (dont 1 ornée d'un motif en damier) et les 12 croix-dédicaces dans la nef la distinguent de ses cousines romanes périgourdines. On note aussi les silex incrustés dans le pavement : une particularité de la pierre de Périgueux. Le reste de la visite détaille l'église abbatiale (consacrée en 1146), aux jambes romanes et au buste gothique. Portail d'origine avec des airs saintongeais, orné de 4 corbeaux symbolisant les éléments. Dans le chœur, des stalles en bois avec de belles miséricordes (qui permettaient aux moines de participer à l'office assis, tout en donnant l'impression d'être debout...) et des restes de fresques du XIIe s. À gauche de la croisée de transept, une *Passion* d'un élève de de La Tour.
Autour de l'église, un parc très reposant (ancien potager et promenade des chanoines avec des ifs tricentenaires) transformé, à la Révolution, en champ hippique puis en lieu de spectacle en plein air. Intéressant logis du prieur, qui ne se visite pas. Le cloître a été détruit à la Révolution, et la bibliothèque (la plus importante d'Aquitaine) dilapidée. Un petit pont attenant au logis du prieur repose sur d'anciennes colonnes récupérées du cloître justement (ça donne une idée de sa beauté). Excellent accueil des bénévoles et des chanoines.

– Pour ceux qui ont le temps et envie de marcher, pousser jusqu'au ***prieuré fortifié de Merlande*** ; compter 1h. Bâti par les moines de l'abbaye, ce prieuré perdu dans un petit vallon au milieu de hautes futaies dégage un indicible charme. L'intérieur de la chapelle est superbe de simplicité. Sol en pierres grossières, nef à coupole. Le chœur est accessible par une volée de marches encadrée par 2 colonnes à chapiteaux, ornées de lions. L'intérieur est également décoré de chapiteaux romans de toute beauté.
Pour ceux qui n'aiment vraiment pas marcher, on avoue que le prieuré est accessible depuis Chancelade en prenant la direction de Bussac sur 3 km, avant de tourner vers Merlande (fléché).

SAINT-ASTIER (24110)

Saint-Astier doit sa notoriété à 3 institutions : son église fortifiée qui abrite les reliques du saint, ses carrières de chaux de renommée internationale créées à la fin du XIXe s et son centre d'entraînement des forces de gendarmerie... Mais ici c'est son château qui nous intéresse.

Adresse et info utiles

Office de tourisme : *1, rue de la Fontaine. ☎ 05-53-54-13-85. • tourisme-isleperigord.com • Ouv tte l'année. Lun-ven 9h30-12h, 14h-17h ; sam 9h30-12h ; fermé mer, dim et j. fériés.* Organise des visites de la ville et du clocher en juillet-août, ainsi que des circuits de découverte du patrimoine et des savoir-faire. C'est gratuit mais les places sont limitées, mieux vaut réserver.

– ***Marchés :*** *le jeu mat tte l'année.* L'un des plus importants du département. *Sous la halle, jeu mat : oct-avr, marché au gras ; déc-fév, marché aux truffes ; et oct-nov, marché aux noix.*

Où dormir ? Où manger à Saint-Astier et dans les environs ?

Prix moyens

Chambres d'hôtes Les Rives de l'Isle : *14, rue du Dr-Numa-Gadaud, à Saint-Astier. ☎ 05-53-54-62-12. • lesrivesdelisle@gmail.com • lesrivesdelisle.fr • Double 65 €, env 80 € pour 3.* Grande maison chaleureuse à 40 m de l'église fortifiée, entièrement restaurée et remise au goût du jour par un couple sympathique. Chambres sobres, confortables (certaines avec petit frigo) et très agréables, belle terrasse au bord de l'eau pour buller ou prendre le petit déjeuner. Accueil des pèlerins en route pour Compostelle *(½ tarif).*

Chambres d'hôtes La Maison des Dîmes : *au lieu-dit Le Tournier, 24110* ***Saint-Aquilin.*** *☎ 05-53-04-92-52. 06-82-86-83-76. • claudebern@orange.fr • lamaisondesdimes.com • À 7 km de Saint-Astier par la D 43. 500 m après Saint-Aquilin, à droite direction Tocane, puis 1 km après, 1re route à gauche et encore 1re à gauche. Fermé nov-mars. Double 68 €.* Cette ancienne maison des Dîmes, posée dans une campagne superbe entourée de vallons, est tenue par une artiste peintre qui accueille ses hôtes avec gentillesse et propose quelques chambres pleines de douceur et de personnalité, décorées par ses tableaux. Très beau salon pour se poser. Joli jardin sur l'arrière, prolongé par une campagne sans fin.

Le Lion d'Or : *pl. de l'Église, 24110* ***Manzac-sur-Vern.*** *☎ 05-53-54-28-09. • lion-dor@lion-dor-manzac.com • lion-dor-manzac.com • À 10 km au sud-est de Saint-Astier. Resto le soir seulement. Double env 75 €. Formules et menus 25-30 €.* Bâtisse en bord de route dans un village isolé. Petites chambres – évitez le côté rue – bien propres et fonctionnelles. Côté resto, on se régale d'une bonne cuisine régionale, au gré d'une carte courte privilégiant les produits de saison. La salle est agréable et lumineuse, de même que la terrasse qui se prête aux jours ensoleillés. Gros plus, le couple de propriétaires est aux petits soins avec leurs hôtes. Piscine. Bien pour une étape dans la vallée de l'Isle.

L'Auberge de Jaure : *le bourg, 24140* ***Jaure.*** *☎ 05-53-82-24-21. • serge.snchez@orange.fr • À 10 km au sud-est de Saint-Astier. Tlj sauf dim soir et lun (ouv le soir sur résa hors saison). Formule déj en sem 14 € ; menu 27 €.* Totalement en dehors des grands circuits, voilà un lieu qui fait dans le chaleureux sans se forcer, avec un patron du genre jovial qui amuse les Anglais de passage et tutoie facilement son monde. Beaucoup d'habitués, le midi, vu le prix et la qualité du menu dit ouvrier, préparé en cuisine par sa femme. Du sincère, du vrai de vrai. Terrasse.

À voir

Le château de Puyferrat : *06-83-47-53-98. • chateaupuyferrat@orange.fr • Bien fléché depuis le centre de Saint-Astier. Juil-sept, visites guidées mar-ven ttes les heures 10h-12h, 14h-17h. Sur résa le reste de l'année. Compter 45 mn de visite. Entrée : 5 € ; réduc ; gratuit moins de 12 ans.* En dépit de son plan massif avec 2 grosses tours, de son chemin de ronde à mâchicoulis, Puyferrat, contemporain de Chambord, n'a jamais été un château fort. La visite est menée de main de maître (et pour cause) par Étienne, le sympathique châtelain. La demeure possède encore un beau sol en pisé et des parquets d'origine. Mais la cheville ouvrière du corps de logis est sans conteste la charpente à poinçons, en chêne et châtaignier. Également une belle cuisine en pierre de taille, une chapelle du XIXe s et quelques maigres vestiges de la 1re place forte du lieu. Possibilité de dormir au château *(double env 80 €).*

SAINT-GERMAIN-DU-SALEMBRE (24190)

Achats

Biscotterie artisanale La Chantéracoise : *Le Pont, route de Saint-Astier. ☎ 05-53-80-51-17. • contact@la-chanteracoise.fr • À 7 km au* *nord-ouest de Saint-Astier. Tte l'année sauf j. fériés, lun-ven 9h-12h, 14h-18h.* Depuis la naissance des biscottiers (en 1895 en France), le métier a bien évolué. *La Chantéracoise* est la dernière biscotterie française à fabriquer de façon artisanale ces craquantes tranches de pain de mie recuite (*biscotte* signifie « cuit 2 fois »). Pour voir l'atelier à l'œuvre au travers d'une baie vitrée, venir de préférence le matin ou en début d'après-midi. Dégustation à la clé, et achat possible, bien sûr. Un régal.

NEUVIC-SUR-L'ISLE (24190)

À voir. À faire

Le château de Neuvic : *☎ 05-53-80-86-65. • fondation delisle.fr • Entre Périgueux et Mussidan, sur l'A 89. Château ouv lun-ven juil-août seulement ; visites guidées à 15h30 et 17h (compter 1h). Entrée : 6 € (parc et château) ; réduc enfants ; gratuit moins de 8 ans. Parc ouv avr-oct, tlj 10h-12h, 14h-18h (19h juil-août). Entrée parc seulement : 4 € ; réduc, notamment sur présentation de ce guide.* Beau château du XVIe s avec des ajouts au XVIIIe s, dont une grotte romantique au bord de l'Isle. La Fondation de l'Isle, qui accueille sur le site des enfants et adolescents en difficulté, ouvre le château à la visite en été : peintures murales style Renaissance, évier en pierre sur 3 niveaux – extrêmement rare –, meubles périgourdins traditionnels et... une foule d'anecdotes. Autour du château, un parc botanique de 6 ha, homologué par la Ligue pour la protection des oiseaux, rassemble plus de 1 000 espèces et variétés. Également un parcours ludique pour les enfants avec une mare pédagogique. Jardin en fête le dernier dimanche d'avril et Journée des plantes le 1er dimanche d'octobre.

LE CASSE DU SIÈCLE !

En juillet 1944, à Neuvic, la Résistance attaqua un train transportant plus de 2 milliards de francs appartenant à la Banque de France. Le plus gros casse du XXe s ! Mais la guerre était pratiquement finie. On ne connaît pas trop l'utilisation de ce pactole. Il permit, dit-on, de payer la rançon pour libérer André Malraux. On remarqua aussi que le jeune résistant, fils d'un modeste épicier, vivait sur un grand pied à la Libération.

Où dormir ? Où manger ?

Possibilité de s'attabler au ***restaurant*** du château de Neuvic *(☎ 05-53-80-86-72. 📱 06-36-83-85-52 ; ouv le midi mar-dim et le soir ven-sam ; menus à partir de 20 €).* Mais aussi de dormir en ***chambre d'hôtes*** *(double env 95 €).* 2 belles chambres à l'ancienne ont été aménagées dans les tourelles.

Le Cilaos : *av. de Planèze. ☎ 05-53-81-11-64. • lecilaos24@gmail.com • Sur la D 39. Tlj sauf lun-mar, midi et soir (sur résa dim soir). Formules déj 14-18 €. Le soir et le w-e, menus 27-55 €.* Donnant sur un petit parc au bord de l'Isle, une adresse qui fait du bien. Hors saison ou s'il fait frais, on s'installe à l'étage dans une salle moderne, éclairée par de grandes baies vitrées avec vue panoramique. L'été, on se retrouve sur la terrasse en bas, à la fraîche. Des jeux de textures, de couleurs, de goût et des cuissons réussies caractérisent la cuisine de saison signée par le chef. Un régal, qui s'apprécie d'autant plus le midi en semaine pour le très bon rapport qualité-prix de la formule proposée. Un coup de cœur gustatif !

Achats

2 curiosités à ne pas manquer, à la sortie du bourg, si vous passez par là les jours d'ouverture.

Caviar de Neuvic : La Grande-Veyssière, 24190 Neuvic. ☎ 05-53-80-89-57. • caviar-de-neuvic.com • Différentes formules de visite et dégustation tte l'année, tlj sauf dim (se renseigner sur les horaires). Un élevage d'esturgeons, si ça vous dit ! Visite du domaine et dégustation de rillettes d'esturgeon, de beurre de caviar et de différentes sortes de caviars, bien entendu.

Moulin de la Veyssière : La Petite-Veyssière, 24190 Neuvic. ☎ 05-53-82-03-07. 06-32-96-17-89. • moulindelaveyssiere.fr • Boutique et visite (avec dégustation) tte l'année, tlj sauf dim 9h-12h, 14h-18h (fermé sam mat hors saison). GRATUIT. Juste à côté, le dernier moulin à eau sur le Vern, où l'on fabrique l'huile de noix et de noisette à l'ancienne. Démonstrations le vendredi en été.

MUSSIDAN (24400)

Petite cité autrefois prospère et industrielle, elle semble aujourd'hui bien endormie. Son histoire, il faut le dire, est marquée par une suite de sièges et de ravages, depuis les Vikings au IXe s jusqu'à la Seconde Guerre mondiale. Quelques sites à visiter dans le coin tout de même.

Adresse et infos utiles

Office de tourisme : *11, pl. de la République. ☎ 05-53-81-73-87. • tourisme-isleperigord.com • Mar-ven 9h-12h30, 14h-17h (17h30 en saison) ; sam 9h-12h30. Fermé dim-lun.* En juillet-août, organise des marchés gourmands avec concert gratuit, des activités de pleine nature (tir à l'arc, randonnées, plongée...) et des visites théâtralisées. Se renseigner sur le programme et les dates.

Gare SNCF : nombreux trains directs pour Bordeaux, Périgueux et Limoges. *☎ 36-35.*

– **Marché :** *sam mat sous la halle.* Beaux produits fermiers.

Où dormir aux environs ?

Château la Thuilière : *38, route de Saint-Martin, 24400* ***Saint-Front-de-Pradoux.*** *Entre Mussidan et Saint-Martin l'Astier. 06-45-35-36-82. • chateau@lathuiliere.net • chateaulathuiliere.com • Doubles 144-260 €, petit déj inclus. Menu gourmet 39 €. Congés : fêtes de Noël et 4 janv-13 fév.* Beau manoir du XIXe s planté au milieu d'un parc de 9 ha, construit par le 1er propriétaire en cadeau à son épouse ! Les 5 chambres, toutes de très belle taille, ont gardé le charme de l'ancien avec des touches contemporaines, dont une avec balcon en pierre où l'on peut se faire servir le petit déj. Les salles de bains quant à elles sont toutes modernes. Les hôtes ont accès à plusieurs parties du château, comme le grand salon, sa majestueuse cheminée et son « honesty bar » ; la superbe salle de billard avec plafond à caissons et carreaux de ciment d'époque, et enfin la grande salle à manger. Mais le must, c'est l'immense cuisine au sous-sol, où l'on prend le petit déjeuner ! Couloir de nage et boulodrome dans le parc. Projet de ferme équestre dans l'ancienne ferme du château. Bel accueil des propriétaires.

À voir. À faire à Mussidan et aux alentours

Le musée André-Voulgre (musée des Arts et Traditions populaires du Périgord) : *2, rue Raoul-Grassin. ☎ 05-53-81-23-55. • museevoulgre.fr •*

(sauf 2 salles). Juil-sept : tlj 9h-12h, 14h-18h. Oct-mars : lun-ven 9h-12h, 14h-17h (sauf w-e et j. fériés). Visites guidées tte l'année sur rdv. Visites libres ou guidées sur résa. Entrée : 5 € ; réduc. Musée d'une richesse incroyable. Cette fort belle chartreuse du XVIIIe s, d'une très belle architecture intérieure, est entièrement meublée d'origine. Tous les objets de la vie quotidienne du début du XXe s sont là, comme s'ils servaient encore tous les jours. Nombre de salles présentent des ateliers de métiers anciens avec leurs outils.

Le château de Montréal : *24400* ***Issac.*** *☎ 05-53-81-11-03. • chateaudemontreal@hotmail.com • pays-bergerac-tourisme.com • À 7 km au sud-est de Mussidan par la D 709 (direction Villamblard). Juil-août, tlj 10h-12h, 14h30-18h30 ; le reste de l'année, groupes sur résa (06-08-47-22-84). Entrée : 6,20 € ; réduc ; gratuit moins de 8 ans.* À l'origine château fort du XIIe s, Montréal est devenu un logis d'agrément au XVIe s. D'où sa façade Renaissance et une tour qui abrite une bibliothèque circulaire à faire tourner la tête. Intérieur meublé avec de belles pièces du XVIIIe s et de style Empire. La chapelle du XVIe s renferme une relique de choix : une sainte épine qui proviendrait de la couronne du Christ. Un escalier voûté du XIIIe s donne accès au sous-sol avec une cavité naturelle à concrétions (inattendue dans un château). Les 2 lignes de remparts abritent désormais des jardins à la française et à l'italienne, classés Jardins Remarquables. Accueil très sympa.

JE REVIENDRAI À MONTRÉAL

Montréal, c'est le nom pris par le petit village indien de Hochelaga sur le Saint-Laurent, au Québec. C'était en 1535. Et le fameux explorateur Jacques Cartier avait à ses côtés, comme second, un certain Claude de Pontbriand, justement seigneur de Montréal dans le Périgord. Tiens, tiens...

L'église de Saint-Martin-l'Astier : *☎ 05-53-81-06-40 (mairie de Saint-Martin). À 5 km au nord-ouest de Mussidan par la D 709 (direction Ribérac), puis la D 3 (bien signalisé). Ouv tlj en juil-août ; sinon appeler la mairie pour y récupérer les clés.* En plus d'être la plus vieille église périgourdine, la particularité de cette chapelle romane est son clocher-tour octogonal. Un style provenant d'Arménie. Cet édifice du IXe s est arrondi aux angles par des colonnes engagées. D'une impressionnante sobriété, l'abside n'est percée que de 3 meurtrières. La nef, postérieure, est tout de même du XIIe s. Petit cimetière et ru juste à côté : c'est un lieu très apaisant et plein de charme.

Mémorial de la Résistance : *Mairie - le Bourg, 24400* ***Saint-Étienne-de-Puycorbier.*** *☎ 05-53-81-23-55. Rens : • contact@museevoulgre.fr • À 9 km au nord-ouest de Mussidan. Ouv tlj de 9h au coucher du soleil. GRATUIT.* Parcours à ciel ouvert qui permet de découvrir l'engagement de ces résistants (les nazis disaient « terroristes ») du Périgord. La visite se fait au travers de panneaux retraçant les grands événements de la résistance locale, enrichis des témoignages d'anciens combattants de l'ombre. Une carte matérialisée au sol permet de situer les événements. À l'intérieur, la visite se poursuit avec une petite exposition de textes et photos, puis s'achève avec 3 petits films où interviennent d'anciens maquisards, qui relatent la vie et les actions dans le maquis. Un lieu de transmission et de mémoire.

SAINT-MARTIAL-D'ARTENSET *(24700)*

Fin en beauté du circuit au fil de l'Isle avec une passionnante promenade en gabare, et 2 curiosités à ne pas manquer dans les environs. La 1re, bien indiquée de l'autre côté de la route et de la voie ferrée, est une laiterie qui propose non pas du fromage, mais des glaces artisanales (plus de 20 parfums différents). Et l'autre, perdue au milieu de la forêt du Landais, c'est simplement l'***unique église à pans de bois du Périgord, à Saint-Sauveur-Lalande.***

Promenade en gabare : *moulin du Duellas, Saint-Martial-d'Artenset. ☎ 05-53-82-39-54. 06-84-17-64-63. • contact@moulin-duellas.fr • moulin-duellas.fr • Départs du moulin du Duellas, entre Mussidan et Montpon-Ménestrol. Mai-juin et sept : dim et j. fériés à 15h. Juil-août : mar-dim à 15h et 16h30 (résa vivement conseillée). Tarifs : 6 € ; enfant 4 €.* Navigation commentée passionnante sur l'Isle. On part dans le sillage des gabariers d'antan. Passage d'une écluse (waouh !). Une bonne façon d'appréhender la rivière et de partager un savoir-faire en voie de disparition.

– ***Glace de la Ferme :*** *GAEC du Petit-Clos, Saint-Martial-d'Artenset. 06-69-91-00-11. Juil-août, tlj 14h-19h ; hors saison, mer et sam seulement 15h-19h. Tte l'année, visite de la ferme durant la traite 18h-19h.* La famille Javerzac est devenue, au fil du temps, l'adresse incontournable de toute balade... au fil de l'Isle. Pour ceux qui ont déjà fait la promenade en gabare, il suffit de suivre les flèches (et les habitués !) jusqu'au parking aménagé l'été près du labyrinthe végétal. En été, jeux pour les enfants et karts à pédales. Hors saison, c'est au magasin qu'il faut venir chercher le lait et les crèmes glacées, ainsi que ces sorbets qui font le bonheur des petits mais surtout des grands.

LE PÉRIGORD VERT

• Carte *p. 76-77*

Déjà qualifié ainsi par Jules Verne (un précurseur en tout), le Périgord vert est un pays qu'il faut prendre le temps de redécouvrir par ses chemins sinueux, ses bois mystérieux et sa faune impétueuse. De la forêt de la Double, au sud-ouest de Ribérac, jusqu'aux portes du Limousin, au nord du département, et de la vallée de la Dronne jusqu'aux gorges de l'Auvézère à l'est, vous allez devoir lever le pied, la ligne droite étant rarement le chemin le plus direct pour aller d'un point à un autre.
Coincée entre les rivières Dronne et Isle, à l'ouest du département, la région de la Double n'attire pas grand monde, ce qui plaira à certains. En tout cas, elle mérite vraiment d'être connue. C'est une transition naturelle, à l'ouest, entre les Périgord blanc et Périgord vert. On rencontrera d'ailleurs dans ce début de chapitre des sites ayant appartenu tour à tour, au fil des décennies, à ces 2 territoires : le blanc tronc du bouleau se mariant avec la verte chevelure du chêne, et la Dronne mêlant sa blanche écume aux vertes eaux des étangs de La Jemaye.
Laissez vos pas, ou plutôt votre voiture ou votre VTT, vous guider de la vallée de la Dronne (un spot incontournable, entre Ribérac et Brantôme !) jusqu'au sud du parc naturel régional Périgord-Limousin.
Ce pays accueille aujourd'hui de plus en plus de familles et de randonneurs en quête de tranquillité et d'authenticité. Pas question de changer la couleur de ce pays-là, elle lui va si bien. Ses vertes rondeurs, ses petites vallées rieuses, ses rivières chantantes, ses tourbières restent nature jusqu'au bout des ongles. On entre dans de petits patelins, ménils et autres hameaux, pour s'accouder au zinc d'un café de pays. En écoutant parler les vrais gens d'ici. Les églises à coupoles du Ribéracois sont vieilles, respectables, mais leur simplicité toute romane a su inspirer le reste du territoire qui ne se la joue vraiment pas. Même les Plus Beaux Villages comme Saint-Jean-de-Côle gardent une modestie très appréciable. Brantôme, la ville principale, a bien du charme, et tout autour de Nontron, Thiviers, Excideuil, il fait bon lézarder. Les châteaux constellent les paysages, sans fanfaronnade ni morgue. Puyguilhem, Bourdeilles ou Jumilhac vous enchanteront, et d'autres petits trésors vous attendent. Et puis, dans le coin, le dindon est roi à Varaignes, le canard gambade dans les champs, les immigrées limousines broutent nonchalamment, les sangliers courent les innombrables forêts. Vous allez adorer vous mettre « au vert ».

LE PAYS DE RIBÉRAC

BALADE ENTRE DOUBLE ET DRONNE

La forêt de la Double a donné son nom à cette microrégion qui se teinte de différentes couleurs au fil des saisons mais aussi des changements de politique territoriale, qui l'ont fait passer du blanc au vert. Paysage de landes, bois, marais et étangs... la Dordogne semble vouloir ici se faire

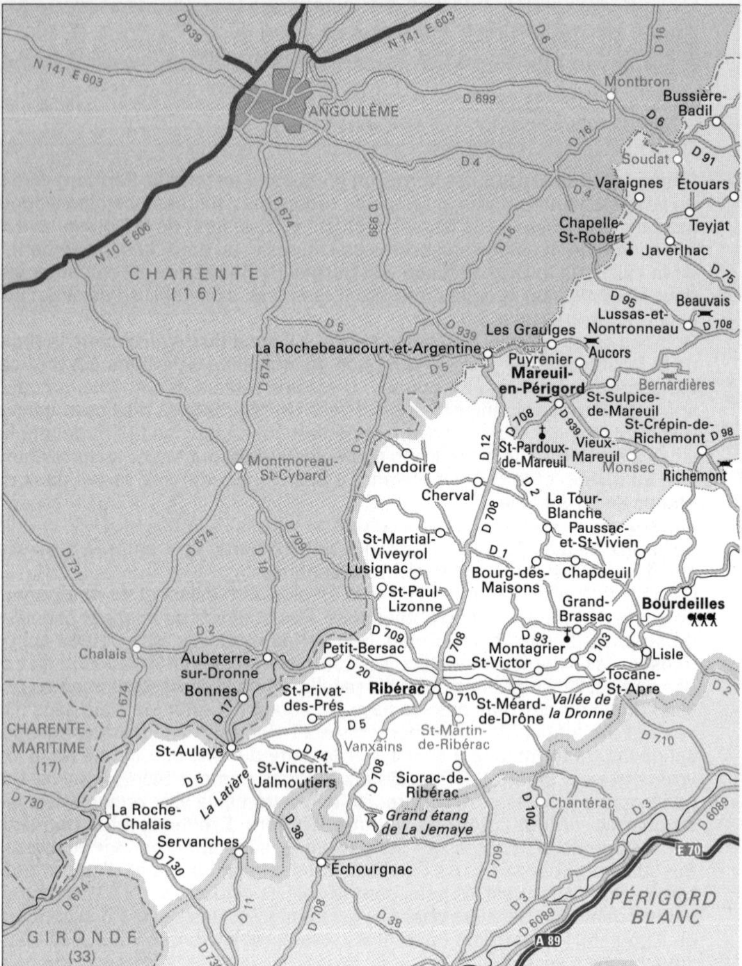

solognote. On y produit une belle volaille, une qualité de veau appelée « de Chalais », de délicieux foies gras et des fraises.

Les Doubleauds vécurent longtemps de la forêt qui recouvrait la région dans sa plus grande partie, et fournirent des bataillons d'artisans du feu : charbonniers, tonneliers, verriers, potiers et tuiliers. Et pourtant, il était dur d'y vivre. La malaria y était un fléau mortel jusqu'au début du XXe s. L'ouverture de routes, l'assèchement des marais, l'enrichissement des sols ont vaincu le mal mais n'ont pas permis d'enrayer le dépeuplement.

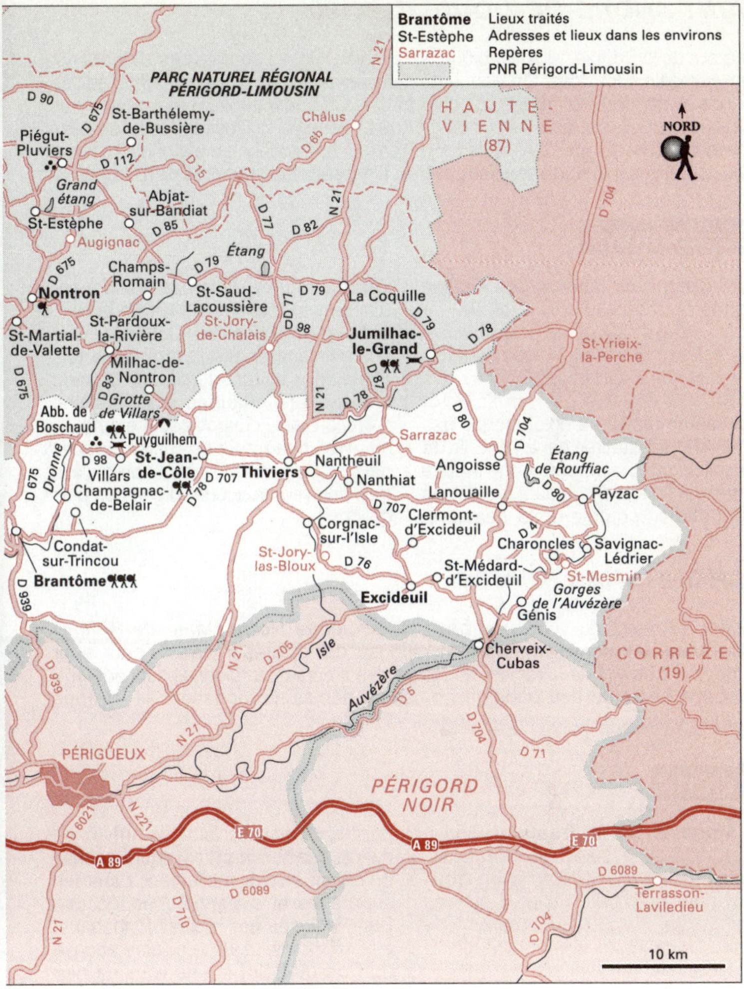

LE PÉRIGORD VERT

Quelques familles anglaises, trouvant dans ce coin à la fois humidité et soleil, commencèrent à retaper les vieilles fermes. Maisons en bois et torchis, dont il reste pas mal d'exemples à Saint-Laurent-des-Hommes, Échourgnac, Parcot...
Aujourd'hui, on prend plaisir à se perdre sur les petites routes quasiment désertes, dans des paysages rugueux, frustes, désordonnés, avant d'aller découvrir, de l'autre côté de la Dronne, un des Plus Beaux Villages de Charente, célèbre pour son église souterraine : Aubeterre-sur-Dronne.

SAINT-ANDRÉ-DE-DOUBLE (24190)

Au cœur de la Double, village typique de la région. On n'y compte pas 10 maisons, dont la moitié sont vides. On vient y contempler sa ***petite église du XII*^e *s,*** édifiée sur une butte, dotée d'un beau clocher fortifié. On adore la pierre mouchetée très atypique dont elle est faite. Il s'agit de grès de La Jemaye, qui rosit ses murs de jolies taches de rousseur (de l'oxyde de fer en réalité). À l'intérieur, un plafond inhabituel sans voûtes mais avec de grosses poutres. L'ensemble est superbe de rusticité.

Où dormir ?

Chambres d'hôtes Les Vieilles Vignes : *lieu-dit La Barrière. ☎ 05-53-82-30-63. • info@lesvieillesvignes.fr • lesvieillesvignes.fr • Congés : de mi-nov à mi-mars. Doubles 89-99 € ; gîte 4 pers 195 €. Table d'hôtes 25-38 €.* Ravissante maison à colombages des XVIIIe-XIXe s restaurée par un couple de Bruxellois qui a su apporter une touche actuelle à l'ancien, soignant les détails du quotidien comme de la demeure. Les chambres, colorées, disposent d'accès indépendants. Mais en famille, installez-vous dans le « Cottage » (loué à la semaine en été), un gîte à la fois chaleureux et rustique. Dans le parc, une piscine chauffée avec cuisine d'été, un jeu d'échecs géant et un tennis. Vrai, beau petit déjeuner, et repas délicieux le soir. On se sent comme à la maison avec un accueil digne des plus délicat.

LE PÉRIGORD VERT

ÉCHOURGNAC (24410)

À 2 km à l'ouest du village, ***abbaye cistercienne Notre-Dame-de-Bonne-Espérance.*** Un monastère fondé en 1868 par des moines trappistes pour aider au développement de la région, auxquels des sœurs cisterciennes succédèrent. L'abbaye perpétue une tradition fromagère depuis sa fondation : la « trappe d'Échourgnac ».

Achats

Magasin de la Trappe : *abbaye d'Échourgnac. ☎ 05-53-80-82-50. • abbaye-echourgnac.org • Boutique ouv tte l'année. Juil-août, lun-ven 10h30-12h, 14h30-19h ; sam 10h-11h45, 15h-17h30 ; dim 15h45-16h45. Le reste de l'année, ouv tlj 14h45-17h30 (15h45-16h45 dim). Mieux vaut consulter le site internet.* Pour acheter la « trappe », un goûteux fromage fabriqué par les religieuses (si vous arrivez en dehors des horaires d'ouverture, sachez qu'on en trouve facilement dans les supérettes et supermarchés locaux). Dans la lignée des moines fondateurs, eux-mêmes issus de la célèbre abbaye du Port-du-Salut (ça ne vous dit rien ça ?), 2 affinages au choix : nature ou affiné à la liqueur de noix. Pour les becs sucrés, confitures et pâtes de fruits.

À voir. À faire

La ferme du Parcot : *à la sortie d'Échourgnac, sur la D 41, vers Saint-Astier. ☎ 05-53-81-99-28. 07-85-02-35-26. • leparcot@hotmail.com • parcot.org • Juil-août, visites guidées tlj sauf lun à 11h, 15h et 17h ; en mai, juin et sept, le w-e à 15h et 17h. Accueil ouv juil-août : 10h30-12h30, 14h30-18h30 ; seulement l'ap-m mai-juin et sept. Le reste de l'année, sur rdv. Compter 1h. Sinon, visite libre avec documents en 45 mn. GRATUIT.* Témoignage du patrimoine rural, cette maison de la Double (par ailleurs Monument historique) perpétue la mémoire de la vie agricole locale. Ici, rien n'a changé depuis le départ des derniers habitants, il y a un quart de siècle. Sentier de découverte éducatif. Animations tout au long de l'année.

SAINT-AULAYE *(24410)*

Charmant village du Périgord vert abritant sa seule bastide, et la plus au nord du département, certainement même de France. Église romane des XIe et XIIe s avec une belle façade de calcaire blanc, de style saintongeais. Sur la colline, beau château du XIIIe s dans l'axe de l'église. En dessous, dans le terre-plein, « cluzeau-fosse commune », crypte païenne. Vieux pont du XIIe s. Saint-Aulaye, labellisée Petite Cité de caractère, fait partie avec 5 autres communes des environs de l'AOC cognac. Un musée lui est d'ailleurs consacré. Dans le coin, nombreux campings à taille humaine installés au bord de la Dronne.

Adresse et info utiles

Office de tourisme du pays de Saint-Aulaye en Périgord : *pl. Pasteur. ☎ 05-53-90-63-74. • tourisme-saintaulaye.fr • Juil-août : lun-sam 9h30-12h30, 14h30-18h30 ; dim 9h30-12h30. Avr-juin et sept : mar-ven 14h-17h, plus mer et sam 9h-12h. Oct-mars : seulement mer et sam mat.* Plans, visites et circuits pédestres. Circuit de découverte autoguidé dans la ville avec panneaux explicatifs des principaux monuments.

– ***Marché campagnard :*** *pl. Pasteur, ts les sam mat.*

Où dormir sous la tente par ici ?

Campings

Camping de la Dordogne Verte : *av. François-Mitterrand, à Saint-Aulaye. ☎ 05-53-90-62-20. • campingstaulaye@gmail.com • camping-dordogneverte.fr • Ouv mai-sept. Compter 15-25 € pour 2. Locatifs.* Un camping à taille humaine pour des vacances reposantes. Agréables emplacements ombragés au bord de la Dronne, à la fraîche. Du vert, encore du vert. Locations de mobile homes, de huttes et de chalets. Tennis, mini-golf et, en accès libre pour les campeurs, un complexe aquatique municipal (avec toboggans).

Ferme La Petite Grange : *16390* ***Bonnes,*** *à proximité de Saint-Aulaye. ☎ 05-45-98-54-28. Par la D 17 en sortant de Saint-Aulaye, direction Aubeterre. Ouv avr-oct. Compter env 10 € pour 2. Mobile homes. CB refusées.* Emplacements arborés très agréables, en pleine nature pour ceux qui recherchent le calme. Étang sur place pour la pêche et baignade aménagée sur la rivière.

Camping du Méridien : *rue de la Dronne, 24490* ***La Roche-Chalais.*** *☎ 05-53-91-40-65. 📱 06-38-82-40-08. • campingdumeridien@orange.fr • larochechalais.com • ♿ À 500 m du centre, fléché. Ouv de mi-avr à fin sept. Compter env 9,50 € pour 2. Mobile homes. Gîte à côté (ouv tte l'année) 305-460 €/sem. 100 empl.* Le *Camping du Méridien* doit son nom au méridien de Greenwich qui passe à La Roche-Chalais. Terrain bien ombragé, au calme au bord de la rivière. Accès gratuit à la piscine municipale. Accueil très sympa.

Camping du Lac : *24410* ***La Jemaye.*** *☎ 05-53-91-51-78. 📱 06-17-50-08-30. • campingdulac-dordogne.com • Ouv vac de Printemps-oct. Compter env 16,50-20,50 € pour 2. Mobile home 4-6 pers. CB refusées.* Dans le cadre de la base de loisirs, un camping « sauvage et nature mais structuré ». Possibilité de baignade sur la sympathique petite plage aménagée et de sports nautiques sur l'étang. Belles balades autour de l'étang, à vélo ou à pied. Ambiance familiale.

Où manger dans les environs ?

Restaurant La Clairière : *dans le bourg, 24410* ***Servanches.*** *☎ 05-53-90-69-82. Tlj le midi sauf mar-mer, et le soir ven-sam. Congés : 2 sem fin fév-début mars, 2 sem fin juin-début juil et 2 sem à la Toussaint. Formules déj 13,50-20 € ; menus 20-26 €.* Dans ce village perdu de la Double, un grand restaurant à petits prix, tenu par un couple qui fait honneur à la généreuse tradition périgourdine. S'il y en a encore, goûtez au pressé de pot-au-feu en gelée, sauce ravigote. Rien que du frais, du bien préparé. Superbe plateau de fromages. Accueil chaleureux, en adéquation avec la salle bien conviviale.

À voir. À faire

Le musée du Cognac : *☎ 05-53-90-81-33 (mairie de Saint-Aulaye). Ouv juil-août, le w-e seulement, 15h-18h. Hors saison, sur résa seulement (groupes). Entrée : env 1,50 € ; réduc.* Exposition de matériel vinicole, cuve et pressoir à double vis.

Le musée du Pastel : *☎ 05-53-90-81-33 (mairie de Saint-Aulaye). Ouv mar-sam seulement l'été 14h30-19h. Entrée : env 1,50 €.* Exposition de pastels internationaux, vidéo sur la fabrication des bâtons de pastel Giraud et possibilité de démonstration sur rendez-vous.

Le Parc des Doublorigènes : *Le Petit-Moucaud, 24410* ***Saint-Vincent-Jalmoutiers.*** *06-33-81-26-15. • doublorigenes.com • Juil-août, tlj sauf lun 10h30-19h ; en juin le w-e seulement. Entrée : 6 € ; réduc.* Dans la forêt de Double, le « Jardin d'art et de loisirs nonchalants » porte bien son nom. On flâne ici avec langueur dans l'arboretum de ce musée à ciel ouvert, entre les sculptures en bois que l'on doit à l'imagination de Dominique Perez. Jeux traditionnels en bois, manège mécanique réalisé avec les créations de l'artiste (faut que les parents pédalent pour le faire fonctionner !), transats si la sieste vous guette et diverses animations organisées. L'atelier de création étant sur place, on peut observer Dominique au travail.

– Agréable ***plan d'eau*** sur la Dronne : *au niveau du pont qui traverse la Dronne ; GRATUIT.* Environnement verdoyant, plages aménagées, jeux, etc. Baignade surveillée en saison et complexe aquatique avec piscine et toboggans.

– ***Le grand étang de La Jemaye :*** *bien fléché.* Base de loisirs aménagée sur l'étang. Baignade surveillée (en été), planche à voile, aire de pique-nique, restauration rapide... Un coin très agréable pour venir se rafraîchir dans un environnement très nature. À la mi-saison, lorsque les eaux ne sont pas bouillonnantes de familles, c'est un lieu paisible bien agréable.

➢ ***Randonnées :*** l'office de tourisme propose 16 sentiers pédestres, pour un total de 180 km. Topoguide en vente.

Fêtes et manifestations

– ***Foire de la Latière :*** *réputée pour sa foire aux bestiaux en plein milieu de la forêt, dans une clairière, les 30 avr et 1er mai, ainsi que le 2e w-e de sept (pour les professionnels).* Quand il pleut, on y va en bottes... c'est dans les bois ! Pour s'y rendre, prendre la D 38 entre Saint-Aulaye et Échourgnac, c'est au carrefour avec la route de Servanches (fléché). La tradition remonterait au Moyen Âge, lorsque les brigands s'y réunissaient pour se partager le bétail et le butin volés. À voir pour son atmosphère haute en couleur (fête foraine, stands de fleurs, brocante, vide-grenier...). Juste à côté, la fontaine Saint-Eutrope aurait des vertus miraculeuses...

– ***Salon international du pastel :*** *fin juil-fin août, ts les 2 ans.* Expositions, conférences et stages de pastel.

AUBETERRE-SUR-DRONNE (16390)

On triche un peu avec la géographie en évoquant ce superbe village charentais, adossé au Périgord. Aubeterre compte parmi les Plus Beaux Villages de France. Ancienne place forte disputée entre Français et Anglais, puis entre catholiques et protestants, étape médiévale sur l'un des chemins de Compostelle, Aubeterre a été construite en amphithéâtre autour d'une boucle de la Dronne. À l'arrivée, le village se présente d'une bien curieuse manière, avec ses rues qui n'en finissent pas de monter et de redescendre, ses porches, ses impasses, ses escaliers et ses panoramas sur une symphonie de vieux toits. Aubeterre ne compte même pas 400 habitants. Mais on se croirait dans une petite ville tellement les curiosités, les boutiques d'artisanat, les manifestations abondent.

Adresse utile

Office de tourisme : *8, pl. du Champ-de-Foire. ☎ 05-45-98-57-18. • sudcharentetourisme.fr • Au niveau du parking principal avt de descendre dans le village. Tte l'année, lun-sam 9h30-12h30, 14h-18h (tlj 9h30-13h, 14h-18h).* Visite guidée du village toute l'année sur demande.

À voir

L'église souterraine : *rue Saint-Jean (fléchée à partir du centre). ☎ 05-45-98-65-06. Tlj (sauf 25 déc et 1er janv) en juil-août 9h30-19h, le reste de l'année 9h30-12h30, 14h-18h. Et s'il n'y a personne, sonnez. Visite guidée possible l'été, sinon audioguide gratuit. Entrée : 6 € ; réduc ; gratuit moins de 8 ans.*
Ce sanctuaire formidable date du XIIe s. L'un des rares exemples d'église souterraine visible en France (avec celle de Gurat, toute proche, et celle de Saint-Émilion, commandée également par Pierre Castillon) et la plus haute d'Europe. À son retour de croisade, Castillon s'est inspiré de modèles visités en Cappadoce pour la technique de creusement du haut vers le bas (moins dangereuse que l'inverse). La cavité creusée au centre, que l'on a longtemps considérée comme une cuve baptismale du Ve ou VIe s, est en réalité une fosse à reliques pour la Vraie Croix (rapportée de croisade par Castillon). C'est d'ailleurs ce qui a motivé la construction de l'église.
À eux seuls, les piliers du centre mesurent 20 m de haut. Si la nef a aujourd'hui disparu à la suite d'un effondrement (elle s'étendait jusqu'à la rue actuelle), le transept impressionne par ses proportions : 27 m de long sur 16 m de large. Tout cela creusé à même la falaise ! Un escalier conduit à une galerie circulaire, d'où l'on a une vue d'ensemble de l'édifice.
L'église Saint-Jean d'Aubeterre est aussi remarquable par la richesse de ses éléments. On y a retrouvé un étrange monument monolithe du XIe s ressemblant à un mausolée. Autre surprise (sur la gauche de la grotte) : une vaste nécropole du IXe s, contenant 160 sarcophages. Enfin, le sous-sol abrite une crypte du XIe s. Elle fut découverte grâce à un camion qui causa son effondrement en passant sur la route !

En sortant, allez faire un tour place Trarieux, pour admirer au-dessus la splendide façade romane de l'***église Saint-Jacques*** est tout ce qu'il reste de l'église du XIIe s, détruite au XVIe s pendant les guerres de Religion.

La ***rue Barbacane*** part de la place Trarieux et descend vers le Guicherot (ou place Merkès-Merval, hommage à un duo célèbre de l'opérette d'après-guerre). Une placette mignonne avec son vieux lavoir, sa fontaine et ses maisons aux balcons dits espagnols.

La ***rue Pierre-Véry*** rend hommage cette fois à un romancier populaire des années 1930, auteur des *Disparus de Saint-Agil* ou de *L'Assassinat du Père Noël,* délicieux romans policiers de l'époque. Dans cette rue, jetez un œil au ***couvent des Cordeliers,*** bâtiment du XVIIe s transformé en école à la fin du XIXe s (Émile Zola et Anatole France y coulèrent des jours heureux). Et, pour le reste, s'il vous prend une petite faim ou une envie de prolonger le séjour, renseignez-vous à l'office de tourisme... ou consultez le *Routard Charentes.*

SAINT-PRIVAT-DES-PRÉS *(24410)*

Intéressant village (encore teinté de vert) à la frontière de la Double. L'église romane (XIe s) est ornée d'une façade de type saintongeais, parmi les plus belles du Périgord. D'élégantes voussures en plein cintre donnent au porche une belle profondeur.

À voir. À faire

Le musée de l'Outil et de la Vie au village et le musée du Patrimoine en miniatures : ☎ *05-53-91-22-87 (mairie). Ouv en principe de mi-juil à fin août, mar-jeu 10h-12h, ou sur rdv. Entrée : 2,50 € ; réduc.*

– *Le musée de l'Outil et de la Vie au village :* redécouverte de la rue d'un village avec ses commerçants et ses artisans, ainsi qu'une remarquable exposition de plusieurs milliers d'objets et outils. Vivant, coloré, fourmillant de mille et un détails amusants, émouvants, insolites, familiers... Évocation des petits métiers de la Double. Souvenirs d'école et du conseil de révision, fêtes patronales. Reconstitution d'une épicerie de campagne. Vêtements, meubles paysans et tant d'autres choses.

– *Le musée du Patrimoine en miniatures :* reproductions au 1/100e de châteaux, de Chambord à Chenonceau, et de cathédrales, de Saint-Front de Périgueux à Notre-Dame de Paris. Une quinzaine de maquettes exécutées en bois. Et une belle collection de papillons du monde entier. À ne pas manquer !

IL EST JOLI LE MÂT DE MAI

Dans le nord-ouest du département, nombre de petits villages arborent des mâts de cocagne foisonnant de drapeaux tricolores. Une tradition issue de la Révolution, mais qui trouve ses racines dans les rites païens du culte de l'arbre sacré. Pour rendre hommage aux conseillers municipaux, on dresse un mât décoré. On appelle cette pratique « maiade » ou planter le « Mai ». La tradition exige que le nouvel élu offre à manger à tous... sur ses deniers personnels !

RIBÉRAC (24600) 4 270 hab. *Carte Périgord, B2*

Petit chef-lieu assez animé à la belle saison, de nombreuses animations et manifestations y sont organisées. C'est aussi le point de départ de jolies balades. Arnaut Daniel, l'un des plus grands troubadours du Moyen Âge, y naquit. C'est une ville à découvrir les jours de marché (vendredi matin), bien sûr, mais qui s'est lancé le défi de proposer un autre visage, en jouant la carte quartier d'artistes. La collégiale est notamment devenue un lieu de concerts et d'expos d'art contemporain.

Adresses et infos utiles

🛈 ***Office de tourisme du Pays ribéracois :*** *pl. Charles-de-Gaulle. ☎ 05-53-90-03-10. • riberac-tourisme.com • En juil-août : lun-ven 9h30-12h30, 13h30-18h30 ; sam 9h30-12h30, 14h-18h ; dim 10h-13h. Le reste de l'année : lun-ven 10h-12h30, 14h-17h.* Bon matériel touristique. Accueil chaleureux et compétent. Expositions gratuites (art et culture) et ateliers artistiques. Visites de fermes.

■ ***Transpérigord :*** ligne de Ribérac vers **Mareuil** et **Angoulême.** Selon période, 2-3 bus/j. (combiné au taxi) ; trajet 50 mn, tarif unique 2 € pour le bus ET le taxi. À Mareuil, correspondance avec les bus vers Angoulême ou Brantôme.

■ ***Forum culturel :*** *13, pl. Charles-de-Gaulle. ☎ 05-53-92-52-30. Fermé dim-lun.* Expos, spectacles, concerts. Réservation et vente sur place. Beau dynamisme culturel.

– ***Marchés :*** *tte l'année, ven mat, grand marché traditionnel. Mai-oct, petit marché des producteurs de pays, mar mat, pl. de la Liberté. 15 nov-15 mars, à l'Espace André-Malraux, marché « au gras », aux truffes, ainsi qu'un marché aux noix en nov, pl. André-Pradeau.*

LE PÉRIGORD VERT

Où dormir ? Où manger à Ribérac et dans les environs ?

Campings

⛺ ***Camping de la Dronne :*** *route d'Angoulême. ☎ 05-53-90-50-08. • campingdeladronne@gmail.com • camping-la-dronne.business.site • ♿ Accès : par la D 708, route d'Angoulême ; sur la gauche, fléché. Ouv de mi-avr à mi-oct. Compter 14-16 € pour 2 en hte saison. 90 empl.* Camping agréablement situé au bord de la rivière, sur 2 ha. Comme il sert de base de canoë-kayak (en été), il y a plein d'activités au bord, sur et dans l'eau. Les emplacements sont vastes, et le choix a été fait de ne pas proposer de bungalows : vive le camping !

⛺ ***Camping Le Petit Lion des Tourbières :*** *24320* ***Vendoire.*** *☎ 05-53-91-00-74. • contact@camping-petit-lion.com • camping-petit-lion.com • ♿ À 20 km au nord de Ribérac ; depuis le centre de Vendoire, suivre la D 102 et le fléchage des tourbières sur 6 km. Ouv de mi-avr à mi-sept. Compter env 14,50-22 € pour 2 sans électricité. Également lodges et gîtes 2-7 pers.* Un petit terrain perdu au milieu de rien, en pleine nature, à 2 pas des tourbières. Une trentaine d'emplacements ombragés, gentiment disposés sur un terrain plat. On peut même louer une tente lodge (sur plancher bois) pour rêver d'aventure. Piscine chauffée et aire de jeux pour les enfants. Resto avec terrasse (l'été, c'est repas commun autour du feu de camp une fois par semaine : très festif !). Accueil chaleureux.

Prix moyens

🏠 ***Chambres d'hôtes Repos à Ribérac :*** *36, rue Jean-Moulin (dans la rue principale), à Ribérac. ☎ 05-53-90-99-24. 📱 06-37-70-82-68. • info@reposriberac.com • reposriberac.com • Tte l'année. Double env 70 €.* Une jolie maison de ville, élégamment rénovée, agréablement meublée dans un style classique. 4 chambres, dont 1 familiale, toutes avec douche ou bains. Accueil très british.

🍽 ⛱ ***Le Lavoir :*** *au centre du bourg, 24600* ***Siorac-de-Ribérac*** *(derrière l'église fortifiée). ☎ 05-53-90-25-51. • deseille.frederic@wanadoo.fr • Ouv le midi tlj sauf dim, ainsi que le soir ven-sam (plus le soir mer-jeu en juil-août). Menu déj en sem 15 € ; carte env 30 €.* Une petite salle chaleureuse avec mezzanine, poutres et pierres apparentes, et une agréable terrasse façon jardin de curé. La gouaille du patron fait le bonheur des habitués, autant que la cuisine de sa femme, élaborée à partir de produits locaux : foie gras maison, travers de porc en cuisson lente et caramélisés, côte de bœuf maturée... Comme ces deux-là ont passé du temps en Provence avant d'arriver en Dordogne, ça laisse des traces, dans les couleurs, les saveurs, l'humeur (la bonne).

Où boire un verre ?

Café des Colonnes : *17, pl. du Général-de-Gaulle. ☎ 05-53-90-01-39. Tlj 8h-20h (plus tard les w-e et l'été).* Si l'intérieur a été rénové, l'établissement possède toujours sa pittoresque devanture. Le bougre est tout de même né en 1832. Rendez-vous favori des jeunes, il fait aussi la joie des étrangers, qui y voient l'archétype du café à la française. Concerts certains soirs. Terrasse sur la place, mais aussi dans la cour intérieure. Carte pour grignoter sur le pouce.

À voir à Ribérac et dans les environs proches

La collégiale Notre-Dame de Ribérac : *ouv tte l'année suivant programme des expos et concerts (infos office de tourisme, forum culturel ou association* Contempora *: ☎ 05-53-90-47-43).* Datant du XIe s puis modifiée au XVIe s, elle fut joliment restaurée et est ornée de peintures murales du XVIIe s (à ne pas confondre avec l'église voisine située juste un peu plus bas, de style modernus-Abadius, témoin des églises en béton des années 1930). Aujourd'hui, lieu de concerts et d'expos d'art contemporain. Si vous y allez à pied, sachez que ça grimpe !

Le Musée gallo-romain : *24600* **Petit-Bersac.** *☎ 05-53-90-08-61 (mairie). À 15 mn de Ribérac. Juil-août, tlj 14h30-18h ; sur résa hors saison. Entrée : 2 € ; réduc ; gratuit moins de 16 ans.* Ce musée très parlant et très pédagogique présente au gré de belles vitrines l'histoire du site archéologique de Cidene (bronze, parures, monnaies...).

Fêtes et manifestations

- **Scènes ouvertes :** *Café du Palais et L'Escapade Gourmande, à Ribérac, 1 fois/mois. Maison de la Dronne à Montagrier mi-août.*
- **Festival Itinéraire baroque :** *concert de printemps mi-mai et festival mi-juil.* • *itinerairebaroque.com* • Itinéraire musical qui fait joliment sonner les églises romanes des environs. Soirée-prologue en la collégiale de Ribérac fin juin. Une excellente façon de s'approprier ces lieux à l'acoustique exceptionnelle.
- **Festival FEST'IN :** *mi-juil au parc des Beauvières.* Programmation de musique actuelle de la scène française.
- **Concerts et animations musicales en terrasse :** *en juil-août, le mar, au* Café des Colonnes *et au restaurant* Le Chabrot. *Se renseigner pour les horaires.*
- **Festival Douchapt Blues :** *fin juin-fin août. Lieu changeant, se renseigner à l'office de tourisme.*
- **Grande Foire à la brocante :** *3e sem d'août.*
- **Fête de la Gastronomie :** *1er sam après le printemps, et un w-e à l'automne, pl. du Général-de-Gaulle.*

BALADE ROMANE AU NORD DE RIBÉRAC

Une région doucement vallonnée, offrant de bucoliques promenades en dehors des sentiers battus. Contrastes géographiques : on passe allègrement de la Double (forêts, étangs, landes) aux plateaux calcaires. On y trouve les cluzeaux, ces salles

souterraines creusées dans le calcaire crayeux au Moyen Âge et qui servirent de cachettes dans les moments durs de l'Histoire. Ce n'est d'ailleurs pas un hasard si les cluzeaux voisinent souvent avec villages, églises et autres châteaux. Les amoureux d'églises-forteresses romanes ou à coupoles y trouveront leur compte. On explore volontiers les plis de cette chasuble romane, se laissant surprendre par les rides de pierre de portails à voussures multiples. On se fait parfois tancer par quelques clochers-donjons, clochers-murs et autre clochers-peignes, massifs et austères.
À une dizaine de kilomètres au nord de Ribérac, on peut découvrir le magnifique plafond peint de l'église de ***Saint-Paul-Lizonne,*** classé Monument historique. Daté du XVIIe s, il s'impose par ses dimensions : 11 m sur 16 m. Pittoresque petit bourg médiéval, ***Lusignac*** a conservé une belle unité architecturale (église fortifiée avec tour carrée à mâchicoulis, élégant château). ***Saint-Martial-Viveyrol*** s'enorgueillit d'une belle église romane fortifiée. Intérieur d'une grande sobriété, avec des ouvertures minimalistes, façon meurtrières.
On arrive à ***Vendoire*** par de charmantes petites routes de campagne. Son église romane du XIIIe s aux colonnes à chapiteaux sculptés sur la façade saintongeaise ne manque pas de charme, son château du XVIIe s non plus, même s'il ne se voit qu'à travers les grilles. À 5 km au nord-ouest de Vendoire (bien fléché), découvrez le monde des ***tourbières.*** Les sentiers d'interprétation sont en accès libre et gratuit toute l'année : concert de grenouilles en prime. Balade en barque, pêche à la ligne, Maison des tourbières, etc. Aires de pique-nique. ☎ *05-53-90-79-56. Juin-sept, tlj sauf lun, se renseigner.*
À 7 km à l'est de Vendoire, ***Cherval*** possède l'une des plus belles et des plus représentatives églises fortifiées à coupoles : pas moins de 4 en enfilade.
La Tour-Blanche possède une belle halle avec piliers massifs et belle charpente, ainsi qu'un élégant manoir du début du XVIIe s. Également un ***moulin du XIVe s,*** à la limite de la commune, animé par des passionnés. *Visite seulement mai-sept le w-e 15h-18h (tlj en juil-août).*
Bourg-des-Maisons est connu pour son église-forteresse du XIe s. Son clocher est très particulier, un clocher-mur en retrait de la façade, à la façon d'un clocher-peigne. Vestiges de peintures murales dans le chœur.
Ne pas rater, pour boucler ce circuit, le château de ***Chapdeuil*** avec un massif donjon rectangulaire à mâchicoulis.

LA VALLÉE DE LA DRONNE, DE RIBÉRAC À BOURDEILLES

Un patrimoine religieux de toute beauté, des vestiges militaires de premier plan, quelques restes industriels avec ses moulins, et des activités de plein air sur l'eau ou sur les rives pour découvrir une nature préservée.

SAINT-MÉARD-DE-DRÔNE (24350)

L'église de Saint-Méard : *tlj 9h-18h.* Fresques du XVe s patiemment et parcimonieusement restaurées. Résultat magnifique...

MONTAGRIER (24350)

Encore une église intéressante ! C'est principalement son chevet du XIIe s qui interpelle, avec ses 5 absidioles rayonnantes : un plan tréflé plutôt rare. Chapiteaux sculptés et chaire du XVIe s. Panorama offrant un beau point de vue sur la vallée de la Dronne, avec table d'orientation.

LE PÉRIGORD VERT

Adresse utile

Maison de la Dronne et du patrimoine rural : ☎ *05-53-91-35-11 (Point info tourisme en saison) ou 05-53-90-03-10 (hors saison). • riberac-tourisme.com • Dans un moulin du XIIe s sur la Dronne, à mi-distance entre Montagrier et Tocane-Saint-Apre. Juil-août : lun-sam 9h30-12h30, 14h-18h, plus dim 14h-18h. Mai : tlj 14h-18h. Juin et sept : lun-sam 10h-12h, 14h-18h, plus dim 14h-18h. Fermé le reste de l'année. Animations l'été (sur résa) et visite libre de la Maison.* Documentation sur les visites et les activités à faire dans le pays. Location de barques à moteur ou à rames.

Où camper près de Montagrier ?

Camping municipal Le Pré Sec : *lieu-dit Le Pré-Sec, 24350* ***Tocane-Saint-Apre.*** ☎ *05-53-90-40-60 ou 05-53-90-70-29 (mairie). • contact@campingdupresec.com • campingdupresec.com • Accès : sur la D 710, à l'entrée du bourg en venant de Lisle. Fléché. Ouv mai-sept. Compter env 10 € pour 2 en hte saison. 86 empl. Locatifs.* Terrain aux emplacements séparés par des haies. Vraiment très correct pour le prix et bien au calme. Bien ombragé. Possibilité de barbecue, de baignades. Le tout à proximité des commerces et de nombreuses infrastructures sportives (payantes, comme le tennis).

Où manger autour de Montagrier ?

Restaurant Le Saint-Victor : *pl. de l'Église, 24350* ***Saint-Victor.*** ☎ *05-53-90-04-59. • contact@lesaintvictor.fr • Tlj sauf dim soir-lun, et mar-mer soir hors saison. Menus déj en sem 13-15 € ; puis formule 24 € et menu env 30 €.* Au centre du village, une jolie adresse. Petite salle accueillante. Profitez de la terrasse sur la place, aux beaux jours, pour goûter à la cuisine de Lisa, qui n'a pas que le Périgord en tête et qui donne du terroir une vision savoureuse et actuelle. Bon accueil, bonne ambiance, on se sent vite à l'aise. La formule déjeuner est une aubaine.

À voir. À faire dans les environs

Le musée du Costume et de l'Artisanat au XIXe s – « La Mémoire des Greniers » : *24350* ***Tocane-Saint-Apre.*** *06-81-29-55-28. • musee-tocane.fr • Juin-sept, tlj sauf lun 14h30-18h30. Le reste de l'année, sur résa. Entrée : 4 € ; réduc ; gratuit moins de 14 ans.* Visite guidée par des bénévoles d'une importante collection de vêtements de la campagne et de la ville, et costumes de fête du XIXe s.

– **Les pelouses sèches :** *dans les environs de* ***Saint-Victor.*** Drôles de formations végétales, qui prennent leurs racines dans un sol à la fois calcaire et très sec. Rien d'ostensible, et on passe allègrement à côté sans rien remarquer, mais les lieux sont un paradis pour certaines variétés d'insectes vivant dans les milieux chauds et secs. Les oiseaux y organisent leur salle à manger et y nichent à l'occasion. Tout cela contraste joliment avec la végétation de la vallée de la Dronne voisine.

GRAND-BRASSAC *(24350)*

Où camper ? Où manger un morceau ?

Guinguette de Renamont : *lieu-dit Renamont, à 2 km du bourg de Grand-Brassac.* ☎ *05-53-04-82-44. • guinguette@renamont.com •*

renamont.com • *Ouv juin-sept. Compter env 9 € pour 2. 14 empl. CB refusées.* Le camping ici n'est pas l'essentiel, même s'il est bien sympa dans son genre (on peut même louer des canoës). La pépite, c'est la guinguette, avec une grande terrasse au bord de la Dronne où l'on peut se sustenter (snack) entre 10h et 22h et écouter de la musique lors des douces soirées d'été. Menu spécial les soirs de concerts (programmation certains samedis entre juin et septembre, voir le site). Accueil jeune et dynamique.

À voir. À faire

L'église-forteresse Saint-Pierre-Saint-Paul : de loin, on dirait un navire cuirassé, avec un clocher-donjon au niveau du transept et un clocher-tour sur la façade ouest. Les toits adoucissent un peu cet aspect guerrier. Remarquable portail avec une Nativité et l'Adoration des Mages (restes de polychromie). À l'intérieur, 3 coupoles. 5 belles statues (dont saint Pierre et saint Paul) et grande finesse de la frise sur la voussure.

Le moulin du Petit Claud : *La Peyzie, 24350* ***Lisle.*** *☎ 05-53-04-51-56. 06-81-02-96-76.* • *Facebook* • *Entre Grand-Brassac et Bourdeilles. De mi-nov jusqu'à épuisement des stocks de noix (fév-mars, mais parfois bien plus tard dans l'année), visites et dégustations, ouvertures aléatoires, appeler avt.* Au cœur des vergers de noyers. On s'y délecte des effluves de noix caramélisées et d'huiles savoureuses. Une adresse géniale à ne partager qu'avec ses amis...

PAUSSAC-ET-SAINT-VIVIEN (24310)

Grosse église romane fortifiée au XIIIe s. Côté façade sud, 4 arches sculptées mais assez usées. À 3 km sur la route de Grand-Brassac, petit hameau de Saint-Vivien, dominé par un castel. Le causse de Paussac est à 7 km au nord-ouest de Bourdeilles.

➢ ***Les falaises du Boulou :*** *sortir de Paussac vers Saint-Vivien. Prendre à gauche vers Bourdeilles, puis 1 km plus loin, prendre à gauche un chemin de terre qui mène sur 1 km vers les rives du Boulou.* Si vous avez une âme de Spiderman, les falaises du Boulou vous lancent déjà un défi. Une paroi calcaire d'une vingtaine de mètres à escalader, avec des voies de niveau 3 à 7.

LE PAYS DE BRANTÔME

BOURDEILLES (24310) 760 hab. *Carte Périgord, B2*

Une intéressante étape historique et architecturale dans un environnement bucolique à souhait. Le château, du haut de son rocher, domine fièrement le village. En arrivant en contrebas à gauche, on profite d'une belle vue sur le pont gothique qui enjambe la Dronne. Ses avant-becs (coupe-courant) lui ont permis de résister au fil du temps, et ce depuis le Moyen Âge. L'ensemble du village ne manque pas de charme, avec quelques terrasses indolentes où il fait bon se délasser sous les remparts du château.

UN PEU D'HISTOIRE

À la frontière de la Guyenne anglaise et de la France, Bourdeilles, 1re baronnie du Périgord, fut, bien sûr, l'enjeu de bien des combats. En 1259, la ville et le château avaient été cédés par Saint Louis aux Anglais. Une partie de la famille refusa de rejoindre les Plantagenêts et, avec le soutien de Philippe le Bel, fit construire l'imposant donjon pour assurer une meilleure défense. Peine perdue : alors que sa construction s'achevait, le château fut réinvesti par les Anglais. En 1377, Du Guesclin s'en empara à nouveau.

Adresse utile

Pas d'office de tourisme ici, mais une borne numérique place de la mairie permet de glaner des infos.

Où dormir ? Où manger ?

De prix moyens à chic

Les Griffons : *rue du Vieux-Pont (dans le bourg). ☎ 05-53-45-45-35. • info@griffons.fr • griffons.fr • En bas de la Grand-Rue, sur la droite. Ouv avr-sept. Doubles 100-135 €.* Belle demeure du XVIe s qui surplombe la Dronne. Une maison d'hôtes pleine de charme, au calme reposant. 10 chambres aux beaux volumes, avec poutres, pierre de taille, cheminée, et surtout une splendide vue sur la rivière. Aux beaux jours, petit déjeuner en terrasse près de la piscine. Accueil aux petits soins.

Chambres d'hôtes L'Ambroisie : *Grand-Rue. ☎ 05-53-04-24-51. • jc.joch@orange.fr • ambroisie-dordogne-perigord.com • Dans le haut du village, au niveau de l'église. Tte l'année. Doubles 88-92 €. Réduc de 10 % sur le prix de la chambre sur présentation de ce guide.* « Piment », « Anis », « Graine de Lin » et « Lavande », voilà des noms qui fleurent bon, impeccables pour des chambres où l'on se sent bien. Le tout dans une grande maison tranquille, à l'intérieur soigné, située en lisière de la rue (heureusement peu passante). Accueil prévenant.

À voir

Le château : *dans le bourg. ☎ 05-53-03-73-36. • château-bourdeilles.fr • Début juil-fin août, tlj 10h-19h30 ; début avr-début juil et sept-oct, tlj 10h-13h, 14h-18h ; nov-déc et de mi-fév à début avr, tlj sauf lun (tlj pdt vac scol) 10h-12h30, 14h-17h (17h30 fév-mars). Fermé janv-début fév. Visites nocturnes en juil-août les mar et jeu à 20h (12 € ; réduc), ateliers-découverte pdt les vac scol (4 €). Entrée : 8,80 € ; réduc. Audioguide : 3 €.*
2 châteaux, en fait, puisque à côté du médiéval s'élève un logis Renaissance. Un de ses célèbres occupants fut le poète libertin Pierre de Bourdeille, alias Brantôme, auteur de *Vies des dames galantes.* Il fut également soldat et un fidèle de Catherine de Médicis (voir aussi ci-après à Brantôme). La visite débute par le ***château médiéval.*** Une porte entourée d'imposantes murailles crénelées, et, à l'intérieur, impressionnant volume de la salle d'honneur qui couvre 300 m², avec cheminées monumentales. On peut grimper au sommet du donjon (sauf fermeture exceptionnelle) admirer la très belle cour au pied de la tour, pavée de galets. On continue jusqu'aux jardins panoramiques, avec un beau point de vue sur la Dronne et ses falaises crayeuses, qui nous mènent aux pieds du ***logis Renaissance.*** Belle leçon d'architecture que cette demeure d'agrément, conçue par Jacquette de Montbron, veuve d'André de Bourdeilles, tirant parti des innovations italiennes et de l'art de se loger à la française. Dans une géométrie précise et calculée, chaque

espace joue son rôle. Le couloir voûté du rez-de-chaussée s'inspire d'ailleurs de celui de Chenonceau. Le logis présente une rare collection de mobiliers et décors Renaissance (forcément). Jetez un œil à la monumentale mise au tombeau du XVIe s dans l'ancienne chambre, devenue cuisine puis chapelle, et à la salle à manger devenue salle d'armes, avant de grimper dans les étages.
- *Au 1er étage :* splendide collection de buffets, salon doré au magnifique plafond peint et décoré, cheminées immenses finement dorées au XVIIe s par Ambroise Noble, et belles tapisseries recouvrant les murs de la salle de réception.
- *Au 2e étage :* collection de coffres de voyage espagnols, lit à dais de tapisserie de style néogothique XIXe. Soubassement et portes dorées très ouvragées. Magnifique plafond.

Manifestation

- ***Marché nocturne :*** *de mi-juil à fin août, chaque mer soir.* Marché de producteurs locaux place de la Mairie. Restauration sur place.

BRANTÔME-EN-PÉRIGORD

(24310) 2 297 hab. *Carte Périgord, B1-2*

• Plan *p. 91*

À 26 km au nord de Périgueux, en plein cœur du Périgord vert, Brantôme est une ville-porte du parc naturel régional Périgord-Limousin (voir plus loin). Nichée sous de belles falaises calcaires, elle joue les gondoles, baignée par une boucle de la Dronne. Si son surnom de « Venise du Périgord » est un brin exagéré, et passablement démodé, son charme est bien réel. Ville fleurie, petite cité de caractère, elle vaut vraiment le détour, voire une étape de quelques jours pour rayonner dans les environs. Les bâtiments longilignes et classiques de son abbaye mirent leur blanche aube dans les eaux sombres de la rivière. Plus de moine ici : tout est désormais laïque ; pourtant quelques chants grégoriens semblent toujours faire écho dans les grottes de la 1re abbaye troglodytique, sous la falaise. Et puis l'église oublie les coups de bistouri du XIXe s sur son massif clocher, pour se targuer d'une histoire plus que millénaire, prenant sa source sous le règne de Charlemagne.

« BRANTÔME » : UN AVENTURIER HORS DU COMMUN !

Pierre de Bourdeille (dit Brantôme), cadet de la famille, obtint en 1557 l'abbaye de Brantôme. Cependant, s'ennuyant quelque peu, il partit « faire du tourisme » en Italie avant d'accompagner la reine Marie Stuart dans les brumes écossaises. Y trouvant l'air trop humide, il revint un temps à la cour de Charles IX, puis guerroya pas mal contre les protestants pour le compte de François

DOCTES PENSÉES

Brantôme résonne encore des facéties de son héros, Pierre de Bourdeille, qui sut se faire des amis à force de belles pensées : « Si tous les cocus et leurs femmes qui les font se tenaient par la main, je crois qu'ils seraient assez battants pour circuire la moitié de la Terre. » Que cela n'empêche personne de parcourir les rues de Brantôme main dans la main.

de Guise. En 1564, il rejoignit l'armée espagnole et se battit au Maroc. On le vit ensuite combattre les Turcs en Méditerranée (et aussi pirater quelque peu pour son propre compte). Quelques batailles en France aussi avant de demander un arrêt maladie et de se retirer dans son abbaye... pour, une fois rétabli, y préparer une expédition en Amérique latine (qui fut un échec). En bisbille avec Henri III, il s'apprêtait à reprendre du service dans l'armée espagnole, quand une chute de cheval le rendit invalide. Il retourna alors 4 ans dans son abbaye et son château de Richemont et se jeta à corps perdu dans l'écriture. Bref come-back à la Cour, avant de se retirer définitivement dans le Périgord. Il mourut en 1614, à l'âge de 74 ans, et laissa 2 chefs-d'œuvre de la littérature – *Vies des hommes illustres et des grands capitaines* et, surtout, *Vies des dames galantes* (publiés après sa mort seulement) – qui lui apportèrent une certaine gloire posthume. Œuvre délicieusement amorale, au style enlevé, haut en couleur, témoignage unique sur cette époque.

Arriver – Quitter

En train

Il n'y a pas de train à Brantôme. Il faut se rendre à *Périgueux* (ligne Bordeaux-Limoges) ou à *Angoulême* (ligne TGV Paris-Bordeaux).

En car

■ ***CFTA :*** *☎ 05-53-08-43-13. • transperigord.fr •* Ligne *Périgueux-Angoulême* (via Mareuil, avec une correspondance pour Ribérac). Compter 1-2 cars/j., tte l'année ; trajet 1h30 pour Angoulême ; tarif unique : 2 €.

Adresse et infos utiles

Office de tourisme Périgord Dronne Belle *(plan A2) : église Notre-Dame, 2, rue Puyjoli-de-Meyjounissas. ☎ 05-53-05-80-63. • perigord-dronne-belle.fr • Avr-mai : tlj 10h-13h, 14h-18h. Juin et sept : 10h-18h. Juil-août : 10h-18h30. Oct-mars : tlj sauf mar 10h-12h, 14h-17h (fermé de janv à mi-fév).* Excellent accueil et très bons conseils ! Le plan de la ville propose un petit circuit en 41 étapes. Très large choix de documents touristiques, à emporter si vous n'êtes pas trop chargé. Boutique sur place.

– ***Marché hebdomadaire :*** *ven mat tte l'année.*

– ***Marché fermier :*** *mar mat 15 juin-15 sept.*

– ***Marché aux truffes :*** *en hiver, ven mat. Dans l'office de tourisme, animations et dégustations avec un chef du coin.*

Où dormir à Brantôme et dans les environs ?

Campings

⛺ ***Camping Brantôme-Peyrelevade*** *(hors plan par B2,* ***10****) : 46, av. André-Maurois, à Brantôme. ☎ 05-53-05-75-24. • info@camping-dordogne.net • camping-dordogne.net • ♿ Sur la D 78, route de Thiviers, près du stade, à 1 km du centre, sur la droite. Ouv mai-sept. Compter 17-33 € pour 2 (avec électricité). 150 empl. Tentes safari et mobiles homes 4-6 pers.* En bord de rivière, où l'on pêche entre 2 baignades (petite plage de sable). Des arbres partout (même... dans les sanitaires !). Atmosphère géniale pour les bambins. Possibilité de faire du canoë depuis les rives du camping. Piscine chauffée et animations.

⛺ ***West Wood Ranch :*** *La Donie, 24530* ***Condat-sur-Trincou.*** *📱 06-83-93-28-40 ou 06-88-49-58-75. • westwoodranch@yahoo.fr • vacances-enfants-western.fr • À 7 km de Brantôme. Pas besoin de rentrer dans Condat ; le camping est*

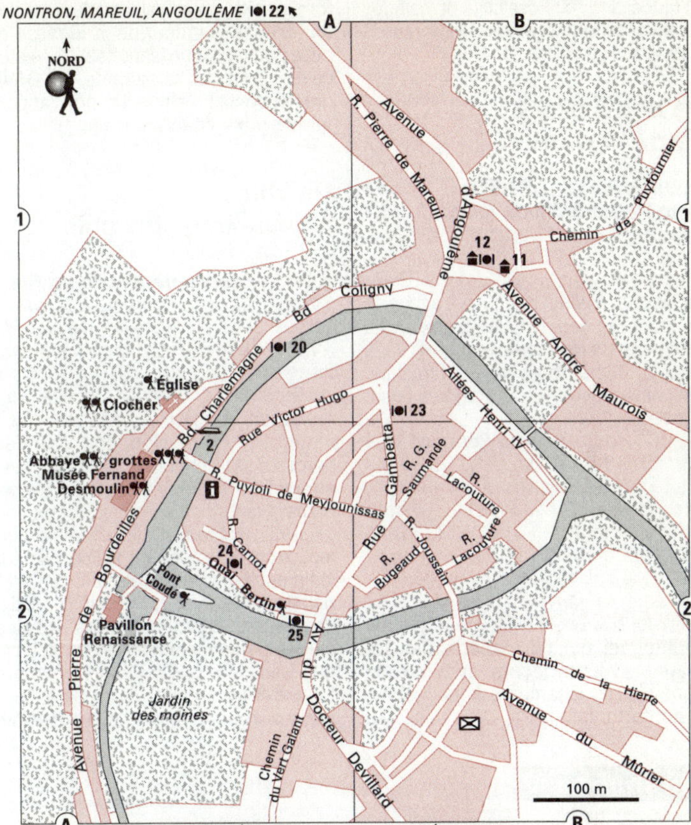

BRANTÔME-EN-PÉRIGORD

Adresses utiles

- Office de tourisme Périgord Dronne Belle (A2)
- 2 Bateaux sur la Dronne (A2)

Où dormir ?

- **10** Camping Brantôme-Peyrelevade (hors plan par B2)
- **11** Chambres d'hôtes, chez Mme Yvette Mérillou (B1)
- **12** Hostellerie du Périgord Vert (B1)

Où manger ?

- **20** Côté Rivière (A1)
- **22** La Récré Gourmande (hors plan par A1)
- **23** L'Authentique (B1)
- **24** Comme à la Maison (A2)
- **25** Au Fil de l'Eau (A2)

fléché (sur la droite) depuis la D 78. Ouv Pâques-fin sept. Compter 15-17 €/pers sous tipis ou tentes trappeurs. Un peu kitsch, mais original et bien sympa en famille : une reconstitution d'une petite ville du Far West et hébergement sous tipis, tentes trappeurs, ou dans un chariot de pionnier. Confort assez sommaire… mais on est cow-boy ou on ne l'est pas ! Les fans de Lucky Luke seront en tout cas ravis ! Possibilité de balades à cheval ou en diligence. Nombreuses animations sur le site.

De bon marché à prix moyens

Chambres d'hôtes, chez Mme Yvette Mérillou (plan B1, **11**) : *1, impasse Saint-Martin, à Brantôme. ☎ 05-53-05-74-04. Tte l'année. Doubles 40-45 € ; petit déj 4 €.* Bienvenue chez Yvette, habituée à accueillir les touristes depuis déjà 45 ans. Dans une petite maison toute simple et sans chichis, 3 chambres dont 1 familiale. Petit déjeuner dans un jardin très fleuri, aux beaux jours.

Hostellerie du Périgord Vert (plan B1, **12**) : *7, av. André-Maurois (route de Thiviers), à Brantôme. ☎ 05-53-05-70-58. • contact@hotel-hpv.fr • hotel-hpv.fr • Resto fermé ven (plus dim soir en basse saison). Service le soir seulement. Congés : de mi-déc à mi-janv. Doubles 72-89 € ; familiale. Menus 23-42 €.* Un bon hôtel traditionnel qui ne manque pas de charme avec sa façade couverte de vigne vierge. Chambres impeccables et confortables (literie de qualité, au format XXL pour les supérieures). Le tout s'enroule autour de la terrasse et de la petite piscine (chauffée). Au resto, cuisine du terroir revigorante, entre foie gras et confits maison. Un bon rapport qualité-prix-accueil.

De chic à beaucoup plus chic

Hostellerie Moulin du Roc : *24530* ***Champagnac-de-Belair.*** *☎ 05-53-02-86-00. • info@moulinduroc.com • moulinduroc.com • Resto fermé mar, plus mer midi. Doubles à partir de 180 € ; petit déj 20 € (!). Formules déj en sem à partir de 45 € ; menus 75-85 €.* Une des grandes adresses du Périgord. Cadre idyllique, en bord de rivière. Vieux moulin superbement aménagé en hôtel. Décoration extrêmement recherchée. Avis aux collectionneurs, ici, on ne lésine pas sur les meubles et les bibelots. Chambres personnalisées et tout confort, assez chères. Au restaurant *Ròda,* cuisine contemporaine et inventive sur la base des traditions périgourdines, respectueuse et généreuse, goûteuse et coûteuse, l'un compensant l'autre. Piscine.

Où manger ?

L'Authentique (plan B1, **23**) : *40, rue Gambetta. ☎ 05-53-04-37-99. 06-73-47-36-34. Ouv tlj sauf mar, plus lun soir hors saison. Compter env 15-25 €.* Emma est seule en cuisine, mais assure aussi le service hors saison. Portions très copieuses, qu'il s'agisse des galettes, des crêpes ou de plats classiques. Une petite salle claire et colorée en basse saison, complétée par une terrasse en été.

Côté Rivière (plan A1, **20**) : *13, bd Coligny. ☎ 05-53-46-60-30. • coteriviere@orange.fr • Tlj sauf mer (et mar hors saison). Ouv avr-sept. Carte 30-35 €. Café offert sur présentation de ce guide.* Aux beaux jours, précipitez-vous sur cette terrasse surplombant idéalement la Dronne, la rivière qui traverse la belle bourgade et lui donne toute sa majesté, surtout le soir venu. Dans un cadre typique, cuisine finement réalisée par un chef sachant sublimer les produits de la région (coin-coin), avec quelques détours plus exotiques (tempura de crevettes pimenté, curry vert thaï...). On quitte le lieu satisfait !

La Récré Gourmande (hors plan par A1, **22**) : *Domaine de la Roseraie, lieu-dit Les Courrières. ☎ 05-53-45-77-04. • larecregourmande@hotmail.fr • Ouv midi et soir mar, mer et ven, plus sam soir. Carte env 30-35 €.* À la limite de la ville, au cœur d'un parc calme dominé par une chartreuse du XVIIe s, un lieu récréatif et surtout re-créatif. Belle maison, bel accueil, décor cosy, avec feu dans la cheminée aux jours gris. Sinon, terrasse fort sympathique, et surtout bien bonne cuisine, simple et généreuse, à l'image des propriétaires. Goûteux burgers aux saveurs locales, fraîches salades et autres tartares ne déçoivent pas.

|●| ☂ ***Comme à la Maison*** *(plan A2, **24**) : 13, quai Bertin. ☎ 05-24-13-12-14. 📱 06-13-08-19-63. Tlj sauf mer (service en continu en journée). Congés : nov-fév. Carte env 25 €. Café offert sur présentation de ce guide.* Bel endroit pour déguster une cuisine de saison sincère et savoureuse, élaborée avec des produits locaux de qualité et de préférence bio. Sarah aime son métier, d'où une attente un peu plus longue quand le soleil est de la partie et incite le promeneur à s'installer en terrasse, face à la rivière. Mieux vaut avoir réservé, à l'heure du déjeuner, ou revenir plus tard. Déco vintage chaleureuse à l'intérieur qui ravira les amateurs de brocante.

|●| ☂ ***Au Fil de l'Eau*** *(plan A2, **25**) : 21, quai Bertin. ☎ 05-53-05-73-65. • restaurant@fildeleau.com • Tlj mai-sept. En avr et le w-e en oct, selon la météo. Menus 24-31 €.* Cette ancienne guinguette est aujourd'hui un bistrot de pêcheurs un peu chic. Un lieu logiquement touristique, mais idéal aux beaux jours pour prendre le soleil, sur la grande terrasse au bord de l'eau.

À voir

👁👁 ***L'abbaye*** *(plan A2) :* fondée (selon la tradition) par Charlemagne, elle fut détruite par les Normands, reconstruite aux XIe, XVe et XVIIIe s. De 1557 à 1614, Pierre de Bourdeille, dit Brantôme, en endossa la robe d'abbé et en fit l'une des plus riches de France. Le bâtiment conventuel principal abrite aujourd'hui la mairie et le musée Fernand-Desmoulin (voir plus loin). À l'intérieur, élégant escalier monumental du dortoir des moines, à la belle charpente en forme de carène de navire renversée, qui accueille de mai à septembre de nombreuses expos à thème.

👁👁👁 ***Les grottes de l'abbaye*** *(plan A2) : ☎ 05-53-05-80-63. ♿ Mêmes horaires que l'office de tourisme (sauf en juil-août, jusqu'à 19h). Billet en vente à l'office de tourisme, combiné pour les grottes et le musée Fernand-Desmoulin : 6,50 € ; réduc. Billet jumelé avec la visite guidée de l'église, du cloître et du clocher : 10 €. Visite commentée nocturne en juil-août, lun à 22h (durée 1h ; 9 €/pers ; réduc).* Derrière l'abbaye « actuelle », on visite les vestiges de la 1re abbaye, creusée au VIIIe s dans le pied de la falaise avec la ***grotte du Jugement dernier.*** Là, un Dieu barbu domine la scène. Au centre, la mort est omniprésente. Plus bas, des têtes semblent attendre l'issue fatale sur une étagère macabre. Seigneur ou paysan, tout le monde attend le jugement dernier. L'un des plus vieux campaniles de France à subsister, rescapé de la guerre de Cent Ans. Un ensemble rare, voire unique !

👁 ***L'église*** *(plan A1) :* maintes fois détruite, elle fut restaurée par Abadie au XIXe s (le Sacré-Cœur de Paris et la cathédrale Saint-Front de Périgueux, c'est lui !). On distingue pourtant encore le chœur de style gothique et les voûtes angevines. Des superbes chapiteaux romans il n'en subsiste qu'un, transformé en bénitier. Au-dessus, diptyque du XIIIe s figurant le *Massacre des Innocents.* L'église abrite d'ailleurs les reliques de saint Sicaire (un des saints Innocents, martyrs à Bethléem au moment de la naissance du Christ), offertes selon la tradition par Charlemagne. Du cloître du XVe s, il reste une galerie à ogives et une petite salle capitulaire *(accès libre et gratuit).*

👁👁 ***Le clocher*** *(plan A1) :* séparé de l'église, c'est un des clochers romans les plus anciens de France. On y a, en effet, retrouvé des éléments wisigothiques et carolingiens. La plus grande partie date cependant du XIe s. Ce clocher à gables est de style roman limousin. Construit sur 4 étages en retrait les uns des autres, il servit de modèle à nombre d'églises du Limousin.

– Rens au ☎ 05-53-05-80-63. Avr-oct : tlj (sauf dim mat et offices religieux), visite guidée du cloître, de l'église et du clocher. Tarif : 8 € ; réduc.

Le musée Fernand-Desmoulin *(plan A2)* : *☎ 05-53-05-80-63. Mêmes conditions d'accès et horaires que les grottes de l'abbaye.* Peintre symboliste originaire de la région, Fernand Desmoulin, contemporain et ami de Zola, était considéré comme un artiste officiel de la IIIe République. Certaines de ses œuvres ont été réalisées lors de séances de spiritisme, dans un total état second.

Le pont Coudé *(plan A2)* : au sud de l'abbaye, c'est un ouvrage très particulier. Un pont formant un angle droit au-dessus de la rivière. Il assurait le passage entre les bâtiments de l'abbaye (noter le joli pavillon Renaissance) et le jardin des moines juste en face. Dans ce dernier, transformé en agréable jardin public, de jolis restes de reposoirs. Sorte d'Abribus, tout de pierre vêtu, encadré de 4 colonnes corinthiennes. Pour méditer.

Le quai Bertin *(plan A2)* : au sud de l'île, face au jardin des moines. On y distingue des restes de fortifications à fleur des maisons. Au n° 17, par exemple, vestige du rempart et échauguette.

Les Jardins tranquilles : *à* **Chambon.** *☎ 05-53-05-95-24. • lesjardinstranquilles.com • À la sortie de Brantôme vers Périgueux, au rond-point direction Valeuil. Ouv avr-oct, tlj 12h-19h. Sur résa hors saison. Tarif : 7 € ; réduc.* Les *Jardins d'au-delà* (de la rivière !) étaient l'œuvre d'un passionné ; 5 ha de jardins à thème sur les bords de la Dronne. Rachetés par un couple d'Anglais, ils sont devenus « Jardins tranquilles ».

LE PÉRIGORD VERT

À faire

Balade en bateau sur la Dronne *(plan A2,* **2***)* : *un 1er batelier en contrebas de la pl. du Marché (face à l'église). ☎ 09-79-71-17-16. Tarif : 8 € ; réduc. 12 places seulement, et un vrai personnage à la barre. Un 2d embarque sous le pont Coudé. ☎ 05-53-04-74-71. 📱 06-29-77-98-97. Fonctionne 1er avr-30 oct ; tlj (sauf lun en oct) 11h-12h, 14h-18h de mi-juil à fin août ; départ ttes les heures. Tarif : 8,50 € ; réduc.* Environ 50 mn de balade à l'abri du soleil et de la pluie (si besoin). Pour une promenade au calme jusque dans les recoins les plus sauvages de la rivière.

Manifestations

Brantôme est une petite ville qui bouge culturellement, avec une large palette d'activités allant de la musique à la littérature en passant par la sculpture ou même les joutes nautiques.

– **Expos d'art** : *mai-sept.* Pour allier le plaisir de découvrir des artistes de bonne renommée avec celui de profiter de lieux prestigieux habituellement fermés au public (dortoir ou réfectoire des moines, pavillon Renaissance...).
– **Fête patronale et commerciale de Saint-Sicaire** : *1er w-e de mai.*
– **Châteaux en fête** : *juin.* Portes ouvertes, animations et festivités dans ces lieux d'exception. Programme à l'office de tourisme.
– **Musique classique** : *juin-sept.* Nombreux concerts de musique classique. Programme à l'office de tourisme.
– **Joutes nautiques** : *juil-août, le ven soir.* Tournois sur l'eau façon joutes sétoises (ou quand les gondoliers de la Venise périgourdine deviennent chevaliers).
– **Marché gourmand et marché de l'artisanat d'art** : *juil-août.*
– **Prix littéraire Brantôme** : *en oct.* Tous les ans, sur la thématique de la biographie historique.

DANS LES ENVIRONS DE BRANTÔME-EN-PÉRIGORD

Le château de Richemont : *24310* ***Saint-Crépin-de-Richemont.*** *☎ 05-53-05-72-81. À 6 km de Brantôme, direction Richemont. De mi-juil à fin août, tlj 10h-18h. Entrée : 5 € ; réduc ; gratuit moins de 12 ans.* Construit par Pierre de Bourdeille (alias Brantôme) de 1564 à 1581. Celui-ci repose d'ailleurs dans la chapelle. L'architecture est encore une fois un mélange de styles médiéval et Renaissance. Massive tour fortifiée à base quadrangulaire... Or les tours étaient plutôt circulaires au Moyen Âge ; un chemin de ronde si étroit qu'un homme d'armes harnaché n'y passe pas. Et de puissants contreforts à la base des murs plutôt destinés à asseoir cette bâtisse dépourvue de fondation. Qu'on ne s'y méprenne pas, le château n'en est pas moins charmant et mérite le coup d'œil, d'autant que la visite est assurée par un membre de la famille.

Le château de Puyguilhem : *à 1 km au nord-ouest de Villars. ☎ 05-53-54-82-18. • chateau-puyguilhem.fr • Mai-août : tlj 10h-12h30, 14h-18h30. Le reste de l'année : tlj sauf lun-mar (ouv lundi de Pâques) 10h-12h30, 14h-17h30. Entrée : 6 € ; gratuit moins de 26 ans. Billet jumelé avec les grottes de l'abbaye et le musée de Brantôme : 10 €. Expos temporaires pendant l'été.*
Édifié au début du XVIe s dans un bel environnement par Mondot de La Marthonie, un des proches de François Ier, président des parlements de Guyenne, puis de Paris. C'est le castel périgourdin se rapprochant le plus de la magnificence des châteaux de la Loire. D'ailleurs, il fut conçu pour l'agrément et n'avait pas de vocation militaire. Les façades présentent un profil magnifique. Celle côté cour d'honneur offre un rare et précieux exemple de frises sculptées et codées. Gros donjon de style féodal orné de 5 fenêtres et de 2 lucarnes Renaissance ainsi que d'une tourelle octogonale ; en face, une autre tourelle, polygonale cette fois, surmontée d'une loggia. Forêt de cheminées sur le toit à larges pentes. Escalier à vis sculpté. Dans la salle d'armes, belle cheminée Renaissance avec médaillons. Le 1er étage, très lumineux, est peu meublé comme il était d'usage à l'époque. Cheminées aux lignes sobres, dont une splendide dans la salle de réception, avec frise sculptée évoquant les travaux d'Hercule. En tout, le château compte 9 magnifiques tapisseries des Flandres et d'Aubusson aux figures anthropomorphiques et aux détails insolites. Plafond à double caisson en pierre à l'italienne. Derrière le château, belle allée de tilleuls classée et grand pigeonnier. En repartant, arrêtez-vous à la Croix du Grand Feu, récemment restaurée.

L'abbaye de Boschaud : *à 2 km au sud du château de Puyguilhem. Accès libre, sinon visite guidée possible sur résa auprès de l'office de tourisme de Brantôme.*
Ruines d'une ancienne abbaye cistercienne du XIIe s. Située en pleine campagne. Vestiges du cloître et de la salle capitulaire. Lignes très pures, c'est du roman d'une harmonie sans pareille. On y retrouve la rigueur, voire l'âpreté de cet ordre aux règles particulièrement strictes.

La grotte de Villars : *entre Saint-Pardoux-la-Rivière et Saint-Jean-de-Côle (à 3 km du bourg, bien fléché). ☎ 05-53-54-82-36. • grotte-villars.com • Ouv avr-11 nov. Avr-juin et sept : tlj 10h-12h, 14h-19h. Juil-août : tlj 10h-19h30. Oct-nov : 14h-18h. Dernier départ de visite 30 mn avt fermeture. Visite guidée de 45 mn introduite par un film de 25 mn. Entrée : env 9,80 € ; réduc. Température de 13 °C dans la grotte, prévoir un vêtement chaud.*
Le site (découvert en 1953 par le spéléo-club de Périgueux) compte en tout 13 km de galeries explorées à ce jour, qui ne représenterait que la moitié de la totalité de la grotte. Ce serait le réseau souterrain le plus vaste du département. On visite uniquement 600 m (la partie la plus facile d'accès) de cette grotte qui présente la particularité d'être à la fois géologique et préhistorique. Un couloir sinueux donne accès à des salles ornées de concrétions riches et variées, très bien mises en

valeur. Peintures préhistoriques datant du Magdalénien ancien (17 000 av. J.-C.) : bouquetins, fresque de chevaux, scène du bison et du sorcier.
Boutique, snack, aires de pique-nique et de jeux pour enfants. Sentier de découverte sur la faune, la flore et le climat du Paléolithique supérieur à nos jours. *Jardin préhistorique* ludique et pédagogique sur 2 ha (livret-jeu gratuit pour les enfants pendant les vacances).

Le Pas-de-Chat : *pl. de l'Église, 24530* ***Villars.*** *☎ 05-53-08-92-73. Tlj sauf dim soir et lun (plus le soir mar et mer hors saison) Congés : nov. Le midi en sem, formule et menu 13,50-18 € ; menus 21-23 € soir. Apéritif maison offert sur présentation de ce guide.* Un petit restaurant sur la route de la grotte, qui a su conserver un charme d'autrefois (magnifiques poutres apparentes). Pour changer un peu du traditionnel repas périgourdin, la carte propose en plus des suggestions régionales des plats... végétariens (rare dans la région !). Bon rapport qualité-prix. Accueil plus que chat-leureux. Terrasse l'été.

LE PARC NATUREL RÉGIONAL PÉRIGORD-LIMOUSIN

On entre dans le parc naturel régional Périgord-Limousin par Brantôme, ville-porte du parc, et les communes autour de Mareuil. Vous vous trouvez ici dans la partie des vallées périgourdines dont le cœur se situe à Nontron, la ville de la coutellerie.
Créé en 1998 au nord du Périgord, le parc a pour vocation, tout comme ses confrères, la sauvegarde du patrimoine, la mise en valeur des sites et le renouvellement de l'attractivité du territoire, mais aussi la préservation de la qualité de l'environnement et du cadre de vie de ses habitants, tout en favorisant un tourisme durable.
Pour en savoir plus, il vous faudra pousser jusqu'à la Maison du parc, à La Coquille, tout près de Jumilhac, ou jeter un œil sur leur site internet. Sinon, les sites les plus importants ont été équipés de bornes numériques d'infos touristiques : carte, petit film de découverte du parc, randonnées, activités, hébergements.

Adresse et info utiles

■ ***Maison du parc naturel régional Périgord-Limousin :*** *la Barde, 24450* ***La Coquille.*** *☎ 05-53-55-36-00. • info@pnrpl.com • pnr-perigord-limousin.fr • Prendre direction Jumilhac puis Saint-Pierre-de-Frugie. Lun-ven 9h-12h30, 14h-18h (17h ven). Fermé w-e.* Plus local administratif que bureau d'informations, on y trouve toutefois de la documentation sur le parc naturel (et le territoire). Créé en 1998, le parc regroupe 78 communes (49 en Dordogne et 29 en Haute-Vienne) sur 1 800 km². Voir plus loin « Dans les environs de Jumilhac-le-Grand ». Également une application citoyenne « mon Parc Périgord Limousin », pour s'impliquer dans la préservation du parc naturel, tout en profitant des animations et actualités du parc.

➢ ***Randonnées :*** *aux confins du parc naturel régional Périgord-Limousin.* GR 36 de Mareuil à La Rochebeaucourt, en passant par Saint-Pardoux-de-Mareuil (chemin de Saint-Jacques-de-Compostelle) ; sentier de découverte du **plateau d'Argentine** (2h30 environ, à la portée de tous) qui permet une intéressante approche d'une faune et d'une flore spécifiques aux sols calcaires (on y voit également au passage des champignonnières et une voie romaine, démystifiées par des panneaux explicatifs). Topoguide des sentiers de rando en vente à l'office de tourisme de Mareuil ou à la Maison du parc. Pour les randonneurs téméraires « La Grande Boucle du Parc ». Brochure et plans disponibles à la maison du Parc, dans les offices de tourisme ou téléchargeable sur • *pnr-perigord- limousin.fr/Actualites/Decouvrez-la-Grande-Boucle-du-Parc* • 200 km sur les chemins du Périgord-Limousin.

MAREUIL-EN-PÉRIGORD

(24340) 2 560 hab. *Carte Périgord, B1*

À une vingtaine de kilomètres au nord-ouest de Brantôme, un regroupement de communes qui fait désormais partie intégrante du PNR. On peut visiter le château de Mareuil et profiter des quelques bonnes adresses qui se nichent aux alentours !

SEXTINE, SEXE ET POÉSIE

C'est à Mareuil que le troubadour Arnaut Daniel babilla sa 1re chanson poétique vers 1150. De son œuvre brillante, peu de traces ont traversé les siècles jusqu'à notre époque. On pourrait toutefois citer quelques poèmes érotiques... « que rigoureusement ma mère m'a interdit de nommer ici » aurait chanté un de ses dignes descendants... Il fut l'inventeur de la sextine, une technique de rime exigeante, qui aura les faveurs de poètes provençaux et italiens. Aragon lui prêta l'espièglerie de « séduire les dames en présence même de leur seigneur ».

Adresse et infos utiles

i ***Office de tourisme Périgord Dronne Belle :*** *12, rue Pierre-Degail.* ☎ *05-53-05-62-41.* • *perigord-dronne-belle.fr* • *Tte l'année, lun-ven (sauf mer mat et ven ap-m) 9h-12h, 14h-16h ; fermé w-e. Sinon, borne numérique pour glaner des infos.* Bonne documentation sur les curiosités à voir, les producteurs ouverts à la visite et le calendrier des manifestations. Documentation du parc naturel régional disponible, ainsi que des topoguides de randonnées.

– ***Marché traditionnel :*** *mar mat.*
– ***Foire traditionnelle :*** *le 28 de chaque mois.*
– ***Fête des Arts, Journée des Chevalets :*** *3 j. en juin.* Festivités et animations avec des concours de peinture et de sculpture.
– ***Fête des Broudichous :*** *1er sam d'oct à* ***Saint-Pardoux-de-Mareuil.*** Le *broudichou,* c'est la châtaigne, tout simplement.

Où dormir ? Où manger dans le secteur ?

Camping

⛺ ***Domaine de Corneuil :*** *Saint-Sulpice-de-Mareuil, 24340* ***Mareuil-en-Périgord.*** ☎ *05-53-60-79-48.* • *campingcorneuil@orange.fr* • *corneuil.com* • ♿ *Ouv de mi-juin à début sept (mai-sept pour les locatifs). Compter 22-30 € pour 2. Hébergements locatifs. Promos sur Internet. Frais de dossier : 15 €. Bar-restaurant dans l'ancienne ferme tlj sauf en mai et fin sept.* Jolie maison en pierre qui, tel l'arbre cachant la forêt, masque un beau et vaste terrain à l'arrière. Au cœur de 25 ha, dont pas mal de bois et de sentiers, plusieurs parcelles séparées et ombragées. Une trentaine d'emplacements pour les tentes. Bloc sanitaire nickel, spacieux et original. Également des mobile homes et des tentes safari pour 4 à 6 personnes tout au fond. Piscine chauffée (avec jeux aquatiques), jeux pour les enfants. Des ruches, un poulailler et un potager sont installés sur le site pour offrir un véritable retour à la nature en famille. Quant au bon resto, il est remplacé chaque jeudi soir par une super table d'hôtes hyper festive. Excellent accueil.

Prix moyens

Le Locavore : *9, route de Périgueux, 24340* ***La Rochebeaucourt-et-Argentine.*** *☎ 05-53-56-84-06. 06-88-86-13-17. Entre Périgueux et Angoulême, à env 8 km au nord-ouest de Mareuil. Tlj sauf lun-mar et mer midi. Congés : janv-fév. Résa conseillée. Formules 18-25 € ; plats 14-18 €. Le Locavore,* c'est un peu l'endroit sur lequel on tombe par un très heureux hasard. Nathalie prône la consommation de saison, et surtout locale : œufs du poulailler, aromates du jardin, viandes et légumes provenant de circuits les plus courts possibles. Cuisine sympathique et généreuse (avec option végétarienne), égayée par un lieu à la déco vintage et décalée, qui séduit une clientèle d'habitués. Mais ce qui fait beaucoup pour le charme du lieu, c'est la terrasse installée dans le jardin au bord de la Vizonne pour se dorer la pilule. Expos et concerts à l'occasion.

De prix moyens à plus chic

Chambres d'hôtes du château de la Combe : *lieu-dit La Combe, 24340* ***Puyrenier.*** *☎ 05-53-60-91-43. 06-77-18-19-86. • chateaudelacombe@gmail.com • chateaudelacombe.fr • À 7 km au nord de Mareuil. Fermé nov-fév. Doubles 70-95 € et suites 100-150 €. Table d'hôtes sur résa, lun, mar et ven seulement, env 25 €.* On accède par une toute petite route à ce très beau château, dont les origines remontent au XVe s. Les charmants propriétaires l'ont restauré avec intelligence et sobriété, en respectant l'esprit des lieux. Résultat : on se sent bien entre ces murs de 80 cm d'épaisseur, dans la vaste cuisine ou sur l'immense terrasse où l'on prend son petit déj. Les chambres, ni trop rustiques ni trop léchées, sont bien agréables et confortables (parquet, bonne literie, salles de bains impeccables). Également 2 suites dans les combles, aménagées avec de simples palissades en bois et la charpente en guise de voûte étoilée. Belle piscine exposée sud.

À voir à Mareuil-en-Périgord et dans les environs

Le château de Mareuil : *à la limite du bourg. ☎ 05-53-60-46-18. Château privé, ouv de juin à mi-sept à la visite. Entrée 7 € ; réduc.* Siège d'une des 4 baronnies du Périgord : celle de Talleyrand. Chapelle gothique, prison, casemates. Donjon. Jolies salles meublées XVIIIe et XIXe s (en particulier de beaux objets de style Empire). Les actuels châtelains descendent d'un certain maréchal Lannes, nommé duc de Montebello par Napoléon Ier.

L'église de Saint-Pardoux-de-Mareuil : *à 2 km au sud de Mareuil, par la D 99.* Une des plus belles du pays. La façade, très austère, va chercher ses origines dans les Charentes voisines. Outre les arcatures à l'étage, on y décèle encore quelques restes de gargouilles en lisière de toit. Le calvaire sur la place juste devant donne à l'ensemble une belle authenticité romane. Depuis le cimetière attenant, on profite d'une abside en cul-de-four, dominée par le massif clocher. Puis on entre et... les formes cintrées cèdent la place à de très belles voûtes en arcs brisés. Noter les belles clefs de voûte en pendentifs.

LE PÉRIGORD VERT

– Juste au pied de la petite falaise, on peut partir à la découverte de cluzeaux bien conservés. Également des sarcophages d'époque mérovingienne.

L'église des Graulges : *à 6 km au nord de Mareuil.* On l'aime car elle est minuscule mais fait des effets de toilette avec sa façade d'inspiration charentaise. Les arcatures occultées, à l'étage, ont la coquetterie de souligner d'un cordon sculpté le plein cintre de leurs yeux aveugles. Petit cimetière attenant avec de belles pierres tombales.

Le château d'Aucors : *à 8 km au nord de Mareuil. Visite des extérieurs en été.* Entre Les Graulges et Beaussac, il est fièrement perché au sommet d'une petite falaise, dans la bucolique vallée de la Nizonne.

L'église de Vieux-Mareuil : *à 5 km au sud-est de Mareuil.* Remarquablement massif, cet édifice martial ne cache pas sa vocation défensive : clocher-tour, mâchicoulis aux angles et meurtrières sous le toit. Noter également le portail à 7 voussures : simple mais efficacement décoratif.

NONTRON

(24300) 3 445 hab. *Carte Périgord, B-C1*

Bourgade rurale et commerçante, la plus importante du Périgord vert, sous-préfecture de la Dordogne. Construite à flanc de colline, sur les rives du Bandiat, son urbanisme peut dérouter de prime abord, avec ses enchevêtrements de ponts et ses faubourgs sur plusieurs niveaux. Le tout toisé par les vieux remparts (du XIIIe s mais reconstitués au XIXe s), qui offrent un beau panorama. Et puis on peut dire qu'on y a le couteau facile, car sa réputation vient de sa tradition de coutellerie, qui remonte au XVIIe s.

Arriver – Quitter

En car

■ **Cartrans :** *☎ 05-45-95-95-99 (à Angoulême). • citram-charente.fr •* Ligne de Nontron vers **Angoulême.** Compter 2-3 cars/j., trajet env 1h30. À Angoulême, correspondance avec le TGV Paris-Bordeaux.

Adresse et infos utiles

Office intercommunal de tourisme du Périgord nontronnais : *3, av. du Général-Leclerc. ☎ 05-53-56-25-50. Lun-ven 9h-12h30, 13h30-17h ; sam 9h30-12h30 ; fermé dim. Juil-août, tlj 10h-18h.* Visite commentée de la ville le mercredi à 15h en juillet-août. Très bon accueil. Renseignements complets sur le parc.

– **Marché hebdomadaire :** *sam mat.*

– **Marché de producteurs :** *jeu soir, juil-août.*

Où dormir ? Où manger ?

Camping

Camping de l'Agrion Bleu : *CD 675, 24300* ***Saint-Martial-de-Valette.*** *☎ 05-53-56-02-04. 06-30-66-25-74. • camping@lagrionbleu.fr • campinglagrionbleu.com • Près du stade, à l'entrée sud de la ville, sur la D 675. Congés : de mi-déc à début janv. Env 14-19 € pour 2. 62 empl. Bungalows 2-4 pers.* Situé dans une zone en bordure de route, pas très glamour de prime abord, le camping est bien équipé (un bloc sanitaire chauffé) et dispose de beaux emplacements arborés, vastes, bien séparés et ensoleillés. La Bandiat (1re catégorie pour la pêche) coule le long du terrain et les truites y abondent... les barbecues du terrain les attendent !

Prix moyens

☗ |●| ⛱ ***Grand Hôtel Pélisson :*** *3, pl. Alfred-Agard. ☎ 05-53-56-11-22. • grand-hotel-pelisson@wanadoo.fr • hotel-pelisson-nontron.com • ♿ Tte l'année ; resto fermé lun midi, sam midi et dim soir. Doubles 82-87 €. Formule déj 20 € ; menus env 30-47 €. Parking gratuit.* En plein centre, un *Grand Hôtel* de 25 chambres qui a retrouvé une 2de jeunesse grâce à des propriétaires qui l'ont entièrement rénové, en misant sur la couleur et la simplicité. Vaste salle à manger et terrasse donnant sur le jardin et la piscine. Cuisine sympathique, dans un registre périgourdin traditionnel. Très bon accueil.

☗ |●| ⛱ ***La Quinta :*** *27, rue du 11-Novembre. ☎ 05-53-60-38-50. • lfmc.du.24@live.fr • la-quinta.fr • Doubles 80-90 € ; table d'hôtes ouverte à ts 15 € sur résa (hors boisson).* Une belle et imposante maison de ville datant de 1820 avec un parc arboré, une chapelle, un salon-bibliothèque, 3 suites spacieuses et stylées et 1 vaste chambre. Plus insolite, sous les combles, une salle de jeux, un espace fitness et une salle de cinéma de 22 places (ce sont les fauteuils de l'ancien ciné de Nontron !)... Idéal pour s'occuper un jour de pluie ! L'ensemble est assez chargé mais de bon goût. Repas servi selon l'envie et la saison dans la salle à manger, dans la grange ou sur la terrasse. L'accueil, quant à lui, est très cordial.

Où dormir ? Où manger dans les environs ?

Camping

⛺ ***Les Parenthèses Imaginaires :*** *Fontaine de Cardissou, 24470* ***Milhac-de-Nontron.*** *☎ 05-53-60-72-14. 📱 06-10-03-67-04. • contact@parentheses-imaginaires.com • parentheses-imaginaires.com • ♿ Ouv de fin avr à mi-oct. Forfait tente 30-35 € pour 2 avec électricité en hte saison. Cabanes pour 2-4 pers et chalets 2-7 pers.* Un chemin, des arbres, de l'eau, des cabanes, des chalets, cet endroit inspire la tranquillité et le bien-être au naturel. Les hébergements douillets et confortables portent la touche créative de Françoise, arborant une déco pleine de peps et de charme. Stephan et elle ont réinventé ici un camping de rêve. Présents et discrets tout à la fois, ils peuvent vous rejoindre pour passer une soirée au bord de l'étang. Un camping nature avec piscine pour ceux qui n'aiment pas se baigner au milieu des carpes, au cœur de 27 ha de nature très sauvage. Quelques activités originales sont proposées. Pour un séjour à la fois chic, ludique, écolo et détente, difficile de trouver mieux.

De bon marché à prix moyens

☗ |●| ⛱ ***Hôtel-restaurant de France :*** *grand-rue de la Barre, 24470* ***Saint-Pardoux-la-Rivière.*** *☎ 05-53-56-70-15. • hdf24@orange.fr • hotel-de-france-cibot.com • À 10 km au sud-est de Nontron. En plein centre, entre la mairie et le pont. Resto tlj (sauf sam hors saison). Double 55 € ; familiales. Menus 14 € (déj en sem) et 26-45 € (seulement à 45 € le dim).* Chez les Cibot, l'hôtellerie et la restauration sont une affaire de famille depuis plus de 50 ans. Excellente table où les produits du cru sont à l'honneur : écrevisses, cabécou, canard évidemment, impressionnantes « assiettes de pays ». C'est bon et copieux, et les habitués ne s'y trompent pas : la salle est souvent bondée. Pour déborder au grand air, belle terrasse à l'arrière en été. Au service, la 3e génération. Quelques chambres pour se (re)poser.

À voir. À faire à Nontron et dans les environs

> **D'UN « V », QUI VEUT DIRE...**
>
> *Nontron. Ses caractéristiques ? Le plus ancien couteau pliable français ! La virole tournante en laiton, le manche en buis clair gravé d'un V renversé entouré de 3 points. Signification de cette marque de fabrique ? Mystère... En tout cas, Ravaillac utilisa un Nontron pour assassiner Henri IV.*

La Coutellerie nontronnaise : *33, rue Carnot. ☎ 05-53-60-33-76. • coutellerie-nontronnaise.com • Dans la rue principale. Mar-sam 9h30-12h30, 14h-19h ; plus dim mat en été.* Un beau magasin tout en bois. Les origines de l'entreprise remontent à 1780. 2 siècles plus tard, l'un des plus dignes représentants de la coutellerie artisanale française faillit disparaître mais fut sauvé en 1992 par son concurrent le plus direct, (La Forge de) Laguiole. Depuis, la Coutellerie nontronnaise embauche et forme même les artisans de demain. La relève est assurée. Le petit couteau pliable au manche de buis pyrogravé a encore de beaux jours devant lui.

– En prime, visite gratuite d'un *atelier,* place Paul-Bert, où l'on peut suivre toutes les étapes de la fabrication à travers de grandes baies vitrées. Éviter le vendredi après-midi, où l'atelier se vide de ses ouvriers. *☎ 05-53-56-01-55. Lun-ven 9h-12h, 13h30-18h (arrêt de la fabrication à 17h30). Également ouv le sam en juil-août, mais pas de fabrication.*

La coutellerie d'art Le Périgord : *23, pl. A.-Agard. ☎ 05-53-05-35-82. • couteau-leperigord.com • Mar-sam 10h-12h30, 14h-18h30 ; fermé dim-lun.* Les amateurs de coutellerie ne manqueront pas de passer voir cet autre artisan qui vous exposera avec passion et fierté l'ensemble de sa production. Autres boutiques sur Sarlat, Brantôme et à Saint-Estèphe.

Pittoresque ***rue Antonin-Debidour*** (prolongement de la place du Marronnier et de la rue de Périgueux) avec sa fontaine, ses maisons à colombages et ses vestiges de remparts. Au pied des remparts et du château, joli ***jardin des Arts.*** Parc paysager mêlant fleurs et ouvrages d'art sur près de 4 ha et 20 terrasses...

L'église Notre-Dame-des-Ronces : *dans le centre (entrée sur le côté gauche).* Datant du XIXe s, l'extérieur n'a rien de bouleversant. À l'intérieur, en revanche, une Vierge noire est l'objet d'une grande dévotion. L'orgue aussi, car l'on se presse dans l'église les soirs de concert. Jolis vitraux du XIXe s.

L'église de Saint-Martial-de-Valette : *à 2 km au sud de Nontron.* Romane comme tant de ses petites sœurs périgourdines, cette église possède une particularité : la sculpture de son portail. 3 voussures retombent sur des chapiteaux peu ouvragés : classique ! Mais l'archivolte sculptée située juste au-dessus l'est un peu moins avec ses sculptures en bas-relief un peu frustes. Certains voient une représentation des signes du zodiaque dans ce bestiaire (paons, lions, chevaux, chimères, scorpion...) et ces personnages sonnant du cor, tenant un bâton ou encore un arrosoir.

Le château de Beauvais : *24310* ***Lussas-et-Nontronneau.*** *📱 06-20-31-32-49. Accès depuis la D 708 (à 6 km de Nontron). Ouv en août, tlj sauf dim mat et lun. Visite guidée par un membre de la famille, en principe à 11h et 14h30 (à vérifier la veille). Le reste de l'année, sur rdv. Entrée : 6 € ; réduc.* Bel exemple d'architecture Renaissance que cette demeure bâtie dans la 2de moitié du XVIe s. Bâtiment carré encadré de 2 tours rondes à chapeaux pointus, chiens-assis perçant de hauts toits de tuiles, fenêtres à meneaux. Dans le parc, ne manquez pas le beau pigeonnier et le puits couvert, avant d'aller découvrir le bois au gré d'un jeu nécessitant de résoudre des énigmes.

La chapelle Saint-Robert : *aller jusqu'à* ***Javerlhac*** *(direction Angoulême), puis suivre la petite route qui part à gauche (pancarte « Saint-Robert 3,1 km »).* Un petit coup d'aile en voiture pour découvrir cette très jolie église romane. Au passage, on croise les anciennes forges. Au XVIIIe s, elles fondirent les canons et les boulets de la marine basée à Rochefort. Construite en une seule fois, l'église a des proportions parfaites. Elle fut bâtie à la fin du XIe s comme prieuré bénédictin. L'abside est flanquée de 2 absidioles et le transept surmonté d'un clocher massif. Nef curieusement longue et étroite. Portail d'une grande sobriété qui ne s'offre que la coquetterie de petits chapiteaux sculptés.

Fêtes et manifestations à Nontron et dans les environs

- ***Foire des Potiers :*** *w-e de l'Ascension, à* ***Bussière-Badil.***
- ***La Nuit du Spardos :*** *dernier w-e de juil, à* ***Saint-Pardoux-la-Rivière.*** Marché de nuit et animation autour de la légende du Spardos, un bien mystérieux breuvage.
- ***Fête du Couteau :*** *1er ou 2e w-e d'août.* Expo de la production des grandes régions de coutellerie (Nogent, Laguiole), reconstitution d'une forge, d'une ancienne fabrique de couteaux...
- ***Fête du Cèpe et du Veau sous la mère :*** *début oct, à* ***Saint-Saud-Lacoussière,*** *situé à 15 km à l'est de Nontron (par les D 707 puis D 79).* Des veaux, des cèpes, des costumes folks avec musique ad hoc, et libations en conséquence.
- ***Rue des Métiers d'Art :*** *un w-e fin oct (dès le ven).* Expos et démonstrations d'artisanat d'art.

BALADE VAGABONDE DANS LE NORD DU PÉRIGORD VERT

VARAIGNES *(24360)*

Joli village de la « Dordogne limousine ». Un peu plus de 400 habitants, disséminés en 32 hameaux ! Quand on arrive par le sud, le village offre un profil harmonieux. Les bâtiments ont été restaurés et ont repris vie : château, grange aux dîmes, halle, pigeonniers, lavoir, etc.

Adresse utile

Office de tourisme : *château communal. ☎ 05-53-56-35-76. • ot.varaignes@orange.fr • En juil-août : tlj 14h-18h. Le reste de l'année : tlj sauf mar et dim 14h-17h.* Dynamique, et accueil sympa.

À voir. À faire à Varaignes et dans les environs

Le château : *ouv lun, jeu et sam (plus dim en juil-août). Visites guidées (1h) à 15h. Entrée : 3,80 € ; réduc. Achat des billets à l'office.* La visite permet d'avoir une bonne idée de l'évolution de l'architecture régionale. D'abord, l'architecture médiévale à vocation militaire avec son donjon massif du XIVe s, puis le style gothique de la tour hexagonale du XVe s, enfin la belle façade de la cour intérieure du XVIe s d'inspiration Renaissance. Le château abrite l'atelier-musée des Tisserands et de la Charentaise. En juillet-août, chaque jeudi après-midi *(vers 14h30 ; entrée : 5,50 €),* venez assister à la fabrication d'une paire de charentaises, selon la technique du « cousu retourné », qui fit leur renommée.

Lud'eau Vive : *en contrebas du village, sur les rives de la rivière du Crochet. ☎ 05-53-56-35-76. Tlj, tte l'année, 10h-18h30. GRATUIT.* Une petite balade originale pour découvrir un site consacré à l'énergie hydraulique dans le Périgord-Limousin. Malheureusement, une partie des maquettes de meunerie et de forges qui jalonnent le parcours sont en mauvais état et ne fonctionnent plus. On complète la visite par le jardin de plantes textiles et tinctoriales qui furent les matières premières des tisserands de Varaignes.

L'Espace Fer et Forges : *24360* ***Étouars.*** *Infos à l'office intercommunal de tourisme de Varaignes. ☎ 05-53-56-35-76. Juil-août, tlj sauf mar 14h30-18h30. Entrée libre. Visite animée le ven vers 14h30 (départ de la visite animée au château de Varaignes ; adulte 5,50 €, enfant 4 €).* Centre d'informations, de ressources et d'animations sur les forges du Périgord-Limousin-Angoumois consacré à l'histoire du fer, de la métallurgie et des forges du XVIIe s à nos jours. L'association 3F-3M a remis en route un haut-fourneau et a réussi à recouler un canon comme au XVIIIe s. En plus des traditionnelles collections de minerais et d'outils, l'association propose toutes sortes d'animations. À visiter, en sortant, le verger des fruits anciens à Étouars.

L'Espace muséographique Pierre-Bourrinet : *24300* ***Teyjat.*** *☎ 05-53-56-47-73. À 5 km à l'est de Varaignes. De mi-juil à août, tlj (sauf mar, réservé à la visite animée) 14h30-18h30. Entrée : 3,80 €. Visite animée mar à 14h30 : 5,50 €.* Permet de se faire une idée de ce que renferme la grotte de Teyjat (non visitable), au travers d'une exposition des mobiliers magdaléniens qui y furent découverts, d'objets préhistoriques et de reproductions. Films présentant les peintures qui en tapissent les parois. Pour devenir acteur plutôt que simple visiteur, des ateliers d'initiation aux fouilles archéologiques ont lieu chaque mardi (à 14h30).

Fêtes et manifestations

- Nombreuses fêtes, dont le ***marché des tisserands*** *(à la Pentecôte).*
- ***Marché de producteurs :*** *mar à 18h, juil-août.*
- ***Foire aux dindons :*** *le 11 nov.* Très typique fête qui daterait d'Henri IV (pourtant plus porté sur les poules). Défilé de ces aimables volatiles dans le village, sous escorte de gardiens en costume traditionnel. Certaines bestioles servent de bouc émissaire et finissent rôties pour le banquet traditionnel. À raison de 7 kg la bête pour les mâles et 4 kg pour les femelles, sachant que 15 000 à 20 000 personnes participent aux festivités (diantre !), combien de ces gallinacés à caroncules sont-ils les pigeons de ces libations ? Rendez-vous donné aux rescapés un mois plus tard, à Noël, pour une bonne farce.

BUSSIÈRE-BADIL (24360)

À environ 13 km au nord de Varaignes. L'***église Saint-Michel-de-Notre-Dame*** (seule rescapée de l'ancien couvent bénédictin) est remarquable à plusieurs titres. Le portail, tout d'abord, se caractérise par une grande finesse décorative de ses 3 voussures (feuillage exubérant et animaux fantastiques). Au-dessus, dans l'archivolte, les sculptures de 7 apôtres en ont carrément perdu la tête. Plus haut, magnifique rosace à 12 branches datant du XVᵉ s. Chacun des chapiteaux est admirable. Dans les murs, la nef voûtée d'un berceau plein cintre compte 5 travées : ça lui donne un volume impressionnant. À l'instar de ceux du portail, les chapiteaux (très haut perchés) sont là encore très ouvragés. L'ensemble, en ruine à la fin des guerres de Religion, a été largement restauré au XVᵉ s. Au milieu de la place, une fontaine monolithe de forme octogonale et, dans le bourg, plusieurs maisons nobles.

PIÉGUT-PLUVIERS *(24360)*

Voir le marché et la tour, bien sûr, mais ne manquez pas également l'église d'origine romane de ***Saint-Barthélemy-de-Bussière,*** toute proche, avec ses fresques (clé à disposition à l'*Auberge du Presbytère*).

Adresse et info utiles

Office de tourisme : *1, pl. de l'Église. ☎ 05-53-60-74-75. • othp.piegut24@orange.fr • Lun 13h30-17h ; mar-ven 9h-12h30, 13h30-17h ; sam 9h-12h30 ; plus, en été, dim-lun 10h-12h.*

– ***Marché hebdomadaire*** : *mer mat.* Voici le marché le plus important du Périgord vert (le 2ᵉ ou 3ᵉ marché de Dordogne) et ce depuis le 13 mai 1642 (!). Marché pittoresque et... plurilingue, où l'on entend parler aussi bien le patois occitan que le français, l'anglais ou le néerlandais.

Où dormir ? Où manger dans les environs ?

Auberge du Presbytère : *sous les cloches de l'église, 24360* ***Saint-Barthélemy-de-Bussière.*** *☎ 05-53-56-42-44. Resto tlj le midi. Congés : 3 sem en janv. Doubles 33-38 € ; petit déj 5 €. Menus 18-26,50 €.* Voici une auberge de pays établie dans l'ancien presbytère, un bien bel édifice de grosses pierres, avec cheminées en brique, four à pain, et même un ancien sarcophage utilisé comme linteau. Cuisine de terroir généreuse avec canard à tout va et même, sur commande, un farci périgourdin. Une bonne adresse depuis plus de 35 ans qui a su fidéliser son lot d'habitués. Et si l'on veut y faire escale, les chambres sont tout à fait accueillantes et à des prix défiant toute concurrence.

À voir

La tour de Piégut : *à Piégut.* Parlons chiffres : XIIᵉ s (la date probable de sa construction), 23 m (sa hauteur), 7 m (son diamètre). C'est la ruine d'un donjon auquel le temps a ravi son château. Les troupes de Richard Cœur de Lion l'auraient assiégé en 1199 afin de châtier un vassal infidèle, Aimar, le vicomte de Limoges, et auraient démoli la partie haute de la tour. Assiégé et reconstruit en tout ou partie à plusieurs reprises, le donjon n'aurait été démoli qu'au cours du XVIIIᵉ s. Il se dresse bien seul à l'entrée du bourg (on le retrouve sur le blason de la ville surmontant la porte de l'exubérante mairie).

SAINT-ESTÈPHE *(24360)*

Le mobilier à l'intérieur de l'***église*** a eu son heure de gloire historique : il est en grande partie l'œuvre du père du curé qui officiait au XVIIᵉ s. Également des fresques des XVIᵉ et XVIIᵉ s exhumées de sous les enduits. Mais on s'arrête surtout ici aux heures chaudes pour le ***grand étang de Saint-Estèphe.*** Un grand et beau plan d'eau poissonneux, ombragé, où il fait bon piquer une tête. ♿ *(labellisé Handiplage). Baignade surveillée juil-août. Sports nautiques.*

À voir dans les environs

Sur la route d'Augignac (bien fléché), une curiosité : le ***roc branlant et son chapelet du diable.*** Petite balade en forêt jusqu'à cet imposant bloc de granit qui bouge sous la seule pression de la main, même sans potion magique. Attention aux doigts. Terminez la balade, à 2 jets de caillou du roc branlant, en allant saluer le ***menhir de Fixard,*** un mégalithe qui a traversé les siècles et dresse désormais sa silhouette moussue.

ABJAT-SUR-BANDIAT (24300)

Charmant village, serré autour de la place du temps jadis. La massive église Saint-André, agréablement restaurée, mérite un coup d'œil. Elle cache mal ses différents remaniements : un clocher à créneau qui accueille désormais un pacifique toit d'ardoises. C'est ici que Suzanne Lacorre a fait réciter les tables de multiplication aux gamins sur les bancs de l'école, avant de devenir une des toutes 1res femmes pourvues d'un portefeuille au gouvernement sous le Front populaire (voir « Personnages » dans le chapitre « Hommes, culture, environnement » en fin de guide).

SAINT-SAUD-LACOUSSIÈRE (24470)

À 15 km à l'est de Nontron par la D 707. Petit village qui baigne dans un environnement de sites naturels bien agréables.

Où dormir ? Où manger ?

Hostellerie Saint-Jacques : *dans le bourg. ☎ 05-53-56-97-21. • hostellerie.st.jacques@wanadoo.fr • hostellerie-saint-jacques.com • Au départ de Nontron, prendre la D 85 direction Limoges, puis la D 79. Resto fermé dim soir-mar hors saison, fermé seulement lun en été (dim soir et lun en juin). Congés : janv-fév. Doubles 90-160 €. Menus 25-50 €.* Très beau cadre de verdure, parc charmant avec piscine chauffée, jacuzzi, sauna sec et minigolf. Chambres confortables et cosy. Leur prix se justifie d'ailleurs plus par cette jolie déco que par leur taille. Salle élégante ou terrasse qui domine le parc. Vous pourrez profiter d'un vrai moment de détente, d'autant que la cuisine de terroir revisitée a toujours aussi bonne réputation, depuis plus de 20 ans... Accueil très sympa.

À voir dans les environs

Le saut du Chalard : *24470* ***Champs-Romain.*** *À env 5 km à l'ouest de Saint-Saud et 5 km au nord de Saint-Pardoux-la-Rivière, par la D 83 (accès fléché depuis la route).* Un endroit bucolique (quand il n'y a pas trop de monde) et rafraîchissant où la Dronne fait le saut. En réalité, une « cascadette » au milieu de gros rochers, sous une belle frondaison.

JUMILHAC-LE-GRAND

(24630) 1 300 hab. *Carte Périgord, C1*

Petite bourgade agréablement perchée sur un réseau de collines bien vertes. Le château, évidemment, en est le seigneur incontesté, visible de loin, fièrement posé en contrebas et à l'extrémité de la longue place du village. Eugène Le Roy, père de *Jacquou,* s'y est aussi imposé à sa façon... Le « croquant » fut percepteur à Jumilhac ! Mais la commune est surtout connue pour la richesse de son sous-sol : de l'or a été extrait ici depuis l'époque des Gaulois jusqu'au début du XXIe s, comme vous pourrez le découvrir dans les caves du château.

Adresse utile

Bureau d'information touristique : *pl. du château. ☎ 05-53-52-55-43. • perigord-limousin-tourisme.com • Juil-août : tlj 9h30-13h, 14h-18h (sauf dim ap-m) ; avr-juin et sept-oct : lun-ven 9h30-12h30, 14h-17h30.* Renseignements sur tous les environs et notamment l'orpaillage, qui se pratique ici chaque été (avis aux chercheurs d'or !).

À voir

Le château : *au centre du bourg. 06-09-61-78-40. • chateaudejumilhac.com/fr • Juin-sept : tlj 10h-19h (dernière visite à 18h) ; avr-mai et oct à mi-nov : tlj 14h-18h ; de mi-nov à mars : le w-e 14h-17h. Visites guidées seulement (1h env), accès libre aux jardins. Visites en costume d'époque juin-sept, mar à 21h30 (et jeu en juil-août). Entrée : 9,50 € (7,50 € hors saison, château seulement) ; réduc.* Dominant le vieux village, dans un site séduisant, un magnifique château qui vaut le déplacement. Si vous avez la chance d'avoir le propriétaire comme guide, attendez-vous à une visite très intéressante et documentée, et logiquement un peu plus longue que prévue... Beaucoup de fantaisie et d'originalité dans l'architecture des XIIIe, XVIe et XVIIe s : la plupart des pièces sont dissymétriques, jamais à angle droit. Sur le toit, forêt de pyramides, cônes, tourelles, cheminées de toutes formes. Les faîtières sont uniques, ornées d'allégories représentant les attributs seigneuriaux et les connaissances alchimiques du 1er comte de Jumilhac (1597). À l'intérieur, belle chambre de la fileuse avec fresques, grand salon lambrissé et sa cheminée Louis XIII en bois sculpté, escalier d'honneur... Voir aussi les jardins du XVIIe s rénovés sur le thème de l'or et de l'alchimie. Et en juillet-août, sur résa, dîner gourmand le mardi.

FILER LE PARFAIT AMOUR

Louise de Hautefort, dame de Jumilhac, aurait été séquestrée près de 20 ans dans sa chambre par son mari jaloux. Son amant était devenu le pâtre du château pour la côtoyer. Comme elle ne pouvait pas filer le retrouver, elle filait à longueur de journée. Et glissait malicieusement des mots doux dans son fuseau que le berger approvisionnait avec la laine de ses moutons... Leur amour ne tenait qu'à un fil.

L'église Saint-Pierre-ès-Liens : *visite de l'intérieur les w-e seulement juin-août et Journées du patrimoine (sam 15h-18h ; dim 10h30-13h, 15h-18h).* Un bien joli monument, partiellement roman, pour lequel bien des questions se posent. Sa datation n'est pas très claire : XIe s pour la façade et le clocher de type limousin, XIVe s pour le chœur. Le portail est très particulier avec sa guirlande de fleurs crachée par 2 gueules de monstres. Au-dessus, 13 têtes sculptées très naïves pourraient faire penser à Jésus et ses disciples ou à Charlemagne et ses preux. Elles seraient du Xe ou XIe s. À l'intérieur, pas moins de 2 reliquaires (dans le transept sud) : de saint Aubin (évêque d'Angers) et saint Eusice (originaire d'un village des environs). On note, également, tout autour de l'église, une litre funéraire. C'est un bandeau noir frappé de blasons qui sanctionnait un privilège royal de justice aux nobles du pays et celui d'être inhumé dans l'église.

La Galerie de l'Or : *sur la pl. du Château, dans le bâtiment de l'office de tourisme. ☎ 05-53-52-55-43. Mêmes horaires que l'office de tourisme. Entrée : 3 € ; gratuit moins de 11 ans. Ateliers pdt les vac scol. Boutique sur le thème de l'or (pardi !).* L'histoire des anciennes mines du Périgord-Limousin, les techniques d'extraction, de transformation. Évolution de la recherche de l'or. Outils, objets, tableaux explicatifs et témoignages d'anciens mineurs et orpailleurs.

DANS LES ENVIRONS DE JUMILHAC-LE-GRAND

– ***La Maison du parc :*** *la Barde, 24450* ***La Coquille.*** *☎ 05-53-55-36-00. • info@pnrpl.com • pnr-perigord-limousin.fr • Lun-ven 9h-12h30, 14h-18h (17h ven). Fermé w-e.* Lieu de pèlerinage sur le chemin de Saint-Jacques-de-Compostelle (voie de Vézelay), c'est aussi sur la commune de La Coquille que se trouve la Maison du parc, tout près de l'étang de la Barde. Une promenade de 2,5 km permet d'en faire le tour. Le parc organise sur la digue de l'étang des animations durant les vacances de Pâques et de la Toussaint, et bien sûr en juillet-août pour les familles et les tribus en balade (pêche, rallyes nature, balades contées...). Topoguide des sentiers de rando.

LE SUD-EST DU PÉRIGORD VERT

Saint-Jean-de-Côle fait le lien entre le pays de Brantôme, au cœur du Périgord vert, le parc régional au nord et une microrégion frontalière du Limousin, au relief vallonné, parfois assez « montagneuse », avec de belles vallées sauvages peu arpentées.
Plus à l'est, vous vous promènerez à la rencontre de coquettes limousines (les vaches rousses à franges) et de quelques vergers qui incitent à pécher (les fameuses pommes du Limousin). Mais les espaces naturels vierges y font également merveille, à l'instar des gorges de l'Auvézère. Dans ce pays, les pierres, l'ardoise, la tuile canal ont trouvé un terrain de prédilection pour se pavaner, de châteaux en manoirs et de ponts en villages mignonnets.

SAINT-JEAN-DE-CÔLE

(24800) 364 hab. *Carte Périgord, C1*

L'un des plus jolis villages du Périgord (classé parmi les Plus Beaux Villages de France). On y retrouve tout ce qu'on aime dans l'architecture rurale : maisons anciennes qui se blottissent les unes contre les autres (à colombages, crépies ou avec de belles teintes ocre, vieilles tuiles brunes patinées), la

grande place, la halle, l'église, le château, etc. Le tout formant un ensemble harmonieux. Tout au bout de la rue principale, pittoresque pont médiéval en dos d'âne.

Adresse utile

i ***Bureau d'information touristique :*** *19, rue du Château. ☎ 05-53-62-14-15. • perigord-limousin-tourisme.com • De juil à mi-sept : tlj 10h-13h, 14h-18h30. Le reste de l'année : mar-ven 9h30-12h30, 14h-17h30, plus lun ap-m et sam ap-m ; fermé nov-mars.* Livret-parcours pour découvrir le village ou audioguide *(5 €).* Jeu de piste dans le village pour les 6-12 ans (2,50 €, avec prêt des costumes). Propose également des visites commentées du village *(lun-ven à 11h de juil à mi-sept ; 5 €).* Boutique où sont proposés des produits locaux, une sélection d'ouvrages sur le Moyen Âge et des articles originaux pour les enfants.

Où manger ?

Le Saint-Jean : *route de Nontron. ☎ 05-53-52-23-20. • sn-le-saint-jean@orange.fr • Tlj sauf lun (plus certains soirs hors saison : téléphoner). Formules déj (mar-sam) 17,50-19,50 € ; menus 25-28,50 €.* Sympathique petit établissement doté d'une belle terrasse. Cuisine régionale traditionnelle : canard sous toutes ses formes, ris de veau sauce Périgueux... Une adresse qui fleure bon le Périgord, où l'on se tape résolument la cloche.

À voir

Le château de la Marthonie : *visites (extérieurs et escalier), de juil à mi-sept, tlj à 15h et 17h sur résa (30 mn de visite) ; tarif : 3,50 €, gratuit moins de 12 ans.* Détruit lors de la guerre de Cent Ans, il est rebâti de la fin du XVe au début du XVIe s par Mondot de La Marthonie (pour plus de détails sur le personnage, voir le château de Puyguilhem). On distingue 2 parties : le vieux castel du XVIe s avec ses tours massives à mâchicoulis et autres créneaux, et une aile perpendiculaire du XVIIe s, plus basse et classique. L'ensemble a beaucoup de charme. Escalier de toute beauté.

L'église Saint-Jean-Baptiste : de style romano-byzantin. Elle fut édifiée au XIIe s et présente un plan insolite : nef d'une seule travée et carrée, prolongée d'une abside avec chapelles rayonnantes. Chœur orné de boiseries et panneaux sculptés du XVIIe s. À gauche, statue de la Vierge en pierre polychrome du XVIIe s. Plus loin, Vierge à l'Enfant de 1617. À l'extérieur, chapiteaux historiés. Détailler les corniches des chapelles rayonnantes et leurs modillons sculptés (animaux divers, oiseaux, masques, etc.). Chevet de l'église et vieille halle fusionnent de façon charmante. Concerts en juillet-août.

Le prieuré et son cloître : *juste derrière le chevet de l'église.* Le prieuré a été fondé au XIe s mais détruit à la fin de la guerre de Cent Ans. Il fut rebâti au XVIe s. Il subsiste désormais un corps du prieuré et les restes du déambulatoire du cloître, ainsi que quelques rares vestiges des bâtiments d'origine.

Manifestation

– ***Les Floralies :*** *le w-e le plus proche du 8 mai.* Une centaine d'exposants et 10 000 visiteurs. Dans l'escalier du château ainsi que sur la place du village ; l'église est également fleurie...

LE PÉRIGORD VERT

THIVIERS (24800) 3 200 hab. *Carte Périgord, C1*

Autre ville-porte du parc naturel régional Périgord-Limousin, cette grosse bourgade commerçante est une étape importante sur le chemin de Saint-Jacques. Les chapiteaux des XIe-XIIe s sont un exemple exceptionnel de sculpture romane. Derrière l'église, belle maison forte avec porte ouvragée, petit château de Vaucocour, pas désagréable à regarder, vieilles ruelles et maisons anciennes place des Trois-Coins. Depuis 1962, c'est surtout pour ses marchés au gras (entre décembre et mars) que Thiviers est célèbre, et vous ne passerez pas par ici sans craquer pour un foie gras à... la Maison du foie gras.

SARTRE PRIVÉ DE FOIE GRAS

Jean-Paul Sartre passa son enfance à Thiviers (jusqu'à l'âge de 6 ans), puis « Poulou » revint régulièrement pour les vacances scolaires chez ses grands-parents paternels. Il n'en garda pas un souvenir exceptionnel. Ambiance à la maison assez détestable. Son grand-père, personnage très dur, n'échangea pas un mot avec sa femme pendant près de 40 ans (ayant appris qu'elle n'aurait pas de dot !). Sartre évoqua Thiviers dans *Les Mots* en termes peu amènes, et il n'y revint jamais. Une association des Amis de Jean-Paul Sartre se battit pourtant pour qu'une plaque fût apposée sur la maison familiale (l'objet se trouve sur la façade du 14, rue Jean-Jaurès, face à l'église).

Adresses et info utiles

i ***Bureau d'information touristique :*** *pl. Foch. ☎ 05-53-55-12-50. • perigord-limousin-tourisme.com • Dans le centre. Avr-juin et sept-oct : tlj sauf dim et j. fériés 9h30-12h30, 14h-17h30 (fermé sam ap-m). Juil-août : lun-sam 9h30-13h (12h30 sam), 14h-18h ; dim 9h30-12h30. Nov-mars : lun-sam 9h30-12h30, 14h-17h30 (fermé l'ap-m lun et sam). Fermé en janv.* Bon accueil, bon matériel touristique et conseils judicieux, notamment sur les randonnées pédestres. Également des topoguides de chemins de randonnée alentour *(2,50 €).*

La Maison du foie gras : *à l'office de tourisme, aux mêmes horaires. ☎ 05-53-55-12-50. GRATUIT. Visites avec dégustation en juil-août : 3,50 €. Durant l'été, démonstration de cuisine (se renseigner).* Tout, vous saurez tout sur ce trésor du Périgord. Sans être gavé pour autant.

– ***Marchés :*** *tte l'année le sam mat ; petit marché de producteurs le mar mat de mi-juin à mi-sept ; marché au gras le sam mat nov-début mars.*

Où dormir ? Où manger ?

Camping

Camping Le Repaire : *av. de Verdun. ☎ 05-53-52-69-75. • contact@camping-le-repaire.fr • camping-le-repaire.fr • Sur la D 707 direction Lanouaille, à 2 km de Thiviers. Ouv avr-début nov. Compter 18-25 € pour 2 (avec électricité). 90 empl. Chalet 2-6 pers).* Un petit camping tout simple, au milieu d'un parc verdoyant, bordé d'un étang de pêche. Les emplacements sont au large, certains bien ombragés, d'autres non. Piscine couverte et chauffée. Accueil souriant.

De prix moyens à un peu plus chic

Hôtel de France et de Russie : *51, rue du Général-Lamy. ☎ 05-53-55-17-80. • info@thiviers-hotel.com • thiviers-hotel.com • ♿ Tte l'année. Doubles env 74-94 € ; familiales.* Il semble que le tsar de Russie aimait s'approvisionner ici de foie gras, si l'on en croit le nom de cet établissement, aujourd'hui tenu par un couple anglais très attentif et souriant. Bien qu'hôtel c'est presque une maison d'hôtes qui se niche dans cette grande demeure classique, dignement dressée derrière un jardin gazonné et fleuri. Les 11 chambres ont été décorées avec un goût certain, en préservant les papiers peints d'origine, un rien rococo. Une adresse qui possède une âme. Quant au couvert, il est assuré par un jeune chef, qui a fait ici son nid, après être passé par de belles maisons (lire ci-après).

L'Escapade des Sens : *51, rue du Général-Lamy. ☎ 05-53-62-19-23. • contact@lescapade-des-sens.com • ♿ Tte l'année. Fermé dim soir-lun et jeu soir. Formules 16-21 € (midi en sem) et menus 30-48 € (soir).* Les propriétaires anglais de l'*Hôtel de France et de Russie* ont choisi d'accueillir dans leurs murs la cuisine de Nicolas Cousinou. Un jeune chef formé à très bonne école qui mise sur le local, la saison, le goût du produit, l'assaisonnement juste. Salle dans l'esprit maison et terrasse bien agréable en été.

DANS LES ENVIRONS DE THIVIERS

➢ Petit circuit à l'est de Thiviers, pour digérer votre foie gras. À 2 km de Thiviers, l'église de ***Nantheuil*** possède un beau retable doré de 1683, provenant d'un couvent de la région. Chœur émouvant de simplicité, aux lignes harmonieuses. Pour ceux qui ne trouveraient pas la halte suffisamment rafraîchissante, plan d'eau et petite base de loisirs. Veillées aux étoiles le vendredi (de juin à septembre) depuis l'observatoire *(GRATUIT).* Quant à ***Nanthiat,*** paisible patelin un peu plus à l'est, il s'ordonne autour de son élégant château à la tour jadis en poivrière et son église romane aux belles proportions. Devant l'église, un très rare calvaire-autel.

La voie verte : *dépliant explicatif bien fait, disponible dans ts les offices de tourisme.* En tout, 17 km de promenade très agréable le long de l'ancienne voie de chemin de fer édifiée au XIXe s pour relier les villages du nord de la Dordogne. Rien n'oblige à parcourir les 32 km aller-retour, mais on peut enchaîner de petits tronçons autour de Thiviers, Saint-Romain et Saint-Clément, Saint-Martin-de-Fressengas, Milhac-de-Nontron et Saint-Pardoux-la-Rivière. Chaque village propose un parking et un panneau explicatif pour ne pas rater les rails...

Le Vélorail du Périgord vert : *la gare, 24800* ***Corgnac-sur-l'Isle.*** *☎ 05-53-52-42-93. • velorail24.com • Fermé sam mat. Départ à heure fixe ; résa obligatoire par tél et présentation 30 mn avt l'heure de départ convenue. Tarif : à partir de 30 € le vélorail (un pédaleur et 5 passagers max).* Parcours de 11 km aller-retour, sur l'ancienne ligne de train entre Corgnac et Thiviers et entre Corgnac et Saint-Germain-des-Prés, avec d'amusants vélos sur rails. L'assistance électrique ayant fait son apparition ici aussi, tout le monde peut donc participer.

La Flow Vélo : *infos et itinéraires sur • laflowvelo.com •* Une itinérance de 290 km de pistes balisées, à 90 % réservées aux cyclistes, qui vous mène de Thiviers (Périgord) à l'île d'Aix en Charente, en passant, entres autres, par le parc naturel, la vallée de la Charente, Angoulême, Cognac, Saintes, Rochefort. Se reporter au guide du Routard spécifique : Flow Vélo.

EXCIDEUIL

(24160) 1 207 hab. *Carte Périgord, C2*

Son château-forteresse impose la griffe de son énorme donjon lorsqu'on arrive de Périgueux. Vieille ville agréable classée *Petite Cité de Caractère* avec, entre autres, une ancienne commanderie templière (face à l'église) et un ancien prieuré doté d'un intéressant portail flamboyant, possédant une histoire riche, pleine de petites anecdotes savoureuses. À voir également la façade de l'hôpital local (sur la rue principale), avec ses grosses pierres de couleur miel et ses volets pimpants.

Arriver – Quitter

En car

■ ***CFTA :*** *☎ 05-53-08-43-13. • transperigord.fr • cg24.fr •* Ligne vers ***Périgueux.*** 3-5 cars/j. lun-ven, trajet 1h20. Tarif unique : 2 €.

Adresse et info utiles

ℹ ***Office de tourisme Naturellement Périgord :*** *1, pl. du Château. ☎ 05-53-52-29-79. • tourisme@naturellementperigord.fr • naturellementperigord.fr • Juin-sept, lun-sam (plus dim mat juil-août) 10h-13h, 14h-18h. Hors saison, ouv seulement jeu-sam. Fermé pdt vac de Noël.* Joliment situé dans l'ancienne maison des poids publics, qui fut également l'ancienne gare du train de Périgueux. Bonne documentation sur Excideuil et ses environs, et notamment les nombreux chemins balisés, pédestres, équestres et VTT (plus de 500 km !), mais aussi canoë ou escalade (avec 2 sites homologués ; topos gratuits). Infos sur les parcours *Tèrra Aventura* (appli gratuite), qui permettent de découvrir autrement le territoire en résolvant des énigmes. Hyper ludique ! Se reporter au guide du Routard spécifique « Tèrra Aventura ».

– ***Grand marché :*** *jeu mat, pl. Bugeaud, rue Jean-Jaurès, pl. du Dr-Achille-Mounier et pl. du Champ-de-Foire. Devient en hiver un marché primé au gras et aux truffes.*

Où dormir ? Où manger à Excideuil et dans les environs ?

Bon marché

🏠 ***Le Jardin d'Hélys :*** *24160* ***Saint-Médard-d'Excideuil.*** *☎ 05-53-52-78-78. • jardin.d.helys@wanadoo.fr • lejardindhelys-oeuvre.fr • D'Excideuil, prendre la direction de Lanouaille (D 705), puis à gauche juste à la sortie de Saint-Médard-d'Excideuil. Ouv tte l'année. Chambre 60 €, avec petit déj. Gîte 600 €/sem.* Voici un lieu atypique, on vous prévient ! Une grande bâtisse transformée depuis 25 ans par non pas en musée, non pas en hôtel, mais en un lieu d'hospitalité où père, mère et fils ont créé un lieu insolite, un site d'économie familiale et artistique (d'où la notion d'Art habitable). À l'étage, 1 grande chambre et son incroyable salle de bains (pleine de vie, vous verrez !). Bien tenue, elle reflète là encore la créativité de la famille. Tout autour, 12 ha de terrain (espace labellisé Jardin remarquable, voir plus loin), pour que les artistes invités s'expriment en toute liberté. On rencontre ici des gens vraiment sympa, qui tiennent un lieu pas comme les autres, plein d'humour, qui dérange les certitudes artistiques et intellectuelles. Même si vous n'y dormez pas, la visite vaut le détour !

Chambres d'hôtes Chez La Margot : *le bourg, 24160 **Clermont-d'Excideuil.** ☎ 05-53-62-45-08. 07-68-03-91-64. • chez.la.margot@gmail.com • D'Excideuil, prendre la direction de Dussac (D 67), puis c'est à gauche vers Clermont-d'Excideuil (fléché). Congés : 1 sem en mars et 1 sem en sept. Double 50 €. Table d'hôtes 16 €.* *Chez La Margot,* on est un peu comme à la maison, accueilli au portail par l'avenante Christiane et le chien. Elle ouvre toute l'année sa maison aux hôtes et organise également des stages de cuisine. Si les chambres mansardées sont toute simples et grandes comme un mouchoir de dentelle, elles n'en offrent pas moins un bon confort (également un gîte de type F2 pour les séjours à la semaine). Quant aux repas, ils s'accrochent résolument au terroir. Et se prennent en famille, sans chichis. Une adresse rare et inestimable !

Chic

Aux Délices d'Excideuil : *2, pl. Bugeaud, à Excideuil. ☎ 05-53-62-46-65. • fjoussetniehorster@gmail.com • auxdelicesdexcideuil.fr • Double env 130 € (tarif dégressif), avec petit déj « royal ». Table d'hôtes le soir 45 € tt compris.* 5 chambres d'hôtes très gaies dans une belle et vieille maison bâtie autour de 1800 qui s'est offert une jeunesse qu'elle n'avait jamais dû connaître, d'ailleurs. Patio joliment fleuri, où il fait bon petit-déjeuner en paix. Le soir, Bart régale ses convives de plats parfumés à la truffe, et Françoise a l'art de l'accueil et de la communication en général.

À voir. À faire

Le château : *visite libre gratuite tte l'année (brochures et rens à l'office de tourisme). Seule la 1re cour est accessible. Expos en saison.* Édifié au XIe s sur une motte médiévale, il fut la capitale de la vicomté de Limoges du XIIe au XIVe s, assiégé de nombreuses fois, notamment par Richard Cœur de Lion. Il conserve 2 énormes donjons jumeaux qui laissent deviner sa puissance passée. Dans l'enceinte des remparts, un logis Renaissance et un pavillon d'entrée (tous 2 du XVIe s) donnent un visage moins « guerroyeur » à l'ensemble... Au XVIIe s, un certain Talleyrand (prince de Chalais, en Charente) en prit possession. Le castel resta dans la famille, qui le délaissa (on dit ici que cette période fit plus de dégâts que toutes les guerres du Moyen Âge...), puis le céda à la mairie de Chalais. Une étonnante enclave de la Charente en Dordogne, qui perdura jusqu'en 1950. Le château fut alors vendu en 2 lots. Seule la 1re cour est accessible, le reste étant une propriété privée.

GARDEZ VOS DISTANCES !

Bugeaud, colonisateur de l'Algérie, fut requis pour surveiller la duchesse de Berry « aux arrêts » (pour fronde féminine contre Louis-Philippe). La belle était rétive à accepter ce garde du corps, puis céda au charme du monsieur. 9 mois plus tard, la duchesse tricotait des chaussettes pour bébé. Le ministre de l'Intérieur, pour le cadeau de naissance, équipa en eau courante le village d'Excideuil, dont le zélé général devint conseiller municipal.

L'église : si l'édifice date du XIIe s, il reste de cette époque seulement le portail et quelques soubassements. Des incendies successifs lui ont donc donné cet aspect hétéroclite : portail sud de style gothique flamboyant, fenêtres du chœur datant du XIXe s, vitraux aux armes... du général Bugeaud et de Pie IX, et surtout un clocher carré du XIVe s, surmonté d'un chapeau en béton du XXe s. Les Excideuillais, décomplexés, disent avec humour que ce béton fait partie de leur patrimoine : il a mis fin à plusieurs siècles de coups de foudre dévastateurs.

LE PÉRIGORD VERT

Le Causse de Savignac : près de Savignac-les-Églises (10 km), sur 410 ha, un espace naturel sensible avec ses cabanes de pierre sèche restaurées et ses sentiers bordés de murets. Chaque été, un parcours de *land art* est mis en place.

L'usine Repetto : *à la sortie d'Excideuil. Magasin ouv tte l'année, mar-sam 10h30-18h (fermé j. fériés).* Il est possible d'y acheter des ballerines, les célèbres « Zizi » de Gainsbourg, des bottes, des sacs et des vêtements à prix d'usine. Un bon plan, plutôt rare dans la région.

Le Jardin d'Hélys-œuvre : *domaine des Gissoux (voir plus haut « Où dormir ?... »). • lejardindhelys-oeuvre.fr • Tlj 15h-19h. GRATUIT.* Ce jardin en perpétuelle évolution est labellisé Jardin remarquable et accueille un ART'boretum riche de 150 espèces d'arbres et arbustes. Un lieu hybride soumis aux aléas de la création, ouvert à tous les artistes dans le respect de la biodiversité.

Fêtes et manifestations

- ***Expo de peinture :*** *mai-sept, au castelet.* Exposition tournante d'artistes peintres dans le cadre prestigieux du château.
- ***La Balada :*** *le 2e ou 3e w-e de juin, les années impaires.* Fête à l'ancienne, avec de vieux métiers et des jeux de foire traditionnels.
- ***L'Été actif :*** *juil-août.* Activités de pleine nature dès 6 ans (escalade, spéléo, kayak...). Résa obligatoire à l'office de tourisme.
- ***Hoop Festival :*** *un w-e autour du 15 août. • hoopfestival.fr •* Festival électro, au château d'Excideuil.

DANS LES ENVIRONS D'EXCIDEUIL

ANGOISSE *(24270)*

Où dormir ?

Camping insolite

Le Moulin de la Jarousse : *☎ 05-53-52-37-91. • contact@moulindelajarousse.com • location-en-dordogne.com • Ouv mars-janv. Yourte pour 2-4 pers et cabane ou lov'nid 2-6 pers.* Pas d'angoisse, juste du plaisir et de l'insolite : nids d'oiseau pour roucouler à 2, tout ronds, installés dans les arbres, cabanes de pêcheurs flottantes sur l'eau, demeures zen aux allures de *ryokan* à la japonaise, ou encore cabane Bollywood (soyons fous !) dans les arbres. Certains hébergements avec spa. Des gîtes également. Piscine couverte et chauffée, étang pour la pêche.

À voir. À faire

- ***L'étang de Rouffiac :*** *à 2 km à l'est d'Angoisse et à 6 km au nord de Lanouaille.* Un plan d'eau qui ne manque pas de charme pour faire trempette. Hors saison, on apprécie son aspect nature et son calme, seulement troublé par le bruit du fil de Nylon des pêcheurs, c'est dire. En été, c'est une bonne façon de fuir la chaleur, mais on n'est pas seul sur le coup. Plage, baignade surveillée, promenades possibles dans le coin. De quoi passer une bonne journée en plein air. Dans la joie, et sans angoisse.

LANOUAILLE *(24270)*

Adresse utile

Office de tourisme Naturellement Périgord : *4, pl. du Bugeaud. ☎ 05-53-62-17-82. • tourisme@naturellementperigord.fr • naturellementperigord.fr • Juil-sept, lun-sam et dim mat 9h30-12h30, 14h-18h ; hors saison, ouv lun-mar et jeu-ven le mat seulement. Fermé pdt vac de Noël.*

À voir

La Maison de la pomme d'or : *4, pl. Thomas-Robert-Bugeaud. ☎ 05-53-62-17-82. • lanouaille.fr • Mêmes horaires que l'office de tourisme. Visite libre. GRATUIT.* En pleine région productrice de ce fruit défendu (mais si bon !), ce petit musée s'imposait. D'Adam à Newton et de la mythologie grecque aux traditions celtes, on épluche le sujet jusqu'au dernier pépin. Une expo trognon et didactique. Et puis la maison s'enorgueillit d'une citation au *Guinness world des records* pour la plus grande tarte aux pommes jamais réalisée. On vous passe les chiffres, c'est un coup à tomber dans les... vapes !

PAYZAC *(24270)*

La papeterie de Vaux-Payzac : *☎ 05-53-62-50-06. • ecomuseesdelauvezere.fr • Juil-août, tlj sauf dim mat 10h-18h30 ; mai-juin et sept-oct, tlj sauf lun et dim mat 10h-12h30, 14h30-18h30 ; hors saison, sur rdv. Visite : 7 € ; réduc.* C'est en 1860 que la forge du XVIIe s, est convertie de la transformation du métal à celle de la paille devenue papier. Une fabrication qui dura un siècle, jusqu'en 1968. On visite, sur près de 800 m², ces installations papetières historiques. L'établissement est resté à peu près ce qu'il était au XIXe s.

LES GORGES DE L'AUVÉZÈRE

La portion la plus accessible des gorges en véhicule se situe entre ***Savignac-Lédrier*** (voir les anciennes forges et le château du maître de forges) et Génis. Une petite dizaine de kilomètres de pur bonheur. Paysages de plateaux ondulants, boisés et verdoyants. Et, dans les gorges, on suit quelques portions de l'Auvézère, dans un environnement de bois touffus. Chemin faisant, on traverse ***Charoncles*** au sommet d'une colline. Joli hameau à l'architecture homogène de grosses et solides bâtisses dans le style local. Gentil village de ***Génis*** avec sa place et sa fontaine. Mais, pour tout dire, c'est surtout un super coin pour le kayak (bien qu'il n'y ait pas toujours assez d'eau en été !) : ce n'est pas pour rien si certaines épreuves du championnat de France se déroulent ici. Initiations organisées par l'office de tourisme en été. Privilégiez donc randonnée et canoë. *Rens : offices de tourisme d'Excideuil et de Lanouaille.*

Adresse utile

■ **Vert'Auvézère :** *24390* ***Cherveix-Cubas.*** *☎ 05-53-52-72-90. 📱 06-15-45-55-19. • vert-auvezere.fr • Situé dans le bas du village, après le cimetière. En été, tlj 9h-17h ; le reste de l'année, sur rdv.* Location de canoës ; également des sorties encadrées : escalade, spéléo, parcours en canoë... Autres adresses de location disponibles dans les différents offices de tourisme.

Où dormir ? Où manger dans la région ?

Camping

⛺ ***Camping Le Clupeau :*** *au lieu-dit Le Clupeau.* ☎ *05-53-51-66-26.* • *contact@camping-leclupeau.com* • *camping-leclupeau.com* • ♿ *Dans le bourg de* ***Cherveix-Cubas,*** *sur la D 704, prendre la D 5 direction Génis. Accès en contrebas, à gauche de la route. Ouv de Pâques à mi-oct. Compter 13-15,70 € pour 2. Mobile homes 4-6 pers.* Toute la famille d'Anne gère ce petit terrain très convivial agréablement situé en bord de rivière, bien au calme, avec plage sur l'Auvézère. Emplacements semi-ombragés. Sanitaires récents. Une dizaine de mobile homes. Snack-bar avec terrasse au bord de l'eau en saison. Location de canoës (descente possible jusqu'à 7 km) et de *paddles.*

LE PÉRIGORD NOIR

• Carte *p. 118-119*

Curieuse dénomination pour l'une des régions les plus lumineuses de France ! En fait, elle tirerait son nom de ses forêts de chênes, qui conservent un aspect sombre une grande partie de l'année (abondance d'arbres au feuillage persistant), qui se remarque surtout de loin. Le Périgord noir, c'est le sud-est de la Dordogne, la région comprise entre la Vézère et la Dordogne, leurs villages limitrophes, et 2 extensions, l'une vers le nord et l'autre un peu plus au sud, côté bastides. Châteaux et villages représentent tout naturellement un nid douillet et protecteur pour certains, une situation dominante et inexpugnable pour d'autres.
C'est aussi une zone d'une richesse (pré)historique incroyable, qui vous livrera les plus lointains secrets des hommes. À découvrir donc, toutes affaires cessantes !

QUE DE GROTTES ! QUE DE TRÉSORS CACHÉS !

C'est dans cette partie du Périgord que l'on dénombre une des plus grandes concentrations de grottes et de sites préhistoriques du monde, autant de témoignages de l'importante activité humaine à l'aube de l'humanité. Pas étonnant que 15 sites de la vallée de la Vézère soient inscrits au ***Patrimoine mondial de l'Unesco*** depuis 1979. Bien sûr, il y a les passages obligés comme Montignac (avec Lascaux !), Les Eyzies et ses grottes, Sarlat et son éternelle beauté de pierres, ou encore La Roque-Gageac et Beynac.
Mais il faudra aussi savoir emprunter les minuscules routes de campagne qui vous mèneront vers d'adorables villages médiévaux aux toits couverts de lauzes et à des auberges, restées authentiques, et qui permettent, même en haute saison, de profiter agréablement d'une incroyable douceur de vivre. Et c'est probablement au printemps et en automne que cette région est la plus séduisante, que les couleurs sont les plus chatoyantes, que la pression touristique est moins forte et que les prix retrouvent un niveau plus raisonnable. Mais elle peut aussi vous surprendre en plein hiver, aux moments où elle dévoile quelques-uns de ses plus fabuleux trésors : la truffe et les marchés au gras.

LA LAUZE

C'est une pierre calcaire taillée très plate qui sert à construire les toitures. Les lauzes se superposent sans que rien ne les tienne entre elles. Cette toiture traditionnelle est toujours très pentue afin que le poids (entre 500 et 800 kg/m²) se porte plus sur les murs que sur la charpente. Pour asseoir tout ce poids, le toit forme une cassure dans sa partie basse, appelée « coyot ».

QUE DE CHÂTEAUX !

Insécurité, convoitise permanente, le Moyen Âge est sans pitié. Pour se défendre, dès l'an mil, on élève de colossales forteresses équipées d'un arsenal imposant. Avec le déclenchement de la guerre de Cent Ans, en 1337, se pose par les armes l'éternelle question : « À qui appartient l'Aquitaine ? » Les combats, sporadiques mais violents, dureront jusqu'en 1453, soit 116 ans. Et c'est la province du Périgord, située sur la ligne de frontières des terres convoitées par les belligérants, qui fera l'objet de batailles incessantes. Les XIVe et XVe s verront un nouveau chapelet de châteaux s'ériger le long des vallées, tout en fortifiant les anciennes structures. On élève des donjons, véritables forteresses à l'intérieur de la forteresse où résident le seigneur et sa famille, on dresse de nombreuses tours afin de surveiller en permanence chaque rive de la Dordogne et de la Vézère, et l'on s'équipe avec le matériel de guerre le plus perfectionné qui soit.

Durant un siècle, la plupart des châteaux passent régulièrement d'une main à l'autre, d'un seigneur à l'autre et donc d'un pays à l'autre, au gré des batailles mais aussi des alliances, parfois avec l'aide financière des seigneurs locaux eux-mêmes, pas plus patriotes que ça. Certains revendent leur appartenance non sur le champ de bataille, mais sur le tapis vert, au plus offrant. La loi du marché, en quelque sorte.

La paix revenue, la Renaissance apporte dans ses malles les coquetteries architecturales venues d'Italie. Les châteaux se transforment en demeures de plaisance, s'ouvrant aux styles en vogue. On perce des fenêtres – à meneaux évidemment –, on dresse des loggias, on terrasse, on balconise, bref, on ne cherche plus seulement à se défendre, mais à jouir un peu du paysage (châteaux de Fénelon, Milandes, Puymartin, Losse...).

Souvent mis à mal durant la Révolution, puis totalement abandonnés pour quelques-uns, les châteaux sont intelligemment restaurés « dans leur jus » dans les années 1960 par quelques fous qui y croient. Et quand l'*Homo turisticus* plante sa tente dans la région, ils s'ouvrent à la visite, pour le plus grand plaisir de tous.

Quelques sites internet utiles

- ***festivalmusiqueperigordnoir.com*** • Une programmation qui s'échelonne en général de fin juillet à la mi-août : musique de chambre, musiques du monde, soirée cabaret... il y en a pour tous les goûts !
- ***chambres-perigord.com*** • Cette association a mis en place une charte de qualité pour les chambres d'hôtes de leurs adhérents. Bien fait.

LE HAUT PÉRIGORD NOIR

Derniers contreforts du Massif central, et surtout zone de transition entre le Limousin et le Périgord noir, voici un petit pays oublié de ceux qui traversent la France en autoroute pour arriver plus vite dans les vallées de la Vézère ou de la Dordogne. Les sombres et denses forêts font place à des espaces ouverts et vallonnés. Porte d'entrée de ce secteur, Hautefort et son célèbre château.

HAUTEFORT

(24390) 1 100 hab. *Carte Périgord, D2*

Sur une mer calme de vertes collines en cloche, où quelques bois épars font écume, Hautefort vient rappeler que les campagnes environnantes ne furent pas toujours paisibles. Des alentours, on ne voit que l'imposante silhouette du château, fusionnant harmonieusement avec le bourg situé en contrebas. 2, 3 rues y grimpent et c'est pratiquement tout... comme si le village n'avait

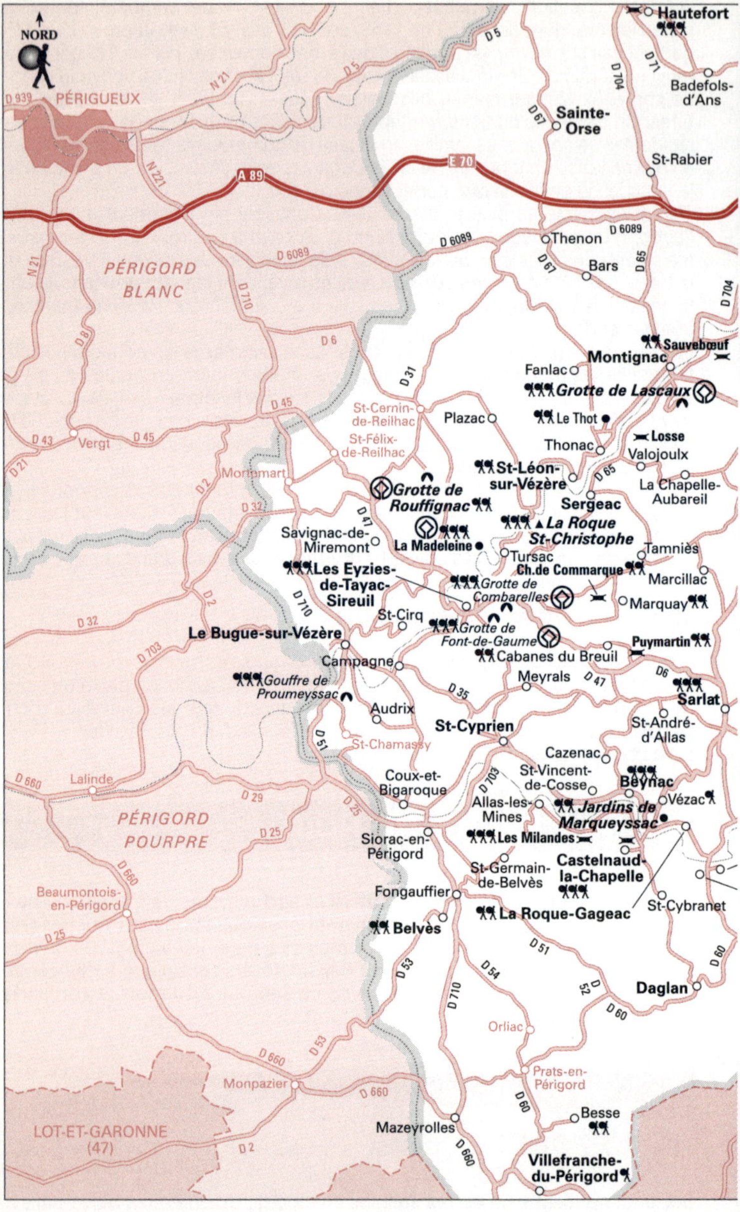
NORD
PÉRIGUEUX
PÉRIGORD BLANC
PÉRIGORD POURPRE
LOT-ET-GARONNE (47)
Hautefort
Badefols-d'Ans
Sainte-Orse
St-Rabier
Thenon
Bars
Sauvebœuf
Montignac
Fanlac
Grotte de Lascaux
Le Thot
Plazac
St-Cernin-de-Reilhac
St-Félix-de-Reilhac
Losse
Thonac
Valojoulx
St-Léon-sur-Vézère
La Chapelle-Aubareil
Sergeac
Grotte de Rouffignac
Montmart
La Roque St-Christophe
Savignac-de-Miremont
La Madeleine
Tursac
Tamniès
Ch.de Commarque
Marcillac
Les Eyzies-de-Tayac-Sireuil
Grotte de Combarelles
Marquay
St-Cirq
Grotte de Font-de-Gaume
Le Bugue-sur-Vézère
Puymartin
Cabanes du Breuil
Campagne
Gouffre de Proumeyssac
Meyrals
Sarlat
Audrix
St-Cyprien
St-André-d'Allas
St-Chamassy
Cazenac
Lalinde
St-Vincent-de-Cosse
Coux-et-Bigaroque
Beynac
Vézac
Allas-les-Mines
Jardins de Marqueyssac
Les Milandes
Siorac-en-Périgord
Castelnaud-la-Chapelle
St-Germain-de-Belvès
Fongauffier
St-Cybranet
La Roque-Gageac
Beaumontois-en-Périgord
Belvès
Daglan
Orliac
Prats-en-Périgord
Monpazier
Besse
Mazeyrolles
Villefranche-du-Périgord
Vergt
A 89
E 70
N 21
N 221
D 5
D 939
D 6089
D 704
D 71
D 67
D 65
D 710
D 6
D 31
D 45
D 43
D 21
D 8
D 2
D 32
D 47
D 703
D 35
D 51
D 660
D 29
D 25
D 53
D 54
D 52
D 60
D 6

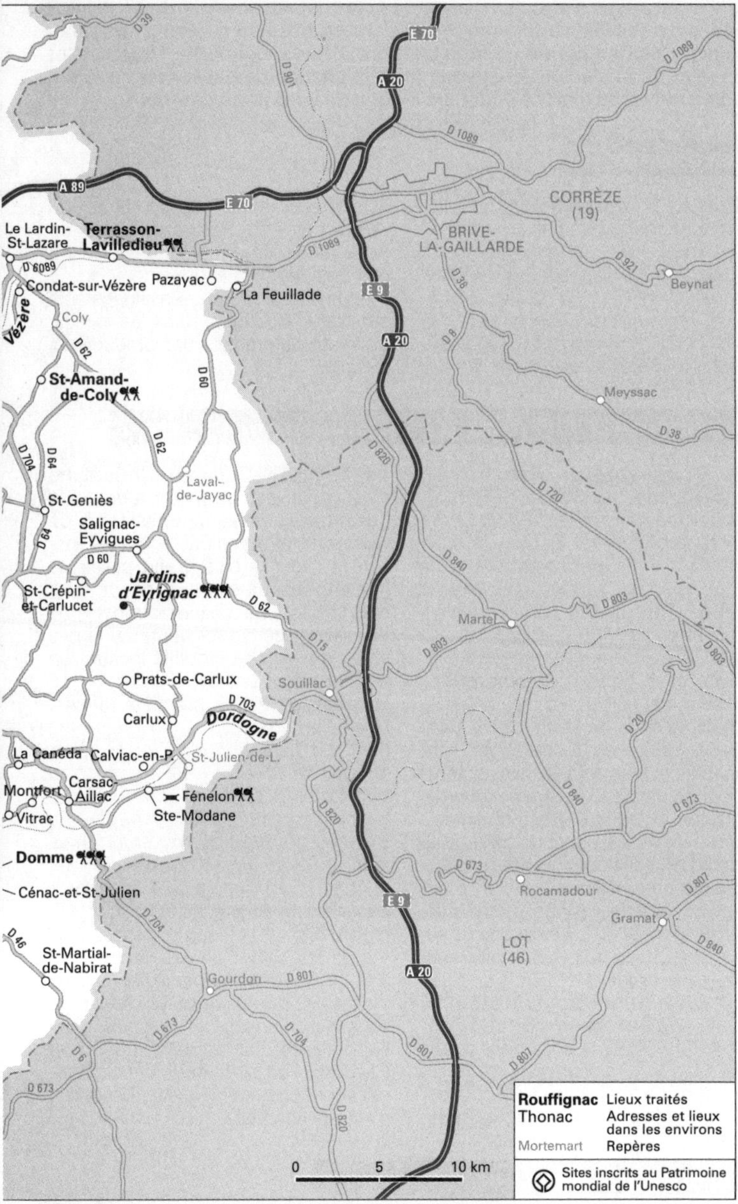

LE PÉRIGORD NOIR

pas d'autre raison d'être. On visitera donc le château et ses jardins à la française, sans oublier de faire un tour à l'ancien hospice du XVIIe s. Un beau bâtiment, contemporain de la Salpêtrière à Paris, qui abrite l'intéressant musée de la Médecine. Et si vous avez la chance de passer un mercredi matin, profitez du marché pour faire le plein de bons produits locaux.

Adresse utile

Bureau d'information : *sur la pl. principale, dans l'ancien hôtel-Dieu. ☎ 05-53-50-40-27. • vezere-perigord.fr • Juil-août : 10h-18h. Avr-mai et oct : tlj (sauf dim avr et oct) 9h30-12h30, 14h-17h30. Juin et sept : tlj 9h30-17h30. Nov-mars : lun-ven 9h30-12h30, fermé w-e.* Excellent accueil et documentation très complète sur l'ensemble du Périgord, voire du Limousin voisin. Proposent également des balades thématiques dans la ville à l'aide d'applications, renseignements sur place. Boutique, dans les locaux, de vente de produits des producteurs du coin.

Où dormir ? Où manger ? Où boire un verre ?

Auberge du Parc : *7, pl. René-Lavaud. ☎ 05-53-50-88-98. • aubergeduparc@free.fr • aubergeduparc-hautefort.fr • Ouv de mars à mi-nov. Fermé dim soir et mer (plus mar soir en basse saison). Double 58 € ; familiale. Formule déj 17,90 € ; menus 22,50-37 € ; carte 30 €. Apéritif maison offert sur présentation de ce guide.* Le gîte et le couvert comme on les apprécie. La maison est bien soignée, on sent qu'on aime y faire plaisir. Côté hébergement, les 5 chambres sont agréables et bien entretenues. La table est bonne dans un registre périgourdin classique et les assiettes copieuses : fricassé de cèpes, confit de canard à la crème d'ail, escalopes de foie gras aux pommes caramélisées... Et un soufflé glacé aux noix (pour la légèreté). À déguster près de la baie vitrée ou sur la terrasse, face aux beaux piliers en pierre de la mairie.

L'Aventure d'ici où d'ailleurs : *pl. de l'Église. ☎ 09-66-90-07-71. 06-09-49-93-22. • christophegeral@gmail.com • Tlj sauf dim soir, lun soir et mar 12h-14h, 19h-20h30. Menu 22 €. Plats 16-19 €.* Ancien photographe de l'agence Gamma, Christophe s'est reconverti ou plutôt a continué l'aventure... ailleurs. Passionné de cuisine, chef autodidacte, il s'est installé ici pour le plus grand plaisir de nos papilles. La carte est courte mais bien ficelée. Une cuisine bistronomique délicieuse, qui se réinvente au fil des saisons avec des produits locaux. On s'installe dans une des 2 salles, où sur la terrasse dès les premiers rayons. Une belle surprise.

Le Troubadour : *1, pl. Eugène-le-Roy. ☎ 05-53-51-61-49. • letroubadour.hautefort@gmail.com • letroubadour-hautefort.fr • Mar-dim 12h-14h, 19h-21h. Fermé dim soir et lun, plus mer soir hors juil-août. Formules déj en sem 14-16 €. Menus 28-34 €.* Avec sa belle salle soigneusement arrangée, façon bistrot, et ses 2 petites terrasses sur pilotis, ce restaurant invite à la découverte. Au piano, le 4 mains du couple, passé par de grandes maisons, n'a qu'un objectif, magnifier dans l'assiette ce que la nature a offert au Périgord. Les plats traditionnels revisités sont une belle réussite. Réservez, c'est vite complet !

Où manger dans les environs ?

La Ferme du Grand Coderc : *à Saint-Rabier. ☎ 05-53-50-64-61. Sur la route D 704, entre Terrasson et Hautefort. Prendre la route à gauche à 4 km après Saint-Rabier, au lieu-dit Le Grand-Coderc. Tlj sauf dim soir-lun. Congés : 1 sem en juil et 1 sem en oct. Résa impérative. Menus 26-30 €.*

LE PÉRIGORD NOIR

Viennent depuis 30 ans dans cette auberge authentique et rustique les gens du coin pour s'en mettre plein la panse, installés aux grandes tables devant la cheminée, aux côtés des quelques touristes égarés (qui hésitent devant la soupe de campagne servie d'office). Les malins gardent de la place pour l'omelette flambée de Monique. Et puis il y a l'ambiance, assurée par Bernard, le patron, qui s'installe sans façon aux tables pour raconter des blagues sans discontinuer. Tout un art.

À voir

Le château de Hautefort : *☎ 05-53-50-51-23. • chateau-hautefort.com • Avr-mai, tlj 10h-12h30, 14h-18h30 ; juin-août, tlj 9h30-19h ; sept, tlj 10h-18h ; oct, tlj 14h-18h ; ouv seulement w-e et j. fériés 14h-18h en mars et 1er-11 nov. Fermé 12 nov-fév. Visite libre tte l'année. Durée : 1h pour le château et 1h pour les jardins. Juil-août, nocturnes théâtralisées « La nuit, au château... » le mer (se renseigner pour les horaires). Entrée château, jardin et parc : 10 € ; réduc.*
Majestueux, à la fois imposant et élégant, le château domine toute la campagne du haut de sa colline. Ce site était trop stratégique pour rester inoccupé et un camp romain s'y installa d'abord, suivi d'une forteresse médiévale. Richard Cœur de Lion l'enleva par la force, puis la rendit à Bertran de Born, touché par ses poésies. Fortement remanié au XVIIe s, c'est l'un des plus beaux castels du Périgord, digne représentant du style Grand Siècle. Longue façade encadrée de tours rondes à lanternons. Porte d'entrée flanquée de 2 tourelles, avec fenêtres à meneaux et fentes du pont-levis. Très beaux jardins à la française, classés Monuments historiques, perchés sur une terrasse panoramique. On prend la mesure de ces véritables tapisseries végétales depuis la cour d'honneur du château.
À voir : les arcades de la galerie du rez-de-chaussée, la chambre d'honneur, le salon des tapisseries, le grand salon, le cabinet de travail joliment orné de décors liés aux arts musicaux, la tisanerie, la chambre de monsieur (lit à baldaquin à la polonaise, tout pomponné de plumes d'autruche), celle de madame, et bien sûr la salle à manger, peu touchée par l'incendie de 1968 qui amena la propriétaire de l'époque à reconstruire une partie du château à l'identique. Cette pièce présente encore de belles peintures sur bois du XVIIe s...
L'été, ne manquez pas, chaque mercredi soir, les visites insolites et théâtralisées qui replacent ces différentes salles dans le contexte de l'époque de remaniement du château, au XVIIe s : Catherine de Hautefort et son entourage y font merveille.

Le musée de la Médecine : *dans le même bâtiment que l'office de tourisme. Juin-sept, ouv tlj 10h-19h ; avr-mai et oct à mi-nov, tlj 10h-12h, 14h-18h. Fermé de mi-nov à fin mars. Entrée (avec audioguide) : 7 € ; réduc.* Un musée aussi inattendu que fascinant, qui permet de confronter nos connaissances en médecine, nos souvenirs d'hospitalisation avec l'histoire du lieu lui-même, qui abrite une collection assez exceptionnelle.
L'ancien hôtel-Dieu s'organise autour de la chapelle circulaire. Chaque branche de la croix est séparée de l'oratoire par de lourds volets en bois (pour protéger les salles du froid). On ouvrait ces panneaux pour que tous assistent à la messe... depuis le lit.

ET ON DORA LA PILULE

Dans une des pièces de l'ancien hôtel-Dieu de Hautefort, un petit instrument peut, parmi tant d'autres, intriguer le visiteur perdu au milieu de tous ces témoins d'un monde qui n'a pas attendu les docteurs pour mourir. Le pilulier rappelle la façon dont les apothicaires faisaient passer l'usage de certains médicaments autrefois. Ils les entouraient d'or, tout simplement, afin d'en chasser l'amertume ou de masquer le goût. D'où l'expression « dorer la pilule ».

LE PÉRIGORD NOIR

Plafonds élevés pour « évacuer les maladies par le haut ». La 1re salle restitue une pièce d'hospitalisation, telle qu'elle était aux XVIIe et XVIIIe s : on bénit les bienfaits de la médecine moderne en voyant les instruments pour la trépanation, l'amputation, la saignée (comme le bocal à sangsues), ou encore un clystère à baptême, pour bénir les enfants directement dans le ventre de la mère (bigre !). Dans un angle de la pièce, dans une porte, un « tour à bébés », destiné à recueillir dans le plus strict anonymat les nourrissons abandonnés.
Belle collection de vêtements sacerdotaux confectionnés par les jeunes filles du pensionnat créé par les sœurs (dont un magnifique ensemble mortuaire !), une série de fauteuils roulants qui forme une étrange parade. Tout ici intrigue, fascine, dérange aussi, parfois, sauf les toubibs et les chirurgiens, forcément. Les autres salles présentent une très belle collection d'objets liés à la médecine, à la stomatologie, à la pharmacologie (croquignolets moules à suppos), à la gynécologie et même aux soins vétérinaires.

Manifestation

– ***La fête de la Noix :*** *3e w-e d'août, à* ***Nailhac.*** Brocante, vide-grenier, vente de produits régionaux, intronisations avec la confrérie de la noix, défilé de chars, feu d'artifice.

DANS LES ENVIRONS DE HAUTEFORT

BADEFOLS-D'ANS *(24390)*

À 6 km au sud-est de Hautefort. On y accède par des routes qui cheminent allègrement sur une succession de vertes collines. Le village est une sorte de bout de France, avec un harmonieux castel couronné de toits pointus à 4 pentes. Tours et tourelles s'y pressent les unes sur les autres, sévèrement tancées par le gros donjon carré, comme pour se donner un cœur de lion face au rugissant ennemi *anglois* qui avance dans la plaine... Pourtant, le tout fut bâti bien après la guerre de Cent Ans (du XIVe au XVIIIe s). L'église attenante, du XIIe s, a vu tout cela se construire.

Où dormir ? Où manger ?

Prix moyens

Auberge des Tilleuls : *au bourg. ☎ 05-53-51-52-97. 06-66-79-67-07. • aubergedestilleuls@gmail.com • Tte l'année ; sauf le jeu et dim soir. Double 55 €. Menu déj en sem 14 € ; carte env 30 €.* L'auberge de village telle qu'on l'aime : 3 chambres d'hôtes simples mais douillettes et au calme dans un petit bourg qui s'endort avec le coucher du soleil. La salle est pleine de charme, à moins que vous ne préfériez la terrasse ombragée dans le jardin, où l'on fait griller de belles viandes (locales) dans la cuisine d'été. Vous ne serez pas déçu par la bonne chère de terroir. Une super adresse et un accueil super sympa de surcroît.

TOURTOIRAC *(24390)*

À 8 km de Hautefort, vers l'ouest. On peut y venir pour son abbaye ou sa grotte à concrétions. Ou les 2... Sans oublier de rendre hommage, au cimetière du village, à Orélie-Antoine de Tounens, un bien étrange aventurier qui se fit proclamer roi des Araucuns et des Patagons en 1860 par les Mapuches, ce qui ne plut pas aux autorités en place, qui le renvoyèrent ici méditer sur la vanité du monde.

Antenne de l'office de tourisme au jardin du Presbytère : *Ouv lun-sam (1er juil-9 sept) 10h-18h.*

À voir

L'abbaye de Tourtoirac : *☎ 05-53-51-12-17 (mairie). Juil-août tlj 10h-13h, 14h15-18h (mais les jardins restent accessibles tte l'année). Visite libre. Entrée abbaye : GRATUIT. Musée : 4 € ; réduc, notamment avec l'entrée de la grotte.* Fondée au XIe s, l'abbaye de Tourtoirac s'est épanouie jusqu'au XIVe s. Après, c'est le déclin. Il en subsiste quelques vestiges très honorables : des restes de remparts attestent des batailles qui balafrèrent l'histoire, l'église abbatiale avec des chapiteaux du XIe s qui ont leurs charmants petits frères dans la salle capitulaire, et une petite chapelle prieurale. Tourtoirac est une étape sur le chemin de Saint-Jacques. Petit musée du *roi d'Araucanie* dans l'enceinte de l'abbaye, pour les curieux. C'est dans l'oubli du petit cimetière de Tourtoirac qu'il repose aujourd'hui, les titres granguignolesques sur sa tombe et celle de ses proches donnant une tournure pathétique et singulière à ce petit cimetière sans histoire.

La grotte de Tourtoirac : *☎ 05-53-50-24-77. • grotte-de-tourtoirac.fr • Ouv juil-août, tlj 9h30-19h30 ; mai-juin et sept, tlj 10h-12h, 14h-18h ; avr, oct et vac scol, tlj 14h-18h ; mars et nov : w-e 14h-18h. Entrée : 8,50 € ; réduc. Visite guidée seulement, dernière visite 1h avt fermeture. Prévoir un vêtement chaud (il fait 13 °C !).* Découverte en 1995, cette grotte fut ouverte au public en 2010. Aménagée dans une optique de développement durable, elle est surtout entièrement accessible aux personnes handicapées ! Elle offre une incroyable variété de concrétions : colonnes, draperies, méduses, gours, fistuleuses et excentriques...

SAINTE-ORSE

(24210) 700 hab. *Carte Périgord, C2*

À 8 km au sud de Hautefort, ce bourg bâti sur un promontoire rocheux offre un cachet historique certain avec ses vieilles et belles maisons groupées autour de 2 places, véritables centres de vie. Lieu de pèlerinage autrefois, il est indiqué le long des routes avoisinantes par de curieux poteaux indicateurs, les mystérieux « pas du juif errant ». Ce sont en fait de grosses pierres percées ayant la forme de pieds qui se croisent et indiquent les 4 points cardinaux. Les curiosités ici ne manquent pas, à commencer par la relique de Jean-Paul II à l'église.

Où dormir ? Où manger ?

Hôtel de France : *8, pl. de la Mairie. ☎ 05-53-05-24-22. • hoteldefrance24@orange.fr • Fermé sam et dim soir hors saison. Congés : vac de Noël. Doubles 43-65 €. Formule et menus 13,50-33 €.* Un petit hôtel familial de moins de 10 chambres, bien placé et commode, d'autant qu'il pratique des prix vraiment raisonnables. La salle de restaurant ne fait pas dans le design, mais ce n'est vraiment pas ce qu'on recherche ici. On vient plutôt pour une omelette aux cèpes, un confit aux pommes de terre sarladaises et un dessert maison. Du terroir simple et solide.

Où acheter de bons produits ?

Les Noix de Fougeyrollas : *à la sortie du bourg.* ☎ *05-53-05-37-64.* *06-86-90-80-22.* • *lesnoixdefougeyrollas.com* • Cécile, on l'a connue fermière-aubergiste dans le Lot-et-Garonne, on la retrouve aujourd'hui proposant des biscuits secs, des tartes salées (aux orties, hmm...) et sucrées, des friandises à base de noix ou autres, mais aussi des apéros (vin de noix), de l'huile, et même un véritable gouda fermier. Avec son Christophe de mari, ils ont beau être nuciculteurs, ils sont surtout des gens passionnés par leur coin de terre, qu'ils font découvrir aux camping-caristes qui se garent dans leurs champs, aux visiteurs qui viennent avec eux chercher des truffes en saison ou cueillir des noix. Mieux vaut appeler pour être certain de les trouver, car Cécile fait aussi les marchés des environs.

À voir

L'église Saint-Ours : quasi millénaire, joliment restaurée, inscrite à l'inventaire des monuments de France, elle est visitée tout autant pour son portail des XIIe et XIIIe s, ses sarcophages mérovingiens, que pour sa crypte, qui accueille une relique de Jean-Paul II. En fait, un morceau de la ceinture que portait le pape le jour où il fut victime d'un attentat, en 1981. Une relique que l'abbé Nicolas, chargé de l'art sacré auprès de l'évêché et venu surveiller les travaux de restauration, remit à la commune en 2012.

DANS LES ENVIRONS DE SAINTE-ORSE

THENON *(24210)*

Une petite cité qui revit le mardi matin, jour de marché fermier, et certains soir d'été, lors des marchés nocturnes, qui invitent le visiteur à se promener dans la rue des Arts et des Saveurs (une galerie en fait, ***Thenon les Z'Arts,*** *mar-sam 10h-12h30, 15h-18h30 en été*). Faites un tour dans les galeries, rendez-vous des artistes et créateurs locaux. Et allez vous rafraîchir à toute heure autour de l'étang, en contrebas du bourg.
Pour ceux qui voudraient commencer le circuit des grottes sans passer par la case Lascaux, la grotte de Rouffignac n'est pas très loin. Vous pouvez aussi rejoindre le pays de Jacquou le Croquant en passant par la commune de ***Bars*** (à 7,7 km au sud). S'il est ouvert, ne manquez pas le ***musée de l'Harmonium,*** dans l'église paroissiale *(de juil à mi-sept, tlj 15h30-18h30 ; le reste de l'année visite guidée dim à 16h, ou libre sur demande* ☎ *05-53-05-20-60).*

Où manger ? Où boire un verre ? Où écouter de la musique à Thenon et dans les environs ?

La Guinguette de l'Étang : *au bord de l'étang de Thenon ; depuis la pl. de la Mairie, prendre la direction de Rouffignac.* ☎ *05-53-05-16-04.* • *guinguette@guinguetang.com* • *guinguetang.com* • *Tlj juil-août à partir de 12h. Fermé lun hors saison. Congés : oct-avr. Carte env 15-20 €. Café offert sur présentation de ce guide.* Depuis plus d'une vingtaine d'années, on vient ici partager des moments festifs, riches de rencontres, musicales et autres, au bord de l'eau. Entre une partie de pêche, de pétanque, un bain de soleil ou une baignade, on casse la croûte simplement avec des salades, grillades, fritures d'éperlans à partager sur une grande terrasse ombragée. Les très sympathiques Eurydice et Éric programment par ailleurs les musiciens qu'ils aiment, les beaux soirs d'été ; consultez leur site.

Le Bistrot Gourmand : *pl. de la Mairie, 24210* ***Bars.*** *☎ 05-53-35-31-52. • lebistrotgourmand24@gmail.com • Tlj midi et soir sauf lun en saison (fermé dim-lun et le midi mar et jeu-sam hors saison). Congés : de mi-janv à début fév. Carte env 20-25 €. Digestif maison offert sur présentation de ce guide.* Un lieu étonnant, repris par un couple qui se fait plaisir avec ses concerts ou soirées musicales à thème en fin de semaine (pop, rock, blues, jazz), pour lesquels on vient de loin. Déco qui donne le sourire, et carte qui donne faim. Bons produits locaux, mets simples mais authentiques. Grande terrasse côté place et une autre, cachée, côté cour. Programmation à découvrir sur le site *• lebistrotgourmand24.com •*

À voir. À faire

L'Appel de la Forêt : *D 6089, route de Périgueux. ☎ 05-53-46-35-06. • appel-de-la-foret.com • Ouv de mi-avr à fin oct. Résa recommandée et départ en matinée conseillé en hte saison. Entrée : 21 € ; enfant 12-17 € ; réduc.* Un grand parc d'aventures pour les jeunes de 7 à 77 ans (ça commence même à 4 ans) dirigé par 2 frangins qui ne manquent pas de tempérament. 11 parcours progressifs permettent à chacun de pratiquer à son niveau sur plus de 150 ateliers, dont plus de 50 tyroliennes de 5 à 150 m de long. Parcours intégralement équipé en LVC (ligne de vie continue) pour vous rassurer. Espace pique-nique avec buvette, jeux pour enfants.

LA VALLÉE DE LA VÉZÈRE

• Carte *p. 128-129*

Voici une vallée pas comme les autres. Communément appelée « vallée de l'Homme », elle est de fait le véritable berceau de l'humanité. Pas la salle d'accouchement, non, qui se situe en Afrique, mais là où l'homme s'est développé, où il a fait ses 1ers pas et pris son essor. La vallée est labellisée « grand site de France ». À travers les 147 gisements et 25 grottes ornées de la vallée, sans compter les abris-sous-roche et autres gouffres, l'homme a fait sienne cette région bénie des dieux (quels qu'ils soient !). Si l'on compte aussi les châteaux, il faudra ajouter quelques dizaines à ce chiffre, sur un parcours d'une cinquantaine de kilomètres à peine, entre Terrasson-Lavilledieu et Le Bugue. Et il suffit de prononcer les noms de Lascaux, La Roque Saint-Christophe, La Madeleine ou Les Eyzies pour que remontent à notre mémoire les souvenirs de cours de préhistoire et d'histoire qui avaient du mal à retenir toute notre attention. Sauf que, ici et maintenant, c'est l'émotion qui gagne le visiteur, venu percer les mystères de Lascaux, ou le jeu qui transporte l'enfant dans un monde magique souterrain, au Thot voisin. À travers l'art pariétal, on se rapproche tout à coup d'hommes qu'on croyait pourtant si lointains. D'une certaine façon, on apprend mieux à les connaître.

De Lascaux aux Eyzies, le parcours, bucolique et romantique, serpente en partie le long de la rivière, s'en éloigne puis la retrouve avec passion en révélant des panoramas superbes sur quelque château médiéval oublié, d'imposantes falaises ou des bouts de généreuses vallées. Là-haut, sur les parois

rocheuses, c'est au tour des villages troglodytiques (La Roque Saint Christophe, La Madeleine) de nous dévoiler leurs exceptionnelles architectures naturelles. De tout cela se dégage une réjouissante et apaisante beauté. Pour les plus courageux, 675 km de sentiers ont été balisés (pochette en vente à l'office de tourisme de Montignac).
N'hésitez pas à consulter les sites des offices de tourisme. Vous y trouverez toutes les infos nécessaires à la préparation de votre circuit. Bonne sélection d'hébergements (gîtes notamment) pour un long ou moyen séjour. Vous pouvez prendre aussi contact avec le *Centre d'accueil du Pôle d'interprétation de la préhistoire* : *30, rue du Moulin, 24620 **Les Eyzies-de-Tayac.** ☎ 05-53-06-06-97. • pole-prehistoire.com •* **Le personnel saura vous orienter dans vos choix de visite en fonction de vos goûts, de vos attentes et surtout des places disponibles. Beaucoup de grottes, en accès limité, ne se visitent que sur réservation préalable (voir plus loin).**

TERRASSON-LAVILLEDIEU

(24120) 6 340 hab. *Carte Périgord, D2*

Agréable petite ville animée en bordure de la Vézère, Terrasson-Lavilledieu est la porte d'entrée sur la vallée de la Vézère. C'est au VIe s que se produit véritablement l'essor du bourg, avec l'installation d'un monastère. Selon la légende, le roi Gontran, atteint de la lèpre, vint voir Sorus, un moine ermite qui vivait dans une grotte (inscrite depuis aux Monuments historiques) et qui le soigna avec de l'eau tirée de la fontaine Saint-Julien. Guéri, le roi finança l'installation d'une abbaye. Saint Sour (Sorus est monté en grade depuis) aurait alors procédé à un lâcher de colombes pour en déterminer l'emplacement. Lorsqu'elles se sont posées, il se serait écrié : « *Terra sunt !* », littéralement « À terre elles sont ! ».
Prenez donc tout votre temps pour admirer la vieille ville accrochée à flanc de colline, dominant un pont Vieux, de plus de 100 m de long, édifié au XIIe s par des moines bénédictins, auquel des rénovations conséquentes ont rendu tout son charme. Garez-vous près de l'office de tourisme pour pouvoir ensuite grimper en toute liberté à la découverte de la ville ancienne par ses remparts. Ou alors, départ des Jardins de l'Imaginaire, place de Genouillac, pour découvrir Terrasson selon l'itinéraire historique proposé par la ville (avec des panneaux informatifs).

Adresses et infos utiles

Office de tourisme : *rue Jean-Rouby. ☎ 05-53-50-37-56. • vezere-perigord.fr • Juil-août, tlj 10h-17h30 ; avr-mai et juin-sept, tlj sauf dim 9h30-12h30, 14h-18h ; hors saison, tlj sauf dim 9h-12h30, 14h-17h30 (17h jan-mars).* Plusieurs visites guidées de la ville sont proposées en été.

Antenne de l'office de tourisme à la billetterie des Jardins de l'Imaginaire : *pl. de Genouillac. Mêmes horaires que les jardins de l'Imaginaire ; juil-août, tlj 10h-18h ; avr-juin et sept, tlj sauf mar 10h-12h30, 14h-17h30 (17h en sept).* Documentation et billetterie des jardins de l'Imaginaire (achat des billets 10 mn avant la visite). Accueil très sympathique.

SNCF : nombreux trains pour ***Périgueux*** (env 10 trains/j.) ; trains pour ***Paris*** avec changement à *Brive-la-Gaillarde.*

– ***Parking :*** *se garer sur le parking gratuit devant l'office de tourisme, sur la* *pl. de la Libération (sauf jeu mat, jour de marché), ou bien quelques places sur la pl. de Genouillac.*

– ***Marchés :*** *jeu mat.* Marché couvert au gras et aux truffes : *nov-fév.*

Où dormir ? Où manger ?

Camping

⛺ ***Camping La Salvinie :*** *à Bouillac-Sud. ☎ 05-53-50-06-11. 📱 06-03-61-55-72. • camping.lasalvinie@orange.fr • camping-salvinie.fr • ♿ Dans le centre de Terrasson, traverser la Vézère, puis à droite et poursuivre sur 2 km. Ouv avr-sept. Compter env 20-27 € pour 2. 77 empl. Locatif.* À 2 pas de la Dordogne. Tenu par un couple dynamique, qui aime son métier, se soucie du bien-être de ses hôtes et dispense un accueil souriant. Espaces bien séparés par de hautes haies. On les aime bien ces campings à l'ancienne, sans chichis et peinards. Sanitaires impeccables. Parc aquatique et accès (sécurisé) direct à la rivière ; pêche.

De prix moyens à chic

🏠 ***Chambres d'hôtes La Maison de Léopold :*** *lieu-dit La Chambaudie (sur les hauteurs de la ville, direction Sarlat). ☎ 05-53-50-40-91. 📱 06-20-62-55-78. • valerie@lamaisondeleopold.com • lamaisondeleopold.com • ♿ Doubles 85-100 € dégressif. Parking.* Une ancienne ferme, qui accueille désormais des chambres douces à vivre, romantiques à souhait, le temps d'un court ou d'un plus long séjour, car vous êtes ici au calme, à quelques minutes de la ville. Les petits déjeuners de Valérie sont copieux, chaleureux, les jus de fruits d'enfer et la terrasse près de la piscine un petit paradis protégé des regards. Bel accueil.

🍴 ☂ ***La Mandragore :*** *belvédère des Remparts. ☎ 05-53-51-34-17. • lamandragore15@orange.fr • Fermé mar soir-mer. Résa fortement conseillée hors saison. Formule déj 15 € ; menus 27-38 € ; carte env 40 €.* Situé en ville haute, le resto domine Terrasson et offre une vue remarquable depuis sa terrasse. Le cadre moderne met tout le monde à l'aise, tandis que la carte affiche des prix raisonnables, surtout le midi. On y déguste une cuisine fine et savoureuse, parfois un brin voyageuse. Le service peut parfois être longuet, emportez votre guide, vous pourrez ainsi potasser tranquillement toute la vallée de la Vézère et au-delà.

🍴 ☂ ***Les Agapes :*** *impasse de la Halle, dans la vieille ville. ☎ 05-53-50-14-75. • lesagapes2@wanadoo.fr • Tlj en juil-août. Hors saison, ouv le midi mer-dim et le soir ven-sam. Congés : vac scol d'hiver et de la Toussaint. Formule déj en sem 15,50 € ; menus 18,50-33 € ; dégustation 44 €.* Une gentille cuisine française (aux parfums périgourdins évidemment), simple et franche, servie dans une salle aux murs de pierre. Une petite affaire qui tourne rondement depuis plus de 20 ans. Terrasse cachée très agréable.

Où manger dans les environs ?

🍴 ☂ ***Restaurant L'Art des Mets :*** *2, route de Périgueux, 24120* ***La Feuillade.*** *☎ 05-55-85-46-59. ♿ À 9 km à l'est de Terrasson-Lavilledieu par la D 6089, direction Larche. Tlj sauf dim soir, lun et mer soir. Congés : 10 j. en fév, 10 j. en avr et 15 j. fin août. Menu déj 22 €, puis 31 € ; carte env 40 €.* Aux confins du Périgord noir, dans une ancienne grange restaurée, une table rassurante, traditionnelle dans l'esprit, un poil créative dans la forme, où il fait toujours bon s'arrêter, au croisement des routes menant vers 3 départements. Duo de foies gras, côte de veau aux morilles... et tartine de pied de cochon Rossini, hmm ! Très bon rapport qualité-prix pour le menu du midi. Terrasse couverte.

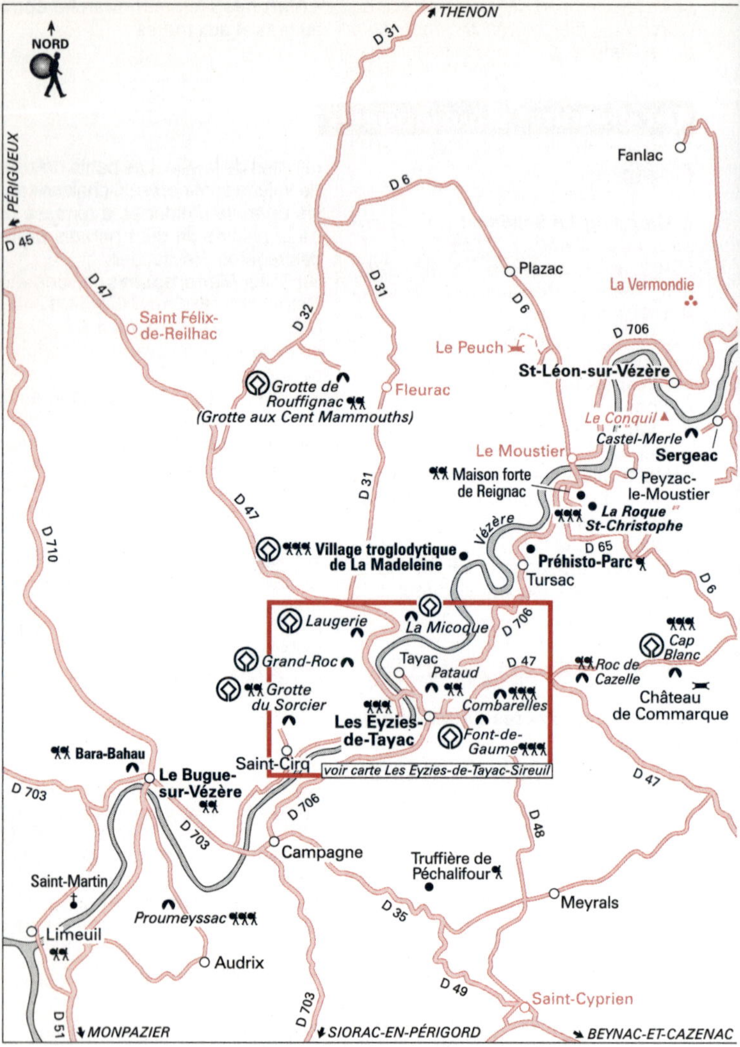

Où découvrir et acheter de bons produits ?

Musée du chocolat Bovetti : *Z.A. du Moulin-Rouge, à Terrasson. ☎ 05-53-51-57-36. • bovetti.com • De Terrasson, prendre la direction Brive. Au 1er rond-point avt la sortie, fléché sur la droite. Vac scol hors août : lun-sam, visite 10h-11h30, 14h-17h (plus dim ap-m en déc) ;*

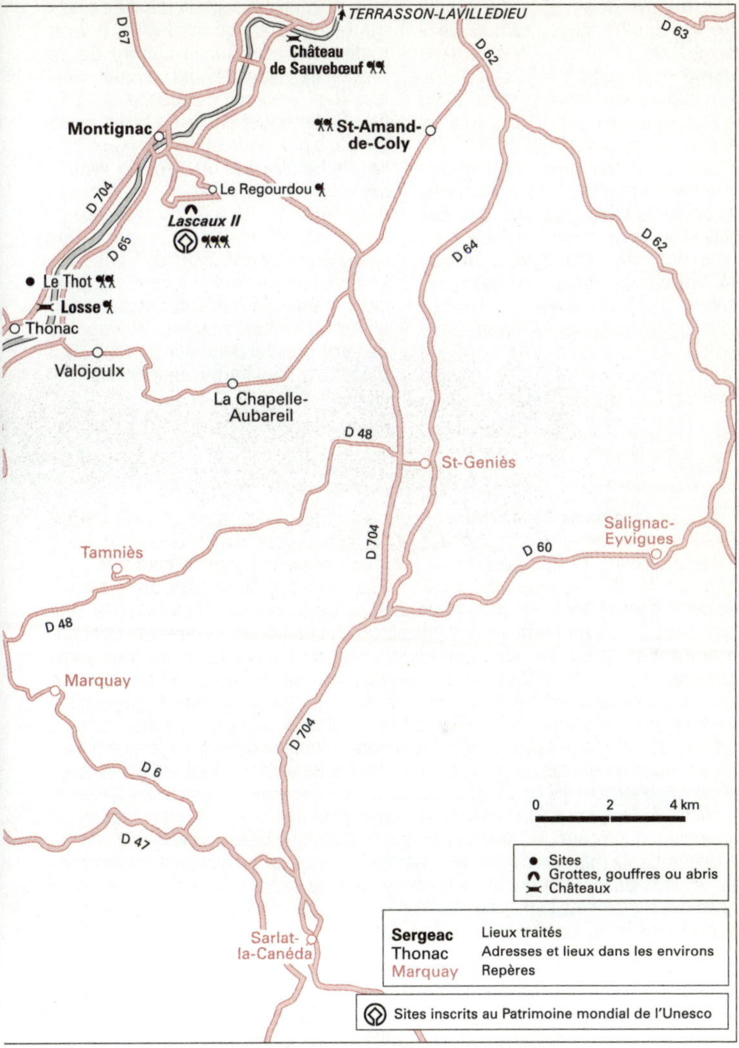

LA VALLÉE DE LA VÉZÈRE

août : tlj 10h-17h. Hors vac scol : mar-ven à 14h30 et 16h ; sam et j. fériés (hors dim) à 14h30, 15h30 et 16h30. Entrée : env 4 € ; réduc. Boutique : août, tlj 10h-18h ; sinon, lun-sam 10h-12h30, 14h-18h, plus dim ap-m en déc. Un artisan chocolatier passionné a créé ce musée idéal pour tout savoir sur la culture du cacao et la transformation des fèves, la récolte, puis la post-récolte, le chocolat à l'ère industrielle... Dégustation et boutique.

Ferme du Bos : *chez la famille Sourbé, 24570* ***Le Lardin-Saint-Lazare.*** *06-21-87-05-23. ● foiegras sourbe@gmail.com ● foie-gras-sourbe.com ● À 5 km de Terrasson en allant vers Périgueux par la D 6089 ; au lieu-dit La Galibe, tourner à gauche direction Le Bos. Tlj sauf dim, tte l'année.* Ferme traditionnelle où vous trouverez de succulents foies gras ainsi que des confits d'oie et de canard maison.

Moulin de Maneyrol, moulin à huile : *commune de* ***Pazayac.*** *05-53-50-06-34. ● maneyrol.com ● À 3 km de Terrasson, route de Brive (D 6089). À droite de la chaussée. Tlj juil-août ; lun-sam le reste de l'année. Démonstration juil-août mar et jeu à 17h.* Voici un producteur d'huile de noix qui rafle toutes les médailles. Il vous expliquera tout sur la culture de ce produit très local devenu un must, ainsi que tout le travail de presse qui permet de fabriquer une belle huile. Vente d'huile à prix doux et de cerneaux.

La Ferme du Moulin Haut : *lieu-dit Guilbonde, à Terrasson. 06-88-59-99-37. ● lafermedu moulinhaut@gmail.com ● ferme-du-moulin-haut.fr ● À 3 km de Terrasson en direction de Brive.* La famille Sauvanet a le sens de l'accueil. On peut venir en famille visiter la ferme, l'élevage de canards gras (et déguster sur résa). Sur place, une mini ferme amusera les plus jeunes.

À voir

Les Jardins de l'imaginaire : *pl. de Genouillac (ex-pl. du Foirail). 05-53-50-86-82. ● jardins-imaginaire.com ● Visite obligatoirement guidée (1h15 env), en principe ttes les 30 mn. Juil-août, tlj 10h-18h ; avr-juin et sept : tlj sauf mar, 10h-11h30, 14h-17h30 (17h en sept). Entrée : 7,50 € ; réduc ; gratuit moins de 10 ans.* Vaste jardin contemporain dominant la ville. Superbe panorama sur toute la cité. 6 ha en terrasses évoquent l'histoire des jardins de l'humanité en 13 tableaux condensant des éléments qui leur sont communs : mise en perspectives, axe des vents (girouettes), théâtre de verdure, tunnel végétal, roseraie, topiaires (art de tailler les arbres – buis, ifs et charmes). Avec ces jardins conceptuels, l'architecte paysagiste Kathryn Gustafson a voulu symboliser les liens naturels qui existent entre l'eau, les végétaux, les minéraux, le vent... On s'attardera volontiers devant les jardins d'eau, le bassin aux arcs-en-ciel, le bois sacré, le théâtre de verdure. Tout est pensé avec intelligence, alternant les courbes et les lignes, les espaces ouverts et les secteurs plus confinés. On y trouve des essences locales et étrangères, une superbe roseraie (du blanc au rouge cramoisi), de majestueux érables, une belle prairie fleurie...
Une remarquable mise en scène de la nature, à découvrir en suivant les commentaires éclairés de la visite guidée. Différentes manifestations, notamment *Rendez-vous au jardin* (voir plus loin « Manifestations »). Également, des nocturnes en août avec performances, sur résa (places limitées).

La vieille ville : une promenade à travers les rues tortueuses et pentues vous mènera à l'église du XVIe s. Intéressants vitraux du XVIe s, notamment ceux du chœur relatant la légende de saint Sour, fondateur de la ville. De la terrasse, très beau point de vue, au-delà des toits de la ville, sur la rivière et la campagne avoisinante. Un circuit historique jalonné de 17 panneaux informatifs permet de découvrir fontaines (une douzaine réparties dans la ville) et nombreux jardins paysagers d'inspiration XVIIIe s (carte disponible à l'office de tourisme). Également un chemin piéton panoramique sur la falaise du Malpas, à prendre juste après avoir traversé le pont Vieux du XIIe s, superbement éclairé la nuit. Cette promenade est aménagée par un escalier en bois à flanc de falaise et offre une jolie vue sur les toits de la ville et la Vézère, à contempler au coucher du soleil, par exemple.
– Terrasson repose sur de nombreux ***cluzeaux,*** de mystérieuses cavités dont on ignore les origines mais qui ont été creusées par l'homme. 2 d'entre eux sont aménagés pour la visite (libre) : le 1er près de la place Bouquier, le 2d, plus long, sous les murailles.

– Gabriel Bouquier fut poète, peintre et homme politique. Membre du tiers état, il vota la mort de Louis XVI. Sa maison (classée aux Monuments historiques), au pied de l'église Saint-Sour, est caractéristique de la période Renaissance, avec ses fenêtres à meneaux et la coquille Saint-Jacques.
– La ville ancienne abrite plusieurs ***artisans d'art*** qui travaillent sur place : potier, souffleur de verre, céramiste, peintres, bijoutiers, sculpteurs... Ils ont investi les échoppes médiévales restaurées par la municipalité, une idée à souffler à d'autres.

À faire

➢ ***Randonnées à partir de Terrasson :*** *infos et plans payants à l'office de tourisme.* Plusieurs randos à partir de Terrasson. La *boucle du Bouch* (version 12,6 km ou 17,6 km), ou encore la *boucle de la Vézère* (11 km), qui longe la rivière.
➢ ***Excursion en bateau sur la Vézère :*** *infos à l'antenne de l'office de tourisme à la billetterie des Jardins de l'Imaginaire. • gabare-terrasson.com • Plusieurs départs/j. : mai-juin et sept, jeu-dim et j. fériés (plus mer en juin) ; juil-août, tlj sauf lun. Adulte : 4,50 € ; enfant : 3 € ; gratuit moins de 5 ans.* 40 mn de détente au fil de l'eau pour s'en laisser conter de belles sur l'histoire de la Vézère et des gabariers. Possibilité d'acheter ses billets auprès du pilote du bateau *(près de l'embarcadère ; pl. de la libération ; CB refusées).*

➢ ***Descente en canoë sur la Vézère :*** location de canoës, kayaks... et embarcations à pédales. Voir avec l'office de tourisme.

Fêtes et manifestations

– ***Rendez-vous au jardin :*** *un w-e, début juin. Dans les jardins de l'Imaginaire. Entrée payante.* Un thème différent chaque année.
– ***Festival des Chemins de l'imaginaire :*** *début juil. Infos au centre culturel : ☎ 05-53-50-13-80.* Concerts le soir, dans les jardins de la Vergne.
– ***Spectacle son et lumière :*** *14 juil. Env 40 mn.*
– ***Nuits de l'Imaginaire :*** *dernière sem de juil et 1re quinzaine d'août, ts les soirs, spectacle sur la façade de l'église.*
– ***Terrasson, ville festive :*** *tt l'été.* Nombreuses manifestations : bals, joutes nautiques chaque mardi, apéros gourmands et visite aux flambeaux le vendredi, concerts gratuits le mercredi sur plusieurs scènes autour du bassin, marchés nocturnes... Programme complet à l'office de tourisme.

DANS LES ENVIRONS DE TERRASSON-LAVILLEDIEU

Condat-sur-Vézère : un petit village qui offre un joli coup d'œil depuis la petite place en bord de rivière. Noter la large et étroite tour de l'église, avec en face une élégante maison à tourelle. À gauche, une petite cascade romantique, qui semble tout droit sortie d'une gravure du XIXe s. À Condat, vous pourrez admirer le donjon de la commanderie des hospitaliers. Le village est au centre du ***circuit des Templiers et Hospitaliers*** proposé par le guide touristique disponible à l'office de tourisme de Terrasson. Sur 80 km, vous partirez sur les traces des Templiers chargés de protéger et d'accompagner les pèlerins en Terre sainte, et des hospitaliers. Ce circuit tranquille vous mènera jusqu'à ***La Cassagne,*** dont le prieuré, l'église et la grange dîmière sont remarquables. Au retour, arrêtez-vous à Saint-Amand-de-Coly.

SAINT-AMAND-DE-COLY

(24290) 390 hab. *Carte Périgord, D3*

S'il y a trop de monde sur la route, pourquoi ne pas rejoindre Montignac par les chemins de traverse, qui passent par ce village minuscule, habillé humblement d'un petit bouquet de maisons ? Classé parmi les Plus Beaux Villages de France, il mérite absolument le titre et le détour, notamment pour son étonnante église, fortifiée pendant la guerre de Cent Ans. L'histoire de l'abbaye remonte à l'époque mérovingienne. Amand, jeune noble ayant choisi d'embrasser la vie monastique, s'installa dans une grotte. La population l'assimila rapidement à un saint. Et c'est sur le probable lieu de sépulture de saint Amand qu'on élèvera un monastère dès le XIe s. Le petit village s'organisa autour de la vie de l'abbaye, qui régna sur d'importants territoires et résista à la guerre de Cent Ans et aux guerres de Religion.

Adresse et infos utiles

Point d'information, Maison des associations : *dans le bourg. ☎ 05-53-51-47-85 (mairie). • saintamanddecoly.fr • Ouv seulement en juil-août, ven 9h30-13h, 14h-18h.* Un petit point d'info tenu occasionnellement par des bénévoles.

– ***Parking :*** laisser la voiture sur le parking juste en arrivant au village, bien indiqué sur la petite départementale. C'est à 100 m de l'église. Le village en lui-même, minuscule, ne permet pas de se garer, inutile donc d'essayer d'y pénétrer, d'autant qu'il s'apprécie vraiment à pied.

– ***Marché :*** *mar à partir de 18h, en juil-août.* Marché nocturne des producteurs de pays, avec différentes animations. À ne pas manquer.

Où dormir ?

Les Cabanes de Jeanne : *lieu-dit La Veyssière. ☎ 05-53-51-60-64. 06-88-79-11-77. • perigordreservation@gmail.com • lescabanesdejeanne.com • Congés : janv-début fév. Compter 90-112 € pour 2. Résa à la sem obligatoire en juil-août. Petit déj 8 €. Panier-repas 35-60 €.* Il y a bien sûr les cabanes perchées, particulièrement réussies, enfouies dans les arbres, et conçues avec des escaliers originaux, du joli bois, de belles formes, presque sensuelles. Mais pour ceux que l'aérien rebute, il y a aussi des cabanes rondes posées à même le sol. Apprentis lutins, bienvenue ! Piscine, trampolines, ping-pong. Une adresse originale, d'autant que les tarifs sont raisonnables et l'accueil excellent.

À voir

L'église de Saint-Amand-de-Coly : *ouv en principe tlj 9h30-19h.* Construite au XIIe s comme une véritable forteresse, cette abbaye augustinienne, dont il ne subsiste aujourd'hui que l'église, impose sa masse impressionnante et semble écraser littéralement ce petit village de moins de 400 âmes. Pendant les guerres de Religion, en 1575, les huguenots s'y étaient réfugiés et résistèrent 6 jours sous le feu des canons. Elle fut démantelée à la Révolution, mais il ne restait déjà plus que quelques moines qui durent rendre leur soutane. L'église

possède toujours son enceinte. Et d'emblée, ce qui frappe, c'est l'imposante façade, haute et massive, d'une incroyable sobriété. Une haute baie romane (un arc ogival pour les spécialistes), percée profondément, allège opportunément l'ensemble.
Les proportions intérieures sont tout aussi imposantes, avec cette nef unique d'une étonnante sobriété de lignes. Très haute, elle est seulement percée d'étroites fenêtres et donne une impression d'étroitesse. Coupole remarquable à la croisée du transept, qui s'élève à 20 m au-dessus du sol. Le pavage du sol, rustique, a été complètement usé par quelques millions de pèlerins au cours des siècles. Au fond du chœur, soutenu par une lourde croisée d'ogives, 3 baies romanes, massives et élégantes tout à la fois. Dans le bras droit du transept, une série d'arcatures romanes. On peut observer un chapiteau sculpté, avec des hommes dévorés par des monstres.
En sortant, possibilité de passer sur le côté et sur l'arrière de l'église abbatiale afin d'en appréhender toute la masse et d'admirer une partie des remparts qui donne une idée de l'importance de l'abbaye. Tout autour, le village présente une harmonieuse architecture, avec ses maisons anciennes aux toits de lauzes, le vieux puits, l'hôpital du XIVe s avec tour, clocheton et lavoir.

Fêtes et manifestations

- ***Saint-Amand fait son intéressant ! :*** *2 j. mi-juil.* Spectacles de rue, animations...
- ***Festival du Périgord noir :*** *2 ou 3 j. dans la 1re quinzaine d'août. • festivaldupe rigordnoir.fr* • Plusieurs concerts de musique classique se déroulent dans l'église. Son remarquable.
- ***Fête du village :*** *le 15 août.* Messe Saint-Hubert à 11h et rallye des « trompes de chasse ».

LE CHÂTEAU DE SAUVEBŒUF ET LE MUSÉE DE PRÉHISTOIRES

Carte Périgord, D3

*Le château se trouve sur la commune d'**Aubas,** à 3,5 km au nord de Montignac. ☎ 05-53-51-89-46. 📱 06-74-65-89-54. • lechateaudesauveboeuf.com • Ouv d'avr à mi-oct, lun-ven 14h-18h (19h juil-août). Fermé le w-e et de mi-oct à fin mars. Entrée : château seul 8,50 € ; musée de Préhistoires 8,50 € ; château + musée 12 € ; réduc. Visite libre avec un livret découverte du château et du musée. Restaurant d'application sur place, possibilité de déjeuner ou de dîner sur résa (compter env 25-30 €).*

C'est grâce à l'entregent de Marie de Hautefort (qui avait alors, dit-on, des « liens sentimentaux » avec le roi Louis XIII !) que le vieux château des Ferrières, rasé par Richelieu sur un coup de sang, put être reconstruit. Les Ferrières régneront 4 siècles sur ce château, jusqu'à

MAUVAISE PIOCHE

En 1630, à la surprise générale, le jeune Louis XIII reconduit Richelieu dans ses fonctions et pousse à l'exil sa propre mère, Marie de Médicis, qui avait juré la perte du cardinal. C'est la célèbre journée des Dupes. Charles-Antoine de Ferrières, illustre militaire et propriétaire du château de Sauvebœuf, a fait la mauvaise alliance. Il a choisi Marie de Médicis. Résultat : Richelieu fait raser le château en 1633. Non mais !

ce que le père de Mirabeau investisse les lieux pendant 5 années. C'est ensuite au tour de la famille Oberkampf, qui a fondé la manufacture royale de Jouy-en-Josas (la célèbre toile de Jouy) et a fourni l'acier des canons de Napoléon, de procéder à d'importants travaux à la fin du XIXe s. Laissé à l'abandon au cours du siècle suivant, il est racheté en 1987 par le publicitaire Claude Douce, créateur de l'agence *Bélier.* On lui doit, entre autres, les célèbres publicités pour le papier toilette Lotus ou encore le slogan de *Paris Match* (« le poids des mots, le choc des photos »). Passionné de spéléologie et de préhistoire, il a rassemblé une formidable collection d'objets et d'outils préhistoriques couvrant toutes les périodes de la préhistoire, d'où ce « s » ajouté au nom du musée. Pour vous donner une idée du sérieux de la collection, sachez que celle-ci est parrainée par Yves Coppens.

LE CHÂTEAU

Le livret découverte vous expliquera l'histoire de cet élégant château. Après une explication sur le pourquoi des marches inclinées de l'entrée, on découvre la jolie salle de bal avec une table de moine d'une belle longueur, un tableau représentant *Télémaque sur l'île de Calypso,* du Flamand Cornélius Lens (XVIIIe s), un rival de David, ou encore une *Pietà* en bois accompagnée de Jean et Marie-Madeleine, signée du formidable Maître de Chaource. Dans les vitrines, belle *Tanagra,* déesse ailée grecque du IVe s av. J.-C., en provenance du British Museum (un échange). Mais la pièce maîtresse est ce *couteau égyptien* prépharaonique daté de 3500 av. J.-C. ! Il n'y en a que 2 autres au monde, l'un au Louvre et l'autre au MET de New York... Dans la chambre Mirabeau, une tapisserie flamande du XVIe s (scène de chasse avec une Furie couverte de serpents, réalisée à Audenarde), un lit à baldaquin sculpté et une statue d'évêque assis du XVIe s. Joli décor de théâtre en trompe l'œil dans l'ancienne grange (salle Rambourg). Dans le Salon bleu (salle de Ferrières), magnifique plancher en marqueterie du XVIIe s et grande toile illustrant la guerre entre Turcs et chrétiens. Dans le cabinet de curiosités, collection d'insectes et de coléoptères, éditions originales de Buffon, petites boîtes bleues de la collection de Gourgue, un tableau horloger avec des « yeux », un vrai miroir aux alouettes, un œuf d'aepyornis de Madagascar ou encore les ossements de l'un des fils de Saint Louis !

UNE FONTAINE AU BALCON

Au XVIIe s, dans la cour du château, il y avait 4 fontaines ésotériques de 8,50 m représentant les 4 éléments. Celle qui symbolisait l'eau est partie avec la famille Oberkampf, une autre se trouve désormais à Clairac, et on a supposé que les 2 autres avaient été vendues à un collectionneur américain. On a récemment découvert qu'au moins l'une d'elles avait été réemployée... dans l'immense balustrade à l'arrière du château.

LE MUSÉE DE PRÉHISTOIRES

Ici, Claude Douce a rassemblé la passion de sa vie : la ou plutôt les préhistoire(s). On remonte le temps sur 1 million d'années avec une collection qui en a encore pas mal en réserve (plus de 500 000 objets et seulement 10 % exposés). Et pour n'ennuyer personne, la préhistoire est présentée à travers ses principales évolutions. Côté *Homo erectus,* outre le feu, ce sera l'invention du biface (superbe collection) et du nucléus. Voir aussi la belle molaire de mammouth usée. Neandertal, qui commence à enterrer ses morts, utilise les lances, le racloir et le denticulé (la première scie). Quant à Cro-Magnon, il crée entre autres le propulseur et le... bouton. Ne pas manquer les bracelets en perles d'ivoire de mammouth et surtout le collier de craches de cerf (dents de lait), surnommé le « collier de diamants de la préhistoire ». Sachant qu'un cerf n'en produit que 2 dans toute sa vie, vous imaginez combien de cerfs il a fallu pour faire ce collier... Parmi les autres belles pièces à ne pas rater, les pointes de la Gravette, les petites Vénus, le percuteur en cristal de roche, les aiguilles à chas, les 1ers instruments de musique et les 1res gravures, ou encore les élégantes perdrix des neiges ayant inspiré Picasso. Ne pas manquer non plus l'impressionnant squelette d'ours debout, vieux de 35 000 ans et prêt à bondir.

Et si vous voulez vous offrir la vie de château, c'est le lieu idéal. Les 8 chambres d'hôtes, restaurées et meublées à l'identique, sont superbes. 5 d'entre elles, immenses (110-125 m² !), peuvent s'adapter aux familles. Toutes dotées de grandes salles de bains plus ou moins modernisées et d'une immense cheminée. Les moins chères ont les toilettes sur le palier. *Résa : ☎ 05-53-51-89-46. • lechateaudesauveboeuf.com • ; doubles 150-190 €.* Une vraie belle expérience. Également un gîte (pour 2 personnes) dans l'ancien colombier, rénové de façon plus contemporaine. Cuisine au rez-de-chaussée, chambre et sa salle de bains ouverte à l'étage.

MONTIGNAC

(24290) 3 000 hab. *Carte Périgord, D3*

Charmante petite ville s'étalant nonchalamment le long de la Vézère. Maisons en encorbellement, église, vestiges du château miroitant dans l'eau composent depuis des décennies une plaisante carte postale à immortaliser.

L'histoire de Montignac se conjugue avec l'histoire de l'humanité. Occupée dès le Paléolithique, colonisée par les Romains, cette ancienne place forte subit en permanence les assauts de l'Histoire et sera régulièrement démantelée. Mais le véritable essor de cette petite capitale campagnarde est dû à la découverte de la grotte de Lascaux en septembre 1940. Montignac devient alors un passage obligé pour tous les curieux d'art pariétal. Vous ne serez pas tout seul en été, forcément.

DES NOMS EN « PECH », DES NOMS EN « AC »

Le suffixe « ac » provient du suffixe acum, mot celte romanisé désignant une « propriété » à l'époque gallo-romaine. Cette toponymie est particulièrement répandue dans le Sud-Ouest, ce qui explique pourquoi ils sont si nombreux en Périgord : Montignac, Salignac, Cours-en-Sac, Beynac, La Roque-Gageac, Jai-le-Trac, Carsac, Cèquiquirac, Vitrac, Chirac... (rayer les mentions inutiles).

Situé sur la rive droite de la Vézère, le bourg féodal s'ouvre sur des ruelles médiévales étroites, de belles maisons sur pilotis et à pans de bois, ainsi que de nombreux lavoirs et fontaines en bord de rivière, qui confèrent à la cité un charme indéniable, que les belles lumières du lever et du coucher du soleil accentuent sans effort. Sur la rive gauche, on trouve les anciens couvents et le prieuré du XIVe s avec, en face de celui-ci, l'hôpital Saint-Jean-l'Évangéliste (qui accueille l'office de tourisme).

L'ouverture, à quelques minutes du centre de Montignac, du Centre international de l'art pariétal fin 2016 (voir à Lascaux plus loin) a changé le quotidien d'une ville qui accueille aujourd'hui environ 400 000 visiteurs venus du monde entier pour admirer ce grand vaisseau de verre et de béton qui s'est remarquablement intégré dans le paysage, en bordure de forêt.

Adresse et info utiles

Office de tourisme : *pl. Bertrand-de-Born. ☎ 05-53-51-82-60. • lascaux-dordogne.com • Au rdc de l'ancien hôpital Saint-Jean-l'Évangéliste, avec ses arcades et sa galerie. Juil-sept : lun-sam 9h30-13h, 14h-18h ; avr-juin : lun-ven et j. fériés 9h30-13h, 14h-17h ; oct-mars : lun-ven (sauf l'ap-m les lun et jeu) 10h-12h30, 14h-17h.* Circuit de découverte et plan de la ville dispos à l'accueil. Plusieurs applications mobiles pour découvrir la ville et sa région. Une appli très bien faite « le sentier des découvreurs de Lascaux » parcours de 4 km qui retrace l'histoire de la découverte de la grotte en 1940. Site web assez remarquable avec plusieurs brochures à télécharger, donnant la liste des hébergements et activités sur toute la vallée. Documents que vous pouvez trouver sur place, sinon. **Attention,** l'office de tourisme ne vend pas de billets pour Lascaux. Service de location de vélos à assistance électrique.

– **Marchés :** *tte l'année, mer et sam mat, sur la pl. de l'Église, rive droite. En juil-août, le lun soir, pl. du 8-Mai-1945, marché nocturne. Possibilité de manger sur place.*

Où dormir ?

Camping

Camping Le Moulin du Bleufond : *av. Aristide-Briand. ☎ 05-53-51-83-95. 📱 07-77-79-15-12. • info@bleufond.com • bleufond.com • ♿ Du centre-ville de Montignac, D 65 en direction de Sergeac puis 400 m à gauche. Ouv d'avr à mi-oct. Compter env 16-27,50 € pour 2. 118 empl. Locatifs 2-8 pers (possibilité de louer au w-e). Frais de dossier : 10 €.* Camping de 4 ha bien tenu, avec des emplacements plus ou moins ombragés mais bien séparés par de hautes haies. Sa proximité du centre du bourg constitue un atout non négligeable. Très bien équipé (sanitaires neufs). Espaces bien-être (sauna, spa...). Et même un écran vidéo géant ! Piscine chauffée.

De bon marché à prix moyens

Hôtel Le Petit Monde : *54, rue du 4-septembre. ☎ 05-53-51-32-76. • contact@hotellepetitmonde.com • hotel-montignac.fr • Doubles 49-80 €, petit déj en plus ; familiales. Congés : 15 j. en janv.* Petit hôtel simple en plein centre de Montignac. Totalement rénovées, les chambres modernes offrent un bon confort, avec un vrai effort de déco. Certaines donnent à l'arrière sur le petit jardin clos. Piscine hors sol, chauffée d'avril à septembre et ping-pong pour se détendre après les visites. Bon rapport qualité-prix et bon accueil.

De prix moyens à plus chic

Hôtel-restaurant Le Lascaux : *109, av. Jean-Jaurès. ☎ 05-53-51-82-81. • hotel.lascaux@gmail.com • hotel-lascaux-24.fr • Doubles 64-95 € ; familiales. Resto le soir mar-sam ; menus env 25-35 €.* Situé à l'entrée de la ville, en bord de route, on ne pense pas forcément à s'y arrêter, et pourtant, les chambres, toutes rénovées, sont agréables. Une déco soignée style « maison du Monde » leurs donne un certain cachet, avec une literie confortable et de belles salles de douche. Les plus grandes (et plus chères) ont même un petit coin salon. Préférez celles donnant sur le côté plutôt que celles sur rue. Sur l'arrière, jardin avec jeux pour enfants. Grande salle de resto ouverte sur le jardin. Accueil sympa et de bons conseils.

Hôtel La Roseraie : *11, pl. d'Armes. ☎ 05-53-50-53-92. • hotelroseraie@wanadoo.fr • laroseraie-hotel.com • Ouv avr-oct. Doubles 90-149 € ; familiales. Petit déj 14 €. Menus 31-59 €.* Maison bourgeoise du XIXe s, sur la plus jolie place de Montignac, bordée d'élégantes demeures et de belles maisons à colombages. Les chambres, exquises, climatisées, ont chacune leur caractère. Elles sont agencées avec goût et équipées d'un mobilier de qualité. Escalier en bois (ou ascenseur caché) et confortable(s) salon(s) pour profiter de la bibliothèque. Beau parc sur l'arrière clos de hauts murs. Et, cachée derrière l'agréable piscine, une petite roseraie (la voilà !). Adorable salle à manger et, pour les jours de soleil, délicieuse terrasse donnant sur le grand parc. Cuisine remarquable qui sort des limites du terroir. Une belle adresse de charme, au cœur du bourg et à proximité de la Vézère.

Où manger ? Où boire un verre ?

Bien sûr, si vous venez à Montignac uniquement pour Lascaux, vous pouvez vous contenter de manger sur place, à la brasserie. Mais si vous avez choisi de séjourner dans le secteur, voici quelques adresses, qui iront à tous les palais et à toutes les bourses.

De bon marché à prix moyens

Bistrot du Bareil au Même : *769, pl. d'Armes, angle rue Lafitte. 06-82-40-05-84. • madeinbareil.com/du-bareil-au-mme • Tlj sauf lun avr-sept, 17h-1h. Tapas 6-12 €.* Un bar à vin bien sympathique, qui crée l'animation le soir. Les bouteilles sont sagement alignées sur d'anciennes caisses de vins empilées, devenues aujourd'hui étagères. Les généreuses tapas et planches accompagnent une bonne sélection de vins. Ambiance chaleureuse et terrasse aux beaux jours. On y trouve également les produits de la maison (conserverie made in Bareil, voir aussi plus loin, « Où manger dans les environs ? »).

UniVert : *7, pl. Carnot (à côté de l'église). 06-33-22-20-68. • univert24@orange.fr • Ouv le midi seulement lun-ven (plus sam l'été). Assiette env 13,50-15,50 €.* Un snack végétarien accueillant, où l'on se régale d'une bonne restauration sans gluten du genre quiche aux blettes, aux épinards, ou aux carottes, le tout préparé selon le marché avec des ingrédients locaux et bio. Impeccable pour une pause relax en buvant un thé vert et en méditant sur la folie d'un monde (et d'une région !) qui voit plus souvent rouge que vert. Terrasse sur la place. Le mercredi, jour de grand marché, on peut venir boire un café dès 8h. Conférences et concerts organisés.

Le Flannagan's : *rue Lafitte, pl. des Omnibus (au bord de la Vézère). ☎ 05-53-51-12-84. • fabienchacaton@live.fr • Fermé lun-mar hors saison. Menus 19,90-26,50 €.* Un pub où il y a souvent plus de monde en semaine que le week-end. On l'apprécie beaucoup pour sa terrasse au bord de l'eau en saison. Et pour une pinte de *Guinness*. Concerts.

De prix moyens à chic

Aux Berges de la Vézère : *pl. Tourny. ☎ 05-53-50-56-31. • auxbergesdelavezere@wanadoo.fr • Tlj juin-août ; fermé lun et dim soir hors saison. Formule env 15,90 ; carte env 30-35 €.* Bienvenue chez les Lascaud (avec un D !). Le chef sublime et revisite une cuisine familiale du terroir et propose de belles créations culinaires à base de produits locaux. Selle d'agneau façon yassa, tartare d'aurochs. Mais ce n'est pas tout... Il y a aussi de belles pizzas, dont la pâte est préparée sur place et maturée minimum 24h ! On en oubliait la vue sur la rivière et l'autre rive, depuis la terrasse ou la grande salle où le bois et le béton ciré font bon ménage, sur fond de décor gris et blanc.

La Roseraie : *11, pl. d'Armes. ☎ 05-53-50-53-92. • hotelroseraie@wanadoo.fr • Ouv avr-oct. Ts les soirs sauf jeu. Menus 31-59 €.* Un restaurant assez étonnant, au sein d'un hôtel de charme. Salle cosy, jardin-parc séduisant et surtout une carte alléchante, qui revisite le terroir avec brio. Pensez à réserver si vous voulez profiter du charme et de la quiétude des lieux et de la vue sur la rivière, depuis la terrasse. Service très agréable.

Où dormir ? Où manger dans les environs ?

Prix moyens

Chambres d'hôtes la Licorne : *dans le village de* ***Valojoulx*** *(24290). ☎ 05-53-50-77-77. 06-60-43-02-87. • licornelascaux@free.fr • licorne-lascaux.com • Congés : fêtes de fin d'année. Doubles 90-120 € ; familiales. Table d'hôtes lun et sam sur résa (seulement lun en juil-août) 34 € (sans le vin), formule assiette et dessert 25 €.* À 6 km de Montignac, l'endroit nous ravit par son accueil vraiment chaleureux et attentionné, ainsi que par son exceptionnelle tranquillité. Les chambres, charmantes, occupent des bâtiments chargés d'histoire (la plus ancienne maison date du XIIIe s). Jolie piscine chauffée et plusieurs coins cosy avec terrasses dans le jardin. Impeccable.

Le Bareil : *24290* ***La Chapelle-Aubareil.*** *☎ 05-53-50-74-28. • contact@madeinbareil.com • Ouv seulement le midi, tlj sauf sam. Congés : de mi-oct à mi-nov. Réserver à l'avance (indispensable en été). Menu du jour 19,50 €, puis 26-30 €. CB refusées.* Ici, même si l'on est voisin de Lascaux, on ne sacrifie pas au tourisme de masse. On reste même souvent entre Périgourdins pour faire honneur, dans la petite salle, aux recettes de toujours que Cathy Sardan prépare dans la cuisine familiale. Une adresse authentique et généreuse. Accueil à l'unisson. Et il y a même une boutique sur place (vous pouvez faire vos achats de confitures, de foie gras et de conserves entre 2 plats !).

Plus chic

Chambres d'hôtes Le Domaine Aubazen : *24290* ***La Chapelle-Aubareil.*** *☎ 05-53-50-03-64. 06-71-50-73-19. • contact@ledomaineaubazen.com • ledomaineaubazen.com • Ouv tte l'année. Doubles 95-138 €.* Régulièrement des offres sur le site pour plusieurs nuits. Superbe domaine qui jouit d'une situation exceptionnelle au milieu d'un superbe parc de 3 ha. Les 4 chambres, dans une très belle maison périgourdine, juste en face de celle des propriétaires, ont été entièrement refaites avec goût et modernité. Toutes spacieuses avec de belles salles de bains ou douche, 3 à l'étage et 1 au rez-de-chaussée. Un grand salon-salle à manger ouvert, par de larges baies vitrées, sur le jardin et la terrasse, est à la disposition des hôtes. Belle piscine.

Chambres d'hôtes Villa Lascaux : *lieu-dit La Beune-Haute, (24290)* ***La Chapelle-Aubareil.*** *☎ 05-53-51-19-78. 06-88-67-81-68. • villa-lascaux.com • Ouv Pâques-Toussaint. Doubles 130-180 €.* Ne pas se fier à la 1re impression en arrivant, car cette maison contemporaine massive quasi totalement autonome (eau, électricité et chauffage) réserve une belle surprise ! La bâtisse, totalement tournée et ouverte vers le sud, offre un panorama sur la vallée, absolument superbe. Les 5 chambres d'hôtes bénéficient toutes de cette vue, y compris des salles de douches. Mobilier et décoration zen et moderne, avec quelques œuvres d'art ici et là. Petit salon à l'étage où les propriétaires exposent des artistes locaux. Grand salon pour les hôtes en rez-de-jardin, toujours avec cette vue ! Piscine et spa, en contre-bas, devant la maison, exposés plein sud, évidement. Accueil apaisant.

À faire

➢ ***Descente de la Vézère en canoë-kayak :*** *base de Montignac, 2 loueurs.* ***Les 7 Rives :*** *☎ 05-53-50-19-26. • canoe-montignac.com • Rive droite en contrebas du pont de la Paix. Mai-sept.* ***Kanoak :*** *derrière la mairie, en bas du vieux pont. 06-75-48-60-47. • Facebook • Juil-août.* Plusieurs parcours à partir de Montignac : jusqu'à Thonac (8 km, environ 1h30), Saint-Léon-sur-Vézère (12 km, environ 2h30), la Roque Saint-Christophe (17 km, environ 3h30) et Tursac (20 km, environ 4h30).

➢ Balade jusqu'à ***Fanlac*** (5 km), joli village qui servit en partie de décor à *Jacquou le Croquant,* téléfilm tourné en 1967 et diffusé sous forme de feuilleton, qui remporta un incroyable succès. La forêt de Barade et ses environs abritèrent, dès le XVIIe s, les bandes de paysans qui combattaient les armées royales. S'il s'agissait officiellement de bandits, c'est véritablement la misère qui contraignit ces « jacques » à se soulever. Si ces « jacqueries » ont été bien réelles, parfois très organisées et toujours réprimées dans le sang, le célèbre Jacquou le Croquant, qui les popularisa, ne fut lui qu'un héros de roman créé par Eugène Le Roy au XIXe s. Balades contées à la bougie, une fois par semaine *(départ 21h30 ; 5 €).*

Fêtes et manifestations

- ***Cliclac Montignac :*** *fin avr-début mai. ☎ 05-53-51-86-88.* Rencontres photo, expos et conférences.
- ***Festival de Montignac – Cultures aux cœurs :*** *fin juil-début août. Rens à l'*Amicale laïque *: ☎ 05-53-51-86-88 (tte l'année) ; en juil : ☎ 05-53-50-14-00.* Atmosphère particulièrement festive pour ce festival de folklore qui accueille des formations musicales de tous pays.
- ***Exposition d'art et d'artisanat du monde :*** *juil-août, 10h-12h30, 14h30-19h, dans le centre culturel, rue du 4-Septembre. Infos auprès de* l'Amicale laïque - Artisanat du Monde *: ☎ 05-53-51-86-88.*
- ***Expo-vente L'Estivale du Prieuré :*** *juil-août, tlj. Au prieuré Saint-Georges, pl. Léo-Magne (à côté de l'office de tourisme).* Expo d'artisanat local.
- ***Festival du Périgord noir :*** *de fin juil à mi-oct. Rens : ☎ 05-53-51-95-17 ou 05-53-51-61-61 (résas).* Musique classique et baroque de très bon niveau dans les églises de Saint-Amand-de-Coly, Rouffignac, Saint-Léon-sur-Vézère, Plazac, Auriac... Bref, dans les meilleures églises sur le plan acoustique de tout le Périgord noir.
- ***Festival Documenterre :*** *mi-nov.* Films et débats sur l'écologie. Soirées et apéros-contes à la même époque avec le ***festival du Lébérou.*** Consultez le site de l'office de tourisme pour les dates exactes (bien d'autres manifestations sont prévues entre février et novembre).

LASCAUX

(commune de Montignac) *Carte Périgord, D3*

Le 12 septembre 1940, 4 adolescents, à la recherche d'un chien, descendent dans une crevasse et tombent sur une grande salle couverte de peintures d'animaux. Après 2 jours de secret, ils avertissent les 2 personnes les plus importantes du village : l'instituteur et le curé. C'est la révélation d'une merveille archéologique et artistique : Lascaux, la « chapelle Sixtine de la préhistoire »...
À cause de la guerre, ce n'est qu'en 1948 que les travaux

PRÉHISTO ART

Dessins magnifiques, traits d'une vivacité exceptionnelle, couleurs d'une fraîcheur ahurissante... L'ensemble de la grotte de Lascaux est daté d'environ 15 000 ans av. J.-C. Dans le sous-sol, les chercheurs découvrirent les pigments de base de la palette préhistorique, composée de 3 couleurs : oxyde ferreux pour les ocres rouge et jaune, bioxyde de manganèse pour le noir. Un travail exceptionnel, car il n'est pas utilitariste mais artistique.

d'aménagement de la grotte purent être terminés. Lascaux connut alors un énorme succès. Trop, puisque l'on s'aperçut, après une quinzaine d'années d'exploitation, que la visite de centaines de milliers de personnes avait bouleversé l'équilibre atmosphérique et le degré d'humidité de la grotte. De petites algues vertes, pire, une fine couche de calcite blanche, commençaient à se répandre sur les parois, et le support rocheux se détériorait. La grotte fut alors fermée en 1963, et l'est toujours aujourd'hui. Même les explorations archéologiques n'y sont pas autorisées. Et si vous vous le demandez, elle se porte de mieux en mieux en notre absence...
Mais revenons à nos... bisons. On décida donc, pour ne pas priver le public d'un tel chef-d'œuvre, la construction d'une réplique la plus exacte possible de Lascaux, Lascaux II. Celle-ci ouvrit en 1983 et reçut 10 millions de visiteurs. Plus de 30 ans après, alors que la DRAC (direction régionale des affaires culturelles) envisage de protéger à son tour ce bel exemple des 1ers temps de l'archéologie touristique, c'est un projet d'une tout autre ampleur qui va mobiliser les énergies créatrices et susciter des interrogations dans tout le pays.

LET'S GO TO LASCAUX !

Le suspense a pris fin au début de l'hiver 2016-2017, quand les 1ers visiteurs purent découvrir ce qu'on appela alors ***Lascaux IV.*** Formule maladroite car tout le monde avait oublié qu'après Lascaux II une expo itinérante avait dévoilé au monde entier les mystères de la grotte mythique, sous le nom de ***Lascaux III.***
Pour éviter les confusions, on ne parlera plus que de... LASCAUX, dans les conversations comme sur les panneaux indicateurs, d'une étonnante discrétion. Pas « la grotte de Lascaux » puisqu'on ne peut désormais approcher la clôture qui la protège qu'à pied, au cours des visites programmées par groupes autour de Lascaux II. Une copie entrée à son tour dans la légende des siècles, qui a failli fermer mais qu'on peut heureusement redécouvrir, émerveillé, à la lumière des lampes d'autrefois et des explications données par des guides connaissant le sujet sur le bout des doigts. Ceux-ci sont happés naturellement par le grand et magnifique vaisseau futuriste qu'est le Centre international de l'art pariétal, enfoui à quelques centaines de mètres de là.
Ce lieu assez fascinant a transformé la vie de ***Montignac,*** la commune qui a vu cette attraction naître à la limite de son territoire. 500 000 visiteurs sensibles à l'art pariétal visitèrent le site pendant l'année d'ouverture. Environ 400 000 sont depuis attendus chaque année dans ce Centre international unique en son genre, imaginé et réalisé « dans le sens d'une politique réfléchie et globale de valorisation du patrimoine préhistorique de la vallée ». Un centre devenu LE monument à visiter en priorité en Dordogne. Les embouteillages prévus aux heures chaudes vous inciteront du moins ***à aller découvrir les villages et trésors cachés aux environs, qui ne manquent pas.***
– Pour le gîte et le couvert, voir nos bonnes adresses à Montignac, bien sûr, et dans la vallée de la Vézère, entre Lascaux et Les Eyzies.

À voir

Lascaux – Centre international de l'art pariétal

*🚶🚶🚶 👪 **La visite :** à Montignac. ☎ 05-53-50-99-10. • lascaux.fr • Tlj : juil-août, 8h (8h30 mi-juil)-21h30 (20h30 mi-juil et fin août ; 21h fin juil-début août) ; avr-juin et sept, 9h-19h ; oct, 9h30-19h ; nov-mars, 10h-18h. Fermé 2 sem en janv. Achat de billets en ligne (très recommandé pdt vac scol et j. fériés) ou sur place. Dernière admission 2h avt la fermeture (!). Durée de visite : 2h30. Groupe de 32 pers max. Entrée : 20 € ; 12,90 € pour les 5-12 ans ; gratuit moins de 5 ans. Billets jumelés avec Lascaux II (26 € ; réduc), le Thot (24 € ; réduc) et la Laugerie-Basse*

(22,50 € ; réduc). Pass Préhistoire *(Lascaux IV, parc du Thot, Laugerie-Basse) : 29,90 € ; réduc. Boutique et restauration sur place.*

Le Centre international de l'art pariétal, lentement sorti de terre au pied d'une colline désormais sanctuarisée, révèle aujourd'hui à des centaines de milliers d'yeux ébahis l'intégralité de la grotte de Lascaux. Mais ce n'est pas la seule raison, évidemment, de son succès et de son intérêt auprès d'un public de tous âges, venu du monde entier pour tenter de découvrir les mystères d'une grotte mythique qui n'a jamais livré ses secrets.

Ce bâtiment-paysage, qui donne un peu le sentiment d'une incision, d'une faille horizontale, sait se faire discret malgré son importance. Il a été conçu avec les irrégularités naturelles, les aspérités du lieu, comme pour mieux se faire accepter des hommes autant que de la nature environnante. Le béton confère à l'ensemble une dimension de monolithe et une puissance certaine, contrastant avec le verre et le vert tout autour.

Contrairement à un musée, ce centre n'a pas vocation d'exposition, mais pour objectif de partager l'étude du site et ses richesses afin de mieux le comprendre. La grotte, reproduite à échelle réelle et dans ses moindres détails, est une vraie merveille à découvrir. Mais ce qui fait ici la différence avec Lascaux II, c'est l'utilisation des nouvelles technologies de l'image et du virtuel, qui permet d'approcher au plus près le mystère d'un art ancestral, d'une grotte autrefois fréquentée par une poignée d'artistes dont nous savons peu de chose. En dehors du fait, primordial, qu'ils remettent à eux seuls en cause tous les stéréotypes longtemps véhiculés sur les « hommes des cavernes ».

Déjà, ces artistes sont des Homo Sapiens (donc nos ascendants en ligne directe). Ces œuvres ont 16 000 ans (35 000 ans pour la grotte Chauvet, en Ardèche). Ils utilisent le mauve et le jaune qu'on ne retrouve pas ailleurs. Des artistes à part entière quand on observe l'exactitude des têtes animales ou simplement la forme des croupes (sachant qu'ils dessinaient de mémoire puisque les animaux ne pouvaient pas rentrer dans la grotte !).

Autres sujets d'étonnement : pourquoi tous les animaux de leur époque sont représentés, à l'exception des rennes qu'ils consommaient pourtant le plus souvent (les plus faciles à chasser). Pourquoi l'homme n'est-il pas représenté, sauf une seule fois (et en érection) ? Pourquoi les chevaux courent-ils toujours en sens inverse des autres animaux ? Lascaux est loin d'avoir livré tous ses secrets...

Soulignons enfin la qualité des visites guidées, effectuées par des guides conférenciers talentueux et blagueurs (on adore ça !), dont le questionnement permanent et la curiosité contagieuse nous maintiennent éveillés et nous libèrent de toute certitude. « L'absence de preuve n'est pas une preuve d'absence », dira d'ailleurs un guide.

Certes, vous ne serez pas tout seul, ça se bouscule un peu. Cela étant dit, l'organisation des visites est rondement menée.

Nous sommes tous des hommes de Cro-Magnon !

L'important, pour ne pas rater le départ de ce voyage dans le temps, c'est d'arriver bien avant l'heure de la visite inscrite sur votre réservation.

Une voix rappelant le départ des voyageurs dans les gares, autrefois, vous invitera à rejoindre votre groupe et le guide qui vous accompagnera pour le début de la visite (1h environ). Là, on vous remettra un casque audio, ainsi qu'un compagnon de visite digital, afin de pouvoir ensuite suivre les différentes séquences du parcours à votre rythme.

Pour l'heure, on suit le guide. Une plate-forme élévatrice conduit d'abord au belvédère, pour permettre à chacun de s'orienter dans l'espace pour mieux se perdre ensuite dans les méandres du temps. Déambulation en plein air, jusqu'à l'entrée du fac-similé de la grotte, afin de revivre l'aventure des 4 heureux enfants explorateurs de Lascaux. Une séquence qu'on vous laisse découvrir par vous-même, réalisée par une cinquantaine de personnes différentes, pense-t-on, sur des centaines d'années.

De l'art caché, de la peinture soufflée, ses scènes en mouvement qui vous emportent dans un torrent d'émotion frissonnant, tandis que le guide essaie de créer des liens avec ces hommes dits de Cro-Magnon qui nous ressemblaient étrangement.
La séquence suivante en parcours libre est destinée à décrypter les œuvres de la grotte et à en comprendre les enjeux à l'aide de plusieurs ateliers. Dans une grande salle où des médiateurs en chair et en os pourront venir en aide à ceux qui auraient quelques problèmes avec les tablettes interactives avant d'aborder les problématiques d'historiographie, bref de revenir sur les travaux des historiens des siècles passés.
On explore ensuite le ***Théâtre de l'Art pariétal,*** où, en 3 actes (dans une suite de petites salles), on remonte le temps depuis l'Exposition universelle de 1878 et les 1res grottes ornées, en passant par les découvertes archéologiques du XXe s. jusqu'aux techniques de la recherche de nos jours, orientées vers l'avenir.
Un petit tour du monde de l'art rupestre, pour changer d'air (ou plutôt d'ère), avec un ***remarquable film en 3D,*** *Lascaux et le Monde,* avant d'explorer les liens entre art pariétal et art moderne, dans une galerie numérique forcément interactive, où vous pourrez composer votre propre exposition (et la partager avec les copains) au gré de vos envies. Vous ressortirez l'air ravi ou interrogateur, selon que vous aurez eu le sentiment d'avoir percé ou non les secrets de Lascaux.

Lascaux II (pas incontournable si vous visitez Lascaux IV)

La visite : *☎ 05-53-51-95-03. Ouv tlj avr-oct. Avr-juin et sept-oct : 10h-12h30, 14h-18h ; juil-août : 9h30 (9h août)-19h (20h août). Visites guidées ttes les 30 mn env. Durée de visite : 1h30. Groupe de 30 pers max. Entrée : 14 € ; 9 € pour les 5-12 ans ; gratuit moins de 5 ans. Billets en vente sur le site • lascaux-ii.fr • ou à la billetterie de Lascaux II, à l'entrée du site. Billets jumelés, notamment avec le parc du Thot : 19 € ; réduc.*
À 200 m de la grotte initiale, on a fabriqué à la fin des années 1970 une gigantesque coque représentant exactement le volume et le relief uniquement de 2 salles copiées. Un béton fut étudié, qui restitue exactement la texture et la couleur de la roche. Enfin, une artiste, Monique Peytral, utilisant les mêmes couleurs et les mêmes techniques que les peintres de la préhistoire, reconstitua scrupuleusement les fresques. Elle y travailla entre 1972 et 1983. Lascaux II ouvrit, et le résultat fut tout à fait extraordinaire. L'illusion était totale, la température et l'hygrométrie respectées, au point d'en faire pratiquement oublier la grotte originale.
Le temps a passé, et il fallut s'interroger sur l'avenir du lieu, alors même qu'on planchait sur la création du futur Centre international de l'art pariétal. La fermeture de Lascaux II fut annoncée, mais heureusement certains firent de la résistance. C'est à eux qu'on doit aujourd'hui la redécouverte, pleine d'émotion, d'un lieu pacifié, qui a retrouvé sa sérénité et son mystère.
La visite commence devant l'entrée de la grotte historique, à 2 pas des installations qui permettent sa préservation. On chemine ensuite jusqu'à l'entrée de ce qu'on continuera d'appeler Lascaux II, pour simplifier.
Il faut signaler la qualité de la visite guidée, qui fournit, de manière pédagogique sans être réductrice, quelques clés de lecture de ce lieu magique, sans jamais assener de réponses définitives.
Avant de pénétrer dans la grotte, dans le noir, présentation, dans 2 sas, de toute l'histoire de Lascaux avec plan, maquette et photos des inventeurs. Puis accès à la ***salle des Taureaux***. Lumières tamisées, éblouissement de la découverte, que la fête commence ! Ensuite, dans l'étroit *Diverticule* s'étalent de véritables compositions, comme la vache qui saute, le cheval renversé et la frise des petits chevaux. Pour finir, toute une série de graphismes (traits parallèles, rectangles, ponctuation, sortes de harpons, etc.), qui posent toujours des problèmes d'interprétation aux chercheurs. Et ceux qui auront cru, à la sortie du Centre international de l'art

pariétal, avoir percé le mystère de Lascaux s'en vont, tout songeurs, après cette rencontre hors du temps avec l'esprit de ceux qui, il y a si longtemps, sont venus là œuvrer pour l'avenir de l'humanité.

DANS LES ENVIRONS DE LASCAUX

2 sites incontournables en complément de visite, l'un sur place, l'autre dans les environs immédiats.

Le Regourdou : *à 800 m au-dessus de Lascaux. ☎ 05-53-51-81-23. • regourdou.fr • Ouv vac scol d'hiver-fin nov. Juil-août, tlj 10h-19h ; 11h (13h en basse saison)-18h le reste du temps. Congés : déc-janv. Entrée : env 6,50 € ; 3,50 € 6-12 ans. Atelier peinture et gravure sur résa : 3 €.* En 1957, Roger Constant a découvert ici une des 1res sépultures de l'humanité, datant de plus de 70 000 ans, et qui est aujourd'hui au musée de Périgueux, entourée de squelettes d'ours. Explications sur l'histoire du site et narration de l'éviction de son inventeur du chantier (car il n'était pas préhistorien !). On va voir ensuite les ours bruns installés sur le site comme ils y vivaient il y a bien longtemps. On termine par le petit musée où sont exposés dans plusieurs vitrines des outils, mais aussi de nombreux ossements et morceaux de crânes de chevaux, de bisons, de phacochères, de chevreuils. Des bois de cerfs et de rennes également, ainsi que de véritables dents de mammouths.

Le parc du Thot : *à 7 km de Montignac, vers Thonac, sur la D 706. ☎ 05-53-50-70-44. • parc-thot.fr • Juil-août : tlj 10h-19h30. Avr-juin et sept-oct : tlj 10h-18h. Nov-déc : tlj 10h-17h. De mi-fév à mars : tlj 10h-17h30. Fermé de janv à mi-fév. Entrée : 10 € ; 6,50 € pour les 5-12 ans. Billet jumelé possible avec Lascaux (avec résa de l'heure de visite) : 24 € (15,60 € pour les 5-12 ans). Ateliers d'art pariétal, de tir au propulseur, fouille archéologique, fabrication de lampe à graisse pour enfants et adultes, et animation de réalité augmentée (animaux disparus), pdt vac scol sur résa (+ 4 €).*

Un régal pour les familles. Visite très pédagogique, préparatoire ou complémentaire à celle de Lascaux. Reconstitution intéressante d'un atelier d'artistes magdaléniens (évocation des gestes des artistes de Lascaux...). Sur 3 parois sont projetées par effets lumineux les différentes étapes de la réalisation de certaines œuvres, notamment les ***gravures de Lascaux***, beaucoup moins connues que les peintures, qui permettent de bien comprendre le processus artistique.

À l'extérieur, ***un parc animalier,*** avec des animaux vivants cette fois, figuré dans l'art des cavernes : chevaux de Prjevalski, chevaux de Tarpan, bisons, aurochs (voir l'encadré), bouquetins et de nombreux cervidés. Sans oublier les loups gris, désormais.

Enfin, de nouveaux espaces dédiés à la climatologie avec un ***film 3D*** et le miroir temporel, qui permet la découverte de 5 animaux préhistoriques en taille réelle et en réalité augmentée, complètent la visite. Commentaires passionnants.

Bon plan, vous trouverez dans la boutique de quoi poursuivre les expériences vécues ici : un kit pour faire du feu, pour construire un propulseur ou peindre sur la pierre... de quoi occuper vos têtes blondes (ou brunes) !

L'AUROCH, ANIMAL VOLONTAIREMENT OUBLIÉ

Cet animal qu'on aperçoit est l'ancêtre de notre paisible vache. Bien plus costaud et pas si paisible. L'espèce a disparu voici presque 4 siècles. Des généticiens allemands ont réussi à reconstituer le bestiau grâce à un savant croisement de vaches rustiques. Mais bon, on n'en parle pas trop car ces généticiens portaient un peu trop souvent l'uniforme nazi.

LE CHÂTEAU DE LOSSE

Carte Périgord, D3

Près de ***Thonac*** *(24290), sur la D 706 et à 5 km de Montignac. ☎ 05-53-50-80-08. • chateaudelosse.com • (sauf 2 salles à l'étage). Ouv mai-sept, tlj sauf sam 12h-18h. Attention, ouv également le sam pdt les w-e fériés. Entrée : 9,50 € ; réduc ; visite gratuite pour les pers handicapées. L'entrée comprend la visite non guidée des jardins, parc, douves et remparts, et la visite guidée, très intéressante et vivante, de l'intérieur du château. Possibilité de faire une chasse aux trésors avec un parchemin, en visite libre sans supplément. Salon de jardin et aire de pique-nique.*

Classé aux Monuments historiques, le château présente un mélange d'architecture médiévale défensive et d'éléments Renaissance. La forteresse, enserrée dans ses murailles, surplombe joliment la Vézère. Côté champs, on accède à la cour d'honneur par un châtelet, un des plus importants ouvrages défensifs de ce genre en Aquitaine. À l'intérieur, le grand logis Renaissance présente une remarquable collection de meubles et tapisseries des XVIe et XVIIe s, évoquant le cadre de vie de Jean II de Losse, maître des lieux sous les règnes des derniers Valois et des 1ers Bourbons aux XVIe et XVIIe s. Beau panorama depuis les jardins classés qui s'étendent en terrasses. Même vue superbe depuis le parc sur les bords de la Vézère. La promenade labyrinthique au milieu des charmilles et la tonnelle menant au chemin de ronde tapissé de roses contribuent au charme de la visite. On peut même profiter d'une petite halte au salon de thé dans une maison annexe à l'entrée du château, avec de quoi se restaurer (distributeurs). À ne pas manquer non plus, la très belle vue sur le château de l'autre côté de la rivière (du côté de la D 65).

En repartant, faites un petit crochet par ***Thonac,*** son église à grand clocher-mur vaut le détour. Chez *Archambeau* aussi, cela dit, si vous avez une petite faim.

Où dormir ? Où manger dans le coin ? Où faire ses courses ?

Hôtel-restaurant Archambeau : *au cœur du bourg, à* ***Thonac*** *(24290). ☎ 05-53-50-73-78. • contact@hotel-archambeau.com • hotel-archambeau.com • Hôtel fermé de mi-nov à fin mars. Resto ouv tlj midi et soir en saison, seulement le midi en sem en basse saison. Doubles 65-125 € ; familiales. Menus 15 € (déj en sem) et 23-29 €.* Chambres classiques, confortables et impeccables, situées dans plusieurs maisons du village. Certaines ont même leur propre terrasse. Et de l'autre côté de la départementale, terrasse ombragée installée autour d'une vaste piscine chauffée. Cuisine de région soignée avec une touche d'originalité (délicieux parmentier de canard à la trappe d'Échourgnac). Espace bien-être avec spa. Une belle adresse de la vallée.

Vival Jouany : *dans le Bourg (juste à côté de l'hôtel Archambeau),* ***Thonac*** *(24290). ☎ 05-53-50-75-37. • virginiejouany.com • Tlj 7h30-12h30, 16h-19h ; dim 8h30-12h30.* Une épicerie insolite, où l'on peut grignoter en terrasse, mais surtout, derrière laquelle se cache une femme « romancière-épicière ». Réfugiée ici dans son épicerie qui lui laisse le temps d'écrire ses romans, dont les héros sont parfois ses clients qu'elle met en scène avec des gens connus comme Joséphine Baker et l'empereur d'Annam enterré au cimetière du village ! Ses livres sont en vente dans toutes les bonnes librairies, mais le must étant de les trouver dans le coin lecture de son épicerie et de se les faire dédicacer !!

SAINT-LÉON-SUR-VÉZÈRE (24290) *Carte Périgord, C3*

À 9 km de Montignac, village de caractère (classé parmi les Plus Beaux Villages de France) présentant, là aussi, une belle homogénéité architecturale. En sinuant dans les quelques ruelles aux belles maisons de pierre blonde, vos pas vous mèneront naturellement vers la remarquable *église romane* qui présente son chevet rebondi. Une belle étape sur la route, avec des adresses sympathiques pour grignoter un bout. Quelques artisans d'art se sont installés dans le village, avec de jolies boutiques.

– *Conseil :* se garer en arrivant, sans pénétrer dans les ruelles étroites.

Adresse utile

Mairie : *☎ 05-53-50-73-16. • saint-leon-sur-vezere.fr • Lun-mar et jeu-ven 15h-18h.*

Où dormir ? Où manger ? Où boire un verre ?

Camping municipal : *le bourg. ☎ 05-53-51-08-42 ou 05-53-50-73-16 (mairie). • contact@saint-leon-sur-vezere.fr • saint-leon-sur-vezere.fr • Petit terrain juste en face de la mairie, à proximité de la Vézère. Ouv mai-sept. Compter 12 € pour 2 (sans électricité). 24 empl.* Un petit camping tout simple. Parfait pour les petits budgets, peu soucieux d'un confort extrême. S'adresser à la mairie pour obtenir des jetons de douche *(1,50 €).*

Le Déjeuner sur l'Herbe : *directement au bord de la Vézère, à gauche de l'église. ☎ 05-53-50-69-17. • dejeuner.herbe@wanadoo.fr • Mars-nov, tlj sauf sam 10h-19h (tlj jusqu'à 21h l'été). Assiettes 7-13 €.* Un lieu charmant, niché sous les arbres et en bord de rivière, avec quelques tables pour profiter d'un moment relax et bucolique. Cette gentille épicerie fine propose quelques bons produits mais aussi de copieux casse-croûte, des salades et des tartines. On commande au bar, puis on vous appelle par votre petit nom. Bien aussi pour un café avec dessert maison (hmm... la tarte aux noix !). Si vous descendez la Vézère en canoë (possibilité d'accoster), voici une halte adorable pour grignoter un (gros) morceau. Également vente de tuiles aux noix, conserves, boissons locales...

Smoovie Grignothèque : *dans le bourg. 📱 06-07-24-20-01. Fermé en hiver. En principe, ouv au déj et certains soirs (téléphoner). Env 7-13 €.* On passe ici commande directement par la fenêtre de l'ancienne boulangerie du village. Pour faire une pause diététique dans votre escapade canard'esque, ou simplement pour les convertis, la carte est 100 % végane. Burgers, wraps, sandwichs et soupes, en plus des pâtisseries, smoothies et citronnades raviront toutes vos envies. C'est local et frais. À emporter ou à grignoter sur la terrasse installée dans le jardinet attenant.

Où dormir dans les environs ?

Chic

Chambres d'hôtes Béchanou : *lieu-dit Béchanou, 24580* ***Plazac.*** *☎ 05-53-50-39-52. 📱 06-03-90-30-38. • info@bechanou.com • bechanou.com • Congés : Noël. Doubles 110-120 €. Table d'hôtes 35 €.* Bien au calme, bien au vert, 5 chambres d'hôtes très agréables. « Éole », au

2e étage, est la plus grande, avec poutres et baignoire. Au même étage, « La Source », tout aussi « poutrée », peut accueillir une 3e personne. Au rez-de-chaussée, « La Forge » et « Les Petits Cailloux », où le Petit Poucet se serait sans doute arrêté tant elle est reposante... À moins qu'il n'eût voulu, comme d'habitude, dormir à « La Belle Étoile », une chambre pourtant fort lumineuse. Table d'hôtes gourmande à base de produits locaux de saison (bio dans la mesure du possible). Accueil souriant de Dominique et de Jean-François.

À voir

L'église : sur une placette bucolique, édifiée en bord de rivière au XIIe s. Un des murs (côté rivière) s'appuie sur des vestiges romains. Le chevet tout rond, avec son abside flanquée d'absidioles bien rebondies elles aussi, tels 2 lieutenants, est surmonté par une puissante tour carrée et ajourée. Les toits en cône couverts de lauzes se révèlent un véritable chef-d'œuvre d'harmonie, de pureté, de rigueur et d'équilibre. À l'intérieur, coupole dans le transept, piliers massifs, abside à arcades et colonnettes, chapiteaux à entrelacs et feuillages, vestiges de fresques à motifs végétaux. 2 petites chapelles dans les transepts. À gauche de la nef, en appui du pilier, une Vierge en pierre de facture très primitive du XIe s.

Au gré des ruelles étroites, découvrez les châteaux : celui de ***Clérans,*** en bord de rivière, avec tours poivrières, mâchicoulis et fenêtres à meneaux du XVIe s. Dans le centre, le ***manoir de la Salle*** avec un donjon du XIe s.

Dans le cimetière, allez admirer la ***chapelle expiatoire*** gothique et, tout au fond, les enfeus (sépultures du XIIIe s dans le mur, qui ont aujourd'hui pratiquement disparu des cimetières).

La **côte de Jor** (ou **Jord**), point de vue imprenable sur la vallée de la Vézère, avec aire de pique-nique.
- Disséminés sur la côte de Jor, 2 centres bouddhiques tibétains. Seul le 1er à s'être installé ici, ***Dhagpo Kagyuling,*** se visite (*● dhagpo-kagyu-ling.org ●*).

LA COLÈRE DE DIEU

Sur le fronton de la chapelle expiatoire se trouve une curieuse inscription en langue d'oc. Elle évoque l'histoire d'un domestique qui, ayant lancé une flèche sur le crucifix de l'église, se la fit renvoyer par ledit crucifix. L'homme tomba raide mort, la tête « devant derrière ». Fin du renégat. Au cours du XIXe s, quand des archéologues fouillèrent sa tombe, quelle ne fut pas leur surprise en découvrant le squelette : sa tête était effectivement retournée à 180°, visage contre terre. L'inscription disait vrai. Ça fiche la trouille !

À faire

➢ ***Descente de la Vézère en canoë-kayak :*** **canoës APA.** *☎ 05-53-50-67-71. 06-82-09-45-85. ● canoevezere.com ● À Saint-Léon, passer le petit pont de fer et prendre immédiatement à droite vers le bord de la Vézère. Ouv tte l'année (canoë avr-nov et rafting janv-avr ; prix sur le site). Audioguides géolocalisés.* Parcours en canoë ou kayak rafting sur la Vézère. Possibilité de descendre la rivière à partir de l'amont ou de l'aval de Saint-Léon. En tout, 7 possibilités de descente, de 4 à 30 km, de 1h à 7h en moyenne (selon le niveau de l'eau), avec retour en minibus. Randonnées de quelques heures ou sur 2 ou 3 jours. Certains canoës peuvent embarquer 1 ou 2 enfants. Les moniteurs sont d'anciens membres de l'équipe de France.

Fêtes et manifestations

- ***Marché gourmand :*** *juil-août, jeu soir.* Restauration sur place.
- ***Brocante – vide-grenier :*** *1er ou 2e dim de juil.*
- ***Fête votive :*** *2e w-e d'août.* 3 jours de fête avec marché nocturne le vendredi, repas dansant le samedi soir et feu d'artifice le dimanche soir.

SERGEAC

(24290) *Carte Périgord, C3*

Petit village tout mignon, abritant une intéressante église romane fortifiée. Chapiteaux de facture très archaïque. À l'entrée du village, superbe croix de chemin du XVe s, dite « croix hosannière ». Les Templiers ont marché ici sur les pas d'hommes ayant habité ici il y a 37 000 ans, ainsi qu'une étude récente d'un bloc gravé l'atteste.

Où dormir ? Où manger ?

Auberge de Castel-Merle : *au lieu-dit Castel-Merle, juste sur les hauteurs de Sergeac. ☎ 05-53-50-70-08. • hotelcastelmerle@yahoo.fr • hotelcastelmerle.com • Sur la D 65. Congés : nov-mars. Doubles 82-87 € ; familiales.* Belle maison de pierre à l'intérieur rustique, bâtie sur un rocher, en pleine nature, surplombant de manière impressionnante la vallée de la Vézère. Calme total. Chambres confortables, climatisées, sans luxe inutile, dont il se dégage un certain charme un rien désuet. On s'y sent bien. Les proprios proposent des assiettes casse-croûte et des desserts maison pour manger sur le pouce. Le matin, confitures et marmelades irrésistibles. Bon accueil, avec une pointe d'accent anglais.

Auberge du Peyrol : *Les Sols, Sergeac. ☎ 05-53-50-72-91. • catherine.leyge@wanadoo.fr • Sur la D 65, à mi-chemin entre Montignac et Les Eyzies. Juil-août, ouv tlj sauf lun. Hors saison, ouv seulement le midi mar-dim, plus sam soir. Congés : janv-fév. Résa conseillée. Menus 21-40 €. CB refusées. Apéritif maison, offert sur présentation de ce guide.* Auberge à l'ancienne, en belle pierre du pays. Selon le temps, vous profiterez du jardin et de la vue, ou de la salle rustique dotée d'une grande cheminée, où sont fumés les magrets (et les clients). Sur la table, des nappes à carreaux et des serviettes en coton. Du traditionnel, dans l'assiette aussi. Attention, c'est copieux et surtout goûteux ! Au menu, les incontournables de la campagne périgourdine, avec la soupière posée sur la table d'entrée. Un Périgord d'anthologie.

À voir

Le site préhistorique de Castel-Merle : *traverser le village de Sergeac et suivre les panneaux. ☎ 05-53-42-30-09. • castel-merle.com • Ouv avr-sept, tlj sauf sam ; avr-juin 10h-12h, 14h-17h ; juil-août : 10h-18h ; sept 14h-18h. Entrée : 6,50 € ; 3,50 € pour les 6-10 ans.* Un ensemble de 10 abris-sous-roche, qui furent occupés par l'homme de Neandertal il y a 85 000 ans, puis par celui de Cro-Magnon il y a 35 000 ans. Ce qui frappe ici, c'est la continuité de l'occupation humaine. On trouva des blocs peints (aujourd'hui dans les musées nationaux), mais également des blocs sculptés et gravés que l'on découvre sur le site même. Expérimentez le tir au propulseur ou réservez un atelier (peinture sur paroi, ou démonstrations de taille de silex, allumage du feu...).

LA ROQUE SAINT-CHRISTOPHE

Carte Périgord, C3

*À **Peyzac-le-Moustier,** entre Les Eyzies et Montignac-Lascaux, colossale falaise surplombant la Vézère sur près de 1 km, véritable forteresse troglodytique. ☎ 05-53-50-70-45. • roque-st-christophe.com • Tlj. Juil-août : 9h30-19h30. Avr-juin et sept : 10h-18h30. Fév-mars et oct-11 nov : 10h-18h. 12 nov-fin vac de Noël : 10h-17h30. Janv : 10h-17h. Dernière entrée 45 mn avt fermeture. Visite : 9,50 € ; réduc ; 5 € pour les 5-13 ans. Durée : compter 45 mn à 1h15. Visites guidées en saison à heure fixe. On conseille vivement de participer à une visite guidée, instructive et passionnante à la fois, tant pour les petits que pour les grands. Dans les visites du matin en saison, démonstration des machines de génie civil du Moyen Âge. Animations diverses, se renseigner. Boutique à l'entrée du site et un snack en contrebas, au niveau du parking.*

C'est le plus grand ensemble troglodytique d'Europe. Ici vécurent des hommes depuis Neandertal et jusqu'en 1588, date à laquelle le village fut démantelé. Ce qui fait une période « d'activité » s'étalant tout de même sur près de 55 000 ans ! Toutes les formes d'habitat s'y succédèrent. Neandertal, donc, mais aussi Cro-Magnon puis, bien plus tard, à partir du VIIIe s et jusqu'au XVIe s, toutes les sociétés du Moyen Âge. C'est d'ailleurs à cette époque que l'on commença à édifier des façades pour fermer les abris, parfois en encorbellement (gain d'espace), et que la vie s'organisa en communauté villageoise. Jusqu'à 800 personnes ont sans doute logé là en même temps. 23 panneaux explicatifs concis et efficaces ponctuent votre visite (si vous avez choisi de la faire librement). Par un réseau d'escaliers, on grimpe à flanc de falaise et l'on observe au passage plusieurs abris naturels. On verra notamment, creusé dans la pierre, une étable, un séchoir (pour la conservation des aliments), un abattoir, un coffre-fort du XIIe s, le plan de travail d'un boucher... Les habitations furent creusées sur plusieurs niveaux. Les paysans et les gens de peu en bas, les commerçants au milieu, et tout en haut, moins accessible, la demeure des plus nantis.

Le plus impressionnant est évidemment cette immense terrasse, longue de plus de 400 m, qui servait en fait de grand-rue. Cet habitat, avant tout défensif, fut relativement efficace puisque les Anglais ne le prirent que durant 5 années. 2 maquettes du site et un film 3D permettent de mieux comprendre l'organisation de ce site en suspension : ici un réservoir d'eau, plus loin l'église, avec une sorte de nef taillée par l'homme et un clocher au-dessus de vos têtes, ailleurs la forge, et partout des orifices taillés dans le fond de la paroi qui servaient de placards, de bancs, de couchages... Au fond de la terrasse, afin de donner plus de vie à ce village minéral, 5 machines de génie civil grandeur nature en état de marche rendent hommage aux bâtisseurs médiévaux.

En contrebas, jolie vue sur la Roque depuis la route, étroite à souhait, qui musarde entre rivière et falaise. Noter les petits trous carrés dans la roche, où s'encastraient les poutres des maisons : ce sont des « trous de boulins », terme à retenir car vous n'avez pas fini d'en entendre parler.

DANS LES ENVIRONS DE LA ROQUE-SAINT-CHRISTOPHE

***La Maison forte de Reignac :** à 2,5 km de La Roque Saint-Christophe, sur la même route (D 706). ☎ 05-53-50-69-54. • maison-forte-reignac.com • Tlj, en visite libre (photos autorisées) : juil-août, 10h-20h ; avr-juin et sept, 10h-19h ; vac d'hiver-mars, oct-nov et vac de Noël, 10h-18h. Dernière admission 45 mn* *avt. Entrée : 9 € ; réduc ; 4,50 € pour les 5-13 ans.* Une maison à flanc de falaise, bâtie au milieu du XVe s et habitée jusqu'au XXe s. Mais c'est à la préhistoire que le site fut tout d'abord occupé. On y trouva force ossements de bestiaux, bifaces, ossements taillés, silex, outils, etc. À l'intérieur, on découvre une maison meublée dans le style périgourdin du XVIe au XIXe s. Cuisine avec sa grande cheminée. Grande salle d'honneur et son sol en pichat (petits cailloux juxtaposés plantés à la verticale). À l'étage, les pièces troglodytiques épousent la forme de la falaise. Noter le minuscule cachot et son « passe-plat » ! La dernière pièce, la chambre de la comtesse, du XIXe s, nous fait faire un autre bond dans le temps. Attenante à cette étonnante maison, une exposition (facultative !) sur la torture et l'Inquisition présente une série d'instruments de torture à travers les âges, tous plus sordides les uns que les autres.

LE VILLAGE TROGLODYTIQUE DE LA MADELEINE

Carte Périgord, C3

Entre Le Moustier et Tursac, il ne faut pas avoir peur de se perdre sur un petit chemin longeant un des méandres de la Vézère pour atteindre le parking de ce qui reste un des sites les plus attachants du département, même si l'on ne peut plus visiter, aujourd'hui, le gisement qui a donné son nom au... Magdalénien. Autant le rappeler d'entrée : si la notoriété du site est due à la préhistoire, ce qu'on vient voir ici date d'une époque quasi « contemporaine » à l'échelle du temps.
Ne soyez pas déçu. La balade vaut le détour. Mais avant de vous mettre en marche, remontons le temps, justement. En 1863, Édouard Lartet et son ami Henry Christy découvrent cet abri en bord de Vézère. Leurs fouilles révèlent rapidement un nombre étonnant d'objets sculptés (grattoirs, burins, lames de silex...), mais aussi des harpons, des sagaies et des pointes de flèches qui témoignent d'une importante présence humaine. Un an plus tard, autre trouvaille : 5 fragments d'une lame d'ivoire. Assemblés, ils composent un superbe mammouth gravé, dont la précision du trait et le souci de chaque détail tendent à prouver la contemporanéité de l'homme préhistorique avec le mammouth. Un nouveau classement des époques préhistoriques va naître, remettant en question les connaissances de nos aïeux (du XIXe s). Ce qui méritait bien une petite mise au point historique, ou plutôt... préhistorique.

NAISSANCE DU MAGDALÉNIEN

Les découvertes préhistoriques effectuées sur le site de la Madeleine donnèrent naissance au terme « magdalénien », du fait du nombre et de la richesse des éléments découverts (on trouve des pièces issues des fouilles dans les musées du monde entier, à commencer par celui des Eyzies). Cette époque va de 15 000 à 10 000 av. J.-C. Le gisement permit de mettre au jour des milliers d'ossements, d'objets en bois de rennes et de pierres gravées, dont le célèbre « bison qui se lèche le flanc » (exposé au musée des Eyzies). Mais l'une des trouvailles les plus remarquables reste ce squelette d'enfant, découvert en 1926 et datant de la fin du Magdalénien, décoré d'une parure de coquillages.

Grand site préhistorique et médiéval, *juste après Tursac. ☎ 05-53-46-36-88. • lamadeleinegrandsite@gmail.com • la-madeleine-perigord.com • Traverser la Vézère au pont de Lespinasse. Bon fléchage routier. Parking* *gratuit, puis chemin menant au site. Tlj 1er mars-12 nov : juil-août, 9h30-20h ; mai-juin et sept, 10h-19h ; mars-avr et oct-nov, 10h-18h (18h30 oct) ; fév sur résa pour les groupes (min 15 pers). Entrée : 7,50 € ; réduc ; 4 € pour les 5-12 ans. Visite guidée tlj en juil-août (régulièrement dans la journée) que l'on conseille très vivement. Sinon, audioguide (une appli gratuite à télécharger) ou livret bien fait, qui permet de « faire parler » le site. Accès aménagé en canoë depuis Saint-Léon-sur-Vézère ou Lespinasse. Ateliers pédagogiques (gravure, etc.) en juil-août. Interventions d'artisans. Animations (soirées théâtre, fêtes paysannes chaque mar en juil-août...). Exposition sur le gisement et le troglodytisme dans le hall d'accueil, aire de pique-nique, terrasse.*

La partie supérieure de la falaise fut habitée du bas Moyen Âge à la fin du XIXe s, date à laquelle le site fut abandonné en tant qu'habitat. C'est cette partie que l'on visite aujourd'hui, en compagnie des excellents guides, qui ont l'art de retenir l'attention des petits comme des grands, grâce à ce qu'ils livrent comme anecdotes et détails. Le village troglodytique, conservé dans son jus, livre un bon aperçu de la vie quotidienne en milieu rural et de ses (incroyables !) aménagements à l'époque médiévale. Plusieurs restes de maisons sont visibles (une dizaine en tout), où l'on distingue bien les différentes activités qu'on y pratiquait (habitation dite « du tisserand », chambres en mezzanine, petite étable, vestiges d'aménagement...). Trous de boulins un peu partout. À voir encore, la curieuse chapelle du XVe s faisant corps avec la falaise et abritant un autel du début du Moyen Âge. Parcours dans les bois en longeant les ruines du château fort. Enfin, création de ruchers-troncs pour la préservation de colonies d'abeilles. Un site qui vaut le détour, sans hésitation, d'autant qu'il est préservé de la plus juste manière par des personnes passionnées.

TÉLÉPHONE ARABE... PÉRIGOURDIN

Au Moyen Âge, les abris troglodytiques de la vallée de la Vézère étaient souvent attaqués. Chaque abri possédait une cabine de guetteur, suspendue dans un creux naturel de la falaise. Sur 18 km, le long de la vallée, il y en avait 22 en tout. Le 1er qui voyait des assaillants à l'horizon prévenait les autres. En 6 mn, grâce à des coups de corne de brume répétés de guetteur en guetteur, tous les abris étaient avertis d'une attaque imminente. Juste le temps de faire le plein d'eau, de vivres, et de hisser animaux et réserves grâce aux puissants treuils.

DANS LES ENVIRONS DU VILLAGE TROGLODYTIQUE DE LA MADELEINE

***Le Préhisto-Parc :** à **Tursac,** route de Montignac, à 5 km des Eyzies. ☎ 05-53-50-73-19. • prehistoparc.fr • Ouv tlj d'avr à mi-nov. Juil-août : 10h-19h30. Avr-juin et sept : 10h-18h30. D'oct à mi-nov : 10h-17h30. Durée visite (libre) : 1h15. Dernière admission 1h avt fermeture. Entrée : 8,50 € ; enfant 4,80 €. Aire de pique-nique.* Situé dans un vallon entre 2 falaises, sur les lieux mêmes où vécurent les chasseurs-cueilleurs, le parc invite à un voyage dans le temps, de Neandertal à Cro-Magnon. Il s'agit d'un centre d'interprétation à l'ancienne destiné à divertir les enfants, essentiellement, où, grâce à un parcours de plusieurs centaines de mètres à travers un sous-bois, bruité par endroits, on découvre en famille des scènes de la vie quotidienne : scène de chamanisme, chasse (troupeau de rennes attaqué par des loups), habitat, vie familiale, enterrement, pêche, arts, etc. Personnages et animaux ont été reconstitués grandeur nature (tigre à dents de sabre, lion des cavernes, mammouth), à partir de recherches anthropologiques.

LES EYZIES-DE-TAYAC-SIREUIL

(24620) 830 hab. *Carte Périgord, C3*

• Plan *p. 152-153*

Les Eyzies sont considérées comme la « petite capitale mondiale de la préhistoire ». C'est en effet ici que l'on découvrit le célèbre homme de Cro-Magnon, sous un abri, à quelques centaines de mètres du centre. Le village des Eyzies est surplombé par une impressionnante falaise qui court sur près d'un kilomètre, et qui abrita quelques maisons troglodytiques. Entre Sarlat et Les Eyzies, outre quelques sites mémorables, on trouve des carrières de pierre calcaire à l'exceptionnelle luminosité, blonde comme les blés, datant du Crétacé. Cela est dû à une forte présence en fer. On l'utilise pour bâtir les maisons des vallées de la Dordogne et de la Vézère. Vous savez maintenant pourquoi les villages au fil de l'eau « accrochent » si bien la lumière. L'unique rue n'a pas d'intérêt particulier, mais le musée national de la Préhistoire et l'abri Pataud méritent vraiment une visite, car ils fournissent d'importantes clés de compréhension de la préhistoire. Levez les yeux au passage : cette sculpture de l'*Homme primitif* nichée à mi-falaise, sur une plate-forme rocheuse, d'un homme aux traits quelque peu rustiques, que l'on peut observer de la grande rue, c'est au sculpteur Paul Dardé qu'on la doit. Il la réalisa en 1931.

UN HABITAT IDÉAL

La configuration de la région fut favorable à une implantation durable des hommes. Quittant les plaines du Nord glacial, à la recherche de terres plus hospitalières, ils trouvèrent par ici abris dans les falaises, forêts denses et animaux à chasser. D'où la prolifération des sites préhistoriques dans un rayon de 20 km : grottes, gouffres, falaises creusées d'abris, terrasses, promontoires naturels, rivières, il y avait tout pour rendre l'homme heureux. Un terrain de jeu exceptionnel dont il tirera un art de vivre. Puis, la terre se réchauffant, les 1ers hommes partirent à nouveau sous d'autres cieux encore plus hospitaliers. D'autres viendront ensuite, qui trouvèrent aussi le site à leur goût. Ainsi les hommes ont occupé les lieux sans interruption à travers les âges.
C'est aux Eyzies qu'est née l'étude de la préhistoire en tant que science et que les humains se sont penchés pour la 1re fois, avec la découverte de l'homme de Cro-Magnon en 1868, sur leur lointain passé. Peyrony, Lartet, Capitan, les abbés Breuil et Glory furent parmi les pionniers.

Adresses et infos utiles

Office de tourisme : *19, av. de la Préhistoire, dans la rue centrale. ☎ 05-53-06-97-05. • lascaux-dordogne.com • Juil-août-sept, lun-sam 9h30-13h, 14h-18h. Juin, lun-ven 9h30-13h, 14h-17h ; fermé w-e.* Liste réactualisée de tous les sites de la région et leurs horaires, des nombreuses randonnées et locations de canoës-kayaks. En juillet-août, balades nocturnes contées.

Gare SNCF : *☎ 36-35.* 1 train/j. pour ***Sarlat*** et plusieurs pour ***Périgueux.*** Train pour ***Paris*** aussi (via Limoges, ligne Paris-Agen).

■ ***Location de canoës, descente de la Vézère :*** *voir le site internet de l'office de tourisme (liste sur place, sinon).* Très sympa ! De très nombreux loueurs de canoës proposent la descente de la rivière. Vous n'aurez que l'embarras

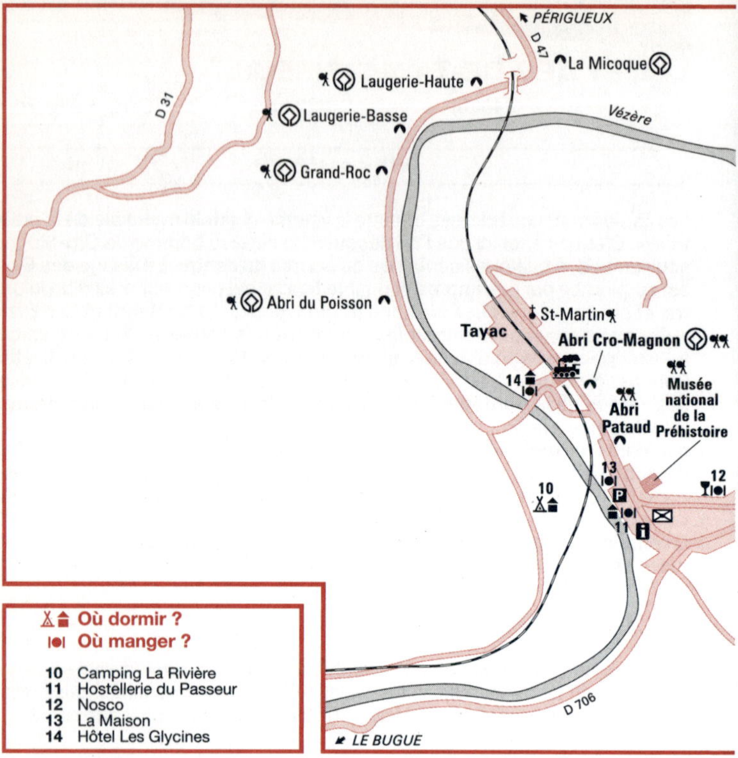

du choix. Partout, services à peu près équivalents. On remonte la rivière en minibus, puis descente libre de la rivière, de 2h à la journée (certains loueurs proposent un panier pique-nique).

■ *Les Ateliers du Patrimoine :* *rens et résas au ☎ 05-53-06-45-65.* Animations pour les enfants durant toutes les vacances scolaires (toutes zones). Initiation à la fouille archéologique, au musée national de la Préhistoire.

– ***Marché :*** *lun mat Pâques-fin oct. Sur le grand parking du centre-ville, face à l'abri Pataud.*

Où dormir ? Où manger ? Où boire un verre ?

Plusieurs adresses dans le village même, mais certaines à des prix surestimés.

Camping

Camping La Rivière *(plan,* ***10****) :* *3, route du Sorcier, lieu-dit La Rivière. ☎ 05-53-06-97-14. 06-71-22-91-56. • la-riviere@wanadoo.fr • lariviereleseyzies.com • À 10 mn à pied du centre-ville et près de la gare. Ouv de début avr à mi-oct. Compter 16-25,50 € pour 2. 127 empl. Locatif 4-6 pers.* Camping de taille raisonnable, agréable, séparé en 2 parties et

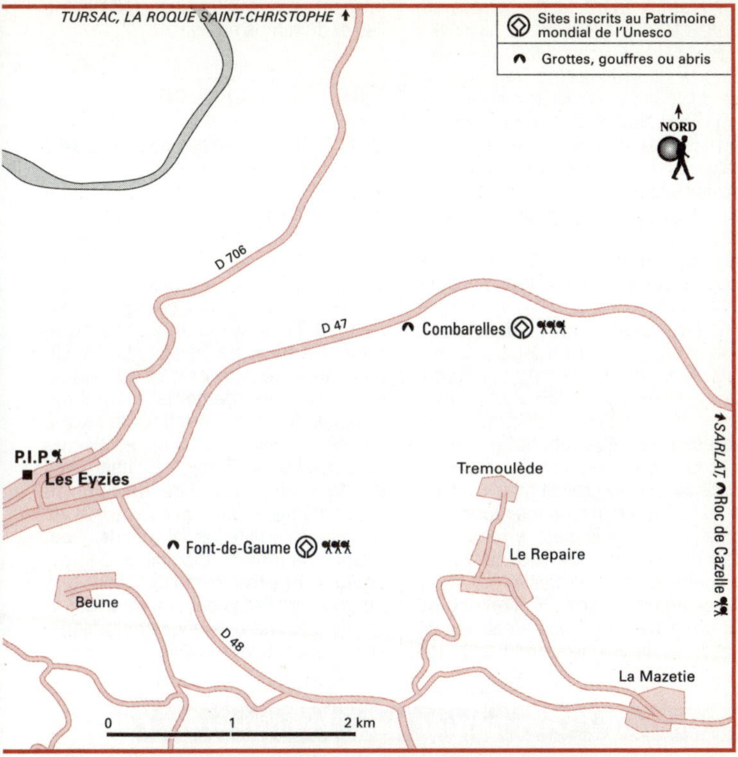

LES EYZIES-DE-TAYAC-SIREUIL

joliment aménagé autour d'un ancien relais de poste du XVIe s, où se trouvent 6 chambres rénovées. Noter le petit pigeonnier rectangulaire et original, littéralement à cheval sur le mur du porche d'entrée. Accès direct à la rivière, aménagée pour la pêche, le pique-nique, les canoës, etc. Accueil très agréable. Soirée musicale 1 fois par semaine en haute saison. Snack (ouvert toute la journée, où l'on fait la part belle aux produits bio et locaux), épicerie. Et les GR 6 et 36 passent juste à côté ! Piscines (dont une chauffée) et 2 pataugeoires.

De prix moyens à chic

Hostellerie du Passeur (plan, **11**) : *1, pl. de la Mairie. ☎ 05-53-06-97-13. • hostelleriedupasseur@orange.fr • hostellerie-du-passeur.com • ♿ (resto seulement). Resto ouv tlj sauf le midi des mar et sam. Doubles 89-115 €. Menu env 19 € ; carte 35-40 €.* Sur une place piétonne, en bordure de rivière, un bel établissement familial connu de longue date et repris par la nouvelle génération. La note blanche des volets ajoute du charme aux vieux murs couverts de lierre. Une salle qui reste élégante et bourgeoise, mais la clientèle et le service sont plus cools qu'on pourrait l'imaginer, et la cuisine d'humeur voyageuse entre terre et mer. Accueil charmant et prestations de qualité. Terrasse panoramique d'où l'on aperçoit la Vézère.

Nosco *(plan,* ***12****) : 7, rue du Moulin. 06-01-43-14-92. • noscobar.fr • Tlj sauf ven midi et dim soir, 12h-14h, 18h30-22h. Planches et plat du jour 10-20 €.* Sommelier de formation, Audric a œuvré dans de grandes maisons avant d'ouvrir son Nosco. Un bar à vins, donc, mais pas uniquement. Outre les conseils précieux d'un passionné pour vous aider à choisir parmi les flacons, on profite, pour accompagner les boissons, de produits locaux sélectionnés pour leur qualité.

La Maison *(plan,* ***13****) : 15, av. de la Préhistoire. 06-24-56-30-65. • lamaisondejerome@hotmail.com • Ouv tlj 19h30-23h ; dim 12h15-23h. Carte env 25-38 €. CB refusées.* L'adresse qui vous réconcilie avec la vie et le bourg, originale, savoureuse. À l'intérieur, on se croirait dans un cabinet de curiosités des temps modernes, même si ici, aux Eyzies, le temps est valeur toute relative. Déco décalée, cuisine colorée, accueil chaleureux de la part de Jérôme. Tapas, tartines ou du plus consistant pour les amateurs de poisson et de viande. Jardin ombragé joliment aménagé lui aussi. Profitez du lieu et du temps présent.

Beaucoup plus chic

Hôtel Les Glycines *(plan,* ***14****) : 4, av. de Laugerie. ☎ 05-53-06-97-07. • hotel@les-glycines-dordogne.com • les-glycines-dordogne.com • Bistrot tlj au déj, resto tlj le soir. Ouv de mi-avr à début nov. Doubles env 145-415 € ; petit déj 17 €. Au bistrot, formule déj en sem 19 € ; menus gastro à partir de 65 €.* Déco de charme, moderne, dans des tonalités très tendance. Un ensemble élégant, chic et bucolique, pour les hébergements (chambres ou écolodges) comme pour la salle à manger. Le bar, quant à lui, accuse un côté très british. Éviter les 2 chambres donnant sur la rue. Grande terrasse surplombant le parc, avec vue sur les arbres centenaires et la piscine. Spa, sauna, hammam, piscine à contre-courant. Et privilégiez l'excellent bistrot, pour un repas décontracté sous la verrière. Grande table gastronomique, sinon, pour se faire plaisir.

Où dormir ? Où manger dans les environs ?

Campings

Camping La Ferme du Pelou *: au Pelou, 24620* ***Tursac.*** *☎ 05-53-06-98-17. • lafermedupelou@gmail.com • lafermedupelou.com • À 3 km sur la route entre Montignac et Les Eyzies (D 706). Ouv 15 mars-15 nov. Compter 13,20-14,50 € pour 2 (sans électricité). 65 empl. Locatif.* Petit camping familial avec son lot d'habitués, propre et ombragé, posé sur un plateau, en forêt. À taille humaine, comme la convivialité avec laquelle on est reçu. Tranquillité garantie. De la piscine, vue panoramique extra sur la vallée. Vraiment agréable. Proche du GR 36, à vous les balades ! Quant aux enfants, ils craquent pour les nombreux animaux de la ferme.

Camping Le Vézère Périgord *: à* ***Tursac.*** *☎ 05-53-06-96-31. • info@levezereperigord.com • levezereperigord.com • À 5 km des Eyzies. Ouv mai-début nov. Compter 12,70-29 € pour 2. 99 empl. Loc mobile homes 280-910 €/sem.* Très grand camping, dans un parc boisé, organisé en terrasses, avec plusieurs qualités de terrains. Vraiment une belle situation, dans un paysage harmonieux. Sanitaires impeccables. Location de vélos électriques et de canoës pour les plus sportifs. Pêche dans la rivière à 400 m. Très familial. Piscine extérieure et piscine couverte chauffée. Ping-pong, tennis et terrain de basket.

De prix moyens à plus chic

Chambres d'hôtes Lasserre Perdissou *: lieu-dit Lasserre Perdissou. 06-85-78-74-51. • renaud.lasserre@hotmail.fr • lasserreperdissou.e-monsite.com • Sur la D 47* *entre Sarlat et Les Eyzies, prendre la direction de Sireuil, puis à droite vers le Bos-Lasserre Perdissou. Double 90 €.* Une ravissante ferme traditionnelle du XVIIIe s, fort bien restaurée par Catherine et Bernard. Rusticité et confort tout à la fois : pierre apparente, bois, tomettes, poutres et parquet. L'ancienne grange abrite 3 chambres, dont 1 familiale avec mezzanine et 2 lits pour les bambins (attention, escalier de meunier bien raide). La « Rouge » possède une originale salle de bains en dénivelée. Et puis, dehors, piscine au sel, potager, et du vert, encore du vert, un âne, un cheval... Quant au petit déj, sans surprise, il est bio.

Restaurant de Laugerie Basse : *à la sortie des Eyzies, en direction de Périgueux. ☎ 05-53-06-97-91. • contact@laugerie-basse.com • Prendre la direction de la grotte de Laugerie-Basse et se garer sur le parking. Ouv le midi tlj sauf sam (plus dim hors saison) ; le soir, ouv seulement de mi-juil à fin août ; le soir, ouv seulement de mi-juil à fin août. Congés : 1re quinzaine de nov et fêtes de fin d'année. Plusieurs formules 14-27 €.* Il faut prévoir une petite grimpette jusqu'à ce restaurant troglodytique et sa terrasse, d'où l'on a une vue plongeante sur la vallée. Si vous demandez votre chemin, ne vous étonnez pas si on vous parle de « chez Jugie », le lieu étant connu par la famille qui l'exploite depuis 4 générations. Du monde, en semaine comme le dimanche, ça n'arrête pas. Et pour cause, on profite d'une cuisine de terroir simple, authentique, généreusement servie et à prix doux. Prenez l'omelette maison aux cèpes, si vous hésitez, et un dessert léger, si vous craignez de ne pas pouvoir visiter les grottes ensuite. Sympa, hors du temps, tout ce qu'on recherche par ici.

Auberge de Layotte : *à la sortie des Eyzies, 24620* ***Tursac.*** *☎ 05-53-06-95-91. • aubergedelayotte@orange.fr • Des Eyzies, prendre la D 47 direction Périgueux, et après 3 km tourner à droite (auberge indiquée), juste avt l'arrivée au village de Manaurie. Ouv mars-nov. En juil-août, tlj sauf dim soir-lun. En basse saison, ouv jeu-dim midi. Résa indispensable. Menu unique 36 €, apéro, café et vin compris. Pour les enfants, même menu à 12 €.* Un lieu pas comme les autres, perdu au fond d'un vallon improbable, niché au fond d'un sous-bois. On gare la voiture et l'on fait une centaine de mètres à pied. On découvre alors le potager, puis la petite maison champêtre, sa terrasse couverte, et enfin une salle campagnarde à souhait. Et là commencent les agapes : ratafia de pissenlit, soupe aux orties, terrine, jambon fumé, salade aux plantes sauvages, confit de canard, sauté de bœuf, longe de porc fumé, pommes sarladaises, fromages, gâteau aux noix, café, vin et digestif compris. C'est un véritable festin ! Gentillesse de l'accueil, authenticité de la cuisine de Régis et générosité, puisque tous les légumes, fleurs, pâtés et viandes fumées sont cultivés et confectionnés sur place. Génial.

La Savie : *24200* ***Meyrals.*** *☎ 09-83-58-59-15 📱 06-85-71-36-30. • savierestaurant@gmail.com • À 4 km des Eyzies (mais la route se mérite). Ouv mar-ven midi et soir, plus le soir sam et dim midi (hors saison, fermé lun-mar, sam midi et dim soir). Congés : nov-mars. Carte env 35-40 €. Apéritif maison offert sur présentation de ce guide.* Il y a un microclimat, par ici, qui a attiré de tous temps des artistes. Depuis quelques années, un ancien graphiste belge fait le buzz dans la catégorie cuisine. Chaque saison, les gourmands accourent au fond des bois, avides de découvrir ce que ce chef hors normes arrive à dire avec des fleurs, des herbes aromatiques et quelques produits du terroir qu'il travaille au petit poil au gré d'une carte de saison ultra courte. Délicieux.

La Source : *le Bourg, 24200* ***Tursac.*** *☎ 09-67-54-89-07. • lasourcetursac@gmail.com • À 3 km des Eyzies. Tlj juil-août, sauf dim soir et lun ; sept-juin, tlj sauf lun et le soir, 12h-13h45 (14h dim). Menu 25 €.* Cette belle maison périgourdine du XVIIIe s abrite une bonne petite table de campagne. Un seul menu, mais bien équilibré, une cuisine fine et bien travaillée, de l'entrée au dessert. L'été on s'installe dans le jardin, tout à fait charmant. Service souriant et professionnel.

À voir dans le village des Eyzies

Le Musée national de Préhistoire : *1, rue du Musée. ☎ 05-53-06-45-45. ● musee-prehistoire-eyzies.fr ● Au pied du château des Eyzies, encastré dans la falaise qui domine la vallée de la Vézère. Juil-août, tlj 9h30-18h30 ; juin et sept, tlj sauf mar 9h30-18h ; oct-mai, tlj sauf mar 9h30-12h30, 14h-17h30. Fermé 25 déc et 1er janv. Entrée : 6 € ; réduc ; gratuit moins de 26 ans et pour ts le 1er dim du mois. Visite libre. Visites guidées, ateliers, livrets-jeux, etc. Le Camp des petits Sapiens accueille les archéologues en herbe.*

Créé en 1926, il présente le résultat des fouilles effectuées sur l'ensemble des sites environnants. Ses collections, assez austères, riches de 6 millions d'objets (dont 12 500 sont exposés), retracent plus de 400 000 ans de présence humaine. Reconstitutions grandeur nature, ossements, outils et objets (notamment ceux découverts dans la grotte de Lascaux) permettent d'aborder de façon ludique et chronologique les origines de l'homme et de l'art, ses modes de vie, son habitat...

Au ***1er étage***, section sur la faune du Quaternaire, évoquée « au fil du temps » par des vitrines où sont mis en regard le climat, l'outillage et les restes d'animaux chassés. Puis l'on passe en revue les différentes grandes époques, notamment Neandertal et Cro-Magnon...

Le ***2e étage*** est dédié à l'homme de Cro-Magnon justement, trouvé aux Eyzies. Au sol, représentations d'ateliers de fouilles à travers des pavés de verre. Petit foyer trouvé à la *Laugerie-Haute,* daté de 20 000 ans et présenté tel qu'il a été trouvé. À partir de ce feu, on déduisit nombre d'infos sur le mode de vie de l'époque. Section consacrée aux sépultures et à la parure. Dans un espace dédié au site de La Madeleine, voir 3 squelettes, dont celui d'un enfant, ainsi que le célèbre « petit bison se léchant les flancs », ciselé dans du bois de renne, aussi remarquable de finesse que petit, vieux de 15 000 ans. Le minuscule sorcier anthropomorphe en érection attisera fatalement votre curiosité. Nombreux autres symboles sexuels comme ces figurations féminines schématisées, gravées ou peintes, montrant l'importance de la fécondité dans les groupes humains préhistoriques. On s'arrêtera encore devant les gros blocs gravés, une autre forme d'expression artistique. Encore un objet unique : une lampe en grès rouge, trouvée à Lascaux.

Pour revenir en douceur au XXIe s, on gagne la terrasse, qui offre une vue sur le château et sur toute la vallée de la Vézère.

L'ABRI DE MONSIEUR MAGNON

C'est en 1868 que le géologue Louis Lartet fouille le site et trouve, dans un abri-sous-roche, 5 squelettes : 3 hommes, 1 femme et 1 enfant, dans ce qui ressemble à une sépulture. « On a trouvé des squelettes dans lou cro de Magnon ! » s'écrie-t-on en ville. Lou cro, c'est « le trou », et Magnon, c'est le nom du propriétaire du terrain. Il s'agit donc du trou de M. Magnon. Les squelettes, puis cette période de la préhistoire, hériteront de ce patronyme. C'est ainsi que la famille Magnon, qui n'en demandait pas tant, devint célèbre dans le monde entier.

Le Pôle d'interprétation de la préhistoire : *parking au 19, av. de la Forge. ☎ 05-53-06-06-97. ● pole-prehistoire.com ● Juil-août, tlj 9h30-18h30. Le reste de l'année, tlj sauf sam 9h30 (10h30 dim)-17h30 (18h30 mai-juin et sept). Fermé 1er janv, 1er mai, 1er et 11 nov, 25 déc. GRATUIT (sauf en cas d'expo).* C'est tout à la fois un lieu d'accueil et d'information, un pôle d'animation, un centre d'interprétation. Sur 3 000 m², des salles d'exposition, d'ateliers, des parcours pédagogiques, un auditorium, etc. Médiathèque richement pourvue. En saison, des expos, des ateliers et des animations sont proposés aux familles (simulation d'un chantier de fouilles...).

L'abri Pataud : *20, rue du Moyen-Âge. ☎ 05-53-06-92-46. • mnhn.fr/visitez/lieux/abri-pataud • Ouv d'avr à mi-oct. Juil-août, tlj 10h-13h, 14h-18h ; mai-juin et sept, dim-jeu 10h-12h, 14h-18h ; 1er-15 oct et avr, lun-ven 10h-12h, 14h-18h. Entrée : 5 € ; réduc ; gratuit moins de 26 ans. Visite guidée, claire et très instructive. Plusieurs visites/j., départ ttes les heures.* Il s'agit d'un site archéologique pur, où l'on retrouva sépultures, outillages de pierre ou osseux, traces d'habitat, de gravure et peinture. L'abri Pataud constitue un site de référence préhistorique, sur lequel les fouilles se poursuivent (ce qui donne l'occasion d'observer les techniques des archéologues). Dans la partie musée, vitrines pédagogiques intéressantes où l'on vous donne des clés de lecture des différents niveaux archéologiques grâce à des coupes stratigraphiques du gisement. Explications sur les techniques utilisées. Voir le crâne d'une jeune femme du Gravettien. Ossements humains et de grands mammifères, reconstitutions de foyers, évocation de l'art... Clou de la visite, ce splendide bouquetin sculpté au plafond (19 000 ans d'âge, âge solutréen), qu'on retrouva dans les années 1980. Puis on explore le site de fouilles où l'on remonte le temps à travers 14 niveaux archéologiques (de - 34 000 à - 20 000 ans).

L'abri-sous-roche de Cro-Magnon : *derrière la gare des Eyzies. ☎ 05-53-13-58-54. • abri-cromagnon.com • (accès partiel). Tlj : juil-août, 10h-19h30 ; avr-juin et sept, 10h-18h30. Entrée : 7,50 € ; 4 € pour les 5-16 ans.* Pour qui voudrait pénétrer encore un peu plus dans l'intimité de M. Cro-Magnon, sur le site où il fit ses 1ers pas. Film holographique, maquettes, tablette tactile, pour questionner les mythes et réalités qui émanent de notre ancêtre... Une présentation à la fois ludique et pédagogique, qui se prolonge à l'extérieur par un passage devant l'abri de la découverte, puis par un sentier promenade sonorisé agrémenté de cris d'animaux préhistoriques qui mène au point de vue des falaises.

L'église Saint-Martin de Tayac : *peu après la gare.* Impressionnante église fortifiée, avec son mur-clocher, ses fenêtres-meurtrières, contreforts et tours crénelées.

LE PÉRIGORD NOIR

À voir. À faire dans les environs des Eyzies

Le Château de Marzac-Le Château Escape-Game : *24620* ***Tursac.*** *• leal.guyot@orange.fr • lechateaudemarzac.com • À 3 km des Eyzies, par la D 706 en direction de Tursac, Tlj juil-août, 10h-19h.* Escape Game : *12,50 € ; enfants 11-15 ans : 8,50 €. Durée env 1h30.* Ce château emblématique de la vallée de la Vézère, fièrement accroché aux falaises qui la surplombe, a été pendant 6 siècles, le fief d'une des plus grandes familles du Périgord. Aujourd'hui, après plusieurs dizaines d'années de péripéties, les actuels propriétaires ont entrepris de gros travaux de restauration. Totalement privé, le château est ouvert au public pour la 1re fois de son histoire, et dans le cadre d'un *escape game* : parcours initiatique, lieux secrets à découvrir, épreuves à résoudre, codes à retrouver, des énigmes à percer dans ce jeu familial dont vous êtes le héros. Adapté à tous les âges (parcours parallèle pour les moins de 7 ans), parcours-jeu en français ou en anglais. Une manière très ludique de visiter le château.

LES SITES ARCHÉOLOGIQUES ET PRÉHISTORIQUES D'IMPORTANCE DANS LES ENVIRONS

L'office de tourisme des Eyzies a édité une liste de tous les sites accessibles, avec les horaires d'ouverture. Voilà les plus proches.

À voir à la sortie nord des Eyzies

La grotte du Grand-Roc : *☎ 05-53-06-92-70. • grotte-grand-roc.fr • Ouv juil-août, tlj 10h-19h30 ; avr-début juil et sept-début nov, tlj 10h-13h, 14h-18h ; fév-mars et nov-début janv, tlj sauf lun 10h-12h30, 14h-17h30 (17h nov-début janv et tlj pdt vac scol). Fermé janv-début fév. Dernière admission 1h avt la fermeture. Entrée : 8,10 € ; 5,60 € pour les 5-12 ans. Billet jumelé possible avec l'abri préhistorique de Laugerie-Basse : 11,70 € ; 7,50 € pour les 5-12 ans.* Pass Préhistoire *avec Lascaux IV, le Thot et Laugerie-Basse : 35 €. Visites nocturnes à la lampe-tempête lun soir en juil-août.* Abondance de stalactites et de stalagmites ne nuit jamais. Ce site est réputé à juste titre pour sa grande variété de cristallisations et excentriques remarquables. Possibilité de se restaurer sur place (voir plus haut « Où dormir ? Où manger dans les environs ? » des Eyzies).

L'abri préhistorique de Laugerie-Basse : *à proximité immédiate de la grotte du Grand-Roc. ☎ 05-53-06-92-70. • abris-laugerie-basse.fr • Mêmes horaires que la grotte du Grand-Roc. Dernière admission 1h15 avt la fermeture. Entrée : 8,60 € ; réduc. Billet jumelé possible avec Grand Roc : 11,70 € ; 7,50 € pour les 5-12 ans.* Pass Préhistoire *avec Lascaux IV, le Thot et Grand Roc : 35 € ; réduc.* Visite libre avec tablette numérique des abris préhistoriques à l'époque de Cro-Magnon. Film en 3D pour découvrir comment les hommes se sont appropriés ce lieu et y habiter. Ateliers enfants et visites nocturnes.

Le gisement de Laugerie-Haute : *à 500 m du vallon de Gorge-d'Enfer. 📱 06-47-56-57-01. Visite sur résa par tél ou à la grotte de Font-de-Gaume. Entrée : 12 € ; réduc. Visite avec conférencier.* 10 000 ans d'occupation humaine.

Même démarche pour la visite conférence de l'***abri du Poisson,*** *situé dans le* ***vallon de Gorge-d'Enfer.*** *📱 06-47-56-57-01. Sur résa par tel à la grotte de Font-de-Gaume. Entrée : 12 € ; réduc.* On y voit la plus ancienne représentation de poisson connue (25 000 ans) : un saumon de plus de 1 m.

À voir en allant vers Sarlat

La grotte de Font-de-Gaume : *à moins de 1 km de la sortie des Eyzies, direction Sarlat (D 47), côté droit. ☎ 05-53-06-86-00. • fontdegaume@monuments-nationaux.fr • sites-les-eyzies.fr • ♿ (sur résa). Tlj sauf sam. De mi-mai à mi-sept, ouv 9h30-17h30. Hors saison, ouv 9h30-12h30, 14h-17h30. Fermé 1er janv, 1er mai, 1er et 11 nov, 25 déc. Durée : env 1h par petit groupe. L'accès à la grotte est limité à 50 visiteurs/j., et vente de billet sur place uniquement : venir tôt. Entrée : 11,50 € ; réduc ; gratuit moins de 26 ans. Tarif préférentiel à 9 € si on visite la grotte des Combarelles et l'Abri de Cap-Blanc. Attention : on pénètre dans un étroit boyau, claustro s'abstenir !*
Voici un lieu d'exception, car c'est actuellement l'une des rares, voire la seule grotte en Europe proposant des peintures polychromes encore ouvertes au public. Jusqu'à quand ? Nul ne le sait, mais les scientifiques ne souhaitent pas ici refaire les erreurs de Lascaux. Et dès qu'ils estimeront que les peintures sont en danger, ils la fermeront à la visite. Conclusion : ne tardez pas à y aller !
Font-de-Gaume constitue sans doute l'une des plus belles grottes peintes de France. Il s'agit d'un couloir étroit (2 personnes se croisent à peine !), une sorte de faille longue de 120 m, regroupant plusieurs ensembles de peintures et gravures, qui remontent pour la plupart à la période magdalénienne, même si des gravures plus tardives sont venues se superposer. Dans la 1re galerie, ensemble de plusieurs bisons, puis 2 rennes qui se lèchent. Plus loin, des chevaux qui semblent prêts à s'accoupler. Au carrefour, une frise noire, totalement monochrome, qui représente un attroupement de bisons et cervidés. Grande frise de 4 bisons tout à fait remarquable, dont 3 sont bien identifiables.

La grotte des Combarelles : *entre Les Eyzies et Sarlat, env 2 km après Font-de-Gaume, sur la même route. ☎ 05-53-06-86-00. (sur résa). Visites adaptées pour les non-voyants (pour tte visite spécialisée : ☎ 05-53-06-45-66). Mêmes horaires et tarifs que Font-de-Gaume. Accès limité à 42 visiteurs/j., et vente de billets à Font-de-Gaume uniquement. Visite par groupe de 7 pers seulement (1h à 12 °C, n'oubliez pas la petite laine !).* Sanctuaire majeur du Paléolithique supérieur, découvert en 1901 par Capitan, Breuil et Peyrony. Avec plus de 600 gravures représentant la faune magdalénienne, Combarelles est un lieu majeur de la culture de cette période. La roche présente essentiellement des chevaux, mais les rennes sont également bien visibles, avec notamment le « Renne s'abreuvant ». Nombreuses figurations de bouquetins, bisons, et la fameuse lionne, remarquablement réalisée. Voir encore d'intéressantes représentations féminines très stylisées, réduites à leur plus simple expression. Elles sont datées entre 15 000 et 14 000 ans BP.

Les grottes du roc de Cazelle : *route de Sarlat. ☎ 05-53-59-46-09. • rocdecazelle.com • Tte l'année, tlj : juil-août, 10h-20h ; avr-juin et sept, 10h-19h ; de mi-nov aux vac d'hiver, 11h-17h (10h-17h pdt vac scol de Noël) ; vac d'hiver, mars et d'oct à mi-nov, 10h-18h. Dernière admission 1h avt fermeture. Entrée : 8,50 € ; 4,80 € pour les 5-13 ans. Animations gratuites l'été – ateliers préhistoriques : tir au propulseur, taille de silex, peinture, allumage du feu (ts les ap-m de mi-juil à fin août, 13h30-19h sauf sam). Compter 1h-1h30 de visite libre.* Site habité depuis 14 000 ans et sans interruption jusqu'en 1966, date à laquelle il était encore occupé par une famille de paysans qui y avait installé sa ferme et ses animaux. La visite des abris-sous-roche et des grottes du site est ponctuée par des personnages reconstituant des scènes de la vie courante aux différentes époques et l'évocation de la faune et de la flore. Le site a été peuplé dès la préhistoire, aménagé en château fort au Moyen Âge, puis transformé en habitation civile.

À voir un peu plus loin

La grotte de Rouffignac, la grotte aux Cent Mammouths : *à 5 km du village de Rouffignac-Saint-Cernin, bien fléché. ☎ 05-53-05-41-71. • grottederouffignac.fr • Ouv tlj début avr-fin oct. Juil-août : 9h-11h30, 14h-18h. En basse saison : 10h-11h30, 14h-17h. Entrées limitées (550 visiteurs/j., à raison de 30 pers/départ). Visite guidée de 1h effectuée en petit train. Entrée : 7,90 € ; 5,20 € pour les 6-12 ans. Attention, pas de résa possible. On vient, on achète son billet et on prend le 1er train disponible. Prévoir un peu d'attente en été (de mi-juil à mi-août, venir le plus tôt possible, avt 10h30).* Ici, pas de peintures polychromes comme à Lascaux, mais des gravures et des dessins par centaines... dont les plus vieux remontent à 13 000 ans. Pour les voir, on emprunte un petit train électrique qui permet de s'enfoncer loin dans le ventre de la Terre, ce qui présente l'avantage de préserver les dessins. C'est le train lui-même qui éclaire les parois à son passage, et l'effet est étonnant. Rhinocéros, chevaux, bisons, bouquetins... le bestiaire est impressionnant. En tout, environ 250 figures, mais le roi de la grotte reste sans conteste le mammouth avec 162 représentations au dernier inventaire, réalisé sous différentes formes : en frise, gravé, dessiné... Les guides, passionnés et intarissables, vous mèneront avec talent aux origines de l'histoire de l'art.

L'abri de Cap-Blanc : *à 7,5 km des Eyzies. ☎ 05-53-06-86-00 ou 05-53-59-60-30. • capblanc@monuments-nationaux.fr • Tlj sauf sam 10h-12h30, 14h-17h30 (15 mai-15 sept 10h-18h). Se présenter avt l'ouverture pour être sûr d'avoir des billets, ou réserver (ici, c'est possible). Fermé 1er janv, 1er mai, 1er et 11 nov, 25 déc. Entrée : 8 € ; réduc ; gratuit moins de 26 ans (de l'UE). Tarif préférentiel à 6,50 € si on visite la grotte des Combarelles et la grotte de Font-de-Gaume (billet spécifique seulement disponible à l'accueil de cette dernière). Visite guidée à heures fixes de l'abri.* Il s'agit d'un abri, autrefois ouvert à flanc de falaise, fermé par mesure de conservation. Superbe frise sculptée (13 m) de chevaux essentiellement, mais aussi de bisons et autres rennes, creusés dans la roche de manière remarquable. Les animaux sont très lisibles, tous grandeur nature ou quasiment. Ce sont des hauts- et bas-reliefs de 20 cm d'épaisseur, vieux de 15 000 ans. Au sol, un squelette humain de près de 14 000 ans.

– À quelques minutes de là, le ***château de Commarque*** vous permettra de prendre l'air en famille (voir plus loin « Sarlat et le Sarladais »).

Info touristique : *pl. de la Mairie, 24580* ***Rouffignac-Saint-Cernin.*** *☎ 05-53-05-39-03. Ouv mai-août, tlj sauf lun 9h30-12h30.*

LE BUGUE-SUR-VÉZÈRE

(24260) 2 758 hab. *Carte Périgord, C3*

Si vous avez des enfants, avant d'arriver à Sarlat, un détour par Le Bugue est conseillé. Il possède un bel aquarium, une grotte, un gouffre, un labyrinthe, sans oublier le village du Bournat, à mi-chemin entre l'écomusée et le parc d'attractions. Une bonne halte pour des vacances ludiques en famille, et pour les lecteurs de Martin Walker, l'auteur de polar le plus lu dans les pays anglo-saxons ! Après avoir passé de nombreux étés dans sa maison du Périgord, dans les hauteurs du Bugue, il a créé ici une série attachante qui a commencé à être publiée par *Le Masque,* mais qui reste à découvrir en v.o.

Adresse et info utiles

Office de tourisme : *22, pl. de l'Hôtel-de-Ville. ☎ 05-53-07-20-48. • contact@lascaux-dordogne.com • lascaux-dordogne.com • Juil-août, tlj 9h30-18h30 ; avr-juin et sept, lun-sam 9h30-12h30, 14h-18h (et dim mat) ; oct-janv, lun-ven 10h-12h30, 14h-17h (sauf l'ap-m les lun et jeu).*

– ***Marchés :*** *mar, grand marché traditionnel au Bugue, pl. de la Mairie, rue de Paris et pl. de la Farge. Petit marché sam mat, pl. de la Mairie. En juil-août, le mar soir, repas gourmand sur les berges. Animations. Également juil-août, sam soir à* ***Audrix,*** *marché nocturne.*

Où dormir ? Où manger au Bugue et dans les environs ?

De bon marché à chic

L'Auberge Médiévale : *24260* ***Audrix.*** *☎ 05-53-07-24-02. • auberge-medievale.audrix@wanadoo.fr • auberge-medievale.fr • ♿ (resto seulement). À 5 km au sud. Tlj sauf mer hors saison, sauf lun en été. Congés : fin oct-fin mars. Doubles 50-58 €. Menus 15-34 €. Café offert sur présentation de ce guide.* C'est l'auberge d'Audrix, un beau village perché avec de séduisantes maisons en pierre et une belle vue sur les vallées de la Dordogne et de la Vézère, à 2 pas du gouffre de Proumeyssac. On y vient pour le cadre, pour la belle tonnelle qui pousse à s'attabler immédiatement, pour la simplicité de l'accueil et les petites chambres à prix accessibles. À la table, une cuisine très soignée et savoureuse, comme les savoureuses ravioles de langoustines, ou le fondant filet de bœuf sauce Périgueux. Un bon rapport qualité-prix. Notez que le mardi matin, on cuit encore le pain dans le four du village et que le samedi soir, en été, il y a un petit marché de producteurs...

Chambres d'hôtes Maison d'Oléa : *La Combe-de-Leygue, Le Bugue. 06-80-98-60-00. • maison.olea.dordogne@gmail.com • olea-dordogne.com • Du Bugue vers Campagne (D 703) sur env 2,5 km, puis prendre une petite route sur la gauche (fléché) et faire 2,2 km. Congés : 15 déc-15 janv. Doubles 75-95 € ; familiales. Table d'hôtes 25 € (hors boissons).* Plantée sur une colline, une très grande demeure aux volets bleus. Grande terrasse au rez-de-chaussée et chambres à l'étage, certaines avec large balcon de bois, joliment décorées et spacieuses, aux atmosphères différentes mais toujours avec beaucoup de douceur. Superbe vue sur la vallée depuis les terrasses. En contrebas, une charmante piscine d'eau salée, chauffée.

Nid2rêve : *lieu-dit Le Play, 24260* ***Savignac-de-Miremont.*** *06-89-77-33-26. • bonjour@nid2reve.fr • nid2reve.fr • À 7,3 km au nord du Bugue, 3 km avt Savignac. Cabanes (2-5 pers) 220-290 € petit déj inclus.* Vincent et Audrey, ont quitté la région parisienne avec leurs enfants. Installés dans un ancien relais de poste du XVIIIe s, ils souhaitaient exploiter les 18 ha de forêt alentours ! Ces 3 cabanes insolites ont vu le jour : le *Ciel*, la *Forêt* et la *Terre* (avec la maison de Hobbit !). L'ensemble est très réussi, dans le moindre détail. Chaque cabane est équipée d'une kitchenette, d'une chambre double et de lits en mezzanine, ou joliment superposés (cabane de hobbit). Bain nordique pour chacune sur leur terrasse. Rien n'est laissé au hasard, plats cuisinés de qualité et vins sont à disposition des hôtes. Une belle aventure à vivre en pleine nature. Bel accueil de Vincent en prime.

Chai Monique : *3, rue de Paris, au Bugue. ☎ 05-53-07-29-84. • chai.monique24@gmail.com • Tlj sauf dim-lun, 10h30-20h. Planches et tapas 5-15,50 €, plat du jour env 9,50 €.* Un sympathique petit café-bar à vin qui permet de grignoter à toute heure de la journée (planches à partager, terrines, tartines, plat du jour... et délicieux gâteaux). La petite salle bien apprêtée et l'ambiance donnent envie de s'attarder. Des expos d'artistes locaux sont installées tout au long de l'année. Quelques tables en terrasse sur la rue piétonne.

La Maison de Campagne : *5, pl. de la Liberté, 24260* ***Campagne.*** *☎ 05-53-03-51-88. En face du château de Campagne. Avr-sept tlj sauf lun, service en continu ; le reste de l'année midi et soir sauf lun-mar. Petite restauration et brunch. Carte 15-20 €.* Adorable maison où l'on vous servira de belles salades, des assiettes végétariennes, périgourdines... le tout élaboré avec de bons produits régionaux. Les desserts ne sont pas en reste, on a adoré la mousse au chocolat maison ! Belle petite terrasse aux beaux jours et accueil charmant.

Où acheter de bons produits ?

La Maison Paysanne : *26, av de la Libération. ☎ 05-53-53-49-56. • lamaisonpaysanne-lebugue.fr • Tlj de juil à mi-sept, 9h-13h, 15h-19h30 (en continu mar, ven-sam), dim 10h-13h ; mi-sept-juin, mar-sam 9h30-12h30, 14h30-19h (18h30 l'hiver), dim 10h-12h (de mi-sept à fin oct et avr-juin).* Vente directe de produits locaux, fermiers et artisanaux. Le principe : les producteurs livrent leurs produits, fixent leur prix, restent propriétaires jusqu'à la vente et sont garants de la marchandise qu'ils proposent ! La vendeuse est le lien entre producteurs et consommateurs.

À voir

Le Bournat : *191, allée Paul-Jean-Souriau (bien fléché). ☎ 05-53-08-41-99. • parclebournat.fr • Ouv tlj avr-sept. Juil-août, 10h-19h (nocturne mer jusqu'à 23h30) ; avr-juin et sept (sauf lun en sept) 10h-18h. Entrée : 15 € ; réduc ; gratuit moins de 4 ans. Billet famille : 44 € (2 adultes + 2 enfants). Compter de 3h à*

½ journée de visite. Restauration sur place. Pique-nique possible sur le site même. Très intéressante reconstitution de la vie locale autour de 1900. Il y a toujours quelques artisans qui refont devant vous les gestes des métiers disparus. Exposition d'objets et de machines des métiers et traditions d'antan : lavoir, maréchal-ferrant, fileuse de verre, boulanger, moulin à vent, machines agricoles... Vous pourrez prendre place sur les bancs de l'école, plus vraie que nature. Superbes collections d'outils, de jouets anciens... Une immersion dans le passé qui ravira petits et grands... Manèges (une dizaine) et grande roue.

👁👁 ***La grotte de Bara-Bahau :*** *☎ 05-53-08-41-99. • bara-bahau.fr • Du Bugue, prendre la petite route juste au niveau de la caserne des pompiers (fléché), puis faire env 600 m. Juil-août, tlj 10h-19h. Le reste de l'année, tlj sauf lun 10h-12h, 14h-17h (17h30 sept ; seulement l'ap-m de mi-oct à début nov). Fermé nov-début vac d'hiver. Dernière visite 30 mn avt la fermeture. Entrée : 7,50 € ; réduc. Visite guidée seulement env 45 mn.* Grotte (classée Monument historique) creusée dans des sédiments marins par une ancienne rivière souterraine. Il s'agit d'une unique et large galerie de 100 m de long. On y perçoit bien les différentes strates que la mer a laissées en se retirant. Car il ne faut pas oublier que, il y a plus de 80 millions d'années, la région était totalement immergée. La plupart des gravures, très grandes, sont situées au fond de la grotte. Des œuvres vraiment intéressantes, assez fines, taillées dans une roche tendre et qui utilisent le relief, représentant un bel ours, un auroch, un bison, un bouquetin, un renne galopant, des chevaux... dont l'un possède des jambes particulièrement bien dessinées. Voir encore une main et des signes énigmatiques. Nombreuses griffades d'ours un peu partout.

Fêtes et manifestations

– ***Brikabrak :*** *w-e de la Pentecôte.* Théâtre, cirque, marionnettes et danse... un vrai festival !
– ***Fête de la Saint-Louis :*** *dernier w-e d'août.* Animations et retraite aux flambeaux. Bandas, feux d'artifice...

DANS LES ENVIRONS DU BUGUE-SUR-VÉZÈRE

👁👁👁 ***Le gouffre de Proumeyssac :*** *à* ***Audrix,*** *24260 Le Bugue. ☎ 05-53-07-27-47 (en été, possibilité de résa au ☎ 05-53-07-85-85 ou sur le site • gouffre-proumeyssac.com •). ♿ Du Bugue, prendre la D 51 direction Le Buisson, puis à gauche vers Audrix et faire env 2 km. Fermé en janv, sinon ouv tlj. Juil-août, 9h-19h ; avr-juin et 1er-15 sept, 9h30-18h ; mars et 16 sept-31 oct, 9h30-12h, 14h-17h30 ; nov, déc et fév, 14h-17h.* ***Résa fortement conseillée en juil-août.*** *Dernière entrée 15 mn avt la fermeture. Entrée : env 11,20 € ; réduc enfants et étudiants. Avec la descente en nacelle, compter 19,70 €/adulte et 13,90 €/enfant.* Grandiose voûte souterraine mise en valeur par de superbes jeux de sons et lumière, en technologie 3D. Fontaines pétrifiantes et concrétions triangulaires uniques au monde ! Visite guidée et commentée d'une quarantaine de minutes. Ceux qui le désirent peuvent, comme au début du XXe s, descendre dans le gouffre par une nacelle, par groupes de 11. Sensationnel car la grotte s'illumine au fur et à mesure de la descente ! Par ailleurs, les environs sont très bien aménagés : un parc ludo-pédagogique, un espace muséographique, un parcours forestier, des jeux pour enfants, un joli parc, un espace pique-nique. Un sentier mène au bâtiment d'époque qui abrite le matériel ayant servi aux 1res descentes, reconstitué à l'identique. Des animations sont organisées régulièrement tout au long de l'été.

👁👁 ***La grotte du Sorcier :*** *dans les environs du Bugue, à* ***Saint-Cirq.*** *☎ 05-53-07-14-37. • grottedusorcier.com • Du Bugue, prendre la D 703 vers*

Campagne sur env 2,5 km, puis la C 3 à gauche vers Saint-Cirq/La grotte du Sorcier. Suivre le fléchage sur env 3,5 km. Ouv tlj avr-sept. Juil-août, ouv 10h-19h30. Ferme à 18h30 en mai-juin et 18h en avr et sept. Visite guidée seulement, dernier départ 45 mn avt fermeture. Entrée : 7 € ; réduc ; 3,50 € pour les 5-13 ans.
Dans une mignonne falaise au pied de laquelle s'accrochent quelques maisonnettes aux toits de lauzes. Il s'agit d'une grotte gravée, inscrite au Patrimoine mondial de l'humanité. Ses gravures témoignent du passage des hommes au Paléolithique, il y a 19 000 ans.
Dans le petit musée (visite libre), nombreux ossements d'animaux, pierres taillées de la période acheuléenne, bifaces moustériens, faune du Quaternaire avec quelques crânes d'animaux. La grotte (visite guidée) se résume à un boyau de 13 m dans lequel 28 gravures ont été découvertes, datant de 2 périodes distinctes : le Solutréen (19 000 ans BP) et le Magdalénien (17 000 ans BP). On pourra admirer des chevaux, des bouquetins et des bisons... 2 gravures dont vous vous souviendrez longtemps : un cheval stylisé faisant face à un visage humain, l'une des rares œuvres où l'humain est mis en relation avec l'animal de manière aussi évidente. Et une étonnante figure de sorcier, au visage élaboré, au sexe dressé, dont la position permet moult hypothèses. Il s'agit de la représentation humaine de cette époque, la plus complète, la plus élaborée et la plus expressive qui soit visible en France.

***Le Château de Campagne :** le bourg, 24260 **Campagne**. ☎ 05-53-06-82-70. • campagne-en-perigord.fr • À 2 km du Bugue en direction de Saint-Cyprien. Ouv tlj. GRATUIT.* Resté longtemps presqu'à l'abandon, ce beau château avec sa façade néogothique ne se visite pas mais accueille aujourd'hui quelques expos. Et surtout, le parc à l'anglaise avec ses « jardins remarquables », sont ouverts à la visite. Outre les séquoias et cèdres centenaires, on y trouve un verger conservatoire, un potager pédagogique, un labyrinthe de vigne (amusant pour les petits et les grands). Les jardiniers ne sont pas avares de tout raconter sur les fruits et légumes. Plus loin justement, la maison du jardinier. L'escalier des Dames (139 marches et 22 m de dénivelée) mène à une petite grotte. Les communs à eux seuls expriment la grandeur du domaine au XIXe s. Une belle balade.
– Du ***Bugue,*** on est proche de ***Limeuil, Trémolat, Le Buisson-de-Cadouin*** et ***Cadouin*** (voir plus loin « Le Périgord pourpre ») !

À faire

➢ ***La forêt de Campagne :** à la sortie de **Campagne** (à 2 km du Bugue), direction Saint-Cyprien.* Plusieurs sentiers balisés dans la forêt. Par ailleurs, toujours en forêt, des sorties VTT et escalade, ainsi que des randonnées contées sont organisées régulièrement en juillet-août par le service des sports du conseil départemental de la Dordogne. *Infos et inscriptions : ☎ 05-53-07-20-48.*

SARLAT ET LE SARLADAIS

DES EYZIES À SARLAT PAR LES CHEMINS DE TRAVERSE

Une jolie façon de remonter le temps jusqu'à la capitale gourmande du Périgord noir, restée dans son jus médiéval, au point d'avoir inspiré les équipes Disney travaillant pour le film *La Belle et la Bête,* sorti en 2017.

Les auteurs de polars se régalent quant à eux en situant leurs récits entre le château de Commarque, qui n'a jamais livré tous ses mystères, et la cité de Fénelon et de La Boétie.
Au bout de routes tranquilles, autant de délicieux villages à l'architecture intéressante, de jolies églises et de remarquables auberges. Entre autres, *Marquay* (prononcer « marcaille » !), sur sa colline, présente une *belle église fortifiée* du XIIe s. Idéal pour résider, environnement calme et bucolique, très proche de Sarlat, des Eyzies et des sites du long de la Dordogne. Si vous avez manqué la visite de l'abri de Cap-Blanc, en quittant les Eyzies, vous avez droit à une séance de rattrapage.

Où dormir ? Où manger dans ce secteur ?

Hôtel-restaurant Laborderie : *24620* ***Tamniès.*** *☎ 05-53-29-68-59. • info@hotel-laborderie.com • hotel-laborderie.com • Ouv début avr-début nov. Resto fermé le midi lun-mer. Doubles 70-140 € ; familiales. Formules et menus 23-55 €. 1h pour 1 pers offerte à l'espace détente sur résa et sur présentation de ce guide.* Un bel établissement, dont les agréables chambres se répartissent entre une maison pleine d'allure sur une place paisible et des bâtiments édifiés au milieu d'un parc ouvert sur la campagne. Nos préférées, de plain-pied, donnent sur la piscine. Au resto, les grands classiques périgourdins, mais pas que... Vaste salle à manger de pierre blonde, classique, avec nappes et serviettes blanches sur les tables. Terrasse. Accueil pro et sympathique.

Chambres d'hôtes Domaine de Pech Mortier : *Le Pech-Mortier, 24200* ***Marcillac-Saint-Quentin.*** *06-89-67-05-33. • domaine.pechmortier@gmail.com • domaine-pechmortier.com • À 7 km de Sarlat. D 704 direction Montignac, puis à gauche vers Marcillac. Double 65 € et familiale 85 € pour 4.* Dans une vieille ferme du pays, bien retapée, la famille Lasserre a aménagé quelques chambres spacieuses et simples dans un environnement bucolique au sommet d'une colline. C'est désormais la petite-fille qui gère l'accueil.

Chambres d'hôtes Aux Bories de Marquay : *la Bouyerie, 24620* ***Marquay.*** *☎ 05-53-28-19-08. 06-11-70-92-81. • contact@auxboriesmarquay.fr • auxboriesmarquay.fr • À 8 km au nord-ouest de Sarlat. Ouv avr-Toussaint, plus quelques w-e pour les fêtes de fin d'année. Doubles 90-150 € ; familiales. Table d'hôtes sur demande à mi-saison, assiettes gourmandes l'été 17-27 €.* 5 chambres d'hôtes dans un ancien corps de ferme périgourdin totalement restauré. Chaque chambre a son entrée indépendante, parfois un coin salon et toutes de belles salles de bains. L'ensemble au grand calme, au milieu d'une belle nature. Piscine et jacuzzi pour tous. Également un gîte pour 4 personnes.

Chambres d'hôtes La Maison de Marquay : *dans le bourg de* ***Marquay.*** *☎ 05-53-59-53-59. • contact@maisondemarquay.fr • maisondemarquay.fr • Fermé de mi-nov à mars. Doubles 94-130 €. Table d'hôtes (hors boisson) 35 €.* Au cœur du village, cette discrète maison cache bien son jeu. Derrière le mur, rien de moins qu'un jardin, une piscine, un resto et 4 magnifiques chambres d'hôtes ! La table est ouverte à tous sur réservation. Le patron a du talent et revisite chaque soir le terroir périgourdin en proposant des recettes rares, voire inédites : pot-au-feu de canard pressé en terrine, suprême de poulet farci aux noix et escargots... Les jours de relâche, pas de panique, il propose si besoin des « dînettes » moins formelles. Une adresse de charme, un nid douillet que l'on quitte à regret.

À voir

Le château de Commarque : *suivre la D 47. Fléché. ☎ 05-53-59-00-25. • commarque.com • Le parking est à 600 m du château, section que l'on parcourt à pied par un chemin forestier. Ouv tlj avr-début nov : juil-août, 10h30-19h30 ;*

avr-juin et 1er-19 sept, 11h-19h ; de mi-sept à mi-oct, 13h-18h (11h pdt vac de la Toussaint). Entrée : 8,80 € ; réduc ; gratuit moins de 6 ans. Visites libres avec un fascicule ou audioguide (via smartphone ou tablette), visites guidées passionnantes (à heures fixes pendant les vac scol et w-e fériés). Ateliers pdt vac scol et longs w-e, (tir à l'arc, sculpture sur pierre, tracé pariétal, calligraphie, géométrie médiévale, totem animal, atelier blason).

Niché dans un site naturel classé très sauvage, Commarque reste le modèle même du château romantique. Certes, on est loin, 30 ans après, du site en friche qui faisait autrefois rêver les ados, fantasmer les locaux et lui vaut aujourd'hui de se retrouver dans nombre de romans et séries télé. Véritable témoin de l'homme et de son habitat depuis la préhistoire jusqu'au Moyen Âge, Commarque, c'est aussi et surtout l'une des grandes histoires de sauvetage d'un Monument historique privé incarnée par la volonté et l'acharnement d'un homme, Hubert de Commarque, de son épouse Christine et de leurs enfants, Aude et Jean. Commarque est un site historique vivant et passionnant, ouvert en plein cœur du Périgord noir, qui met en avant la recherche et la transmission à travers des visites guidées, ateliers thématiques, jeux-découverte et jeux d'antan, fabriqués par un artisan spécialisé.

Commarque se compose de plusieurs entités, mêlées les unes aux autres : habitats troglodytiques, double donjon des XIIe et XIVe s entouré de son enceinte et d'un village fortifié, où subsistent plusieurs maisons nobles *(castrum)*, en partie en ruine. Le château fut habité en même temps par plusieurs seigneurs dont la grande activité était de se battre... à coups de procès (ça faisait moins mal). Au gré de la balade, on admirera entre autres de belles frises de mâchicoulis, des restes de pont-levis, des salles effondrées aux cheminées accrochées dans le vide, des escaliers à vis... Dans le donjon, la chambre romane s'ouvre sur la vallée par une baie à colonnettes. La visite s'étoffe par ailleurs d'une promenade ravissante au pied du château, dans la vallée, jalonnée de panneaux sur la faune et la flore. Les personnes à mobilité réduite sont les seules à pouvoir accéder en voiture jusqu'au site.

Les cabanes du Breuil : *au lieu-dit Le Breuil, 24200* ***Saint-André-d'Allas.*** *06-80-72-38-59. • cabanes-du-breuil.com • Suivre la D 47 en direction du « Château de Puymartin », puis fléchage « Cabanes du Breuil ». Avr-oct : tlj 10h-19h (oct 10h-12h, 14h-18h) ; 1er-11 nov 14h-17h. De mi-nov à mars : sur résa. Visite libre, ou guidée sur résa seulement (très intéressante). Entrée : env 5,50 € ; réduc ; gratuit pour les moins de 6 ans.* Si l'on trouve parfois quelques cabanes de bergers en pierre sèche (bories) disséminées dans la campagne, il est extrêmement rare de découvrir des groupes aussi compacts et homogènes, épousant le terrain, se fondant dans le paysage. Au point que cet ensemble, qui existe depuis 1449, fut classé aux Monuments historiques. En tout une dizaine de cabanes reliées les unes aux autres, aux toits de lauzes circulaires, réalisés sans charpente. Leur origine reste mystérieuse. Probablement un héritage des habitations de la préhistoire, des tholos de la Méditerranée et des traditions de bergers. Une expo permet par ailleurs d'évoquer plus largement les constructions en pierre sèche dans le monde, notamment en Italie.

Le château de Puymartin : *sur la D 47, à mi-chemin des Eyzies et de Sarlat.* *☎ 05-53-59-29-97. • chateau-puymartin.com • Ouv Pâques-Toussaint : juil-août, tlj 10h-18h30 ; avr-juin et sept, tlj 14h-18h (et sur résa le matin) ; oct-11 nov, tlj 14h-17h30. Visite guidée ou libre. Entrée : 9 € ; réduc ; 4,50 € pour les 6-12 ans.* Cela fait 5 siècles que la même famille vit au château ! Un record. On visite tout d'abord la chapelle (avec ses statues en pierre polychrome des XVe et XVIe s) ; la chambre d'honneur (avec ses tapisseries de scènes de chasse et des verdures) ; la grande salle, remarquable par ses tapisseries des Flandres ; la chambre du seigneur ; la fameuse chambre de la dame Blanche (censée être hantée). Au 2e étage, reconstitution d'appartements et une représentation du cabinet mythologique du XVIIe s habillé de 8 panneaux (l'original ne se visite plus). On poursuit par la charpente du château pour terminer par la salle basse. Dans le cadre de la visite guidée, le circuit comprend également les appartements de la marquise dans la partie ouest du château.

Où acheter du bon foie gras ?

Ferme de la Grézelie : *La Grézelie, 24260* ***Marquay.*** *☎ 05-53-29-67-31. • fermedelagrezelie@wanadoo.fr • fermedelagrezelie.com • lasserrekleber.com • De Marquay, prendre la direction Sarlat sur env 3 km, puis c'est fléché.* Ici, on travaille le canard, du poussin à la mise en bocal ! Possibilité de voir les différentes étapes du travail en fonction des jours et de la saison.

Ferme du Vignal : *Le Vignal, sur la commune de* ***Marquay,*** *à 500 m du village en direction de Sarlat. ☎ 05-53-29-66-98. • ferme-du-vignal.com • Fermé pdt les fêtes de fin d'année. Visite gratuite lun-sam 10h-18h. Fermé dim.* Une bonne variété de produits, toujours dans la qualité, que ce soit oie ou canard. Ils organisent de supers goûters de mi-juin à mi-septembre.

Où se baigner ?

– ***L'étang de Tamniès :*** une plage de sable sympathique, surveillée par un maître-nageur en été. Aire de jeux, étang de pêche. *Fin juin-août, entrée payante : 2 € ; gratuit moins de 6 ans.*

SARLAT

(24200) 9 815 hab. *Carte Périgord, D3*

• Plan d'ensemble *p. 169* • Plan cité médiévale *p. 171*

Une ville de France pas tout à fait comme les autres, profitant d'une incroyable notoriété internationale : « joyau médiéval superbe », « plongée architecturale fantastique dans l'histoire », « ville de charme et de caractère parmi les plus séduisantes de France » sont les expressions d'usage. Pour couronner le tout, Sarlat-la-Canéda (son nom entier) a obtenu le fameux label Ville d'art et d'histoire, et il faut admettre que peu de villes françaises méritent autant le titre. En quittant les artères principales, on découvre de petites merveilles de ruelles, de passages, de venelles, qui font tout le charme de cette cité.
Évidemment, l'été, sa notoriété transforme certaines rues en un énorme embouteillage humain, et l'accueil ainsi que l'assiette en souffrent parfois. Venir pendant les heures creuses ou hors saison, pour profiter au mieux de ce décor de cinéma qui a même inspiré les studios Disney. Ce petit bout de ville mérite vraiment qu'on s'y attarde : dès potron-minet les jours de marché ; pour ses terrasses au cœur de la journée ; pour sa beauté au soleil déclinant... Car, le soir tombé, à la lueur des réverbères, lorsque les talons résonnent sur le pavé usé et qu'on se sent projeté dans le grand livre de l'Histoire, c'est encore une autre Sarlat qui s'offre à nous, presque mystique.
– *Un conseil :* si vous le pouvez, venez plutôt avant la saison ou à partir de septembre.

UN PEU D'HISTOIRE

Comme beaucoup de villes, Sarlat naquit autour d'une abbaye créée au début du IXᵉ s, probablement par des moines fuyant les bords de la Dordogne, trop exposée aux raids des Vikings. Au XIIᵉ s, c'est devenu une communauté importante, directement placée sous l'autorité du pape. De ce passé prestigieux, la ville conserve le clocher de sa cathédrale et l'étrange lanterne des morts. On ne connaît pas exactement les circonstances de la construction de cette

dernière, mais elle aurait été bâtie peu après le passage de saint Bernard, qui vint en 1147 prêcher contre les cathares solidement implantés dans la cité.
Mais c'est la guerre de Cent Ans et le formidable dynamisme des bourgeois de la ville qui vont donner à Sarlat son fabuleux patrimoine architectural. En 1223, pour échapper au pouvoir omnipotent de l'abbé, la ville se constitue en commune indépendante avec un « conseil municipal » élu : les consuls. Tout au long du conflit qui va opposer la France et l'Angleterre, Sarlat reste une ville frontière, avec une importance militaire capitale. Elle ne sera jamais prise par les Anglais. Durant cette période, Sarlat fit le bon choix et s'en trouva récompensée par le roi Charles VII, qui lui attribua moult droits, franchises et privilèges. Bourgeois et marchands de la ville, évêques et magistrats la couvrirent de nobles demeures.
Fille de la guerre et du commerce, la ville, dévastée, va être presque entièrement rebâtie durant l'âge d'or (entre 1453 et le début des guerres de Religion). Les familles bourgeoises, anoblies par la guerre ou le commerce, rivalisent d'audace pour ériger de luxueux hôtels particuliers et de belles tours de noblesse. Sarlat devient une ville phare de la Renaissance, avec une vie culturelle intense. Étienne de La Boétie, né en 1530 dans la splendide demeure familiale, écrit à 18 ans un texte fameux : *Le Contr'un ou Discours de la servitude volontaire,* ancêtre de toutes les Constitutions démocratiques. Avec les guerres de Religion, Sarlat, à nouveau, se retrouve ville frontière face à Bergerac, capitale des protestants. Elle connaît plusieurs sièges, pas tous victorieux.

Des habits de Grand Siècle

Sur la lancée de son passé prestigieux, Sarlat va continuer à s'embellir durant le Grand Siècle. Sa cathédrale est enfin achevée sous l'impulsion de son évêque Fénelon. Mais les heures de gloire sont révolues. L'avenir de la France se joue désormais à Paris, et Sarlat devient une cité décadente, dont les meilleurs sujets gagnent la Cour. À la Révolution, la ville perd son évêché, puis une grande part de son importance économique, pour finalement sombrer dans une profonde léthargie. À l'écart des grands courants industriels, le chemin de fer n'y arrivant qu'à la fin du XIXe s, la ville ne connut aucune évolution et cela fut sa chance (et la nôtre !). Seule exception : la trouée de la rue de la République, réalisée en 1837, appelée la traverse, et qui rompt son harmonie, en séparant la cité en 2.

L'ÉVOLUTION PROFESSIONNELLE

Juste après la Révolution, Sarlat perd son rang d'évêché, mais le dernier évêque de la ville refuse de partir à Périgueux. Qu'à cela ne tienne, pour rester en ville, il décide de se présenter aux élections municipales... et il se fait élire 1er maire de la ville ! Directement de la soutane à l'écharpe tricolore.

Sauvegarde (et sauvetage) exemplaire

Si Sarlat arbore aujourd'hui ses plus beaux atours, plus belle encore qu'à la Renaissance, faisant resplendir sa blonde pierre, débarrassée des odeurs putrides des siècles passés, c'est grâce à André Malraux, qui fera voter en 1962 une toute nouvelle loi sur la « Sauvegarde du patrimoine ». Ainsi Sarlat est-elle choisie pour devenir la 1re « ville-pilote » ou « ville-laboratoire » à sauvegarder de France.

LE BLASPHÈME EST AU COIN DE LA RUE

Au Moyen Âge, les passants avaient la fâcheuse habitude d'uriner sur les murs. Certains propriétaires peignaient des croix au bas de leur maison. Les blasphémateurs étaient alors passibles du pilori. Vive les sanisettes Decaux !

11 ha sont rénovés, restaurés, nettoyés, réhabilités et classés ! Toutes les toitures sont refaites en lauzes, les façades sont sablées pour retrouver la blondeur de la pierre, on cache les fils électriques, on retire les volets extérieurs pour replacer des volets intérieurs, comme à l'époque. Enfin le vilain bitume est retiré, remplacé par des pavés... Grâce au financement de l'État, ce colossal travail permit de sauver plus de 250 édifices, monuments et sites. Et c'est une réussite totale. Avec l'explosion du tourisme, ce nouveau joyau devient vite l'emblème du Périgord. De nombreuses autres villes françaises profiteront ensuite de la loi Malraux, toujours en vigueur.

Arriver - Quitter

En train

Gare SNCF *(plan d'ensemble A-B5) : av. de la Gare, route de Souillac. ☎ 36-35.* La gare se situe à environ 1,5 km du centre-ville.

➢ **Pour Bordeaux :** quelques trains directs/j.

➢ **Pour Périgueux** *(via Le Buisson)* **:** 3 trains/j.

➢ **Pour Paris** *(via Souillac)* **:** 5-6 trains/j. (direct ou via Brive). Correspondance par car assurée depuis Sarlat jusqu'à Souillac (26 km de trajet). On peut aussi faire Sarlat-Libourne ou Sarlat-Bordeaux en TER et ensuite gagner Paris en TGV.

En car

➢ **Pour Périgueux :** *agence CFTA (☎ 05-53-08-43-13).* 1-2 liaisons/j. selon période (sauf le w-e). Durée : env 1h45.

Adresses et infos utiles

Office de tourisme *(plan cité médiévale A3) : rue Tourny, dans l'ancien évêché. ☎ 05-53-31-45-45. • info@sarlat-tourisme.com • sarlat-tourisme.com • Juil-août, tlj 9h (9h30 mar)-19h (dim 10h-13h, 14h-18h) ; avr-juin et sept, lun-sam 9h (9h30 mar)-18h, dim 10h-13h, 14h-17h ; oct, lun-sam 9h30-12h30 (13h du 16 au 31), 14h-17h30 (18h du 16 au 31), dim 10h-13h (pendant vac de la Toussaint) ; nov-mars, lun-sam 10h-12h, 14h-17h (fermé dim, sauf vac de la Toussaint 10h-13h).* Très compétent, efficace, sympa, et beaucoup de bon matériel touristique sur la région. Visites-conférences de la ville d'avril à octobre (se reporter à la rubrique « À voir »). Service de réservations, de location à la semaine *(ligne directe : ☎ 05-53-31-45-40).* Sur le site, on peut télécharger le plan de la ville, le guide touristique local et les brochures d'hébergement. Également vente de guides de randos sur le Périgord noir.

Taxis : *☎ 05-53-59-02-43.* **Taxi Faugère :** *☎ 05-53-31-62-43.*

■ **Location de vélos et scooters :** **Cycles Sarladais** *(plan d'ensemble A5, 2) : 18, av. A.-Briand. ☎ 05-53-28-51-87. Tlj sauf dim-lun 9h-12h, 14h-19h.* Également **Liberty Cycles** *(hors plan d'ensemble par A5) : 1, av. du Périgord, route de Souillac. ☎ 05-53-31-87-51. 📱 07-81-24-78-79. Tlj 9h-19h juil-août ; 10h-18h avr-oct. Vélo classiques et à assistance électrique 15-35 € (1/2 j. ou 1 j.).* Circuits sur la voie verte.

■ **Locations de voitures** *(plan d'ensemble B5) : à 50 m de la gare.* **Europcar :** *rond-point du Pontet. ☎ 05-53-30-30-40.*

– **Se garer :** nombreux parkings payants installés tout autour du centre, à moins de 200 m de la cité médiévale. La mairie offre 1h gratuite et 1h entre 12h et 13h, mais il faut mettre un disque. D'autres, plus éloignés, sont pris d'assaut par les locaux, vous risquez de faire plusieurs tours avant de trouver une place gratuite, à l'entrée de la ville.

✈ **Aérodrome de Sarlat-Domme :** *accès par Domme, puis 5 km au sud (indiqué).* Voir plus loin le chapitre concernant Domme. La compagnie *Air Châteaux (• airchateaux.com •)* propose des vols en hélico et ULM. Un must !

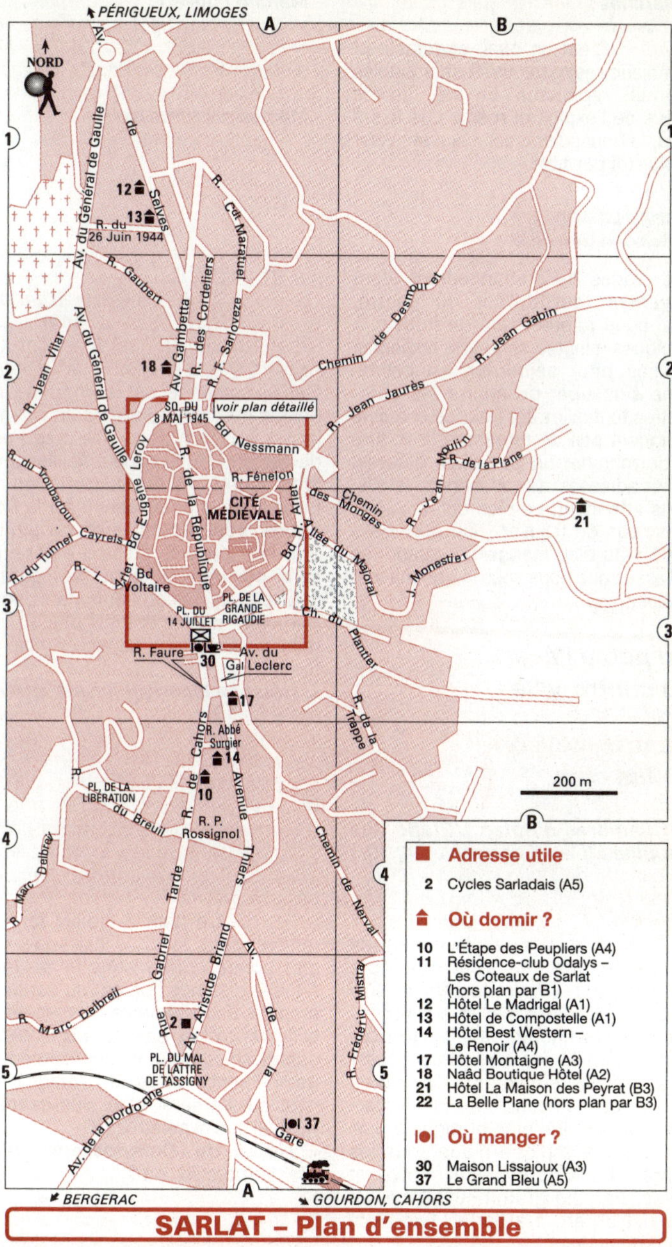

■ Adresse utile

2 Cycles Sarladais (A5)

Où dormir ?

10 L'Étape des Peupliers (A4)
11 Résidence-club Odalys – Les Coteaux de Sarlat (hors plan par B1)
12 Hôtel Le Madrigal (A1)
13 Hôtel de Compostelle (A1)
14 Hôtel Best Western – Le Renoir (A4)
17 Hôtel Montaigne (A3)
18 Naâd Boutique Hôtel (A2)
21 Hôtel La Maison des Peyrat (B3)
22 La Belle Plane (hors plan par B3)

Où manger ?

30 Maison Lissajoux (A3)
37 Le Grand Bleu (A5)

SARLAT – Plan d'ensemble

– **Marchés :** *mer mat, sam tte la journée, pl. de la Liberté et dans les rues alentour.* C'est un beau spectacle et l'ambiance est garantie. Remarquables produits régionaux. En été, l'accès relève de l'exploit et même une fois à pied, la bousculade est assurée ! Venir le plus tôt possible.

– **Marché couvert :** *ts les mat en saison 8h30-13h, plus le ven jusqu'à 18h en été. Hors saison, 8h30-13h, sauf lun, jeu et dim. Situé dans l'ancienne église Sainte-Marie.*

– **Marché nocturne bio :** *pl. du 14-Juillet, le jeu tte l'année 17h-22h30.*

Où dormir ?

Les places de stationnement étant payantes tout autour du centre, beaucoup apprécieront de trouver, à quelques minutes de la ville ancienne, un lieu pour séjourner, au calme, sans s'occuper de nourrir les parcmètres toutes les 2h. Pour ceux qui ne craignent pas de reprendre la voiture ni de marcher un peu plus, d'autres belles adresses, au vert, hors de la ville, vous attendent. Le plus dur, à Sarlat, n'est pas de trouver « Où dormir ? » mais « Où bien manger ? » quand les adresses que nous vous indiquons font le plein.

Un peu à l'écart du centre-ville

De prix moyens à plus chic

☗ ***Chambres d'hôtes L'Étape des Peupliers*** *(plan d'ensemble A4,* ***10****) : 25 ter, rue de Cahors. ☎ 05-53-59-03-53. Congés : de mi-nov à fin fév. Double 63 €, triple 89 € (3 nuits min en principe).* À quelques minutes du centre, un lieu aussi agréable qu'inattendu. On est forcément surpris de trouver, dans un environnement plutôt anodin, une petite maison de famille où l'on vous accueille aussi chaleureusement. Chambres sobres et impeccables. Piscine, jardin, coin cuisine bien pratique à partager, espace pique-nique sous les arbres. Local fermé pour motos et vélos. Parking gratuit sur place, ce qui est un atout à Sarlat. Excellent petit déjeuner.

☗ ***Résidence-club Odalys – Les Coteaux de Sarlat*** *(hors plan d'ensemble par B1,* ***11****) : lieu-dit La Vigne-du-Foussat, 24200* ***Sarlat-la-Canéda.*** *☎ 05-53-59-02-32. • sarlat@odalys-vacances.com • Fermé Toussaint-fév. Apparts 4 pers env 280-1 200 €/sem.* Cette résidence est composée de petites maisons de village en rez-de-jardin, à 1,2 km de la ville médiévale de Sarlat. Déco un peu vieillissante. Mais entre visites historiques et balade à vélo ou en canoë sur la Dordogne, vous apprécierez de piquer une tête dans la piscine extérieure semi-couverte et chauffée, pataugeoire et animations enfants et ados gratuites. Également sur place : terrains multisports et espace remise en forme.

☗ ***Hôtel Le Madrigal*** *(plan d'ensemble A1,* ***12****) : 50, av. de Selves. ☎ 05-53-59-21-98. • info@hotel-madrigal-sarlat.com • hotel-madrigal-sarlat.com • À 450 m du centre ancien. Même propriétaire que le Compostelle. Congés : de mi-nov à début mars. Doubles 75-105 € ; familiales. Parking intérieur 8 €. 1 nuit de parking offerte sur présentation de ce guide.* Ce petit 2-étoiles familial rénové dans le style sarladais est une bonne option dans le secteur. À faible distance (à pied) du centre, il propose des chambres classiques de taille honorable, bien tenues et plutôt confortables pour le prix. Demander de préférence celles du 1er étage donnant sur l'arrière, bien plus calmes. Accueil très sympathique.

☗ ***Hôtel de Compostelle*** *(plan d'ensemble A1,* ***13****) : 64, av. de Selves. ☎ 05-53-59-08-53. • info@hotel-compostelle-sarlat.com • hotel-compostelle-sarlat.com • À 400 m du centre ancien. Fermé de mi-nov à fin mars. Doubles 89-143 € ; familiales.*

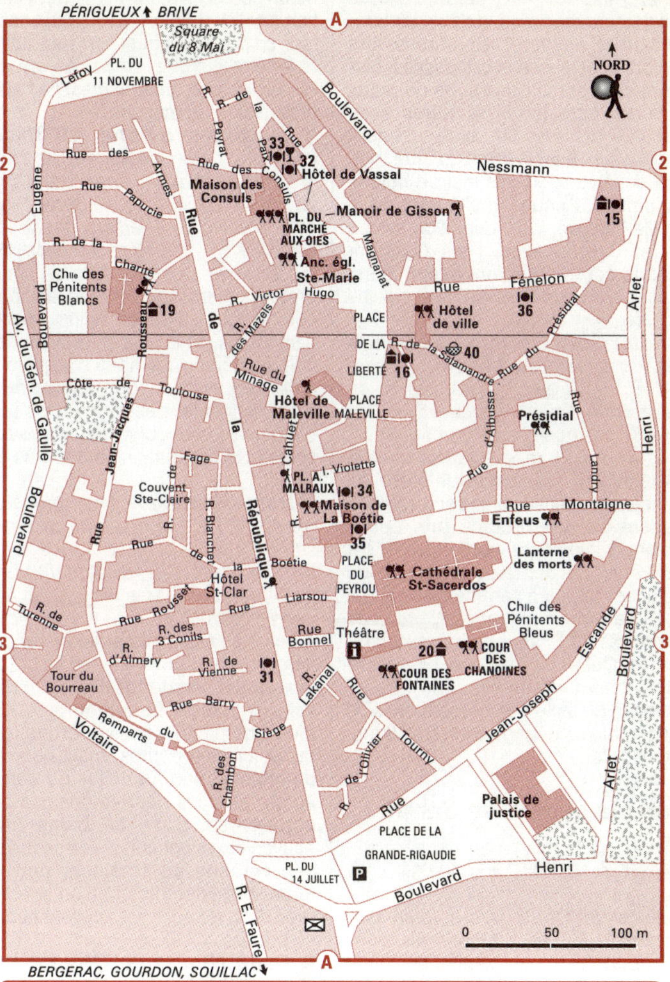

SARLAT – Cité médiévale

■ **Adresse utile**

- Office de tourisme (A3)

Où dormir ?

- **15** Hôtel la Couleuvrine (A2)
- **16** Chambres d'hôtes Le Glacier (A3)
- **19** La Villa des Consuls (A2)
- **20** Le Porche de Sarlat (A3)

Où manger ?

- **15** La Couleuvrine (A2)
- **16** Costa (A2)
- **31** Food and Co (A3)
- **32** Auberge Le Mirandol (A2)
- **33** Le Bouchon (A2)
- **34** Chez le Gaulois (A3)
- **35** Le Bistrot (A3)
- **36** L'Adresse (A2)

Où acheter de bons produits à Sarlat et dans les environs ?

- **40** Chez Pierrô (A3)

Parking intérieur 8 €. Hôtel 3 étoiles entièrement rénové, à la déco contemporaine et élégante. Chambres tout confort, spacieuses et climatisées, certaines donnant sur une sorte de petite terrasse, côté jardin, d'autres avec balcon, côté rue. On aime vraiment bien les nos 19 à 32, jolies comme tout, les dernières avec pas mal de bois et de lumière. Accueil chaleureux de la famille Mouyen. Coin bar-salon sympa au rez-de-chaussée. Petit déjeuner dans la cour fleurie aux beaux jours. Espace bien-être avec sauna et piscine chauffée.

Hôtel Best Western – Le Renoir *(plan d'ensemble A4, **14**) : 2, rue de l'Abbé-Surgier, à 5 mn à pied du cœur de la vieille ville. ☎ 05-53-59-35-98. • info@hotel-renoir-sarlat.com • hotel-renoir-sarlat.com • Doubles 85-150 €.* Hôtel 3 étoiles d'excellente tenue, à la déco raffinée et géré par une équipe pro. Légèrement à l'écart du centre-ville, c'est une vénérable demeure composée de 2 édifices séparés par une piscine, qui donne envie de piquer une tête ! Les chambres du 1er sont bien cosy et élégantes. Celles de l'annexe, plus abordables, sont néanmoins très confortables et de taille très respectable. De l'ensemble se dégage un vrai charme. Calme total.

Dans le centre de Sarlat

De prix moyens à chic

Hôtel la Couleuvrine *(plan cité médiévale A2, **15**) : 1, pl. de la Bouquerie. ☎ 05-53-59-27-80. • contact@la-couleuvrine.com • la-couleuvrine.com • Doubles env 60-115 €. Parking.* Hôtel installé dans la dernière tour d'angle défensive qui armait les enceintes de la ville au XIIIe s. Le chemin de ronde conserve une étrange Vierge noire préromane décapitée par les huguenots pendant les guerres de Religion. Escaliers tarabiscotés, petits couloirs qui mènent à des chambres soignées et toutes différentes. Certaines d'entre elles sont petites (vieille bâtisse oblige), d'autres sont aménagées dans la tour, entre les mâchicoulis. Très romantique. Attention à celles donnant sur un petit carrefour un peu bruyant si l'on veut dormir la fenêtre ouverte. Certaines ont une terrasse privée, charmantes. Fait aussi resto (voir « Où manger ? »).

Chambres d'hôtes Le Glacier *(plan cité médiévale A3, **16**) : 9, pl. de la Liberté, en plein cœur de la ville. ☎ 05-53-29-99-99. • contact.leglacier@gmail.com • leglacier-sarlat.fr • Double 90 € ; familiales.* Au-dessus de la *Brasserie Costa,* quelques chambres vraiment spacieuses, équipées d'immenses salles de bains, et donnant toutes sur la plus belle place de la ville. La déco est simple, sans chichis, et le parquet, d'époque. Évidemment, c'est parfois un peu bruyant les soirs d'été, mais le double vitrage joue bien son rôle et l'animation ne dépasse pas minuit.

Hôtel Montaigne *(plan d'ensemble A3, **17**) : 2, pl. Pasteur, à l'entrée sud de la vieille ville. ☎ 05-53-31-93-88. • contact@hotelmontaigne.fr • hotelmontaigne.fr • ♿ Fermé nov-mars. Doubles 70-110 € ; familiales.* À peine à l'écart du centre historique, ses nouveaux propriétaires lui ont fait plus qu'un brin de toilette... une nouvelle jeunesse. Les chambres, très bien équipées, sont superbes, certaines un peu petites, mais bourrées de charme, surtout celles du dernier étage, avec les poutres des combles apparentes. Salle de bains toute neuves et impeccables. Terrasse sous une véranda au 1er étage, pour un moment de détente et salon agréable près de la réception. Excellent accueil en prime.

Naâd Boutique Hôtel *(plan d'ensemble A2, **18**) : 48, av. Gambetta. ☎ 05-53-59-40-00. • hello@naad-hotel.com • naad-hotel.com • ♿ Fermé déc-fév. Doubles env 90-120 €.* Aux portes du centre historique, l'ancien hôtel des Remparts a changé de propriétaire et fait peau neuve. Même si l'on a conservé le bel escalier en bois et quelques poutres sous les toits, la tendance dans les chambres est résolument très moderne et le confort de belle qualité (certaines avec baignoire). On aime bien l'ascenseur et les issues de secours street art !

Un bel espace cosy pour le petit déj. L'ensemble un peu sombre tout de même, mais ne vient-on pas ici pour dormir ?

La Villa des Consuls *(plan cité médiévale A2,* **19***) : 3, rue Jean-Jacques-Rousseau. ☎ 05-53-31-90-05. • villadesconsuls@aol.com • villaconsuls.fr • Doubles env 97-124 €. Réduc de 10 % sur présentation de ce guide.* Une adresse impeccable et pratique à la fois, au cœur de la ville, dans sa partie la plus tranquille. Au total, 4 chambres et 7 appartements, tous joliment aménagés, fonctionnels et lumineux, très bien équipés et rehaussés de couleurs fraîches. Terrasses privées pour certains. Un bon choix pour un séjour de plusieurs jours, d'autant que les logements communicants permettent de créer de grands ensembles pour les familles.

Le Porche de Sarlat *(plan cité médiévale A3,* **20***) : 6, cour des Fontaines. 06-80-15-27-21. • le-porche-de-sarlat.fr • Apparts env 130-190 € env (2 nuits min hors saison, 3 nuits min l'été).* 5 appartements hauts de gamme, zen et confortables, bien équipés, au calme, dans un hôtel particulier entièrement rénové, à 2 pas de la cathédrale. Difficile de trouver mieux pour se faire plaisir à 2 ou en famille, quand on aime son indépendance autant que son confort. Le propriétaire tient une autre adresse, avec d'autres beaux appartements dans une propriété arborée à environ 10 mn à pied du centre historique.

Au vert, à la sortie de Sarlat

Campings

Domaine de loisirs Le Montant : ***Négrelat,*** *commune de Sarlat-la-Canéda. ☎ 05-53-59-18-50. • contact@camping-sarlat.com • camping-sarlat.com • ♿ À env 4 km du centre de Sarlat. Prendre la route de Bergerac, puis fléché sur la droite et suivre les panneaux. Ouv de mi-avr à fin sept. Compter 15-32 € pour 2. Locatifs 2-12 pers. 135 empl.* Ce beau camping de luxe, embrassant un large panorama sur la vallée et les coteaux verdoyants, se situe dans un coin parfaitement au calme. Grand et familial à la fois, bien équipé, avec 2 piscines dont une à débordement et une couverte. Blocs sanitaires impeccables.

Camping Les Acacias : *au bourg de* ***La Canéda.*** *☎ 05-53-31-08-50. • camping-acacias@wanadoo.fr • acacias.fr • ♿ À moins de 4 km du centre, par la N 4 (également un service de bus). Ouv de mi-avr à fin sept. Compter 22-32 € pour 2 avec électricité. Locatifs. 122 empl.* Camping bien ombragé et calme, organisé en terrasses. Bon équipement des sanitaires (une partie de ceux-ci sont même chauffés hors saison). Location de vélos (piste cyclable à 800 m, qui va jusqu'à Souillac !). Piscines chauffées, dont une couverte avec jacuzzi.

Camping Les Terrasses du Périgord : *lieu-dit* ***Pech-d'Orance.*** *☎ 05-53-59-02-25. 06-80-28-62-03. • terrasses-du-perigord@orange.fr • terrasses-du-perigord.com • ♿ À 2,5 km de Sarlat, en direction de Proissans. Ouv de mi-avr à mi-sept. Compter 19-28 € pour 2. Prix rando cyclo : - 10 %. Frais de dossier : 9 €. 90 empl. Locatifs. Réduc de 5 % sur le forfait de base pour les tentes, sur présentation de ce guide.* Camping posé sur un plateau, d'où un superbe panorama. Emplacements bien ombragés, en terrasses arborées, dans un coin de nature encore intact mais pourtant très proche de la cité médiévale. Sanitaires chauffés en basse saison. Également des mobile homes pour 5 et des chalets pour 7. Jeux et animations. Cave à vins, piscine-spa couverte et chauffée. Accueil sympa de la famille, des Périgourdins chaleureux.

Le Moulin du Roch : *au lieu-dit* ***Le Roch,*** *route des Eyzies. ☎ 02-51-20-41-94 (central de résas). • contact@moulin-du-roch.com • olela.fr/campings/camping-moulin-roch • Entre Sarlat et Les Eyzies (sur la D 47). Ouv de juin à mi-sept. Compter 21-47 € pour 2. 96 empl. Locatifs.* Camping dans un grand parc de 8 ha, au cœur du Périgord noir. Tout le confort : tennis, piscine chauffée et complexe aquatique. Quant aux chalets, ils sont vraiment sympa.

De prix moyens à chic

Chambres d'hôtes La Ferme de la Croix-d'Allon : *☎ 05-53-59-08-44. • ferme.croix.dallon@wanadoo.fr • location-gites-sarlat.com • À 2 km de Sarlat, au creux d'un vallon. De la pl. de la Bouquerie, suivre la direction Proissans ; c'est fléché à partir du carrefour de la Croix-d'Allon. Ouv tte l'année. Double env 65 € ; familiale. Également 3 gîtes (2-4 pers) 350-680 €/sem.* Chambres simples, fonctionnelles et propres, dans un corps de ferme récent. Un ensemble sans chichis. Petit déj avec confiture maison et délicieux pain de campagne. Kitchenette et barbecue à disposition. Piscine chauffée. Accueil authentique et chaleureux. Les enfants ont repris le flambeau.

Chambres d'hôtes Le Clos des Bories : *route de Caminel. ☎ 05-53-29-20-46. • alexyoann.lesbories@gmail.com • lesbories-sarlat.fr • À 3,3 km au nord de Sarlat par la D 704, puis chemin de Caminel à droite. Doubles env 85-115 € ; familiale. Table d'hôte 25 €.* Il aura fallu de l'énergie et du talent à Yoann et Alexandre pour rénover cette très belle maison périgourdine. Et du talent, ils en ont beaucoup. Ils ont tout fait eux-mêmes et c'est superbe jusque dans le moindre détail. Les 4 chambres de la maison principale sont de tailles différentes et les familiales ont 2 chambres. Mais toutes d'un grand confort avec de belles salles de douche et une déco soignée et recherchée. Les salons en rez-de-jardin, avec la vue sublime sur la campagne, sont à la disposition des hôtes. Pour ceux qui souhaitent plus d'indépendance, le petit chalet adorable est un peu à l'écart. Pour les familles, un gîte pour 8 personnes (avec piscine privée). Sur la terrasse devant la maison, plusieurs petits coins douillets pour se poser face à la vue. Chaque chambre à son propre jacuzzi. Sans cesse en activité, Alexandre et Yoann ont également 3 chambres en ville « **Les Bories in The City** » et un ravissant petit salon de thé *(22, rue Émile-Fauré, à Sarlat)* où l'on trouve également des produits régionaux et du Berry. Une belle adresse de charme.

Hôtel Le Mas de Castel : *Le Sudalissant. ☎ 05-53-59-02-59. • info@hotel-lemasdecastel.com • hotel-lemasdecastel.com • ♿ Hameau situé à 2,5 km sur la route de Souillac (bien fléché). Fermé 11 nov-début avr. Doubles env 75-150 € ; familiales.* Charmant hôtel de plain-pied, dans le style local (belle pierre blonde du pays, petite borie...), entouré de verdure. Chambres confortables et très plaisantes (douce déco dans les tons actuels). Certaines sont plus spacieuses (les plus chères) et ont une terrasse avec un salon de jardin. Les chambres de l'annexe sont un vrai bonheur. Belle piscine pour oublier la chaleur estivale du Sarladais. Bar, grande terrasse pour les petits déjeuners, tout pour plaire. L'endroit idéal pour un séjour à la campagne, à 2 pas de Sarlat.

Hôtel La Maison des Peyrat *(plan d'ensemble B3, **21**)* **:** *la Plane Basse. ☎ 05-53-59-00-32. • hoteldecharme@maisondespeyrat.com • maisondespeyrat.com • À l'écart sur les hauteurs à l'est de la ville. Bien indiqué. Congés : nov-fin mars. Doubles 62-127 € ; familiales.* Cet ancien hôpital du XVIIe s pour pestiférés, transformé en ermitage, est devenu un petit hôtel de charme dans un environnement séduisant entouré de verdure, évidemment très calme. La partie la plus ancienne date du XIVe s. Tiens, un puits dans l'entrée... Côté confort, 10 chambres toutes dans les tons clairs et de taille très variable. Décoration soignée, sobre et contemporaine, mais dans le respect harmonieux des vieilles pierres. Piscine chauffée à l'arrière, avec les champs autour...

Chambres d'hôtes La Belle Plane *(hors plan d'ensemble par B3, **22**)* **:** *la Plane Basse, chemin Simone Signoret. 📱 06-72-53-63-28 ou 06-17-10-28-08. • labelleplane@orange.fr • labelleplane-chambresdhotes.com • À l'écart sur les hauteurs à l'est de la ville. Doubles 120-140 € ; familiales.* Cet ancien chai posé sur les hauteurs de la ville, offre un beau panorama sur la cité médiévale. Les propriétaires l'ont totalement restauré, et il abrite aujourd'hui 4 belles chambres d'hôtes, 2 en rez-de-jardin et 2 à l'étage avec chacune une belle terrasse privative. Les chambres, spacieuses, ont été

LE PÉRIGORD NOIR

aménagées avec beaucoup de goût, et les salles de bains sont superbes. Mention spéciale pour la literie qui est top ! Un salon commun est accessible à l'étage. Belle et grande salle à manger-salon où l'on sert le petit déj. Dans chaque chambre une machine Nespresso, avec des capsules bio, fabrication maison.

Où manger ?

Si l'on mange très bien dans le Sud-Ouest en général, la pression touristique – et donc économique – est telle que, dans le Périgord et à Sarlat en particulier, parmi les dizaines et les dizaines de restaurants, on trouve le meilleur comme le pire... Mais on a choisi des établissements qui maintiennent le cap, pour conserver la qualité dans la régularité et la durée, tout en tenant leurs prix... avec le sourire, même au cœur de la saison.

Très bon marché

Boulangerie Maison Lissajoux *(plan d'ensemble A3, **30**) : 8, av. du Général-Leclerc. Tlj sauf lun et dim ap-m, 7h-19h. Plats du jour 8-9 €.* À 2 pas du cœur de la cité médiévale, une excellente boulangerie-pâtisserie tenue par un couple, l'un pâtissier, l'autre boulanger ! Ils ont transformé cette ancienne banque en un super espace, genre loft à la new-yorkaise. Leur laboratoire-atelier est ouvert sur la salle, et sur le toit, une super terrasse où se poser l'été. Grignotage en continu, du petit déj jusqu'au *tea-time* et un peu plus. Petits plats cuisinés au déjeuner, et sucré-salé toute la journée. Les gâteaux sont à se damner !

Food and Co *(plan cité médiévale A3, **31**) : 46, rue de la République. ☎ 05-53-28-55-96. • cherel_marc@orange.fr • Tlj et tte l'année au déj. Fermé dim et j. fériés hors saison. Formule déj 12,50 €.* Un snack qui ne paie pas de mine, mais qui vaut mieux que certains restos. La formule du jour est un vrai cadeau ! D'autant plus que le plat est généreux et plein de saveurs. Et ça se sait. Alors, c'est un peu la bousculade à l'heure du déjeuner, mais on comprend pourquoi. Bravo ! Également quiches, sandwichs et quelques gâteaux.

Brasserie Costa *(plan cité médiévale A3, **16**) : 9, pl. de la Liberté, à côté de la Mairie. Tlj dès 9h (8h les j. de marché). Plats 10,50-14,50 €.* Une brasserie comme on aime bien parfois en trouver, pour s'offrir une cuisine abordable, rapidement servie et sans chichis. Idéal également juste pour une pause lorsque l'on arpente la vieille ville de long en large. Grande terrasse sur la place, pour regarder déambuler les passants !

De bon marché à prix moyens

Auberge Le Mirandol *(plan cité médiévale A2, **32**) : 7, rue des Consuls. ☎ 05-53-29-53-89. • contact@lemirandol.fr • Tlj sauf dim soir et lun, 12h-14h30, 19h-21h. Formule déj 13,50 €, menus 18,90-27,50 €.* Dans cette très belle bâtisse du XVe s, se niche un petit resto qui pourrait paraître, à première vue, bien touristique. Mais il faut bien l'avouer, la cuisine périgourdine servie est de bonne qualité, les plats sont généreux et la formule déj est imbattable ; que demander de mieux ? Les glaces maison sont très bonnes. Jetez un œil à l'intérieur, une petite grotte se cache au fond de la salle. Service rapide et agréable. Petite terrasse sur la rue piétonne vite prise d'assaut.

Le Bouchon *(plan cité médiévale A2, **33**) : rue de la Paix. ☎ 05-53-29-53-89 Tlj sauf dim-lun et mar soir, 12h30-15h, 19h-22h. Plat du jour 9,50 € ; carte env 25 €. Congés : 15 derniers j. de déc.* Juste à côté du *Mirandol*, ce petit bouchon, bar à tapas aux 2 petites salles chaleureuses, avec ce mélange pierre bois, donne envie de s'attarder. On s'installe sur des tables hautes, pour boire un verre et grignoter des tapas, planches ou plus si l'envie vous prend.

|●| ⛱ ***La Couleuvrine*** *(plan cité médiévale A2,* ***15****) : 1, pl. de la Bouquerie. ☎ 05-53-59-27-80. ● contact@la-couleuvrine.com ● Formule déj 13 € ; plat du jour (lun-sam) 9 € ; menus 24-30 € ; carte 32-40 €.* Une maison dirigée de mère en filles de main de maîtresses femmes. Marion réalise une cuisine gourmande, mélange de terroir et d'un brin d'inventivité. Goûtez aux nems de foie gras, sauce teriyaki. Très bonnes viandes, accompagnées de frites maison ou de pommes sarladaises. Belle salle à manger, avec sa cheminée en pierre du XVe s, et terrasse pour se lover au soleil. Et toujours un excellent rapport qualité-prix-charme.

|●| ⛱ ***Chez le Gaulois*** *(plan cité médiévale A3,* ***34****) : pl. André-Malraux. ☎ 05-53-59-50-64. ♿ Fermé dim-lun hors saison. Congés : 3 sem fin janv-début fév, 1 sem en mars. Plats env 12-16 € ; carte env 20 €.* Une sympathique cave à jambons. Copieuses assiettes ou énormes salades débordant de charcuterie et de fromages savoyards, corses, italiens et espagnols. Le patron parle de ses jambons comme d'un bon vin, en analysant la moindre saveur. C'est simple, copieux, pas cher et bon dans l'ensemble.

|●| ⛱ ***Le Bistrot*** *(plan cité médiévale A3,* ***35****) : 14, pl. du Peyrou. ☎ 05-53-28-28-40. ● contact@le-bistrot-sarlat.com ● Tlj midi et soir (jusqu'à 22h en hte saison). Congés : de janv à mi-mars. Résa conseillée. Formules déj (sauf dim) 14-18 € ; menus 18,90-35 €.* Au pied de la cathédrale, cette terrasse ensoleillée qui donne sur la rue piétonne, avec ses nappes à carreaux, n'est pas un piège à touristes. Sa cuisine de bistrot, simple et généreuse, à base de produits frais, est une aubaine pour les visiteurs comme pour les locaux. Ambiance chaleureuse côté salle autour des tables en bois où se retrouve une clientèle de tous âges. Bruyant, sympa. Service pro.

|●| ⛱ ***L'Adresse*** *(plan cité médiévale A2,* ***36****) : 10, rue Fénelon. ☎ 05-53-30-56-19. ● ladresselebistrot@gmail.com ● Fermé dim-lun midi (seulement dim en été). Congés : janv-mars. Formule et menu 22-28 €.* Cuisine de marché gourmande inventive et bien maîtrisée. Du magret miel gingembre citron et pommes de terre façon sarladaises en passant par le foie gras mi-cuit, on reste dans un Périgord curieux et ouvert sur le monde. Déco de bistrot elle aussi dans l'air du temps, murs blancs et tables en bois, verrière qui permet de voir l'équipe en cuisine travailler. Attention, c'est vite complet, pensez à réserver. Terrasse pour prendre l'air de Sarlat.

Plus chic

|●| ***Le Grand Bleu*** *(plan d'ensemble A5,* ***37****) : 43, av. de la Gare, un peu à l'écart du centre. ☎ 05-53-31-08-48. ● contact@legrandbleu.eu ● Tlj sauf dim soir-lun, et mar-mer midi hors saison. Formule 26 € (midi jeu-sam) ; menus 58-130 €.* C'est une grande table. La créativité de Maxime Lebrun s'exprime sur des produits parfaits, auxquels il applique des cuissons intelligentes. Un gros travail est également réalisé sur les émulsions, fines et légères. Mélange des saveurs, harmonie des couleurs et travail remarquable réalisé sur les textures. Formule bistronomique le midi en fin de semaine autour des recettes du grand-père.

Où boire un verre ? Où sortir ?

🍸 Faire un tour à ***L'Endroit*** : *4, pl. de la Grande-Rigaudie. ☎ 05-53-31-24-10. Tlj sauf dim-lun hors saison.* Sinon, pour les plus jeunes, ***Le BAT'*** *(31 rue de la République)* ; ou encore le très tendance, ***ZouZou Bar*** *(pl. de la Petite-Rigodie).*

■ ***Bowling de Sarlat L'Osmoz*** **:** *à la sortie de la ville, direction Montignac par la D 704. ☎ 05-53-31-24-77. Tlj sauf lun 12h-minuit ; le w-e à partir de 14h et jusqu'à 1 ou 2h ; plus lun à partir de 14h pdt vac scol. Résa possible en dehors de ces horaires pour les groupes.* Salle de bowling dernier cri. Également des billards. Pizzeria.

Où acheter de bons produits à Sarlat et dans les environs ?

Sarlat compte 3 distilleries, et même une biscuiterie pour éponger tout ça. Si le dernier producteur de foie gras a cessé son activité, vous en trouverez bien d'autres dans les environs de La Chapelle-Aubareil, Tamniès et Marquay (voir plus haut)... Mais surtout, profitez du ***marché du samedi*** pour retrouver les producteurs de la région, place de la Liberté et dans les ruelles alentour. Humez, goûtez, faites-vous une idée par vous-même.

Chez Pierrô *(plan cité médiévale, A3, **40**) : rue Salamandre. ☎ 09-51-55-00-87. • sasbesnierbocher@outlook.fr • Juil-août, tlj 9h-19h. Le reste de l'année, mer-sam 9h-13h, 15h-18h30.* C'est dans cette superbe cave voûtée du XIIIes que Pierrô s'est installé pour terminer l'affinage des fromages qu'il trouve chez les producteurs. À terme, il fera l'affinage complet lui-même. On est ici en quelque sorte, dans la caverne d'Ali Baba des fromages, présentés presque comme des bijoux. Pierrô vous expliquera tout ce que vous voulez savoir sur ses fromages, et si le cœur vous en dit, vous remplirez votre panier (mise sous-vide pour les pâtes dures). Également quelques autres produits laitiers et le vin pour accompagner ! Ateliers dégustation le jeudi après-midi hors saison.

Distillerie La Salamandre : *route de Brive, direction Temniac, à 2,5 km du centre-ville. ☎ 05-53-59-10-00. • distillerie-salamandre.com • Tte l'année, lun-ven 8h-12h, 14h-18h ; plus le sam à partir de 10h avr-début nov.* Petite distillerie familiale et artisanale (3 générations). Possibilité de visite et dégustation des produits sur place, avec explications des proprios. La spécialité : le *Gatinoix,* un vin de noix, de la prune.

Distillerie du Périgord : *pl. de la Liberté. ☎ 05-53-59-20-57. Pâques-fin déc, tlj sauf lun 10h-12h30, 14h30-18h45 ; en juil-août, tlj (sauf lun mat) jusqu'à 20h30.* Fondée en 1860, la distillerie se situe à l'extérieur de la ville, mais vous retrouverez dans la boutique tous les subtils arômes des apéritifs locaux. Ne pas oublier le *pastis Lapouge,* le produit phare de la maison.

Distillerie de la Trappe : *La Verperie, allée des Acacias. ☎ 05-53-59-47-27. • distillerie-de-la-trappe.com • Ouv tlj 9h-18h en saison. Fermé 12h-14h hors saison. Visite guidée gratuite (téléphoner avt) en saison.* Endroit unique à Sarlat car situé dans un ancien tunnel voûté. Stéphane vous y attend pour vous faire découvrir ses produits : eaux-de-vie, liqueurs, fruits à la liqueur...

Biscuiterie Lou Cocal : *Le Roc-Laumier. ☎ 05-53-31-21-05. • biscuiterie-lou-cocal.com • Juil-août, tlj 9h30-19h. Le reste de l'année, lun-ven 8h-12h30, 14h30-18h30 (plus sam 10h-18h30).* Plein de recettes à base de noix, noisettes et châtaignes. Plus de 60 spécialités, joliment présentées. Tuiles, sablés, gâteaux, confiseries... et probablement un des meilleurs gâteaux aux noix. Et pour les amateurs, il y a même un bar à chocolat !

La Ferme de Vialard : *à la sortie de Sarlat, prendre direction Souillac, à 500 m sur la droite (on est déjà sur la commune de Carsac-Aillac). ☎ 05-53-31-98-50. • la-ferme-de-vialard.com • Lun-sam 9h-12h30, 14h-18h30 (en continu ven-sam) et dim mat en hte saison.* Une association de producteurs qui fait dans le frais, le bio, le bon, sans se forcer.

À voir

➢ ***Visites libres :*** si vous souhaitez découvrir la ville par vous-même, passez par l'office de tourisme pour prendre un plan. Un conseil, commencez de très bonne heure (surtout en été), pour profiter de la fraîcheur de l'aube, guetter les 1ers rayons de soleil qui vont dorer la belle pierre ocre des maisons et jouir de cette atmosphère unique.

➢ ***Visites-découverte :*** adhérente à la charte des Villes d'art et d'histoire, la ville de Sarlat propose régulièrement des visites guidées particulièrement vivantes, savoureuses et riches en anecdotes. *Visites tlj avr-Toussaint. 1-3 visites/j. En hte saison, généralement à 10h30, 15h et 22h (quand il y a 3 visites). Inscriptions le jour même auprès de l'office de tourisme. Des visites thématiques (env 1h30 elles aussi) sont également programmées, certaines en nocturne, d'autres spécialement destinées aux enfants de 8 à 12 ans (mar et jeu en été, à 15h, résa obligatoire). Compter 7 €/adulte pour la visite classique (gratuit moins de 12 ans) ; réduc. Billet jumelé avec la visite de La Roque-Gageac, de Beynac ou de Saint-Vincent de Cosse.*

LES TOURS DE NOBLESSE

Sarlat en compte 22 ! Elles furent élevées à la suite de la guerre de Cent Ans. Charles VII, souhaitant remercier les nobles, fidèles au royaume durant toute la guerre, octroya des titres de noblesse et de fortes sommes d'argent pour reconstruire la ville en pierre (elle était auparavant en bois et torchis). Ce qui fut fait. Pour montrer l'anoblissement des familles, on érigea quelque chose de haut et de fier, que l'on pouvait voir de loin. Les tours de noblesse, aussi inutiles qu'esthétiques, étaient d'une hauteur qui indiquait le rang de la famille.

➢ ***Visites insolites :*** *1 visite théâtralisée (« La Belle Sarladaise ») et une autre très inattendue (« Sarlat Autrement ») à faire en famille. Compter 11 € ; réduc. « La Belle Sarladaise » ts les lun-mar et jeu-ven, début juil-fin août, à 18h. Programme hors saison à prendre à l'office de tourisme. Autre visite originale, qui mettra en jeu votre créativité : « Sarlat Autrement », ts les mar à 11h, de mi-juil à fin août.*

LE PÉRIGORD NOIR

🚶🚶 ***La cathédrale Saint-Sacerdos*** *(plan cité médiévale A3)* **:** *tlj 8h-19h. Rens : ☎ 05-53-59-03-16.* Édifiée en 1317 en tant que simple église abbatiale, sa construction fut arrêtée durant la guerre de Cent Ans, puis lors des guerres de Religion, ce qui explique la durée de construction et l'éclectisme architectural de l'ensemble. Au XIVe s, la ville est menacée de passer sous contrôle des laïques. C'est pourquoi le pape de l'époque, natif de Cahors, décide de l'élever au rang d'évêché. La situation géographique de Sarlat, entre Rocamadour et Saint-Jacques-de-Compostelle (2 des pèlerinages les plus importants de l'époque), permet de justifier cette prise de grade. D'autant plus qu'on a transporté ici les reliques de saint Sacerdos, évêque de Limoges. Reconstruite en 1504, la cathédrale ne fut achevée que 250 ans plus tard dans le pur style gothique méridional.

– *La visite :* élégant clocher-porche roman (provenant de l'église d'origine) et son portail XVIIIe s d'inspiration classique. Au-dessus, 2 statues de chaque côté, du XIIe s, assez abîmées malheureusement. Intérieur d'une certaine ampleur, bien dans le style du gothique méridional, sobre, avec une large nef centrale, retombant sur de massifs piliers ronds, agrémentés de 2 nefs latérales. L'ensemble, assez dépouillé, conserve le plan de l'église précédente. Retables baroques du XVIIe s dans les chapelles et orgue du XVIIIe s, dessiné par Lépine. Dans les vitraux du chœur trône la Vierge, témoignage de l'importance du culte marial à Sarlat.

UN ÉVÊQUE PAS TRÈS CATHOLIQUE

Nicolo Gaddi, évêque italien de Sarlat, accessoirement amant de Catherine de Médicis, ne resta que quelques jours en Périgord. Non qu'il n'appréciât pas le climat, mais il s'enfuit avec la caisse sous le bras ! Voleur et baiseur, le coquin ruina l'évêché, ce qui eut pour conséquence de ralentir pour quelques décennies les travaux de la cathédrale au cours du XVIe s. La messe est dite.

– À droite de la cathédrale (quand on lui fait face), le palais épiscopal, aux pinacles gothiques et fenêtres à meneaux. La partie haute est Renaissance, décorée de fleurs de lys. Au dernier étage, une galerie ajoutée... au XXe s.

La maison de La Boétie *(plan cité médiévale A3)* **:** *en face de la cathédrale. Ne se visite pas.*
Construite vers 1525 par le père d'Étienne de La Boétie, gendarme de son état. L'auteur fut bercé par les idées de la Renaissance, grandissant face au palais épiscopal. C'est un petit génie, parlant le latin et le grec. Il a 18 ans quand il rédige le *Discours de la servitude volontaire,* composé en l'honneur de la liberté contre les tyrans. Il rencontre Montaigne à l'âge de 22 ans au parlement de Bordeaux, avec qui il se lie d'amitié.
Cette maison est un fascinant mélange de styles médiéval et Renaissance, assurant en quelque sorte la transition entre les 2 époques. Si elle a toujours pignon sur rue comme toutes les maisons médiévales, les 3 étages de fenêtres sont finement ouvragés, subissant en cela l'influence de la Renaissance italienne. Au rez-de-chaussée, un arc surbaissé. Au 1er étage, la partie noble, réservée au maître de maison, de style purement Renaissance (pilastres géométriques, croisillons ornés de fleurs...). Au 2e étage, le logis de madame et des enfants, déjà moins travaillé. Au niveau supérieur, l'étage de servitude. Noter l'exubérant décor de la lucarne moderne et le toit à très forte pente, couvert de lauzes.

Le passage des Enfeus, les cours des Chanoines et des Fontaines, la lanterne des morts *(plan cité médiévale A3)* **:** *accessibles par le jardin des Enfeus (derrière la cathédrale).*
2 très belles cours médiévales. Emprunter le passage à gauche de la cathédrale. Un enfeu est une tombe encastrée dans l'épaisseur d'un mur, dont la façade est plus ou moins sculptée, indiquant le rang de la famille. Ici, une seule niche est bien conservée, avec quelques inscriptions en latin. Contourner le passage au niveau du chevet, qui mène à une sorte de cour, pour découvrir le flanc de la chapelle des Pénitents-Bleus qui fut le point de départ de la construction de l'abbaye et de Sarlat. Style roman très sobre. La cour, en fait un jardin en terrasses, abrite l'ancien cimetière des chanoines. Vieilles tombes en forme de sarcophages.
Un petit passage mène ensuite à 2 courettes médiévales, la ***cour des Chanoines*** et la ***cour des Fontaines,*** ancien point d'eau potable de l'évêché. L'ensemble est dominé par l'étrange ***lanterne des morts*** : un escalier permet d'y grimper. Ce curieux édifice en forme d'obus monumental, le plus ancien de toute la cité, a été construit au XIIe s, mais son origine reste très mystérieuse. On l'a toujours appelé lanterne des morts, alors qu'il ne fut jamais utilisé pour annoncer un quelconque décès et n'a jamais abrité aucune flamme.

Le Présidial et ses alentours *(plan cité médiévale A3)* **:** emprunter la rue d'Albusse ou la rue de la Salamandre pour vous y rendre. Au passage, au no 4, bel hôtel du général Fournier-Sarlovèze. Au no 1 de la rue de la Salamandre, l'hôtel de Grézel et son beau portail, surmonté d'une tour de noblesse octogonale. Dans la rue, d'autres édifices intéressants des XVe et XVIe s. Au no 6, rue du Présidial, l'hôtel de Génis. Au no 6, rue Landry, le Présidial, qui en 1552, sous Henri II, faisait office de justice royale. C'est un remarquable édifice, au fond d'un jardin. Loggia surmontée d'un curieux lanternon (genre casque monté sur pilotis). Au no 1, rue du Présidial, maison du XIIIe s, qui était vraisemblablement située à la place d'une des portes de la ville nommée « porte de la Bouquerie ». Notable pour le nombre de ses fenêtres à meneaux du XVe s (une vingtaine), d'un grand intérêt architectural. Enfin, dans la rue Fénelon, on peut admirer moult belles choses : maisons à pignon et, au no 16, l'hôtel de Salignac ; au no 13, un ancien couvent ; au no 6, un portail du XVIIe s. Au no 3, l'hôtel Gérard du Barry, dont la cour est vraiment digne d'intérêt.

L'hôtel de ville et la place de la Liberté *(plan cité médiévale A2-3)* **:** c'est le cœur de la cité, autrefois quasiment occupé par une grande halle en bois, détruite au XVIIe s par un incendie. La place prend son nom à la Révolution, car elle sépare de manière physique les 2 pouvoirs : le communal (l'hôtel de ville) et le religieux (l'évêché). Reconstruite dans un style classique au XVIIIe s, avec un gentil décor à bossages. C'est l'emplacement du marché, point de rencontres obligé, là où tout s'anime, grâce notamment aux multiples terrasses. Quand on tourne la tête à 360°, on peut admirer toutes les toitures de lauzes, entièrement refaites dans les années 1970, grâce à la loi Malraux.

Le marché couvert dans l'ancienne église Sainte-Marie (*plan cité médiévale A2*) **:** édifiée à partir de 1365 en gothique méridional, sans fioritures, cette ancienne église connut un destin pitoyable. Entièrement pillée à la Révolution, elle devient « bien public ». Elle est ensuite amputée de son chevet en 1815 (ce qui permit de révéler l'hôtel de Gisson), elle se retrouve surmontée d'un clocher décoiffé, puis parasitée par des commerces tout autour. Le chœur sera détruit un peu plus tard. Rachetée par la Mairie de Sarlat en vue de devenir marché couvert, elle se voit entièrement restaurée par l'architecte Jean Nouvel, qui a passé la majeure partie de son enfance à Sarlat. Avec sa splendide porte d'acier, haute de 15,60 m, lourde de 7 t, elle s'est imposée comme le nouveau symbole de la ville. À l'intérieur, clefs de voûtes composées de 2 carrés d'acier et d'une rosace transparente. Croisée d'ogives très sobre. Une totale réussite tant sur le plan esthétique et architectural que sur le plan symbolique.
– Le ***marché couvert*** bat son plein tous les matins durant la saison estivale. Arrêt obligatoire aux maisons *Vidal* et *Albié,* qui proposent des produits de qualité. Les mercredi et samedi, nombreux petits producteurs locaux, qui viennent ici en direct vendre le fruit de leur labeur.
– Au chevet de l'église, le clocher a été réaménagé, toujours par Jean Nouvel, et accueille un belvédère qui permet de découvrir Sarlat depuis les toits. ***Ascenseur panoramique.*** Impressionnant mais un peu cher *(4-5 €, réduc ; rens auprès de l'office de tourisme pour les horaires).*

La place du Marché-aux-Oies et la rue des Consuls (*plan cité médiévale A2*) **:** une placette adorable, où de tout temps on vendit... des oies ! C'est ici que la richesse de la ville se forgea et que sa beauté naquit. Au cœur de la place, 3 oies en bronze rappellent ses origines. À l'entrée de la place, le ***manoir de Gisson,*** du XVIe s, hôtel particulier ouvert à la visite (voir plus loin). On ne compte plus, à Sarlat, ces « tours de noblesse » construites après la guerre de Cent Ans par les nouveaux anoblis, soucieux de faire montre de leur puissance... et de faire mieux que leurs voisins ! Nombre de duels furent filmés sur la rampe Magnanat. Elle sert aussi de décor au ***festival de théâtre*** de Sarlat. Au no 9, ***hôtel de Vassal*** du XVe s, avec tourelles engagées. Ces tourelles furent conçues dans un objectif esthétique, certes, en cassant l'angle droit, mais aussi, sur le plan pratique, pour contourner une pièce afin de se rendre dans une autre. C'est en fait l'ancêtre du couloir (inexistant au Moyen Âge). Au no 14, ***hôtel Labrousse.*** Aux nos 8 et 10, ***hôtel Selves de Plamon.*** On peut suivre dans l'architecture la progression sociale des habitants, avec 3 styles présents sur la façade : échoppes sous arcs brisés au rez-de-chaussée, gothique rayonnant au 1er étage et fenêtres à meneaux au 2e étage. Sur la gauche, l'étroite petite tour de noblesse a été élevée pour contenter l'ego des Selves de Plamon. Si c'est ouvert, voir l'intérieur. À droite du no 7, curieuse fontaine médiévale aménagée dans une grotte et accessible

SILENCE, ON TOURNE !

Ville de tournage par excellence, Sarlat servit de décor à quantité de films. Citons, en vrac, Les Duellistes, *de Ridley Scott,* Jacquou le Croquant, *de Stellio Lorenzi,* Les Misérables *avec Jean Gabin puis Lino Ventura,* La Fille de d'Artagnan *avec Sophie Marceau et Philippe Noiret,* Cartouche, Cendrillon *et quelques autres pas forcément mémorables.*

par un petit escalier. C'était le seul point d'eau potable de la ville, appelé fontaine Sainte-Marie en l'honneur de la sainte qu'on implora lors de la 2e peste noire. À l'angle de la rue, vaste « trompe d'angle » qui dégageait de l'espace et permettait aux charrettes de faire demi-tour ou de constituer un point de croisement dans ces étroites venelles.

Le manoir de Gisson – Cabinet de curiosités *(plan cité médiévale A2)* **:** *pl. du Marché-aux-Oies. ☎ 05-53-28-70-55. • manoirdegisson.com • Ouv tlj : juil-août, 10h-19h ; avr-juin et sept, 10h-18h30 ; d'oct à mi-nov, 10h-18h ; vac de Noël et d'hiver, 10h-17h. Entrée : 8,50 € ; réduc ; 4,80 € pour les 13-17 ans. Billet jumelé avec la visite-découverte de Sarlat.* Seul monument historique de la cité médiévale ouvert à la visite. Avec sa tour de noblesse, ses fenêtres à meneaux et son toit de lauzes, ce manoir offre un témoignage précieux de la vie quotidienne d'une famille bourgeoise sarladaise. La visite des appartements permet d'admirer de magnifiques pièces de mobilier, du Moyen Âge au XVIIe s, ainsi que de belles boiseries, un escalier à vis et un superbe sol de pisé. Les caves voûtées abritent un étrange *cabinet de curiosités.*

➢ Passons maintenant dans un autre quartier en franchissant la rue de la République. C'est un coin plus populaire, assez peu visité, curieusement. Prendre la ***rue des Armes.*** Au no 2, l'hôtel de Ravilhon du XVe s. Maisons à pans de bois, boutiques en ogive. Au no 7, une belle maison du XVe s. Continuer par la rue de la Charité, pour aboutir rue Jean-Jacques-Rousseau.

La rue Jean-Jacques-Rousseau *(plan cité médiévale A2-3),* pleine de charme, parallèle à la rue de la République, mène à la rue du Siège. À l'angle de la rue de La Boétie, abbaye Sainte-Claire, ancien hospice du XVIIe s. ***Rue du Siège,*** vestige des anciens remparts, hôtel de Cerval et tour du Bourreau (qui abrite une galerie d'art). Quelques pittoresques ruelles comme la ***rue des Trois-Conils,*** ce qui signifie « trois lapins » (elle abritait une maison close, ce qui ne veut pas dire que les habitants d'alors baisaient forcément comme des lapins). ***Rue Rousset,*** on découvre une tour de guet du XVe s avec mâchicoulis. ***Place Liarsou,*** splendide demeure à pans de bois. Retour rue de la République.

La rue de la République *(plan cité médiévale A2-3)* **:** la principale rue commerçante de la ville, vilaine percée réalisée au XIXe s et qui scinda brutalement la ville en 2. Beaucoup de commerces de bouche, de boutiques et quelques terrasses. La rue est entièrement piétonne en juillet-août, ce qui est une bonne idée.

– De la rue de la République, prendre sur la gauche la ***rue du Minage,*** puis le passage voûté qui mène à la place Lucien-de-Maleville.

L'hôtel de Maleville *(plan cité médiévale A3)* **:** date du XVIe s. On y distingue une partie de style Renaissance italienne, l'autre française. Ce fut la demeure de Jean de Vienne (lire l'encadré à son sujet), puis celle de la famille Maleville. Au-dessus du porche, 3 médaillons. Sur celui de gauche, on devine le profil d'Henri IV. Sur la droite, il s'agit soit de Marie de Médicis, soit d'une des nombreuses maîtresses d'Henri IV. Au centre, le « M » de la famille Maleville.

LA FABULEUSE HISTOIRE D'UN « TORCHE-CUL DE MULES »

L'hôtel de Maleville fut bâti par Jean de Vienne, ancien « torche-cul de mules », nom donné au petit palefrenier chargé de ramasser les excréments des bêtes. Au service de l'évêque... et surtout de ses mules, il fut repéré par l'homme en robe qui l'envoya à Bordeaux pour entreprendre des études. Il devint président à la Cour des comptes d'Henri IV ! Ancien pauvre, nouveau riche, comme on voudra. De retour à Sarlat, il se fit édifier l'un des plus beaux hôtels particuliers de la ville, doté de la plus majestueuse tour de noblesse. Y a pas de sot métier...

Le passage Henri-de-Ségogne et la place André-Malraux *(plan cité médiévale A3)* **:** de l'hôtel de Maleville, des passages permettent d'accéder à des cours intérieures et de détailler les façades arrière de nobles demeures. Le passage Henri-de-Ségogne rend hommage à un ami proche d'André Malraux qui influa auprès de lui pour que Sarlat fût choisie comme « ville-pilote » pour la mise en œuvre de la nouvelle loi sur la « Sauvegarde du patrimoine » en 1962. Ce passage mène à l'impasse des Violettes, adorable, puis à la place André-Malraux. Sortie à l'hôtel de La Boétie, devant la cathédrale.

Les galeries d'art à Sarlat

Sarlat s'est découvert une âme d'artiste. Depuis une vingtaine d'années, les rues se sont couvertes de galeries de tous styles, où les artistes locaux, nationaux et internationaux exposent. L'office de tourisme propose une brochure gratuite, *Le Chemin des arts (• chemarts.net •),* qui présente les différentes galeries de la ville.

À faire

➢ ***Voie verte – piste cyclable Sarlat-Cazoulès et Sarlat-Groléjac :*** 2 circuits extra, le 1er de 30 km, le 2d de 20 km, toujours sur le plat ! Sarlat-Cazoulès est une piste qui suit une ancienne voie ferrée longeant la rivière. Très pittoresque, ombragée, avec passage sous un ancien tunnel à Calviac-en-Périgord. Le 2d axe, empruntant également une ancienne voie ferrée, relie Sarlat à Groléjac, sur la route de Gourdon, vers le sud. Toutes les infos à l'office de tourisme Sarlat Périgord noir (cartes à acheter, notamment).

Fêtes et manifestations

– ***Fête de la Truffe et académie culinaire :*** *mi-janv. Infos à l'office de tourisme.* La truffe dans tous ses états : cours de cuisine, démonstration par des chefs étoilés, ateliers animés par des trufficulteurs, dégustations (payantes).
– ***Sarlat Fest'Oie :*** *1er w-e de mars. Accès gratuit, repas payant. Infos à l'office de tourisme.* C'est la fête de l'Oie évidemment, qu'on retrouve dans tous ses états. Repas pantagruéliques, où le foie gras d'oie est servi à volonté, suivi de 15 autres plats, toujours à volonté. Présentation de tous les métiers autour de l'oie : calligraphie à la plume d'oie, faïences décorées d'oie, et présence de tous les producteurs d'oie du Périgord.
– ***Les Journées du terroir :*** *les jeu et ven de l'Ascension. Infos à l'office de tourisme.* Une ferme en ville ! Pendant 2 jours, une centaine d'animaux familiers vivent au rythme de la cité médiévale, 2 jours d'animations autour des filières agricoles (foie gras, truffes, vins, fraises, châtaignes...) pour découvrir toutes les saveurs du terroir périgourdin.
– ***La Ringueta :*** *le dim de Pentecôte des années paires, pl. de la Rigaudie. Pour les infos, contacter l'association* La Ringueta, *Mme Roulland : ☎ 05-53-30-38-99.* Tout tourne autour des jeux traditionnels et des repas périgourdins. Près de 30 jeux très locaux et qui n'existent nulle part ailleurs. Vraiment sympa et bonne ambiance assurée.
– ***Festival des Jeux du théâtre de Sarlat :*** *fin juil-début août. Rens auprès du bureau du festival : ☎ 05-53-31-10-83 ; ou à l'office de tourisme. • festival-theatre-sarlat.com •* Dans le décor exceptionnel de la ville. L'un des plus importants en France : Shakespeare, Molière, Cervantès, Camus... y sont mis en scène. Du classique et du contemporain, sur 3 semaines.

– ***Fête du goût et de la gastronomie :*** *3e w-e de sept.* À l'honneur, l'agneau pastoral. Transhumance, repas guinguette, cours de cuisine, démonstrations... Les rues de Sarlat sont bondées tout le week-end.
– ***Festival du Film :*** *mi-nov, pdt 4 j. ☎ 05-53-29-18-13. • festivaldufilmdesarlat.com •*
– ***Marché de Noël :*** *4 sem à partir de début déc.* Quelque 75 chalets en bois dans le centre et nombreux spectacles et activités gratuites pour les enfants : maison du père Noël, ludothèque, 2 patinoires en glace...
– ***Marché primé au gras et aux truffes :*** *1 fois/mois nov-mars, sur la pl. de la Liberté. Rens à l'office de tourisme.*

L'EST DU SARLADAIS

Petit détour buissonnier par l'est du Sarladais avant de redescendre vers la vallée de la Dordogne, au sud de Sarlat, en passant par Saint-Geniès et en s'arrêtant pour découvrir un des plus beaux jardins privés du Périgord : les jardins du manoir d'Eyrignac. Une microrégion moins connue que ses prestigieuses voisines, bordée à l'ouest par la Vézère et à l'est par les frontières du Lot et de la Corrèze.

SAINT-GENIÈS (24590)

Superbe village, dont il se dégage beaucoup de charme. L'arrivée par l'ouest (la D 48) procure une vue charmante de l'ensemble : château-manoir, église et toits de lauzes typiques. Une adorable église, avec sa grosse tour carrée, très massive. Joli petit chœur roman à colonnettes. Derrière la petite école, de l'autre côté de la route, sur une butte entourée d'une clairière, voir la petite chapelle du Cheylard, du XIVe s, et ses très intéressantes fresques, notamment sur la droite où l'on devine saint Michel terrassant le dragon. À côté, une version médiévale des *Temps modernes* (de Chaplin), où le simple mortel semble être pris dans l'engrenage de la vie (interprétation non biblique garantie).

Où dormir ?

🏠 ***Bel Estiu :*** *Le Méjat. 📱 06-50-69-44-04. • contact@belestiu.com • belestiu.com • À 2 km à l'ouest de Saint-Geniès. Congés : janv-fév. Doubles 105-125 € ; familiales. Maison entière (10 pers) dès 210 €/nuit.* C'est une belle ferme du XVIIIe s, dont la grange indépendante a été restaurée et entièrement aménagée pour accueillir des hôtes. Elle comprend 3 chambres décorées avec élégance (couleurs pastel, literie en lin, murs blancs), un salon chaleureux et grande cuisine à disposition. Avis aux tribus : on peut louer l'intégralité de la bâtisse ! Dans la cour, petits coins terrasses, hamacs et coussins, invitant au cocooning. Piscine chauffée au milieu des champs pour lézarder. Un petit paradis, doté d'un charme fou !

🏠 ***La Mouynarie :*** *lieu-dit La Mouynarie. 📱 06-38-16-63-90. • m_huygh@hotmail.com • lamouynarie.com • À 5 km au sud-ouest de Saint-Geniès. Gîtes 60-115 €/nuit ; 330-1 150 €/sem (résa de 3 nuits min hors saison, 1 sem min en été).* Dans une propriété habillée de pierre calcaire, entre prairie et forêt, Marc réserve un accueil vraiment chaleureux à ses convives. Il a métamorphosé (de ses mains !) cet ancien corps de ferme en 5 gîtes de charme avec tout le confort moderne nécessaire. Les (grands) enfants rendront visite aux animaux (ânes, boucs et poules). Piscine couverte. Reposant. Bien pour un séjour.

SAINT-CRÉPIN-ET-CARLUCET (24590)

Le vieux Saint-Crépin est un beau village plein de charme dominé par le ravissant château de Lacypière, manoir du XVIe s, couvert de lauzes. Exposition de la restauration du château, pièces très joliment meublées (visite possible sur résa). Église du XIIIe s.

Où dormir ?

Chambres d'hôtes Les Granges Hautes : *Le Poujol, Saint-Crépin-et-Carlucet. ☎ 05-53-29-35-60. • lesgrangeshautes@orange.fr • les-granges-hautes.fr • Doubles env 97-117 € ; familiale. Sur résa, table d'hôtes 33 €, ou assiette gourmande 24 €.* Maison ancienne (XVIIIe-XIXe s) dans un superbe parc avec une grande piscine ! Un cadre de rêve au calme assuré. Très belle décoration intérieure, chambres de charme avec petit salon, de styles différents, équipées de douche ou bains. Et pour ne rien gâter, on y dîne fort bien. Accueil chaleureux.

Où acheter du bon foie gras ?

Ferme des Rouméviés : *Les Rouméviés, Saint-Crépin-et-Carlucet. ☎ 05-53-28-85-78. • contact@roumevies.com • roumevies.com • Visite et dégustation gratuites tlj à 18h ou sur résa.* Des éleveurs de canards depuis de nombreuses générations ! Et uniquement du canard de Barbarie.

SALIGNAC-EYVIGUES (24590)

Si vous suivez les panneaux vous indiquant la direction des jardins du manoir d'Eyrignac, spot touristique n° 1 de cette partie du département, vous traverserez forcément ce village de 1 200 âmes qui s'est lancé dans la mise en valeur de ses maisons traditionnelles (toits de lauzes et belle pierre jaune). Sur la place de la halle, pittoresque halle en pierre, justement, et noble demeure médiévale avec fenêtres gothiques (ancien couvent des croisés, du XIIIe s).

Adresse et info utiles

Office de tourisme du pays de Fénelon : *pl. du 19-Mars-1962, sur la D 60. ☎ 05-53-28-81-93. • tourisme@paysdefenelon.fr • fenelon-tourisme.com • Ouv de manière très aléatoire (1 ou 2 j./mois).* Très bon accueil. En été, organise *Les Estivales en Salignacois* : balades pédestres et visites de fermes, mais également balades (payantes) contées aux flambeaux, rando-croquis, casse-croûte...

– **Marchés :** *mar mat, de Pâques à mi-sept, avec des producteurs de pays. Également ven en juil-août, à partir de 18h, marché nocturne.*

Où dormir ? Où manger dans le secteur ?

Camping

Flower Camping Le Temps de Vivre : ***Malmont.*** *☎ 05-53-28-93-21. • contact@temps-de-vivre.com • temps-de-vivre.com • Par l'A 20, sortie Souillac, bien fléché de Salignac, à 1,5 km. Ouv avr-sept. Compter 25-29 € pour 2 en hte saison. 50 empl. Loc bungalows et mobile homes (2-7 pers) 180-840 €/sem.* Joliment vallonné, très propre, au calme et familial, avec une agréable piscine (chauffée). Sanitaires impeccables. Restauration sur place. Bonne atmosphère en prime, car ce n'est pas trop grand.

De bon marché à prix moyens

|●| ⛱ ***Domaine de la Meynardie :*** *lieu-dit La Meynardie, 24590* ***Salignac-Eyvigues.*** *☎ 05-53-28-85-98. • contact@domainedelameynardie.com • domainedelameynardie.com • Tlj sauf lun, mar et sam midi, 12h30-14h, 19h30-21h. Menu découverte (déj en sem) 25 €, menu de saison 44 €, menu dégustation 93 €.* Au bout de nulle part, ce superbe domaine a été repris par un jeune chef, qui y a installé son restaurant gastronomique. Un sacré pari, mais Adrien Soro a été formé chez Joël Robuchon et en a tiré les meilleures leçons. À 28 ans et moins d'un an après l'ouverture, il a obtenu un macaron. Alors ça vaut la peine de se perdre un peu dans la campagne, pour profiter au moins de son menu déjeuner à 4 plats, imbattable ! Mais aussi du cadre magnifique du lieu.

Fêtes et manifestations

– ***Fête des Vieux Métiers :*** *dernier lun de juil et les 2 premiers lun d'août.* Ateliers et animations autour d'un thème différent chaque année pour découvrir les anciens savoir-faire.
– ***La Ronde des villages en Périgord noir*** *(week-end de randonnée) :* *mi-oct. Organisé par l'office de tourisme. • larondedesvillages.com •*

EYRIGNAC ET SES JARDINS (24590)

Les collines du Périgord cachent de charmants jardins secrets, des lieux où les hommes ont su façonner la nature et lui donner de la superbe. Tels ces jardins, devenus au fil des décennies une des curiosités majeures de ce coin de France, à égale distance de Sarlat et Lascaux.

À quelques km de Salignac-Eyvigues. ☎ 05-53-28-99-71. • eyrignac.com • Tte l'année, tlj : avr-oct, 9h30 (10h avr et oct)-19h ; nov-mars, 10h30-12h30 et de 14h30 à la tombée de la nuit. Visite libre ou avec iPod. 2 sentiers botaniques, composant des balades de 30 mn et 1h : 12,90 € ; réduc ; 8,50 € 11-18 ans ; 6,50 € 5-10 ans. Audioguide (iPod) : 2 € (1h30). Parkings gratuits et ombragés. Aire de pique-nique. Pique-nique blanc le lun soir de mi-juil à mi-août, so chic, dans la roseraie, avec DJ et feu d'artifice (dress code : blanc, obligatoire). Monuments historiques, ces jardins, parmi les plus beaux de France, ont été labellisés Jardins remarquables par le ministère de la Culture. Ils furent créés au XVIIIe s dans un style à la française, mais furent transformés au XIXe s en parc à l'anglaise, selon les goûts de l'époque. Aujourd'hui retournés à leur forme initiale, hyper structurés, domestiqués, les jardins sont un parfait exemple de l'art topiaire. Ces sculptures végétales composées d'ifs, de buis et de charmes, taillés à la main par 6 jardiniers, arborent des formes parfaites. Parfois pleines de courbes et de douceur, parfois rectilignes et pleines de rigueur. Cônes de buis, ifs à plateaux, spirales, boules, arabesques... Et tous ces verts changeant au fil de la journée appellent forcément à la flânerie.
Patrick Sermadiras et sa femme, Capucine, poursuivent l'œuvre de Gilles Sermadiras, le créateur des jardins, avec la même fougue. Amoureux de leur jardin et de leur manoir du XVIIe s, ils consacrent tout leur temps à l'entretien et à la mise en valeur de ce patrimoine familial (depuis plus de 500 ans), mais d'intérêt national...
Eyrignac s'étend sur 10 ha et le visiteur se laisse porter, selon l'humeur, d'une allée de charmes, longue de 100 m, mais qui trompe son monde, à une étonnante

pagode chinoise du XVIIIe s, du jardin à la française, qui s'aligne dans la perspective du manoir, encadré par un pigeonnier et une chapelle romane, jusqu'à la roseraie blanche, qui ajoute une touche de poésie et de légèreté à l'ensemble. Arrivé là, le visiteur, sans être un spécialiste ou un fan de jardins pour autant, peut profiter tout à la fois du calme et d'une perspective sur les collines à perte de vue. Il peut continuer vers la prairie fleurie et le jardin des sources (*Eyrignac* signifie « là où l'eau coule » et le domaine compte 7 sources vives). Ou faire une pause à l'ombre avant de continuer. On se sent heureux, détendu, dans cet univers végétal apprivoisé, au point qu'on se rend à peine compte qu'on est en train de se promener dans le potager personnel du manoir, ou le verger riche de nombreuses variétés, qui ajoutent une touche bucolique à l'ensemble.

Belle boutique, pour les furieux du jardinage ou les amateurs de curiosités.

Location de 2 gîtes à la semaine en été ou au week-end hors saison (3 nuits min) : ***La Demeure de la Roseraie*** *(pour 8 pers, 1 650-2 000 €)* et l'annexe du manoir *(1 000-1 200 €/sem pour 4).* Idéal pour profiter du jardin, après le départ des visiteurs.

|●| Le restaurant ***Côté Jardins*** *(ouv avr-oct tlj, le midi service 12h-15h ; tartines et plats 16-21 €)* est accessible sans billet d'entrée. Bons produits et menus très corrects. Goûtez à la glace à la rose (roses du jardin évidemment). Terrasse ombragée très agréable.

LA VALLÉE DE LA DORDOGNE

• Carte *p. 188-189*

Moins encaissée que sa voisine de la Vézère, cette généreuse vallée offre d'incroyables panoramas sur les fiers châteaux plantés au sommet des villages, témoignages des guerres d'antan qui ont su se transformer en un fabuleux collier de perles que l'on égrène avec bonheur. Pour les admirer au fil de l'eau, il faudra à tout prix prendre une gabare, une de ces embarcations qui, aujourd'hui comme hier, permet de prendre le temps de voir danser les lumières sur la pierre blonde de Domme, de Vitrac, de La Roque-Gageac ou de Beynac... autant de bijoux nichés à flanc de falaises ou sertis dans leur gangue de verdure en bord de rivière. Il faut prendre son temps, procéder par petites étapes, pour faire durer le plaisir.

AU FIL DE L'EAU, DE CARLUX À VITRAC

Petite balade apéritive avant d'attaquer par le menu les plus beaux villages et châteaux de la vallée de la Dordogne. Si vous arrivez du Nord-Sarladais ou même de Sarlat, ne manquez pas de vous arrêter sur la route, un peu avant Carlux, pour découvrir un des sites les plus attachants du pays (panneaux bien visibles).

CARLUX (24370)

Un tout petit bout de village en frontière du Lot, par lequel on entame notre parcours en vallée de la Dordogne (à moins d'arriver par l'autoroute directement de Souillac, évidemment). Au cœur du village (dont on ne prononce pas le « x ») se dressent encore la tour de guet d'un vieux château du XIIe s et, en face, la petite église au sol qui monte doucement vers le chœur. Dans les proches environs, on ne manquera pas le remarquable château de Fénelon et les adorables jardins de Cadiot.

Adresse utile

Office de tourisme du pays de Fénelon : *Rouffillac, Carlux. ☎ 05-53-59-10-70. • tourisme@paysdefenelon.fr • fenelon-tourisme.com • Juil-août, tlj. Le reste de l'année, mar-ven 10h-12h, 14h-17h ; sam 11h-13h, 14h-18h ; dim 14h-17h.* Café, espace d'expo dédiée au photographe Robert Doisneau *(• lagare-robertdoisneau.com •)* et expos temporaires.

Où dormir ? Où manger dans les environs ?

De bon marché à prix moyens

Chambres d'hôtes et ferme-auberge La Garrigue Haute : *au lieu-dit La Garrigue-Haute, 24370* **Prats-de-Carlux.** *☎ 05-53-29-80-08. • lagarriguehaute@orange.fr • lagarriguehaute.fr • Ouv ts les soirs sauf dim. Congés : de nov à mi-avr. Seulement sur résa. Doubles 62-72 €. Menus 19,50-32 € (café et vin compris).* Une bien jolie ferme entourée de collines et de vallons, où l'on travaille en famille depuis déjà 7 générations. On y élève les oies et les canards dans la tradition. Pour dormir, des chambres simples, propres et fonctionnelles. Calme total, vue reposante, la paix quoi. À table, rien que des produits de la ferme, ça va de soi (pâtés, tourtières, civets, confits...).

LE PÉRIGORD NOIR

À voir dans les proches environs

Les Jardins de Cadiot : *à 1 km de Carlux, bien fléché. ☎ 05-53-29-81-05. • lesjardinsdecadiot.com • ♿ (accès partiel). Ouv mai-sept tlj 10h-19h. Entrée : 7,50 € ; réduc ; gratuit moins de 14 ans. Visite libre (1h env). Ateliers-découverte des plantes médicinales (mar à 10h30).* Alternance d'une dizaine de jardins classiques et sauvages, sur 2 ha : potager, verger ornemental entouré de *mixed-borders* qui adoucissent la géométrie (nuances de mauve, rose et argenté), pivoineraie (une centaine de variétés qui fleurissent jusqu'à mi-juin), petit labyrinthe de charme, roseraie dans un vallon qui se métamorphose en jardin de graminées après la saison, jardin de poésie agrémenté de sculptures... De l'autre côté de la petite route, autour de la jolie maison, encore 1 ha de jardins, d'esprit plus intimiste, toujours organisés par gamme chromatique, avec un esprit plus anglais, à dominante jaune l'été : jardin sauvage, jardin de buis... *Salon de thé (pâtisseries et glaces maison) mai-sept tlj sauf sam 14h-18h30.*

La Gare Robert Doisneau : *Z.A. Rouffillac,* **Carlux.** *☎ 05-53-29-81-05. • lagare-robertdoisneau.com • Tlj 10h-17h (en principe).* Un espace entièrement dédié au photographe Robert Doisneau, a été aménagé dans cette ancienne gare. L'une de ses célèbres photos a été prise en 1939 devant cette gare. Il fut un fidèle de la Vallée de la Dordogne, jusqu'à la fin de sa vie et y prendra de nombreuses photos, dont certaines se trouvent exposées ici. Notamment des cartes postales pour le syndicat d'initiative de Souillac et une série de photographies pour les foies gras Rougié à Sarlat. Un petit labo interactif pour découvrir les secrets de la photo argentique (révélation, bain, fixation, rinçage et séchage).

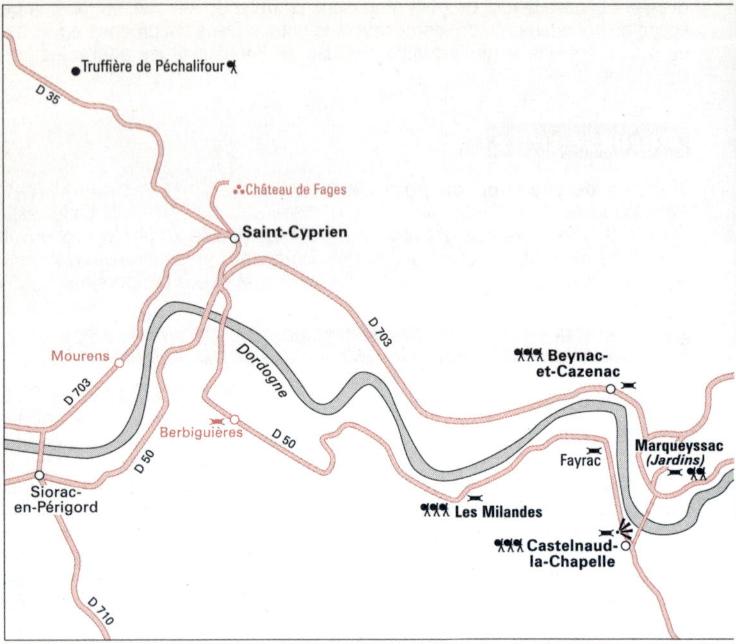

LE CHÂTEAU DE FÉNELON

*Château dominant **Sainte-Mondane** (24370). ☎ 05-53-29-81-45. • chateau-fenelon.fr • Ouv Pâques-fin sept. Juil-août, tlj sauf sam 10h30-18h30 ; avr-juin et sept, tlj sauf mar et sam 10h30-12h30, 14h30-18h. Dernière admission 1h avt la fermeture. Entrée : 9,50 € ; réduc ; 5,50 € pour les 5-11 ans. Visite non guidée, mais aidée de panneaux pédagogiques. Remise de 1 € pour 2 entrées adulte sur présentation de ce guide.*

Fénelon (1651-1715), archevêque, duc de Cambrai, prince du Saint Empire, précepteur des petits-enfants de Louis XIV et auteur de fameux écrits comme le célèbre *Télémaque* et le *Traité de l'éducation des filles,* y naquit. Classé Monument historique depuis 1927, le château est aussi labellisé Maison des Illustres. Avec ses 70 ha de bois et de prés tout autour, le château fut réhabilité, restauré et remeublé à la fin des années 1980. Il offre l'aspect d'une sublime forteresse, mêlant le caractère guerrier du Moyen Âge à l'esthétique de la Renaissance. Du XIIIe s, il ne subsiste que le donjon. La chapelle fut ajoutée au XIVe s ; quant au corps de logis, il date du XVe s. Il est encadré de 2 grosses tours, rehaussées en leur milieu par 2 lucarnes de style gothique flamboyant tardif. On y ajouta ensuite 2 nouvelles tours sans toit, pour constituer un ensemble d'une grande élégance. Dernier ajout par le grand-père de Fénelon au XVIIe s, une grande galerie-terrasse d'agrément où profiter d'une belle vue sur la vallée de la Dordogne. Le château est à cette époque synonyme de plaisir et a complètement perdu son rôle défensif. À noter le toit couvert de lauzes d'origine.
– ***L'intérieur :*** les différentes pièces sont décorées et aménagées avec un mobilier familial allant de la Renaissance au style 1er Empire, donc assez

éclectique. Passage obligé par la ***chapelle,*** avec sa voûte en cul-de-four, puis les cuisines, tout équipées avec les ustensiles de l'époque. De la ***salle d'armes,*** parmi quelque 300 pièces, armes et armures, on notera le casque-araignée, assez rare, du XVIIe s ; 3 belles arbalètes et une épée à 2 mains. La ***chambre de Fénelon,*** certainement la plus intéressante, abrite un lourd mobilier périgourdin du XVIIe s, et notamment le lit dans lequel le prélat serait né, avec, en face, une remarquable cheminée en noyer massif sculpté, classée Monument historique et décorée de motifs de fruits et légumes du Périgord. La ***salle Renaissance*** présente une superbe paire de coffres normands. Le ***salon Louis XIV,*** quant à lui, abrite un remarquable bureau Mazarin en bois précieux et à 8 pieds. Le ***cabinet de curiosités,*** avec ses objets insolites, témoigne d'un genre très en vogue au XVIe s. Chambre Louis XVI et chambre Empire au dernier étage.

Où dormir ? Où manger près du château ?

Chambres d'hôtes et ferme-auberge La Ferme des Cent Écus : *le Roc, lieu-dit Manobre, 24370* ***Sainte-Mondane.*** *06-80-02-21-66. • contact@aubergedescentecus.com • chambrescentecus.fr • Doubles 68-76 €. Repas 22 €.* Dans une belle et grande propriété (20 ha quand même !), 5 chambres spacieuses, champêtres et confortables à la fois. Vaste salle à manger rustique, au sol revêtu de pichat (petits cailloux de calcaire ajustés en rangs serrés).

LA RÉSERVE ZOOLOGIQUE DE CALVIAC

La réserve zoologique : *à **Calviac-en-Périgord,** bien fléché sur la route D 704A de Sarlat direction Souillac. ☎ 05-53-28-84-08. • reserve-calviac.or • Tlj : avr-sept, 10h-19h (juil-août 9h30-20h) ; fév-mars et d'oct à mi-nov : 13h30-18h ; le reste de l'année : ouv le w-e 13h30-17h et tlj pdt vac de Noël. Dernière entrée 2h avt fermeture. Entrée : l'été 14 € ; enfant 9 € ; hors saison, respectivement 12 et 7 €. 1 € de moins pour les visiteurs à vélo, en transport en commun, ou sur présentation de ce guide. Nocturnes de mi-juil à mi-août lun (dernière entrée à 22h). Visite déconseillée aux pers en fauteuil roulant, mais usage des poussettes possible.* Des lémuriens aux ouistitis, des loups à crinière aux wallabies, la réserve œuvre pour la conservation d'espèces menacées d'Europe, de Madagascar, d'Afrique occidentale, d'Amérique du Sud et d'Océanie. Tous les animaux visibles ici proviennent de programmes d'élevages issus de différents parcs zoologiques. 200 mammifères et oiseaux, mais aussi des reptiles européens, de 40 espèces différentes, vivant en forêt, sont disséminés sur 4 ha organisés en terrasses et en sous-bois. Tout au long du parcours, textes et poèmes évoquent la relation entre l'homme et la nature. Ce projet fut financé par la banque Nef, banque éthique, et c'est assez rare pour le souligner. Le site étant organisé par postes, points de vue, observatoires et passerelles, on est partout au plus près des animaux. Pour certains, on pénètre à l'intérieur des enclos et même dans une grande volière. Plusieurs fois par jour, nourrissage avec animations. Tout le parc est en gestion écologique : toilettes sèches, assainissement (filtres plantés, roseaux...), constructions en bois non traité et toitures végétales. Un conseil donné par les responsables de la réserve : venez à l'ouverture ou en fin d'après-midi, il y a moins de monde, en été, et les animaux sont davantage actifs.

Au sympathique petit ***café-boutique,*** quelques produits locaux (jus fermiers artisanaux). *Snack uniquement juil-août.*

CARSAC-AILLAC *(24200)*

Petit arrêt possible dans ces 2 jolis villages, séparés de 3 km, qui n'en font plus qu'un, mais qui ont toutefois conservé leurs 2 églises. Celle d'Aillac est intéressante pour la variété de ses styles. L'***église de Carsac,*** isolée sur un bout de clairière, présente un porche roman à voussures et un joli toit de lauzes. À l'intérieur, belle nef centrale. Les nefs latérales reposent sur d'intéressantes croisées d'ogives, ajoutées au XVIe s. Certaines clefs de voûtes sont ciselées d'animaux ou de végétaux.

Où dormir ? Où manger dans les environs ?

Camping

Camping du lac de Groléjac : *bien fléché depuis **Groléjac.** ☎ 05-53-59-48-70. • contact@camping-dulac-dordogne.com • camping-dulac-dordogne.com • Ouv avr-sept. Compter 21,80 € pour 2 en hte saison. Bungalows en toile, avec plancher de bois et cuisine (pour 4 pers) ; mobile homes (2-6 pers) 215-790 €.* Juste au bord des plages du plan d'eau de Groléjac, petit camping tranquille, familial, simple et à prix doux, avec piscine chauffée. Accès gratuit à la base de loisirs pour les clients du camping. Laverie. Snack. Épicerie. Accueil sympa.

De chic à plus chic

La Villa romaine : *Saint-Rome, Carsac-Aillac. ☎ 05-53-28-52-07. • contact@lavillaromaine.com • lavillaromaine.com • À 10 km de Sarlat, près de la voie verte. Hôtel ouv tte l'année sauf de mi-fév à mi-mars. Resto ouv mai-oct le soir seulement (fermé mer et dim en mi-saison). Doubles*

99-159 € ; suites familiales 2-4 pers. Formules à partir de 28 €. Au bord de la Dordogne et tout près de la voie verte, cette ancienne ferme a été métamorphosée en hôtel de charme. La vingtaine de chambres spacieuses et climatisées, proposent des lits *king size* bien confortables et invitent au farniente. La grande pergola est un autre spot idéal pour bouquiner... entre 2 plongeons dans la piscine à débordement, dans un magnifique cadre de verdure. Accueil chaleureux et professionnel. Au restaurant, bonne cuisine de saison.

À faire dans les environs

– ***La base de loisirs de Groléjac :*** *entrée payante (2 €).* Sympathique plan d'eau bien agréable quand il fait chaud.

MONTFORT (24200)

Bel ensemble architectural, avec un bouquet de maisons qui s'étagent en terrasses et se pressent autour d'un château en surplomb, remarquable avec sa grosse tour carrée au toit pentu, bordée de mâchicoulis impressionnants. La vue du village en arrivant par la D 703 ne manque pas de saisir. Quant au ***cingle de Montfort,*** à 1 km du village, il doit son nom au mâle de la couleuvre : ce méandre de la Dordogne rappelle le cheminement du serpent dans son tracé.

LE PÉRIGORD NOIR

Où dormir ? Où manger ?

Bon marché

Hôtel-resto Le Pech de Malet : *763, chemin Pech de Malet. ☎ 05-53-28-14-82. • pechdemalet@wanadoo.fr • pechdemalet.free.fr • ♿ Fermé fin oct-début avr. Resto fermé dim soir. Doubles 39-47 €. Formule du jour env 13 € ; menus 19-28 €. Apéritif maison offert sur présentation de ce guide.* Une dizaine de chambres à l'hôtel, et une poignée à l'annexe, avec une vue et une tranquillité qui devraient vous plaire. La famille Lasserre vous accueillera avec beaucoup de naturel, mais pensez à réserver si vous comptez profiter de la vue sur les falaises de Caudon, et surtout de la table, car cet ancien corps de ferme est un hôtel-restaurant très fréquenté. Petits prix mais grandes chambres, simples et sympa, et grands menus, avec de la truite, pour changer un peu, après l'incontournable omelette aux cèpes.

Plus chic

Chambres d'hôtes L'Ombrière : *à Montfort, 24200 **Vitrac.** ☎ 05-53-29-21-60. 📱 07-89-68-18-89. • contact@lombriere.com • lombriere.com • Ouv avr-sept. Doubles 90-110 € (2 nuits min). Table d'hôte sur demande 36 €.* Une très jolie maison de campagne périgourdine, posée tranquillement sur le haut d'un superbe jardin. Le jeune couple bordelais, nouveaux propriétaires des lieux, propose 4 très belles chambres d'hôtes, toutes vastes et décorées avec goût, qui ont un charme indéniable. Pour un peu, on se croirait en week-end à la campagne chez des amis. Accueil charmant et cadre apaisant.

VITRAC (24200)

Encore un village de poche blotti dans une boucle de la rivière, au pied des falaises, qui possède comme bien d'autres sa jolie petite église romane mâtinée de gothique. Ce n'est pas forcément le village le plus beau qu'on ait découvert, mais si on le signale, c'est qu'il constitue lui aussi un point de chute agréable et pratique pour rayonner dans la région.

Où dormir ? Où manger ?

De bon marché à chic

Hôtel-resto La Treille : *Le Port, sur la route qui longe la rivière. ☎ 05-53-28-33-19. • hotel@latreille-perigord.com • latreille-perigord.com • Resto fermé le midi lun-mar. Doubles 52-69 € ; ½ pens 77 €/j. Menus 34-48 €. Parking.* Cet hôtel de poche appartient à la même famille depuis 1866. Ne vous fiez pas à l'extérieur, on vient ici pour découvrir une authentique cuisine traditionnelle, prise en compagnie d'habitués, dans une salle reposante malgré la proximité de la rue. Philippe Latreille est un vrai chef, un résistant du goût, comme on en trouve encore dans cette vallée heureuse. Et les 7 chambres, à l'ancienne, sont à prix tout doux.

L'École Buissonnière – Café des Arts : *au cœur du village. 06-83-94-98-35. • cat.decressac@wanadoo.fr • Tlj sauf jeu (et lun hors saison) 12h-21h30. Résa conseillée. Menu 19,50 € ; carte env 15 €. Café offert sur présentation de ce guide.* L'ancienne école du bourg est devenue une galerie d'art-atelier-salon de thé-crêperie. Dans la cour aux beaux jours, on rejoue à la marelle tandis que d'autres jouent à l'aquarelle... Entre 2 toiles, les profs artistes lâchent leur palette pour saisir une poêle et nous régaler d'une bonne galette ou d'une crêpe sucrée, à accompagner d'une bolée de cidre. En attendant, on regarde les œuvres...

LA ROQUE-GAGEAC (24250) 460 hab. *Carte Périgord, D4*

Une homogénéité quasi parfaite ! Coincée entre la Dordogne et la falaise, La Roque-Gageac est classée parmi les Plus Beaux Villages de France. Les quais rappellent l'activité batelière de jadis qui fit vivre et prospérer pêcheurs et gabariers durant quelques siècles. Les touristes ont aujourd'hui pris le relais. Ses belles maisons aux toits bruns se serrent les unes contre les autres ou tentent de s'accrocher aux flancs vertigineux de la masse rocheuse qui domine le village. Les évêques de Sarlat, qui possédaient un goût très sûr, y avaient, bien entendu, une résidence secondaire, le fort troglodytique. Par beau temps, au soleil déclinant, le village s'illumine véritablement.
Au sommet, une église du XVe s, fusionnant avec la roche, enfouie dans une végétation quasi tropicale. Exposé plein sud, le village profite en effet d'un climat presque méditerranéen.

Adresse et infos utiles

Office de tourisme de Sarlat La Roque-Gageac : *à l'entrée du village. ☎ 05-53-29-17-01 (ou 05-53-31-45-45 hors saison). • sarlat-tourisme.com • Juil-août : tlj 10h-13h, 14h-18h. Avr-juin et sept-oct : tlj 10h-13h, 14h-17h (18h le 14 mai) ; du 11 au 13 nov, lun-sam 10h-13h, 14h-17h. Fermé le reste de l'année.* Visite commentée du village *(de mi-juin à mi-sept, ven 10h30 ; tarif 5,50 €, gratuit moins de 12 ans).* Visite costumée « Les énigmes d'Éliette » *(juil-août, mer 18h ; 11 €, réduc).*

– **Parkings :** payants *(env 3 € ½ journée),* sauf le petit parking en face des courts de tennis.

– **Marché :** *de début mai à mi-sept, ven 9h-13h, sous la halle.* Marché des producteurs de pays.

Où dormir ? Où manger ?

Campings

⛺ ***Camping La Plage :*** *la Malartrie, à l'entrée ouest de La Roque-Gageac, en bord de Dordogne, 24220* ***Vézac.*** *☎ 05-53-29-50-83. 📱 06-83-36-41-68. • campinglaplage24@orange.fr • camping-laplage.fr • Ouv de mi-mars à mi-oct. Compter 14,50-21,20 € pour 2. Locatifs. 83 empl.* On ne peut mieux situé, sous les arbres, voici un joli petit camping tout simple et propre, avec de généreuses pelouses, de grands emplacements et la rivière sous le nez. Piscine un peu à l'écart, à proximité de la route, mais le soir, c'est très calme.

⛺ ***Camping La Butte :*** *sur la D 703, à 4 km de La Roque-Gageac, entre Cénac et Vitrac-Port, direction Sarlat. ☎ 05-53-28-30-28. • contact@camping-la-butte.com • camping-la-butte.com • Ouv fin avr-fin sept. Compter 17,50-31,50 € pour 2.* Camping organisé en terrasses, familial et très arboré. Emplacements bien marqués. Quelques mobile homes également. Blocs sanitaires propres. La rumeur de la route ne dérange aucunement le soir. Parc aquatique. Bonne atmosphère tranquille, sous les arbres. Jeux pour enfants.

De prix moyens à chic

🏠 🍴 ⛱ ***La Belle Étoile :*** *rue principale. ☎ 05-53-29-51-44. • hotel.belle-etoile@wanadoo.fr • belleetoile.fr • Resto fermé lun et mer midi. Congés : 5 nov-début avr. Doubles 80-90 €. Petit déj 14 €. Menus 30-55 €. Résa obligatoire.* Hôtel de charme, dont le cadre et le décor sont parfaitement en harmonie avec le village. Chambres classiques, joliment rénovées dans les tons du moment. Certaines (nos 1 à 11) offrent un beau point de vue sur le cours placide de la Dordogne. Toutes possèdent un double vitrage. Élégante salle à manger et terrasse abritée sous une treille, en surplomb de la rivière. Cuisine réalisée avec une grande maîtrise, et ce dès le 1er menu, ce qui explique son succès en toutes saisons. Vous êtes dans l'une des meilleures tables du Périgord, incontestablement ! Produits de terroir soigneusement sélectionnés, un vrai régal. Même ceux qui ne sont pas fans de ris de veau vont craquer. Accueil chaleureux et attentionné.

🍴 🍷 ⛱ ***Les Terrasses de la Roque :*** *dans le bourg. ☎ 05-53-28-71-92. Prendre l'escalier juste à droite de La Belle Étoile, c'est juste au-dessus. Midi et soir en saison. Planches et plats 11-18 €.* Charmantes terrasses bien arrangées, avec vue sur la Dordogne. Une bonne halte pour déjeuner « simplement » d'huîtres et fruits de mer du bassin d'Arcachon, tapas et planches. Mais aussi pour manger une glace dans l'après-midi. Bref, une pause bien sympa après une grimpette au fort.

Où dormir ? Où manger dans les environs ?

Bon marché

🏠 🍴 ***La Ferme Fleurie :*** *au lieu-dit* ***Le Colombier,*** *sur la D 703, à 4 km de La Roque-Gageac (vers Vitrac). ☎ 05-53-28-33-39. • reservation@fermefleurieperigord.com • fermefleurieperigord.com • ♿ Tlj sauf mer soir. Congés : nov-mars. Doubles 50-52 € ; familiale ; petit déj 7 €. Gîte d'étape 25 €/pers la nuit (draps compris) et ½ pens 51 €/j. Repas le soir sur résa 19 €. Digestif maison offert sur présentation de ce guide.* En pleine campagne, cette grande ferme périgourdine profite d'un environnement de charme, avec son ravissant jardin fleuri où il fait bon musarder. Au choix, on loge côté auberge, dans des chambres simples et confortables, ou côté gîte, dans une maison recouverte de bois, à 2 pas de la demeure principale (il se compose de 3 dortoirs de 4 lits, tous avec salle de bains, et d'une cuisine). Pour la

LE PÉRIGORD NOIR

déco, c'est plein de fresques partout, réalisées par Fanny quand elle n'est pas occupée à préparer les gâteaux du petit déj, ou à mitonner les plats du bon repas. Une adresse vraiment très sympa.

À voir

Le village : n'hésitez pas à emprunter les ruelles en escalier du village pour gagner l'unique et étroite rue qui s'étire le long de la falaise. Superbe point de vue sur les toits en cascade et la rivière. On aboutit, en passant par le porche creusé sous la maison à la tour, à un petit ***fort troglodytique,*** à flanc de falaise et dominant la cité. Il se visite *(• fortdelaroquegageac.com • ; Pâques-Toussaint, ouv tlj 10h-18h30 (19h30 juil-août) ; compter 6,50 € ; réduc, attention, ça grimpe raide).* Les piliers de soutènement servent de support à une exposition retraçant l'histoire du village et mettant en lumière ses personnages les plus illustres.
De là, on découvre des vestiges de chemins de ronde, des éléments défensifs (assommoir, archères, meurtrières...). Vos pas vous mèneront également vers la petite église, avec autour un étrange jardinet exotique : grâce au microclimat local, les plantes venues de tropiques plus généreux poussent ici comme là-bas.
– À l'extrémité ouest du village, voir le petit ***manoir de Tarde,*** délicieuse gentilhommière périgourdine avec son élégante tourelle. À l'est (entrée du village en venant de Beynac), le ***château de la Malartrie,*** datant du XIXe s mais édifié en style XVe et respectant l'architecture locale.

À faire

Balade en bateau (gabare) : *rens et résas auprès de 2 compagnies :* ***Gabarres Caminade,*** *☎ 05-53-29-40-95. • gabarrecaminade.fr •, ou* ***Gabarres Norbert,*** *☎ 05-53-29-40-44. • gabarres.com • norbert.fr • Tlj avr-oct : balade env 55 mn ; 10 € (moins de 13 ans : 8 €). Départ tlj, 10h-18h.* Pour découvrir au fil de l'eau les 5 plus beaux (et imposants) châteaux du secteur. Une balade vraiment pleine de charme. Visites spéciales enfants.

Balades sur la Dordogne et location de canoës : ***Canoë-Dordogne,*** *dans le centre de La Roque-Gageac, à proximité du parking (payant, attention). ☎ 05-53-29-58-50. • canoesdordogne.fr • Une balade dans le village (1h, 9 €) et 4 trajets possibles de 9 à 25 km (17-26 € ; ½ tarif moins de 12 ans).* Descente libre vers Saint-Vincent-de-Cosse, puis remontée en bus. Randonnées de 1 ou 2 journées au départ de Carsac également sur réservation (transfert en bus de La Roque).

ATTENTION, FAUX AMIS !

On associe toujours canoë et kayak, alors que ce sont 2 embarcations bien distinctes. Le canoë, inventé par les Indiens, se manœuvre à genoux avec une pagaie simple ; quant au kayak, il fut d'abord utilisé par les Inuits. On le pilote assis et à l'aide d'une pagaie double. Un point commun toutefois : leur instabilité !

La Dordogne en canoë-kayak : *loc de canoës auprès de* ***Couleurs Périgord,*** *à Vézac. ☎ 05-53-30-37-61. • ladordogneencanoe.com • Ouv mai-oct (selon niveau de la rivière). Propose 4 parcours de 5 à 22 km au départ de Vézac, de 1h à 4h30. Résa obligatoire. Compter 13-24 € ; réduc.* Autre équipe au top pour une descente de la rivière à votre rythme.

Montgolfière du Périgord : *Saint-Donat, à l'entrée de La Roque-Gageac en venant de Vitrac ou Cénac (sur la droite). ☎ 05-53-28-18-58. 📱 06-63-89-12-09. • montgolfiere-du-perigord.com • ♿ Décollage de La Roque ou au* *pied des châteaux de Castelnaud, de Fayrac, des Milandes et de Beynac en fonction des vents, et retour en navette. Vols de 1h tte l'année, tlj. À partir de 215 €/pers pour un vol collectif (réduc). Prévoir 3h en tt avec la préparation, le vol et le dégonflage compris, et puis le vent est parfois capricieux ! On ne se pose jamais à l'endroit d'où l'on a décollé.* Un souvenir inoubliable et une manière vraiment originale d'appréhender la vallée de la Dordogne. Au retour à la base, remise de diplôme et coupe de champagne pour fêter ça. Très pro et excellent accueil.

LE CHÂTEAU DE CASTELNAUD

Carte Périgord, D4

Dans le charmant petit village de **Castelnaud-la-Chapelle,** *situé en aplomb de la falaise. ☎ 05-53-31-30-00. • castelnaud.com • Entièrement piéton : on se gare sur le grand parking public et payant ou sur celui gratuit en bas du village. Tte l'année, tlj : juil-août, 9h-20h ; avr-juin et sept, 10h-19h ; fév-mars et 1er oct-11 nov, 10h-18h ; 12 nov-janv, 14h (10h pdt vac de Noël)-17h. Dernière admission 1h avt la fermeture. Entrée : 9,90 € et 5 € pour les 10-17 ans, nov-mars ; puis 10,90 € et 5,50 € avr-oct ; gratuit moins de 10 ans ; remise de 1 € pour adultes et 0,50 € pour enfants en juil-août avt 13h. Visite libre avec livret (1h env). Visites guidées de 45 mn tte l'année (voir agenda sur le site). De mi-juil à fin août, lun-jeu spectacles-enquêtes nocturnes ; entrée : 15,50 € adulte et 10 € pour les 5-17 ans ; billet combiné avec visite 21 € ; réduc. Également un billet jumelé avec Marqueyssac (voir plus loin).* Tout simplement le château le plus visité du sud-ouest de la France. Et il a fière allure, en fusion totale avec le village à ses pieds. De là-haut, panorama exceptionnel sur la falaise, le château de Beynac, celui de Marqueyssac et sur le village de La Roque-Gageac.

CASTELNAUD OU L'ART DE LA POLIORCÉTIQUE (TECHNIQUE DU SIÈGE) !

Le 1er château, construit au XIIe s, fut détruit durant la croisade contre les albigeois, menée par les armées de Simon de Montfort. Promptement rebâti au cours du siècle suivant, Castelnaud s'adaptera en permanence au rythme des progrès de l'artillerie. Les travaux d'aménagement se poursuivront jusqu'au début du XVIIe s. Du XIIIe s, on retrouve les éléments défensifs comme l'enceinte et le donjon. Le logis date du XVe s (espaces de résidence), et la tour d'artillerie du XVIe s, elle aussi à caractère défensif, percée de grosses canonnières. Le bastion qui domine la basse-cour constitue la partie la plus tardive de l'édifice, ajoutée au XVIIe s.

On découvre un exceptionnel exemple de fortification féodale, organisé de manière rationnelle et efficace. Noter le donjon, à cheval sur l'enceinte au profil en forme d'éperon, qui protège l'entrée principale. Percée de nombreuses archères, cette courtine fait partie d'un système défensif performant, succédant à 2 lignes défensives. Édifié pour surveiller le château de Beynac que l'on voit depuis la basse-cour,

LES MESURES AU MOYEN ÂGE

Avant le système métrique, les mesures différaient d'une construction à l'autre. On se référait à la morphologie du maître d'œuvre. Une fois fixée, chaque mesure était inscrite sur une réglette et tous les ouvriers de ce chantier utilisaient la même. En revanche, les proportions entre les mesures étaient identiques (ex. : 1 pied = 12 pouces).

LE PÉRIGORD NOIR

souvent occupé par les Anglais pendant la guerre de Cent Ans (il ne redeviendra français qu'en 1442), Castelnaud perdit après la guerre son rôle défensif, fut ensuite abandonné et servit de carrière de pierre au cours du XIXe s. Racheté en ruine dans les années 1960, il fut restauré et rouvert à la visite en 1985.

La visite

À l'intérieur, le ***musée de la Guerre au Moyen Âge*** possède une rare collection de pièces authentiques s'échelonnant du XIIIe au XVIIe s, provenant de différents pays d'Europe. Accès au bastion un peu à l'écart, où l'on peut voir la reconstitution d'exceptionnels engins de siège, à savoir de machines de jet (énormes lance-pierres). Les collections s'articulent dans 15 salles au total, de façon dynamique, selon une succession d'espaces différents : salle d'artillerie, coursives, salles d'armes, maquettes, salles vidéo, terrasses, magasin d'armes, casemates, atelier du batteur d'armure, cuisine, salle haute du donjon meublé, galerie de hourds. Une des grandes salles du logis est habillée d'une peinture murale représentant le *Cycle des Neuf Preux,* les 9 chevaliers mythiques (César, le roi David, le roi Arthur, Godefroy de Bouillon...). Elle a été réalisée en 2016 avec les mêmes techniques et couleurs qu'au Moyen Âge.

À la base du donjon, voir la ***collection d'arbalètes***. Cette arme, plus précise et plus puissante que l'arc, possède des effets terriblement meurtriers. Son arc était armé à l'aide d'un treuil puis, à la fin du XVe s, grâce à un système encore plus performant : le cric ou cranequin. Belles vitrines d'arbalètes allemandes. Mention spéciale pour l'arbalète à tour sur la terrasse, absolument énorme. Installée à un poste fixe, son avantage résidait dans la précision et la portée du tir : 300 m pour un carreau de 1 m ! Reconstitutions de hourds, balcons de bois en surplomb du donjon, et de mâchicoulis. Maquettes des ***machines de jets*** que l'on verra à l'extérieur grandeur nature, comme le trébuchet, sorte de grande fronde. Cet engin à contrepoids, malgré une cadence de tir faible (2 tirs à l'heure) fut la machine de guerre la plus puissante du Moyen Âge ! Le célèbre couillard (doté de 2 contrepoids – silence dans les rangs !) permettait une cadence de tir plus rapide. Dans la salle d'armes, série d'armes d'hast et d'épées, armures complètes, plastrons et cottes de mailles ainsi que des exemples de 1ers casques à visière du XVe s, appelés « salades ».
Également des espaces vidéo pédagogiques et bornes de jeux. Nombreuses animations médiévales pendant les vacances scolaires et tout l'été.
– En sortant, faire un tour à la salle de lecture pour enfants. Reconstitution d'une forge où l'on explique la fabrication des couteaux ou armures. Jardin d'inspiration médiévale. Boutique-librairie. En saison, petite taverne pour reprendre des forces.

L'ARBALÈTE, ARME IMMORALE

Quand on inventa cette arme au Moyen Âge, la chevalerie française fut scandalisée. N'importe quel soldat à pied (souvent un manant ou un mercenaire) pouvait transpercer l'armure d'un chevalier. Alors que l'aristocratie n'acceptait de mourir qu'à condition que l'ennemi soit de sang bleu ! Le roi Richard Cœur de Lion sera ainsi mortellement blessé par l'arbalète d'un inconnu. En 1139, le pape excommuniera les arbalétriers. Sans succès : l'arme était trop efficace.

Où dormir ?

Camping

⛺ ***Camping Lou Castel :*** *à **Castelnaud-la-Chapelle,** à env 3 km de Beynac et 15 km de Sarlat.* ☎ *05-53-29-89-24.* • *contact@loucastel.com* • *loucastel.com* • ♿ *Ouv Pâques-sept. Compter 15-45 € pour 2. Loc de chalets,* *caravanes, mobile homes, roulotte et bungalows 220-1 300 €/sem. Réduc intéressante hors saison.* Beau camping 4 étoiles parfaitement au calme, en pleine verdure, très bien équipé. Bonnes proportions, mais pas trop grand tout de même. Emplacements spacieux, piscines avec toboggan, terrain de jeux pour enfants, terrain multisport, volley, pétanque. Situation à la portée des sites touristiques des alentours, mais en toute tranquillité. Accueil sympathique.

DANS LES ENVIRONS DU CHÂTEAU DE CASTELNAUD

L'écomusée de la Noix : *domaine de Vielcroze, 24250* ***Castelnaud-la-Chapelle.*** *☎ 05-53-59-69-63. • ecomuseedelanoix.fr • ♿ (3 salles accessibles sur 4). Accès par la route du château, puis bien fléché. D'avr à mi-nov : tlj 10h-19h. Le reste de l'année, seule la boutique est ouv (14h-17h30 lun-sam). Visite : 5 € ; réduc.* Tableaux, photos, vidéo, tout pour vous expliquer la culture du noyer et tous ses dérivés. Expos didactiques sur les différentes noix et le travail de presse. Pressage en juillet-août, les après-midis du lundi au vendredi ; d'avril à juin et septembre, seulement du mardi au jeudi. À l'extérieur, balade dans la noyeraie de 5 ha, aire de pique-nique. Balade également dans la truffière à la recherche de la truffe, instructif pour tous, petit et grands. Bon accueil, enjoué et passionné. À noter que les huiles sont fabriquées avec des noix bio.

LE CHÂTEAU DES MILANDES

Carte Périgord, C4

Sur la commune de ***Castelnaud-la-Chapelle*** *(24250). ☎ 05-53-59-31-21. • milandes.com • Avr : tlj 10h-18h30 ; mai-juin et sept tlj 9h30-19h ; juil-août tlj 9h-20h ; oct tlj 9h30-18h30 ; 1er-11 nov tlj 10h-18h. Vac de Noël : tlj 11h-19h. Début fév-début mars : tlj 14h-18h. Dernière admission 1h avt fermeture. Entrée : 12 € ; 7,50 € pour les 5-16 ans ; gratuit moins de 5 ans. Visite libre. Audioguide gratuit (avec une version enfants). Spectacle de rapaces (compris dans le tarif) : en juil-août, 4 spectacles : à 11h15, 14h30, 16h et 17h30 ; en avr-juin et sept : 3 spectacles à 11h15, 15h et 16h30 ; fin mars-début avr : 2 spectacles à 15h et 16h30 ; oct : 2 spectacles à 11h15 et 15h30 ; début nov : 1 spectacle à 15h. Aucun spectacle pendant les vac scol de Noël et d'hiver. Durée : 30 mn.*

Un des temps forts de la balade au fil de la Dordogne. Un site qui ne cesse d'évoluer pour plaire à tous ceux qui viennent marcher sur les pas d'une artiste au destin tragique, et aux plus jeunes, qui se régalent des spectacles de rapaces, tout en rêvant de la vie de château que connurent ici (durant quelques années du moins) des enfants de leur âge, venus de tous les pays du monde.

Construit au XVe s comme demeure d'agrément par le seigneur de Castelnaud, à la transition des styles gothique et Renaissance, le château des Milandes a été cependant extrêmement restauré au fil des siècles, mais surtout au début du XXe s, où on lui a donné son aspect néogothique : balcons, pinacles, fenêtres à meneaux. Il fut acheté après la guerre par Joséphine Baker, qui y installa son village du monde pour abriter des enfants abandonnés. Elle y vécut de 1938 à 1968. À côté du château, jolie chapelle de style gothique flamboyant extérieurement restaurée.

Joséphine Baker, une artiste adulée... puis plumée

Née en 1906 à Saint Louis aux États-Unis, cette grande artiste de music-hall connut un incroyable succès sur les scènes parisiennes dès 1925. Qui ne se souvient pas de cette image où on la voit à moitié nue, avec sa fameuse ceinture de bananes à la taille !

C'est en 1947 qu'elle achète le château des Milandes et y fonde son fameux « Village du Monde, capitale de la fraternité universelle ».

Joséphine, très avant-gardiste et ultra-généreuse (sans doute trop !), y implanta le 1er parc d'attractions d'Aquitaine. Elle investit alors toute sa fortune dans ce château afin que ses 12 enfants, tous adoptés, y trouvent un refuge d'amour et de fraternité. Sa « tribu Arc-en-Ciel » comme elle l'appelait ! Joséphine Baker menait un combat singulier : une lutte perpétuelle contre le racisme. Son objectif : montrer au monde entier que des enfants de différentes origines raciales et religieuses peuvent cohabiter. Faut-il rappeler qu'à cette époque ; la situation raciale dans son pays n'était pas bien brillante ? Et c'est plus de 5 000 personnes qui se pressèrent dans son parc d'attractions le jour de l'inauguration.

UNE STAR RÉSISTANTE

Tour à tour chanteuse, danseuse et actrice, Joséphine Baker fut aussi une espionne au service des Alliés durant la Seconde Guerre mondiale. Elle servit de couverture à un militaire, cacha des réfugiés juifs dans sa troupe de music-hall, et envoya des messages codés dans ses partitions, qu'elle transmettait au général de Gaulle dès 1940 ! Elle refusa même de chanter à Paris en présence des Allemands. Une peau de banane pour l'occupant !

Grâce à son aura, elle donna de nombreuses conférences sur le sujet et témoigna au côté de Martin Luther King en 1963 à Washington lors de la célèbre marche pour les Droits civiques *(Civil Rights).*

Malgré l'aide de son mari, Jo Bouillon, chef d'orchestre de renom, elle se ruinera et ne parviendra pas à se sortir de ce qui devint vite un gouffre financier. Et sa petite entreprise (le parc d'attractions, 2 hôtels, 2 restos, 1 boulangerie...) périclitera. Une faillite causée en partie par sa grande générosité, certes, son manque de sens comptable, assurément, mais aussi à cause de sa trop grande confiance à l'égard de certains profiteurs qui virent en cette artiste « légère » un bon canard à plumer ! En 1968, c'est la fin du rêve, et elle est expulsée de son château. Personne ne lèvera le petit doigt. Elle s'éteindra à Paris en 1975, au début des représentations d'un récital dont on aimerait pouvoir retrouver ici quelques extraits, un jour prochain, au cours de la visite de ces lieux véritablement habités, qu'une muséographie nouvelle ne cesse d'enrichir, au fil des ans.

La visite du château

À l'intérieur, toutes les pièces ont été aménagées avec du mobilier de style XVIIIe et XIXe s. Une partie de celui-ci a appartenu à Miss Baker, comme vous l'apprendra le commentaire de votre audioguide (il y a même une version adaptée aux enfants, très bien réalisée). La restauration des dernières pièces a permis de découvrir des peintures du début du XVIe s et donne un sens nouveau à la visite d'un château dont l'histoire vous est contée en parallèle à celle de sa propriétaire la plus illustre.

Présentation de vêtements, d'une vingtaine de robes, d'objets personnels et scènes avec des personnages de cire. On verra notamment la célèbre ceinture de bananes, portée par Joséphine dans ses revues et devenue une sorte d'emblème de sa liberté. Dans chaque salle, des commentaires pertinents et souvent inédits

(en attendant le livre que pourrait sortir, un jour, la propriétaire actuelle possédant des archives auxquelles personne n'a encore eu le temps de jeter vraiment un œil !) donnent du relief aux différents épisodes de sa vie.
C'est dans la salle des Folies-Bergère, à laquelle on accède au compte-gouttes, qu'est évoquée sa vie parisienne tandis que sa période militaire est dévoilée dans une salle à la charpente du XVe s. D'une salle à l'autre, on pénètre ainsi dans les souvenirs d'une femme qui reste une énigme, qu'il appartiendra à chacun de résoudre, à la fin du parcours. L'une de ses salles de bains, noir et or, est aux couleurs d'Arpège, le célèbre parfum de Jeanne Lanvin, qu'elle portait. Beaucoup de photos, de lettres, d'affiches, qui disent tout et ne dévoilent rien de la tragédie qui s'annonçait. On descend ensuite vers la cuisine par un superbe escalier à vis du XVe s. Dans celle-ci, une photo la montre sur le perron, la mine ravagée, à côté de ses derniers bagages. C'est dans cette pièce qu'elle se réfugia et se barricada pendant 3 horribles jours de 1968, quand elle fut expulsée des Milandes après sa vente. C'est à Monaco, auprès de Grace Kelly, qu'elle trouvera refuge, à la fin de sa vie. Solidarité américaine.

Les jardins et les spectacles de rapaces

Autour du château, beaux jardins à la française, pour prolonger le plaisir de la visite. Le Grand Jardin de Jules Vacherot, l'architecte paysagiste qui dessina l'ensemble en 1908, a été totalement rénové. La 1re terrasse et sa broderie de 2 050 buis de style renaissance et Art nouveau ouvrent la perspective sur un jardin de 3 grands massifs fleuris, agrémenté de cascades et d'un miroir d'eau. C'est le dernier projet entrepris par l'actuelle propriétaire pour réveiller ce « bel endormi » qui le mérite. Angélique de Saint-Exupéry se donne à fond pour continuer ici l'œuvre entreprise autrefois par Joséphine Baker, tout en n'ayant ni le même personnel ni les mêmes moyens.
– En complément de la visite (et compris dans le prix), intéressant ***spectacle de rapaces*** dans l'enceinte du château à ne pas manquer, avec buses, faucons, hiboux. Très chouette, forcément. Et une attraction que vous allez adorer partager en famille : le nourrissage des perruches auquel vous pourrez participer, dans la cage même. Fous rires et émotions garanties.
I●I Resto possible sur place *(avr-oct).* Du simple, du frais, du sincère. Cadre très agréable. Terrasse au pied du château.

LES JARDINS SUSPENDUS DE MARQUEYSSAC

Carte Périgord, D4

Sur la commune de ***Vézac*** *(24220), sur la route de Beynac. ☎ 05-53-31-36-36. • marqueyssac.com • ♿ (partiel). Tte l'année, tlj : juil-août, 9h-20h ; avr-juin et sept, 10h-19h ; fév-mars et d'oct à mi-nov, 10h-18h ; de mi-nov à janv, 14h-17h. Dernière entrée 1h avt fermeture. Entrée : 9,90 € ; réduc ; gratuit moins de 10 ans. Billet jumelé avec le château de Castelnaud : 18 € (+ 1 € avr-Toussaint). Visite libre ou guidée (gratuite). Ts les jeu 19h-minuit en juil-août, soirée aux chandelles (20 €/adulte ; 10 €/10-17 ans).*
Sur un promontoire, sorte d'îlot rocheux, à 130 m au-dessus de la rivière et autour d'un château de la fin du XVIIIe s coiffé de lauzes et entièrement restauré, les jardins, mêlant nature et massifs (150 000 buis taillés à la main !), salons de verdure, végétation méditerranéenne et chemin d'eau, vous conduisent au « belvédère sur la Dordogne », un panorama superbe sur les châteaux environnants et les

méandres de la Dordogne. Sur un agencement en terrasses de la fin du XVIIe s attribué à l'école de Le Nôtre, les jardins bénéficièrent d'une influence italienne à la fin du XIXe s, mais furent ensuite laissés pratiquement à l'abandon. Il y a quelques années, une très importante restauration leur a redonné toute leur splendeur, permettant ainsi la visite du public depuis 1997.
On peut facilement rester toute une ½ journée ici. Une fois passé les jardins de buis, **6 km de promenades** romantiques vous attendent le long de la falaise, à travers des bosquets, au milieu du labyrinthe pour les enfants, avec petites pauses dans des alcôves de verdure ou dans les cabanes en pierre sèche... Explications pédagogiques sur la faune et la flore. Dioramas du XIXe s dans le pavillon de la Nature. Et juste derrière lui, à l'entrée des jardins, s'est invité un squelette de dinosaure qu'on appelle ici « Kan », âgé d'environ 150 millions d'années.

Très belle ***boutique-librairie*** à l'accueil sur le thème de la nature et des jardins.

Restaurant-salon de thé dans l'aile du château et sur la terrasse panoramique. *Ouv Pâques-Toussaint.*

– En saison : artisan-tourneur sur bois. Ateliers pour enfants, animations, aires de jeux...
– Pour se défouler : un ***parcours dans les arbres*** et une ***via ferrata***.

BEYNAC-ET-CAZENAC

(24220) 500 hab. *Carte Périgord, D4*

Encore un superbe vieux village, dont l'architecture est d'une remarquable homogénéité. Dominé par un château splendide qu'il faudra immanquablement visiter, Beynac possède autant de charme que La Roque-Gageac, et Paul Éluard l'avait lui-même compris, lorsqu'il décida d'y finir ses jours. C'est un des bijoux de la vallée. Pour vous en convaincre, grimpez les ruelles aux énormes pavés jusqu'au château, justement, entre de nobles demeures dont la belle pierre change sans cesse de couleur, suivant les caprices du soleil couchant... Une balade romantique à souhait, et un point de vue superbe sur la rivière en prime.
Beynac fut de tout temps en rivalité avec Castelnaud, qui passa la guerre de Cent Ans côté anglais, tandis que Beynac conserva bon an mal an son autonomie. Il ne fut pris que 2 fois : par Richard Cœur de Lion et Simon de Montfort. Le village fut par ailleurs le siège d'une des 4 baronnies du Périgord.

Adresse et infos utiles

Office de tourisme Sarlat Périgord noir : *rue de La Balme (c'est la rue principale, perpendiculaire à la Dordogne).* ☎ *05-53-29-43-08 ou 05-53-31-45-45.* • *sarlat-tourisme.com* • *Juil-août : tlj 10h-13h, 14h-18h ; avr-juin et sept : tlj 10h-13h, 14h-17h (18h le 14 mai) ; du 16 au 31 oct : lun-sam 10h-13h, 14h-17h (fermé du 1er au 15) ; du 11 au 13 nov : lun-sam 10h-13h, 14h-17h. Fermé le reste de l'année.* Visite guidée de Beynac en saison, jeudi à 10h30 *(5,50 € ; gratuit moins de 12 ans ; billet jumelé avec la visite du château de Beynac : 11,50 €, réduc).*
– ***Parking :*** au bas du village, en bord de Dordogne. Ou en haut du village, à proximité du château (qu'on peut aussi gagner à pied). Payants. Sinon, parking gratuit sur la route du château.
– ***Marché de producteurs de pays :*** *lun mat de mi-juin à mi-sept, sur le parking de La Balme, sur la route qui longe la rivière.*

Où dormir ? Où manger à Beynac et dans les environs ?

Camping

Camping Le Capeyrou : *sur la D 703, à 5 mn à pied du centre du Capeyrou. ☎ 05-53-29-54-95. • contact@campinglecapeyrou.com • campinglecapeyrou.com • Ouv mai-sept. Compter 15,50-33,50 € pour 2. 120 empl. Locatifs.* Entre la rivière et la route, camping modérément ombragé, mais ça dépend des emplacements, forcément, et surtout, belle vue sur le château. Pour les douillets, les tentes « aventurières » et les glam tentes conservent l'esprit camping, mais dans une version cosy (mobilier, terrasse...). Sanitaires modernes et impeccables. Plein d'activités nautiques (canoë, promenades en gabare...) et baignade, naturellement. Piscine à débordement, terrain de jeux. Bon accueil, naturellement sympathique. Nombreuses soirées organisées l'été.

Prix moyens

La Petite Tonnelle : *le bourg, à Beynac. ☎ 05-53-29-95-18. • lapetitetonnelle@orange.fr • Tlj tte l'année. Formules 13,50-24,5 € ; menu 46 €.* Dans la rue principale qui monte vers le château, une charmante terrasse qui attire immanquablement l'œil avec sa jolie tonnelle. L'adresse s'avère tout à fait agréable, d'autant plus qu'ici un chef voyageur a décidé de vous titiller les papilles. Cuisine soignée mêlant beaux produits d'ici et saveurs d'ailleurs.

Chambres d'hôtes Le Moulin du Birat : *le moulin du Birat, 24220* **Saint-Vincent-de-Cosse.** *☎ 05-53-29-57-91. 06-85-11-62-75. • reservation@lemoulindubirat.com • lemoulindubirat.com • De Beynac, prendre la D 703 vers Saint-Cyprien sur env 2 km, puis fléché sur la droite. Congés : de mi-nov à fin mars. Doubles 65-85 € ; familiales. Également un gîte (10-12 pers).* Dans ce minuscule village, une maison périgourdine bien agréable abritant 4 sympathiques petites chambres, au charme un rien suranné, avec pour certaines une vue dégagée sur le château des Milandes qui se profile au loin. Juste à côté, un gîte indépendant avec piscine pour les joyeuses bandes. Terrasse privative agréable.

Plus chic

Chambres d'hôtes les Hauts de Saint-Vincent : *lieu-dit le Pech, 24220* **Saint-Vincent-de-Cosse.** *☎ 06-08-21-19-10. • contact@leshautsdesaintvincent.com • leshautsdesaintvincent.com • De Beynac, prendre la D 703 vers Saint-Cyprien sur env 1,4 km, puis à droite à env 500 m. Congés : fév-mars. Doubles 115-165 € (3 nuits min). Table d'hôtes (mar, jeu, sam) 25 € (sans les vins).* Après 30 années de vie parisienne bien remplie, Fabrice et Stéphanie ont changé de vie et magnifiquement restauré cette maison de maître du XVIIIe s. Une vraie réussite. Les 5 chambres, comme des invitations aux voyages, portent des noms de ville (Paris, Tozeur, New-York, Rome et Marseille) et sont décorées d'objets rapportés de leurs périples. Un mélange d'ancien et de contemporain très réussi, de superbes salles de bains (tantôt 1 douche à l'italienne, tantôt 1 baignoire ancienne), l'ensemble de très bon goût. Vue magnifique sur la Dordogne depuis la piscine. Hors saison, Stéphanie organise des ateliers culinaires dans sa superbe cuisine et en janvier atelier truffe (visite, balade et dîner autour de la truffe). Enfin, si l'envie de voler vous prend, Fabrice vous emmènera en ballon, si le temps le permet (voir plus bas « À faire »).

LE PÉRIGORD NOIR

À voir

Le château de Beynac : *il surplombe le village ; pour y accéder, prendre l'unique rue au centre du village, perpendiculaire à la rivière, et suivre le fléchage ; tt en haut, grand parking payant. ☎ 05-53-29-50-40. • reservation@*

chateau-beynac.com • chateau-beynac.com • Tte l'année, tlj 10h-19h (un peu plus tôt en hiver). Entrée, avec audioguide : 9,50 € ; réduc ; gratuit moins de 10 ans. Durée de la visite : 1h.

Voici ce qu'on appelle, quand on est petit, un « château fort », un vrai ! Une véritable forteresse complètement dans son jus, qui n'a jamais été abîmée par les guerres successives, ce qui est fort rare. Et si d'entrée le lieu vous semble familier, c'est que vous avez gardé le souvenir de scènes filmées ici (des *Visiteurs II* en passant par *La Fille de d'Artagnan,* avec Noiret et Marceau, les tournages n'ont pas manqué).

Avant la visite proprement dite, riche en atmosphère et en découvertes, quelques précisions sur le contexte de l'époque. La construction du château s'est prolongée sur plusieurs siècles, surtout entre les XIIe et XIVe s : la tour carrée fut élevée au XIIe s, le donjon au XIIIe s, ainsi que la façade et les mâchicoulis. Le bastion méridional, l'échauguette et la salle des gardes sont quant à eux du XIVe s. Quelques ajouts furent réalisés au XVIIe s, mais l'essentiel est du Moyen Âge. Prêt pour un voyage dans le temps ?

La visite

Cette plongée au cœur du Moyen Âge commence par la basse-cour, où l'on rassemblait les animaux pour les protéger lors des assauts. De là, on voit bien que tout a été calculé pour résister aux attaques. Voir la salle où montaient les chevaux, avec leur mangeoire. Étroit escalier, toujours dans un souci de défense. À noter que les salles sont très peu meublées. À l'époque, on se déplaçait avec ses armes, coffres et tapisseries, et il y avait très peu de mobilier à demeure dans les châteaux avant le XIVe s (on peut tout de même en voir quelques-uns). Quelques copies de hallebardes dans différentes pièces. Au XIVe s, avec les progrès réalisés dans le domaine des armes (apparition des armes à feu), les combats se déplacent. On n'attaque plus les châteaux, mais la guerre se fait sur les champs de bataille. On perce donc de nouvelles ouvertures, qui permettent à la lumière de rentrer. Belle salle des États du Périgord, avec sa large voûte majestueuse où l'on rendait la justice. Sur les murs, les étendoirs des 4 baronnies. Impressionnante cheminée. Sur un flanc, petit oratoire orné de fresques du XVe s. Montée dans le donjon du début du XIIe s par un remarquable escalier à vis. Du sommet, panorama extraordinaire sur les châteaux alentour, la rivière et le village tout serré au pied du château, 152 m plus bas. On verra encore l'impressionnante cuisine, au sol de pierre, éclairée par des torchères. Saloirs, réserves d'eau, crochets à viande, vaste table avec son rangement pour les épées. Et si vous vous demandez pourquoi on disposait toujours les arbalètes en hauteur, ce n'était pas pour empêcher les enfants de jouer avec, mais pour éviter que les cordages ne soient rongés par les rats.

À faire

➢ ***Promenades en bateau sur la Dordogne :*** *avec les* **Gabarres de Beynac.** *☎ 05-53-28-51-15. • gabarre-beynac.com • Tlj : mai-sept, 10h-18h ; avr et oct, 11h-17h. Durée : env 50 mn, départ env ttes les 30 mn en saison. Résa conseillée en été. Tarif : 8,50 € ; réduc ; gratuit moins de 12 ans jusqu'au départ de 11h30 (après 5 €).*

➢ ***Vol en Ballon :*** *avec Fabrice Berbessou. 📱 06-20-25-91-58. • contact@volenballon.fr • volenballon.fr • Résa au préalable obligatoire et date du vol en fonction de la météo. À partir de 210 €/pers ; enfants moins de 12 ans 120 € (min 1m20 et accompagné d'un adulte) pour 1h de vol. Terrain d'envol, sur la propriété de Fabrice Berbessou, Les Hauts de Saint-Vincent (voir plus haut « Où dormir dans les environs de Beynac ? »), réduc pour les hôtes.*

SAINT-CYPRIEN (24220) 1 671 hab. *Carte Périgord, C3*

Gentille bourgade présentant un bel ensemble de venelles médiévales et de demeures de type sarladais. Ce n'est pas la ville la plus visitée du Périgord noir, on y est donc plutôt tranquille, même en pleine saison, et c'est parfait comme ça. Marché bien sympathique le dimanche matin. Belle abbatiale de l'ordre des Augustins, fondée au XIe s et dotée d'un énorme clocher-donjon, ancienne tour de guet.
Le sentier de l'Ermite a été couronné lauréat 2020 du plus beau sentier de randonnée du département.

Adresse et info utiles

Office de tourisme : *pl. Charles-de-Gaulle. ☎ 05-53-30-36-09. • otdordognebessede@gmail.com • perigordnoir-valleedordogne.com • Juin-sept, lun-sam 9h30-12h30, 14h-18h, dim 9h30-13h ; mars-mai et oct, lun-ven 9h30-12h30, 14h-18h, dim 9h30-12h30 ; Toussaint-fin fév, mar-ven 9h30-12h30, 14h-18h. Fermé pdt les vac de Noël.* Organise des visites guidées nocturnes et gratuites de la ville en été, le mardi, en général à 21h. Animations culturelles variées et possibilité de visites à thème, se renseigner directement auprès de l'office.
– ***Marchés :*** *juil-août, mer mat et jeu soir, marché gourmand. Également un marché tte l'année, dim mat dans le centre.*

Où dormir ? Où manger ?

Bon marché

Hôtel-restaurant La Gravette : *à 2 pas du centre, sur la D 25. ☎ 05-53-29-21-86. • contact@hotel-lagravette.com • hotel-lagravette.com • Fermé en nov. Mar-dim au déj plus le soir ven-sam ; tlj en été. Doubles 35 (w-c sur le palier)-55 € ; familiale. Menu déj en sem 12 € ; puis menus 14-24 €.* Petit hôtel d'un autre temps, à la façade fleurie, aux chambres simples et très correctes. Pratique pour qui veut résider à Saint-Cyprien, car le choix est assez limité. Cuisine locale généreuse et sans façons. Excellent accueil et prix doux.

Chez Elles : *28, rue Gambetta. ☎ 05-53-30-55-34 ou 57. • chez-elles24@hotmail.com • pernelle.guimard@hotmail.com • Tlj sauf dim ap-m et lun, 7h-15h, 18h-21h. Congés : oct. Résa conseillée les j. de marché. Plat du jour 10 €.* Un de ces lieux sans complication et conviviaux qui se multiplient pour notre plus grand plaisir. Sauf qu'ici, il est tenu par 2 jeunes femmes très sympa, qui travaillent les produits de saison, selon l'inspiration et ce qu'elles trouvent sur le marché voisin. Il y a de la saveur dans les plats (parfois végétariens ou végans), de la couleur dans l'assiette, de la gentillesse dans l'accueil et du soleil (normalement) en terrasse.

Plus chic

Hôtel-restaurant des Augustins : *49, rue Gambetta. ☎ 05-53-28-73-08. • contact@hoteldesaugustins.fr • hoteldesaugustins.fr • Resto fermé dim soir et mar midi. Congés : nov-déc. Doubles 95-155 € ; familiales. Petit déj buffet 16 € ! Menus déj en sem 15-19 €, autres menus 25-35 €, dégustation 55 €.* Après 2 décennies de sommeil et 2 ans de travaux, l'ancien hôtel de la Poste a retrouvé vie ! Il abrite aujourd'hui 12 chambres de grand confort, élégantes et cosy. 2 d'entre elles ont une terrasse et 3 un balcon. Bon menu au restaurant. Une bonne halte.

Où dormir ? Où manger dans les environs ?

De bon marché à prix moyens

🏠 |●| 🍸 ***Hôtel-restaurant Le Petit Chaperon Rouge :*** *au lieu-dit La Faval, 24220* ***Coux-et-Bigaroque.*** ☎ *05-53-29-37-79.* • *lepetitchaperon@orange.fr* • *chaperonrouge.fr* • *Resto fermé mar et mer midi. Congés : nov-déc. Doubles 55-60 € ; familiales. Menu déj en sem 14 €, puis menus 24-29,50 €. Apéritif maison offert sur présentation de ce guide.* Petite maison au calme, dans un cadre agréable. Chambres simples mais spacieuses et bien tenues, au mobilier un rien vieillot, mais on s'y sent bien. Au resto, cuisine traditionnelle très bien réalisée, entre foie gras maison, esturgeons aux orties et ris de veau aux cèpes... Salle vaste et agréable, et bien jolie terrasse à l'ombre d'un grand tilleul. Accueil charmant, tout en douceur.

🏠 |●| 🍸 ***Le Chambellan :*** *pl. de l'Église, 24220* ***Coux-et-Bigaroque.*** ☎ *05-53-29-90-11.* • *hotel-chambellan@wanadoo.fr* • *hotel-chambellan.fr* • *Resto ouv ts les soirs sauf mer. Congés : nov-mars. Doubles 58-65 € ; familiales. Menus 24-33 € ; carte env 30 €. Apéritif offert sur présentation de ce guide.* Une grande bâtisse en pierre jaune et aux volets bleus, avec une jolie cour intérieure fleurie et de petits corps de bâtiment tout autour. Propre et très calme. Prix abordables, chambres un brin vieillissantes mais colorées bien tenues, et accueil adorable des patrons qui mettent tout en œuvre pour vous être agréables. Petit déjeuner sous la tonnelle. Resto dans la tradition du pays. Bar convivial au rez-de-chaussée.

|●| ***L'Atelier d'Épicure :*** *Argentonesse, 24220* ***Castels.*** ☎ *05-53-29-90-11.* • *contact@latelierdepicure.com* • *Sur la D 703, entre Saint-Cyprien et Beynac-et-Cazenac. Tlj sauf dim soir et lun, 12h15-13h30, 19h15-20h30. Menus déj (sauf dim) 19 € ; puis 29,50-39,50 €. Résa très conseillée.* Une ancienne métairie, transformée en lieu de vie dédié à l'art de la table, l'art de recevoir et le 3e art. Une table élégante qui rend hommage au terroir périgourdin. Christophe Milhac renouvelle sa carte sans cesse. Un plaisir pour les papilles de déguster les créations culinaires du chef. Une cuisine inspirée par le rythme des saisons, authentique, moderne et généreuse. Marina, son épouse, est en salle.

|●| 🍸 ***L'Auberge des Tilleuls :*** *Ferme les Tilleuls, Langlade, 24220* ***Marnac.*** 📱 *07-87-40-63-91.* • *aubergelestilleuls24@gmail.com* • *Lun-ven et dim (en hte saison) 12h-15h ; mer-sam (ven-sam en basse saison) 19h30-21h30. Formules déj 12-16 € ; menus 25-33 €.* Ferme-auberge reprise par des jeunes. Une très bonne cuisine familiale périgourdine, servie copieusement. Un lieu convivial et sans chichis. On s'installe sur la grande terrasse dans le jardin en été, au coin du feu l'hiver. Accueil sympathique. Soirées à thème le mercredi soir.

Achats

🧺 ***Domaine de la Voie Blanche :*** *chez Nathalie Dalbavie.* ☎ *05-53-29-20-36.* 📱 *06-79-45-82-48.* • *domaine-voie-blanche.com* • *Visites libres du vignoble en juil-août, tlj 13h-19h. Sur rdv sept-juin. Visites guidées également sur résa.*

À faire

➢ ***Sentier de l'Ermite :*** 1 boucle de 5 km (compter 1h30, facile à moyen), ponctuée de panneaux qui retracent l'histoire de la petite cité. Très beaux panoramas.

➢ ***Balades à vélo à assistance électrique :*** *avec* ***Périgord E-Bikes,*** *Le Garrit, 24220* ***Saint-Cyprien.*** 📱 *06-40-49-37-60.* • *patrick@perigord-ebikes.com* • *Vélo*

LE PÉRIGORD NOIR

plus itinéraires (1/2 j. à 7 j.) à partir de 36 €. Propose plusieurs balades à thèmes, tels que « parcours au fil de l'eau », « villages et hameaux », « la vallée des châteaux » etc. Un moyen agréable et sportif pour visiter la région.

DANS LES ENVIRONS DE SAINT-CYPRIEN

Bigaroque : petit village abrupt en bord de Dordogne, homogène et préservé. Les maisons y tombent en une cascade de pierres miellées et de toits aux tuiles anciennes.

Le Musée de la rue du temps qui passe : *au bord de la Dordogne,* ***Allas-les-Mines.*** *☎ 05-53-28-27-82. 07-85-63-30-60. • laruedutempsquipasse@gmail.com • musee-laruedutempsquipasse.fr • De Saint-Cyprien, prendre la D 703 direction Sarlat, puis à 3 km env à droite vers Allas-les-Mines. Tlj en juil-août 10h-18h ; 1er avr-11 nov sauf mer-jeu, 10h-12h, 14h-18h. Congés : de mi-nov à fin mars. Entrée : 7,50 € ; réduc enfants.* Depuis des décennies ce collectionneur garde et conserve toutes les antiquités qu'il trouve et les entreposant (pas moins de 1 000 m² de trésors). À l'initiative de sa fille, dans cet immense entrepôt, ils ont reconstitué, avec tous ces objets, des scènes de la vie dans les rues à la fin du XIXe, avec pas moins de 25 commerces. Le temps où ni l'eau courante, ni l'électricité ne faisaient partie du quotidien. L'automobile en était aux prémices, on affûtait les couteaux dans la rue, les cordonniers confectionnaient eux-mêmes les souliers... Le père et la fille ont tout construit de leurs propres mains ! Des projets d'agrandissements permanents pour faire évoluer le lieu. Et peut-être qu'un jour nous pourrons aussi admirer la superbe collection de voiture anciennes rutilantes, autre passion du père et de sa fille !

LES VILLES FORTES DU SUD DORDOGNE

BELVÈS (24170) 1 428 hab. *Carte Périgord, C4*

L'ancienne « ville du pape », ainsi nommée pour avoir profité de la protection de Clément V, est aujourd'hui un bourg tranquille et sympathique, niché sur un éperon rocheux, qui cache bien son jeu, en fait. Suivez une visite guidée pour découvrir son ancien habitat troglodytique, qui vous donnera une vision plus crue, plus réelle du pays. Situé un peu à l'écart de la vallée, Belvès, le « village aux 7 clochers », n'est pas trop bondé en été, ce qui ajoute à son charme. On prend plaisir à y faire halte, notamment le jour du marché, quand l'animation bat son plein.

UN PEU D'HISTOIRE

Perché au sommet d'un éperon rocheux, habité depuis la préhistoire, Belvès tient son nom de la tribu celte des Bellovaques, qui aurait pris position dans le secteur autour du IIIe s avant notre ère. Dominant la vallée et la voie romaine venant de Cahors, ce fut de tout temps un lieu stratégique pour toutes les armées qui y firent halte. Au XIe s, on y fonde le 1er *castrum* (village fortifié), dont les remparts et le beffroi constituent les derniers témoignages encore visibles. La guerre de Cent Ans produisit sa classique hécatombe et la ville fit plusieurs allers-retours entre les mains anglaises et françaises. Une fois la paix retrouvée, elle connut son apogée durant le XVe s, avant de subir les affres des guerres de Religion, période à laquelle une bonne partie de la population fut décimée.

Adresse et info utiles

Office de tourisme : *1, rue des Filhols, à l'angle de la pl. d'Armes. ☎ 05-53-29-10-20. • perigordnoir-valleedordogne.com • Ouv tlj avr-Toussaint : juin-sept, 10h-19h ; avr-mai et oct-nov, 10h-12h30, 14h-18h30. Le reste de l'année, mar-sam 10h-12h30, 14h-17h30 (sauf sam ap-m ; ouv lun et sam pdt les vac scol).* Visites guidées gratuites de Belvès en juillet-août. Sinon, visite audioguidée disponible via l'application téléchargeable gratuitement (se renseigner) ou possibilité d'acheter un livret *(3 €)* pour une visite en famille. Très dynamique et accueil extra, n'hésitez pas à leur rendre visite.

– **Marchés :** *tte l'année, sam mat, marché labellisé Marché de France ; fin juin-début sept, mer à partir de 19h, marché gourmand : soirée sous la halle.* Grande tablée où vous vous installez pour manger après avoir acheté les produits sur place. Très convivial. N'oubliez pas d'apporter vos couverts !

Où dormir ? Où manger à Belvès et dans les environs ?

Si Belvès mérite largement une visite de plusieurs heures, ce sont ses environs qui vous retiendront une nuit, ou plus si affinités. Nombreuses chambres d'hôtes dans la campagne environnante. Sur place, plusieurs restos saisonniers ou non, place du marché ou au pied des fortifications.

Campings

Camping Les Nauves : ***Le Bos-Rouge.*** *☎ 05-53-29-12-64. • campinglesnauves@hotmail.com • lesnauves.com • À 4 km de Belvès, vers Monpazier. Ouv de mi-avr à mi-sept. Différents forfaits. Compter 16-28 € pour 2. 100 empl. Loc mobile homes et chalets env 200-910 €/sem.* Sur une propriété de 5 ha, en marge de la forêt de Bessède, un camping-jardin en pleine campagne, donc très au calme. Taille raisonnable et vraiment beaucoup d'espace. Confortable et bien ombragé. Sanitaires impeccables. Piscine. Accueil très gentil.

De bon marché à prix moyens

Le Trèfle à Quatre Feuilles : *173-174, rue de la Gare, 24170* ***Siorac-en-Périgord.*** *☎ 05-53-31-60-26. • info@letrefle4feuilles.com • letrefle4feuilles.com • ♿ Resto fermé lun midi et mer (plus dim soir hors saison). Congés : 2 sem en janv et nov. Doubles 51-63 € ; familiales. Carte env 25-30 €.* Une très bonne étape, dans une petite rue tranquille. Côté chambres, c'est bien entretenu, classique et agréable. Côté resto, le chef privilégie une carte courte à l'ardoise, très fréquemment renouvelée, proposant des plats de saison gourmands inspirés du terroir. À déguster l'été sur la petite terrasse à l'arrière, dans une cour ombragée par une majestueuse glycine. Accueil très amical et prévenant.

Auberge de la Nauze : *à* ***Fongauffier.*** *☎ 05-53-28-44-81. • aubergedelanauze@wanadoo.fr • aubergedelanauze.com • ♿ (resto). Sur la D 710, à 1,5 km de Belvès, mais dépend de Sagelat (24170). Fermé lun et sam midi. Congés : fin déc-début fév. Doubles 48-85 €. Le midi en sem, formules 15-18,50 € ; autres menus 23,50-33,50 €.* Une auberge à l'ancienne, au bon sens du terme. Cuisine sans artifice, franche et goûteuse à la fois, cherchant dès le 1er menu à donner le meilleur d'elle-même. Ici, il faut prendre son temps, ne soyez donc pas trop pressé. Terrasse abritée. Quelques chambres pour une petite halte.

De prix moyens à plus chic

Chambres d'hôtes Les Boudines : *à 1 km de* ***Saint-Germain-de-Belvès.*** *☎ 05-53-29-15-03. • lesboudines@free.fr • lesboudines.com •*

Fléché depuis la petite mairie. Fermé de mi-nov à mars (ouv w-e truffes janv-fév 436 €/couple). Doubles env 79-115 € ; familiales. Table d'hôtes 35 €, vin (bio) compris. Promos sur le site. 3 maisons en pierre sèche typique de la région. Les chambres, toutes avec terrasse, se situent autour de la demeure de Valérie et Denis, ce qui donne un sentiment d'indépendance. Elles sont coquettes et aménagées avec goût et amour, dans des tons doux et très actuels. Douche à l'italienne. Jolie piscine à débordement semblant plonger dans la vallée. Grande gentillesse de l'accueil. Bonne atmosphère. Et bon tajine de manchons de canard aux figues, cela dit pour vous mettre en appétit, le soir venu.

Hôtel Clément V : *15, rue Jacques-Manchotte, à Belvès (laisser la voiture sur la pl. de la mairie). ☎ 05-53-28-68-80. • contact@clement5.com • clement5.com • Ouv de mi-avr à oct. Doubles 135-265 € ; familiale. Réduc de 10 % sur le prix de la chambre en oct, sur présentation de ce guide.* Au beau milieu de la rue commerçante (piétonne) de la ville, la façade discrète cache de grandes chambres, classiques et vraiment confortables. Certaines donnent sur la rue, d'autres offrent une vue dégagée sur les toits de la ville et la campagne. Le petit déj se prend dans le salon prolongé par un bout de jardin. Bon accueil.

À voir

La place d'Armes et la rue des Filhols : le cœur de la ville. Autour de cette jolie place, à l'angle de la rue des Filhols, la *tour des Filhols,* beffroi du XIe s, ajourée au sommet et coiffée d'une cloche. Il s'agit d'une grosse tour de défense carrée, qui abrite l'office de tourisme. Dans la rue des Filhols, au no 9, sur la gauche, jeter un œil au bel *hôtel Bontemps* du XVIe s, de style Renaissance. Portail complètement usé. Au bout de la rue, la place Maurice-Biraben, avec sa petite tour coiffée d'un joli toit en chapeau de sorcière.

La vieille halle du XVe s, tout à côté, reste un lieu de rendez-vous incontournable les jours de marché. Superbe charpente, entièrement chevillée. Piliers de bois reposant sur des blocs de pierre. L'un d'entre eux servit de pilori jusqu'à la Révolution. En partant de la place, vous découvrirez l'entrée du ***castrum, rue Rubigan.*** Une des plus pittoresques de la ville, étroite et couverte par une voûte sur 20 m. En poursuivant, aux nos 8 et 10, quelques maisons néogothiques.

Les vestiges d'habitats troglodytiques : *visite passionnante, organisée par l'office de tourisme, au départ de la vieille halle. En basse saison, 4 départs/j. (sauf dim) ; 12 visites/j. juil-août (pour 2 pers min et 18 pers max). Résa conseillée. Prix : 7 € ; enfant 5-14 ans 4,50 € ; réduc. Durée : 45 mn.* Une jolie surprise ! Situées en fait entre la halle et l'office, à 5 m sous terre, ces habitations furent occupées au Moyen Âge et jusqu'au XVIIIe s, et bordaient l'ancien *castrum.* On y pénétrait autrefois par le fossé, comblé autant pour des raisons de salubrité (on y déversait tout !) que de sécurité. La visite redonne vie à ceux qui vécurent autrefois, et pas forcément très âgés, dans ces 8 « maisons » en enfilade, percées entre elles pour permettre à l'homme et à la femme d'aujourd'hui de comprendre le quotidien de l'époque. À l'intérieur, reconstitution de l'habitat, simple, efficace : s'il est facile de reconnaître le *cantou,* énorme cheminée dans laquelle on s'asseyait à l'intérieur même du foyer, peut-être est-il plus difficile de comprendre pourquoi l'on cachait le sel sous les fesses des vieux ; les lits en mezzanine, où toute une famille dormait tête-bêche (les problèmes de consanguinité !) ; le système de gouttière intérieure, qui permettait de récupérer les eaux d'infiltration ; les éviers creusés dans la roche ; l'enclos où l'on gardait un animal (cochon, mouton, chèvre...). On ne va pas vous donner la réponse aux questions que la guide vous posera afin de vérifier vos connaissances en la matière. Juste une au passage. Les crochets au plafond étaient utilisés pour suspendre les bébés, afin de les protéger... des rats. Précaution souvent inutile car les rats grimpaient le long des parois !

En dehors des visites guidées des habitations troglodytiques et du *castrum* organisées par l'office de tourisme, il est également possible de visiter le ***château et ses peintures murales*** en visite guidée *(sur rdv seulement en hte saison au 06-35-29-13-71 : 6 € ; réduc).* Cette ancienne maison noble a de nombreux secrets à révéler : uniques en Aquitaine, les peintures fin XVe-début XVIe s représentant les Neuf Preux, ainsi qu'une scène historique de Belvès en 1470.

L'église de Montcuq (*Notre-Dame-de-l'Assomption,* si vous préférez !) ***:*** *à l'écart du centre.* Sobre, sombre, massive, des XIIIe-XVe s, quasiment sans fenêtres, elle possède sur la partie gauche de la nef un beau retable baroque, dédié à la Vierge, et une chaire du même style, très peu mise en valeur malheureusement. Des fresques Renaissance (voire médiévales pour le Jugement dernier), mais aussi baroques, ont été mises au jour et patiemment restaurées. Superbe !

La Filature de Belvès : *Montplaisant.* ☎ *05-53-31-83-05.* • *filaturedebelves.com* • *Dans un faubourg, en bas de la ville ; suivre le fléchage. Ouv tte l'année : juil-août, tlj 10h-19h ; sept et juin, tlj sauf sam 14h-18h ; hors saison, lun-ven 14h-18h et sur rdv. Congés : janv. Entrée pour la visite classique ou en profitant de l'activité* Escape Game *: 8,50 € (tarif qui donne droit au tarif réduit dans les autres sites gérés par l'association : les jardins panoramiques de Limeuil et le moulin de la Rouzique) ; 6 € dès 6 ans ; réduc tarif groupe accordé si vous avez déjà pris un billet pour la visite des habitations troglodytiques.* Ce fleuron de l'industrie locale, qui fabriquait du fil de grande qualité utilisé, entre autres, dans les tapisseries d'Aubusson, ferma ses portes en 1996. Machines, fils et bobines étaient restés en place, en l'état. Rachetée par la communauté de communes, l'ancienne filature put ainsi être transformée en un musée attachant net très vivant, géré par l'association *Au Fil du Temps.* Muni d'une tablette numérique, les visiteurs retracent l'histoire de la filature et de ses ouvriers, une captivante balade dans le temps que l'on peut rendre carrément ludique, si on le souhaite, en résolvant les énigmes de l'*escape game* (livret gratuit fourni à l'accueil). Le clou de la visite reste quand même la carderie, la salle des machines. Toujours en état de fonctionnement, celles-ci sont réellement impressionnantes. En juillet-août et pendant les vacances de printemps et d'automne, des ateliers sont proposés : tissage, teinture, feutre... Un ravissant jardin d'eau où coassent les grenouilles et virevoltent les libellules, ainsi qu'une belle boutique sur le thème de la laine et du développement durable complètent l'ensemble.

Fêtes et manifestations

– ***Les 100 km de Belvès en Périgord noir :*** *en avr.* • *clubathletiquebelvesois.fr* • Belvès-Sarlat-Belvès en courant ou en marchant... et ils n'ont que 20h pour accomplir cet exploit. On les appelle « les Cent Bornards ». Marathon (50 km) pour les moins courageux, ouf ! Repas périgourdins prévus pour l'occasion.
– ***Grande brocante :*** *1er dim de juil.*
– ***Repas républicain sous la halle :*** *14 juil. Résa à l'office de tourisme.* Repas traditionnel suivi d'un bal.
– ***Festival Bach :*** *en juil-août. Résa à l'office de tourisme.* • *festivalbach.fr* • Concerts à l'église de Belvès.
– ***Fête médiévale :*** *1er ou 2e dim d'août.* Toute la journée, des comédiens en costumes médiévaux rejouent les grandes heures de la chevalerie ! Troupes à cheval, animations musicales, tournois, artisanat médiéval, spectacles avec des animaux, spectacles de feu... et ripailles.
– ***Fête aérienne :*** *15 août.* Démonstrations d'avions en vol, voltige... Très impressionnant. Un des plus grands meetings aériens de la région.
– ***Théâtre du Fon du Loup :*** ***à Carves.*** *Mai-oct, 1 à 4 représentations/mois. Résa à l'office de tourisme.* Théâtre en plein air au milieu des bois.

LE PÉRIGORD NOIR

DE BELVÈS À DOMME PAR LES ROUTES BUISSONNIÈRES

Un vrai bonheur que de suivre, à travers la forêt, les petites routes qui vous conduiront forcément à un moment à Domme, si vous ne désirez pas rejoindre la vallée de la Dordogne et repasser par les Milandes pour arriver au village de Cénac-et-Saint-Julien, au pied de la célèbre bastide. Si votre GPS vous conduit jusqu'à la vallée du Céou, ne vous posez pas de questions existentielles !

LA VALLÉE DU CÉOU

« Céou ? », vous demandez-vous l'œil rivé sur la carte ! Eh bien c'est par là, une riante vallée, super tranquille, qui propose quelques adresses pour séjourner et quelques vins (avec modération) pour profiter de la vie (sans modération).

DOMME (24250) 1 000 hab. (avec les environs) *Carte Périgord, D4*

« Acropole du Périgord noir ». Tout est dit. C'est une bastide ceinte de remparts, élevée en 1281, sur une falaise, par le roi de France Philippe III le Hardi contre la menace de « l'Anglois ». Pendant la guerre de Cent Ans, puis les guerres de Religion, la cité passera sans cesse d'un camp à l'autre. De la terrasse, près de l'église (l'Esplanade de la Barre), vue absolument exceptionnelle sur la magnifique vallée de la Dordogne. C'est un ravissement que d'explorer ses ruelles étroites lors d'une balade romantique entre les vieilles demeures de calcaire blond, à la recherche de nombreux petits jardins fleuris et cachés. Rue des Consuls, on admire l'ancien hôtel de ville du XIIIe s, toujours en usage. Et puis encore la jolie halle avec ses piliers de pierre et son balcon de bois... Place de la Halle s'élève l'hôtel du Gouverneur, du XVIe s, avec sa tourelle en encorbellement et son toit en poivrière, qui donne du sel à la promenade.

UN PEU D'HISTOIRE

C'est dès le XIIIe s que le roi de France, ***Philippe III le Hardi,*** remarque la valeur stratégique du mont de Domme qui se trouve alors sur les limites de la Guyenne, possession anglaise rappelons-le. Il achète le piton rocheux et établit rapidement une ***bastide royale.*** Une charte de vie et de nombreux privilèges facilitent l'installation de la population.
Durant la guerre de Cent Ans, Domme devient un véritable enjeu militaire. Elle passe par le circuit classique de cette guerre qui n'en finit pas : prise, reprise, déprise, achetée puis trahie... et ce jusqu'en 1439. Suit une longue période de paix, le temps de balayer un peu les morts, de lessiver, de frotter le résiné et de reconstruire... Avant que les guerres de Religion ne finissent par ravager la cité et une bonne part de son patrimoine religieux. Superbement restaurée, la bastide offre aujourd'hui un nombre important de monuments classés aux Monuments historiques.

Les graffitis... des Templiers ?

Par mesure de précaution, on les appelle aujourd'hui « les graffitis de Domme ». La porte des Tours, joyau de l'architecture médiévale, enferme entre ses murs un trésor bien mystérieux. Non, pas le fameux trésor des Templiers, quoique... On

affirme depuis longtemps que, de 1307 à 1318, la tour aurait servi de geôle aux ***chevaliers de l'ordre du Temple*** pour les besoins de leur procès. Ils auraient ainsi laissé les ultimes traces de leur passage. Seulement voilà... Une étude archéologique récente, lors d'une campagne de restauration, a remis en question cette version de l'histoire, et situerait la création de ces graffitis postérieure à l'époque des Templiers.
Quoiqu'il en soit, ne manquez pas la visite de ce lieu devenu énigmatique, à travers les gravures et graffitis encore visibles sur ses murs. Une visite qui ne devrait laisser personne indifférent.

Adresse et info utiles

i *Office de tourisme :* *pl. de la Halle. ☎ 05-53-31-71-00. • perigordnoir-valleedordogne.com • Pâques-sept : tlj 9h30-18h30 (19h juil-août ; fermé à l'heure du déj avr-mai). Le reste de l'année : tlj 10h-12h30, 13h30-18h30. Visite commentée de la bastide (5 €) et lecture des graffitis de Domme (7 €). Durée de chaque visite : 1h. En juil-août, 3 fois/j. Min 2 pers. Avr-sept, visite libre avec un livret explicatif.* C'est également à l'office qu'on achète les billets pour les grottes naturelles (rubrique « À voir »). Mais aussi que l'on peut se procurer le *pass* à tarif réduit regroupant tous les sites de Domme.

– ***Parking :*** grand parking gratuit à 500 m de la porte des Tours, le P4, indiqué lorsque l'on ressort du P3, à côté du terrain de sport sur la route « le Pradal ». Sinon, tous les autres sont payants. Ceux à l'intérieur des remparts sont très chers. Une façon d'inciter le visiteur à se garer hors les murs, ce qui devrait devenir une règle, dans les années à venir, pour préserver la cité.

Où dormir ? Où manger ? Où boire un verre ?

Domm... age qu'il n'y ait pas plus de bonnes petites adresses à Domme, bourgade où l'on aimerait rester plus longtemps. En voilà quand même 2 : le ***Comptoir d'Annam,*** tenue par un sympathique couple franco-vietnamien. *6, rue de la Monnaie. ☎ 05-53-59-58-80. • pourquieanais@yahoo.fr • ♿ En principe, ouv le soir sauf dim-lun, plus dim midi (ou sur résa). Congés : 3 sem en janv. Menu 19,50 € ; carte env 30 €.* Même si cela vous semble un peu cliché, la brasserie ***Belvédère*** *(esplanade de la Barre ; tlj mai-début oct ; ouv tte la journée),* est une très bonne option pour bénéficier de la vue tout en buvant un verre.

Prix moyens

|●| ⛱ *Auberge de la Rode :* *pl. de la Rode. ☎ 05-53-28-36-97. Tlj sauf mar-mer, 12h-14h, 19h-21h. Menus env 20-35 €.* Ne pas se fier à l'extérieur, ni à la salle. Dans l'assiette, le chef concocte une bonne cuisine de terroir qui ne déçoit pas. Les plats sont copieux et bien préparés. L'été on optera plutôt pour la grande terrasse sur la place. Bon accueil, courtois et chaleureux.

De chic à plus chic

⌂ |●| ⛱ *Hôtel de l'Esplanade :* *rue du Pont-Carral, près de la pl. des Halles. ☎ 05-53-28-31-41. • esplanade.domme@wanadoo.fr • esplanade-perigord.com • Resto fermé lun-mar. Fermé nov-fin mars. Doubles 80-155 €. Formules et menus 32-52 €.* Cet établissement réputé domine la Dordogne. Les chambres donnent soit sur la vallée et la Dordogne, avec panorama à couper le souffle, soit de l'autre côté (sans vue mais arboré). Bon confort, déco vieillissante et bourgeoise, mais la maison est surtout connue pour sa table un peu chic. Petite terrasse panoramique au charme fou. Si vous êtes à l'intérieur, demandez bien sûr une table au plus près de la fenêtre, avec vue sur la rivière.

⌂ *Chambres d'hôtes 1 Logis à Domme :* *1, pl. porte-Delbos. ☎ 05-53-23-46-42 ou 09-75-44-51-68.*

06-88-30-70-27. • contact@1logisadomme.com • 1logisadomme.com • Ouv tte l'année. Doubles 105-145 €, petit déj 13 €. Cette très belle maison des XIVe et XVIIIe s, posée sur les remparts de Domme, restaurée avec goût et passion, s'ouvre sur un grand jardin clos, offrant une vue panoramique sur les alentours. Les 5 chambres (dont 2 avec terrasse), spacieuses, avec cheminée, sols en tomettes ou parquets, belles salles de bains, ont chacune une déco personnelle qui leur confère un charme fou. Les meubles anciens, tableaux de famille et souvenirs de voyages vous laissent penser que vous êtes de passage chez des amis. Les hôtes ont accès au ravissant salon-bibliothèque avec sa cheminée, au jardin d'hiver (également devant la cheminée) pour le petit déj, que l'on prend sous le tilleul en été. Adorable petite piscine et jacuzzi, avec vue au fond du jardin. Accueil à la hauteur du lieu, une vraie adresse de charme.

Chambres d'hôtes Le Manoir du Rocher : *Les Pechs de Caudon, route de Turnac, 24250 Domme. ☎ 05-53-30-25-09. • contact@lemanoirdurocher.fr • lemanoirdurocher.fr • Fermé de mi-nov à mi-fév. Doubles 140-200 €. Résa de 2 nuits min.* C'est le lieu de séjour idéal pour qui veut fuir le monde et le bruit. À 4 km du centre de Domme, en pleine forêt, ce petit manoir d'une élégance discrète a été rendu à la vie par Christian Poncelet, ancien photographe de mode. On est séduit par le calme, l'harmonie, la beauté et l'élégance qui se dégagent de ces lieux. Les chambres, spacieuses et confortables, sont d'une grande sobriété. Décoration et agencement raffinés, réalisés par le propriétaire lui-même, qui est également bon cuisinier. Vous apprécierez les petits déjeuners. Les soirs d'été, on comprend que certains n'aient plus envie de quitter la piscine.

Où dormir ? Où manger dans les environs ?

Camping

Camping Les Cascades : *24250* ***Saint-Cybranet.*** *☎ 05-53-28-32-26. • les-cascades@wanadoo.fr • lescascadesdordogne.com • Ouv mai-oct. Env 20-22 € pour 2. 100 empl. Loc de mobile homes 250-700 €/sem.* Camping en bordure du Céou. Simple, agréable, et calme absolu garanti. Piscine. Petites cascades tout près du camping (d'où le nom !). Un vrai délice.

De prix moyens à chic

Chambres d'hôtes La Belle Demeure : *24250* ***Saint-Cybranet.*** *☎ 05-53-28-57-12. • frogetrosbif@wanadoo.fr • labelledemeure.com • Congés : nov-fév. Doubles 75-95 € (2 nuits min). Table d'hôtes 30 €. Charming,* vraiment. Cet ancien relais de poste est devenu un cocon très douillet grâce aux efforts de Philippe et Richard, qui ont tout compris à l'esprit chambres d'hôtes. L'accueil, la convivialité, le cadre, les couleurs dans la tendance actuelle, les beaux objets, les bons petits plats... Richard se fournit chez les producteurs locaux, il pourra vous les indiquer. Cerise sur le gâteau, il y a même une piscine.

La Traverse – Chez les Filles : *le bourg, 24250* ***Cénac-et-Saint-Julien.*** *☎ 05-53-59-53-86. • laurence.elie@orange.fr • Tlj sauf lun midi en saison. Fermé lun-mar, et mer soir hors saison. Congés : janv. Menu 25 € ; carte 32 €.* Une petite adresse, en face de la mairie, qui cartonne depuis sa reprise par 2 filles qui connaissent leur métier. Frais, savoureux, original, de l'entrée au dessert. À l'ardoise, 3-4 choix d'entrées, de plats et de desserts. Un rapport qualité-prix remarquable. Terrasse. Quelques chambres toute simples sur place.

Chambres d'hôtes La Guérinière : *lieu-dit Baccas, 24250* ***Cénac-et-Saint-Julien.*** *☎ 05-53-29-91-97. • contact@la-gueriniere-dordogne.com • la-gueriniere-dordogne.com • Fermé nov-mars. Doubles 90-105 €. Table d'hôtes sur résa le soir 30 €, sans le vin. Également 2 gîtes (4-6 pers).* Cette ancienne chartreuse du XVIIIe s a été restaurée et transformée en charmante et douillette maison de campagne. Les chambres sont spacieuses et dotées de tout le confort moderne. Repas de qualité, servis dans la salle à manger chaleureuse et rustique. Piscine et tennis pour griller les calories du foie gras et du magret !

Le Saint-Martial : *24250* ***Saint-Martial-de-Nabirat.*** *☎ 05-53-29-18-34. • info@lesaintmartial.com • Tlj sauf au déj lun-mer en hte saison (hors saison fermé lun-mar) 12h-13h30, 19h30-20h45. Congés : Noël (ouv le 25 et le 31 déc). Résa conseillée. Menus gastro 45-62 € hors w-e et j. fériés ; menus-carte min 35 €.* Au cœur du village, la petite salle en contrebas du bar accueille quelques tables dans un cadre élégant, zen et sans ostentation. On vient ici déguster une cuisine de terroir et de saison, tout en finesse, inventive sans être déconcertante. Des plats qui tournent régulièrement, toujours précis et exquis. Une adresse gourmande, discrète et soignée. Excellent service. Petit bout de terrasse pour prendre l'apéro ou manger aux beaux jours.

Où acheter du bon foie gras dans les environs ?

Ferme de Turnac : *au lieu-dit* ***Turnac,*** *à 11 km de Domme en allant vers Vitrac. ☎ 05-53-28-10-84. • contact@fermedeturnac.com • fermedeturnac.com • Boutique ouv tlj, tte l'année 8h-20h. Élevage d'oies que l'on peut visiter en juil-août tlj sauf dim 10h30, 15h45 et 17h30 ; hors saison, l'ap-m des lun, mer et sam, à 15h45 et ven à 10h30. Durée : 1h30. Visite : 5 €, avec dégustation.* Une visite instructive pendant laquelle vous comprendrez pourquoi le foie gras d'oie (moins fort que celui de canard) demande plus de travail que le foie gras de canard (c'est aussi pour cette raison qu'il est plus cher). Plein de bons produits à mettre dans le panier, cela va de s'oie...

Où acheter du vin dans les environs ?

Cave coopérative du vin de Domme : *Moncalou, 24250* ***Florimont-Gaumier.*** *☎ 05-53-28-14-47. • vindedomme.fr • Pâques-fin sept : lun-ven 10h-12h, 14h-18h (en continu juil-août), w-e et j. fériés l'ap-m seulement. Hors saison : horaires variables (téléphoner avt de venir).* Domme possède sa propre appellation. Vin issu des vendanges d'une quinzaine de viticulteurs, vinifié par la cave coopérative. « Les vins de Domme », ce sont 4 rouges, 2 rosés et 1 blanc.

À voir. À faire

On peut se procurer un *pass* à tarif réduit regroupant tous les sites de Domme *(rens à l'office du tourisme, voir plus haut).*

La grotte de Domme : *pl. de la Halle, en plein centre. ☎ 05-53-31-71-00 (office de tourisme). Juil-août, tlj 10h15-18h40 (dernier départ) ; juin et sept, tlj 10h15-12h, 14h-18h (dernier départ) ; avr-mai, tlj 10h-12h, 14h30-17h30 (dernier départ) ; oct-mars, tlj à 11h, 14h30, 15h30 et 16h30 (dernier départ). Fermé janv et de mi-nov à déc (hors vac de Noël). Entrée : 8,50 €, 12 € avec le petit train ; réduc. Visite guidée (45 mn).* La plus grande grotte aménagée du Périgord noir, une des plus belles aussi. Longue galerie de 400 m, et plusieurs salles courant sous la ville, jalonnées de concrétions diverses et féeriques, stalactites, stalagmites, colonnes, point d'eau, draperies, marmites, etc. Bonnes explications sur le thème de la géologie, à la portée de tous. Un ascenseur panoramique est aménagé pour la remontée. De la terrasse du Jubilé, vue splendide sur la vallée de la Dordogne, avec en point de mire le château de Beynac et le village de La Roque-Gageac.

La terrasse de la Barre : *sur l'esplanade, sur la gauche de l'église.* Elle offre peut-être le plus beau panorama du Périgord. La vue s'étend sur toute la plaine alluviale et jusqu'à La Roque-Gageac. Prolongez votre plaisir par la promenade des falaises. À la porte Delbos, balade des remparts.

Le musée Oustal du Périgord : *pl. de la Halle, maison Garrigou. Tlj mai-sept : 10h30-12h30, 14h30-18h ; juil-août, 10h30-19h (fermeture heure du déj sam). Entrée : 5 € ; réduc.* Jolie maison ancienne qui présente la vie quotidienne des anciens. Nombreuses scènes reconstituées : apothicaire, cuisine, poste, évocation de la veillée, pièce à vivre, costumes de cérémonies... Quelques œuvres d'une sculptrice locale, Marguerite Mazet.

Petit tour de la ville : l'office de tourisme propose une brochure qui permet de faire le tour des plus beaux édifices de la ville sur 2 km. Balade sur les ***remparts,*** avant d'aborder la ***porte des Tours,*** du XIIIe s, avec ses 2 tours joufflues, où résidaient les gardes de la ville. La ***bâtisse du Batteur de Monnaie,*** qui, comme son nom l'indique, rappelle le privilège passé de battre ses pièces, et qui est aussi la plus belle bâtisse de Domme avec notamment sa triple fenêtre gothique. L'***église de Domme,*** place de la Halle, abrite un intéressant retable de bois, une jolie petite chaire et un ensemble d'habits sacerdotaux.
– ***Visite guidée de la ville :*** *en juil-août. Visite architecturale et historique. Durée : 1h. Tarif : 5 €.* Une promenade à la recherche des plus belles demeures de Domme : place de la Halle, place de la Rode, la porte des Tours...
– ***Lecture des graffitis de Domme :*** *avr-sept, résa à l'office de tourisme. Fermé le reste de l'année. Visite libre avec livret de visite : 4 €. Min 2 pers. Venir plutôt le mat (seulement juil-août) pour une visite plus intimiste et guidée : 7 €.* À l'intérieur de la *porte des Tours,* la plus importante des 3 portes de la ville. Dans les années 1970, le chanoine Tonnelier attribue ces mystérieux graffitis aux Templiers. Elle leur aurait servi de prison de 1307 à 1318. On trouve sur les murs de poignants témoignages, passionnants graffitis composés de 7 ensembles. Leur 1re lecture a révélé toute l'histoire des Templiers, racontée en quelques incisions dans la pierre : Christ en croix illuminé, le pape Clément V caricaturé, étonnante scène de l'eucharistie... Mais, depuis fin 2018, Domme est un peu chamboulée. Lors de travaux de rénovation, les gravures sont réétudiées, et on remet en question cette version des faits. Le débat reste ouvert, et les visites continuent !

➢ ***Le Périgord vu du ciel :*** *avec* ***Air Châteaux,*** *aérodrome de Sarlat-Domme. ☎ 05-53-29-71-35. 📱 06-89-78-53-07. • airchateaux.com • Compter 55-190 €/pers env (ULM) et 104-240 €/pers en hélico base 2 pers (dégressif à 3). Autre base sur Vézac.* Superbe ! Que ce soit en ULM biplace ou en hélico... Pour profiter au maximum des boucles de la Dordogne et de ses châteaux. Bon à savoir, en décollant de Veyzac, situé tout près des châteaux, on fait une petite économie de temps et donc d'argent !

DANS LES ENVIRONS DE DOMME

Tout à côté de Domme, voir l'***église romane de Cénac*** (24250). À l'intérieur, remarquables chapiteaux historiés reproduisant un curieux bestiaire. Et, à l'extérieur, tous les mardis matin, marché de producteurs.

➢ ***Base de canoës de Cénac Canosphère :*** *Les Prés du Couderc, 24250* ***Cénac-et-Saint-Julien****. ☎ 05-53-29-99-69. 📱 06-77-39-86-30. • contact@canosphere.fr • Compter 17-25 € selon le parcours choisi, balade découverte à partir de 10 € (matériel compris).* Plusieurs itinéraires en canoë sont proposés le long de la Dordogne, de 3 à 4h30 de trajet aller, puis retour en minibus. Le plus : *Canosphère* reverse 1 % de son chiffre d'affaire à des programmes de protection de l'environnement et finance tout au long de l'année des initiatives liées à l'éco-responsabilité.

DAGLAN

(24250) 540 hab. *Carte Périgord, D4*

Petit village qui ne fait pas beaucoup parler de lui, mais qui pourtant possède quelques atouts, notamment un excellent resto. La région de Daglan compte par ailleurs près de 180 cabanes en pierre sèche, qu'on peut découvrir dans le cadre d'une randonnée pédestre.

Adresse et info utiles

Office de tourisme : *dans la rue principale, bien indiqué. ☎ 05-53-29-88-84. • perigordnoir-valleedordogne.com • De mi-juil à mi-août : tlj 10h-12h30, 14h-18h30. D'avr à mi-juil et de mi-août à sept : mar-ven 10h-12h30, 14h-18h (17h30 en avr-mai).* Dans l'office, au fond, se trouve un petit musée, la *Maison de la pierre sèche* : explications sur l'histoire et la fabrication de ces cabanes, et exemple de construction dans la courette. À l'étage, expo d'outils et objets d'autrefois.

– ***Marché :*** *dim mat.*

Où manger à Daglan et dans les environs ?

Le Petit Paris : *dans le bourg de Daglan, bien indiqué. ☎ 05-53-28-41-10. • le-petit-paris2@wanadoo.fr • Fermé lun et sam midi (plus mar midi et dim soir). Congés : de mi-nov à mi-fév. Menu-carte 28-33 €.* Cet ancien café de village a été transformé en resto moderne et élégant, dans des tons pleins de douceur. Sylvain Guilbot prépare une cuisine soignée, inventive et goûteuse, que l'on déguste dans ce joli petit écrin, ou en terrasse aux beaux jours. Service attentionné.

Restaurant l'Envie des Mets : *dans le bourg,* **Saint-Pompont.** *☎ 05-53-28-26-53. • couleursdici@outlook.fr • Tlj juil-août, sauf sam midi et lun 12h-13h30, 19h-21h (20h30 le reste de l'année), hors saison fermé également mar et dim soir, plus mer oct-mars. Congés : janv-fév. Menu-carte 28-45 €.* Après s'être affutés dans des cuisines renommées Laetitia et Grégoire, tout 2 chefs, se sont posés dans ce petit village du Périgord. Une carte courte qui change au gré du marché et des saisons.

À faire

➢ ***Randonnée pédestre à la recherche des cabanes en pierre sèche :*** *organisée par l'office de tourisme de juin à fin sept, mer à 10h. Résa possible le reste de l'année. Env 5 € ; réduc.* Une rando facile d'environ 3 km pour 2h, accompagnée par un guide qui vous donne toutes les explications sur la conception de ces étonnantes cabanes.

VILLEFRANCHE-DU-PÉRIGORD

(24550) 810 hab. *Carte Périgord, C4*

C'est la bastide la plus ancienne du Périgord (1261). Créée, comme Domme, par les Français, elle surveillait « l'Anglois » établi à Monpazier, Beaumont et Molières. De plan longitudinal, avec 3 rues parallèles aboutissant sur la place

LE PÉRIGORD NOIR

centrale. Superbe halle montée sur colonnes de pierre. Sur un des côtés, bel alignement de nobles demeures anciennes avec ses *andrones,* ces espaces entre les bâtisses pour empêcher la propagation des incendies. La bastide perdit ses murailles au XVIIIe s. Au hasard des rues, quelques maisons avec tourelles en encorbellement.

Adresse et infos utiles

Office de tourisme Périgord Noir Vallée Dordogne : *rue Notre-Dame. ☎ 05-53-29-98-37. • perigordnoir-valleedordogne.com • Juil-août : tlj 10h-12h30, 14h-18h30. D'avr à mi-juin et fin sept : mar-ven 10h-12h30, 14h-17h30 ; sam 10h-13h.* Accueil pro et doux comme une crème de châtaigne.

– ***Marché traditionnel :*** *ts les sam mat.*

– ***Marché aux cèpes :*** *en période de pousse (mai-oct selon variations saisonnières ; récolte min requise pour l'ouverture du marché), tlj à 15h.* Seuls les locaux peuvent en vendre.

Où dormir ? Où manger ?

Camping

La Bastide : *route de Cahors. ☎ 05-53-28-94-57. • contact@camping-la-bastide.com • camping-la-bastide.com • Au sud de la ville sur la D 660. Ouv avr-oct. Compter 13,50-23,40 € pour 2. 66 empl. Loc mobile homes (2 pers) 219-607 €/sem.* Camping agréable, avec des terrasses ombragées sur 2 ha, offrant de bons sanitaires chauffés. Au pied du terrain, beau bois pour les balades romantiques. Le tout sans être loin des commerces de la ville. Piscine chauffée. Café-bar-brasserie en juillet-août.

Prix moyens

Le Gaulois : *lieu-dit Pechouyoux, 24550* ***Mazeyrolles.*** *06-88-51-91-73. • denise52@orange.fr • Seulement sur résa. Menus 27-35 €, tt compris.* Auberge médiévale, éclairée à la bougie et avec les viandes et le plat principal qui cuisent dans la cheminée, composé uniquement de produits du terroir. Un repas gaulois en quelque sorte, mais, comme on sait vivre, l'apéritif, le café et le digestif sont compris. Et, pour dormir, chambres dans l'auberge ou cabanes dans les arbres, confortables, avec terrasse et climatisation *(forfait 150-180 € en ½ pens pour 2 pers)* !

Le Goûter de Charlotte : *rue Notre-Dame. ☎ 05-53-29-45-71. Au centre, à 2 pas de l'office de tourisme. Tlj sauf dim et jeu 9h30-18h. Congés : 2 sem en fév et 2 sem en nov. Formule et menu 10,50-15 €. Café offert sur présentation de ce guide.* Une petite adresse chaleureuse où l'on peut se poser le temps d'avaler une soupe, une tarte, un plat du jour, ou, selon l'humeur, une assiette de charcuterie avec un verre de vin ou une salade.

À voir

La Maison de la châtaigne : *dans l'office de tourisme (mêmes horaires). GRATUIT. Rens auprès de l'office de tourisme.* Biologie et écologie du châtaignier, histoire et industrie de son bois, classification des champignons. Vous obtiendrez des explications sur ces nombreuses petites constructions carrées ou rondes, aux murs en granit et toits de tuiles, que vous avez sûrement croisées aux alentours. Ces clédiers étaient en effet destinés à sécher les châtaignes, source nourricière de 1er ordre. Au rez-de-chaussée, 2 ouvertures attisent l'âtre à force d'air frais. Au 1er étage, bas de plafond, les marrons se dorent la pilule et s'emboucanent allègrement sur un plancher ajouré. Et vertudieu, comme on dit ici : « Ça y fume comme dans un clédier. »

Fêtes et manifestations

- ***Foire aux antiquités :*** *3e w-e d'août.* Un classique depuis une quarantaine d'années. Que de beaux objets !
- ***Rencontre de la Châtaigne et des saveurs :*** *3e w-e d'oct.* 3 jours d'animation qui permettent de découvrir 2 des produits phares de la gastronomie périgourdine. Dégustation d'une omelette géante aux cèpes.

DANS LES ENVIRONS DE VILLEFRANCHE-DU-PÉRIGORD

L'ancien prieuré bénédictin de Besse : *à 8 km au nord-est de Villefranche en suivant la D 57.* Un minuscule village de charme, en pleine forêt. Quelques rues, avec des maisons en grosses pierres, tournent autour de l'église. Et là, on découvre un édifice du XIe s avec un porche roman parmi les plus beaux du Périgord (évidemment un peu érodé). Fronton triangulaire soutenu par des modillons ou visages grotesques. 4 chapiteaux historiés sur colonnettes à la remarquable facture. Un porche à triple voussure est décoré de scènes bibliques aux personnages finement sculptés (anges, tentation d'Adam et Ève, saint Michel terrassant le dragon...). Noter, au pied des colonnes de droite, 2 petits cèpes en pierre : la signature de ce bel ouvrage. Intérieur à ne pas délaisser, avec sa tribune rustique et des restes de fresques dans le transept gothique (XVe s).

LE PÉRIGORD POURPRE

• Carte *p. 218-219*

Et si, comme les 3 Mousquetaires, le Périgord continue de se décliner en 4 entités, ne cherchez plus, en revanche, le nom de « Périgord pourpre » dans les offices de tourisme. C'est aujourd'hui le nom de « pays de Bergerac, vignoble et bastides » qui est indiqué sur toutes les brochures. Un pays que vous allez découvrir d'est en ouest, en empruntant des routes qui ici méritent encore le nom de buissonnières, surtout si vous profitez du printemps ou de l'automne, souvent très beaux, pour vous y perdre.
À la lisière du Périgord noir s'étend la région des bastides, ces villes fortifiées créées au XIIIe s par les suzerains français et anglais pour rallier les habitants à leur cause et garantir leur sécurité. De part et d'autre, elles se ressemblent d'ailleurs : rues tirées au cordeau et à angle droit, remparts percés de portes, place centrale entourée de cornières et arcades. Monpazier est la plus belle et la plus célèbre d'entre elles. À l'inverse, les ruelles médiévales d'Issigeac se complaisent à contorsionner leurs vieilles maisons de pierre ou à pans de bois dans un plan en coquille d'escargot. À ne pas manquer non plus. Moins connu que son voisin le Périgord noir, c'est un territoire qui n'a pas à rougir de ses richesses.
Pourpre, il l'était de nature, à cause de ses fameux vignobles, bien sûr, notamment ceux du Bergeracois. Des noms que vous connaissez : Pécharmant, Bergerac, Montravel... Monbazillac, depuis des siècles, fait commerce de son doux nectar. L'« or liquide du Périgord » est envoyé à la conquête des palais du nord de l'Europe via la Dordogne, qui coule de cingles en coteaux, charriant quelques souvenirs diffus de gabares et de gabariers. Son courant, réputé impétueux et imprévisible, a été dompté par quelques barrages. Au fil de ces eaux, Bergerac tentera bien de faire la sirène pour vous capter dans le filet de ses ruelles : laissez-vous tenter, elle a de sérieux atours. Et puis, à quelques encablures en aval, on se laisse volontiers inspirer par les pensées de Montaigne, qui pouvait presque voir la Dordogne du haut de la tour de sa bibliothèque.

VOYAGE AU CŒUR DU PAYS DES BASTIDES

Aux XIIIe et XIVe s, les royaumes de France et d'Angleterre veulent marquer leurs territoires respectifs en Aquitaine, et si possible empiéter sur les terres de l'autre. Aux châteaux et villages fortifiés existants, historiques, ils se piquent au jeu d'ajouter des villes nouvelles : les bastides. Dans l'affaire, les seigneurs locaux donnent une terre, le roi offre sa protection, et les 2 se partagent le gâteau des impôts... À nouveau concept, nouvelles règles du jeu ! Tout d'abord, les bastides ne sont pas là pour asseoir le pouvoir d'une famille : elles ont un but à la fois militaire, politique et commercial. Finies les rues tortueuses qui s'enroulent à l'entour d'un château : le plan rectiligne est privilégié pour faciliter les mouvements de troupes et celui des véhicules qui importent ou exportent des produits. Au saint des saints, la place centrale fait office de halle, encerclée par des habitations qui forment un rempart naturel et la protègent. Un dispositif souvent complété d'un vrai rempart extérieur. Le

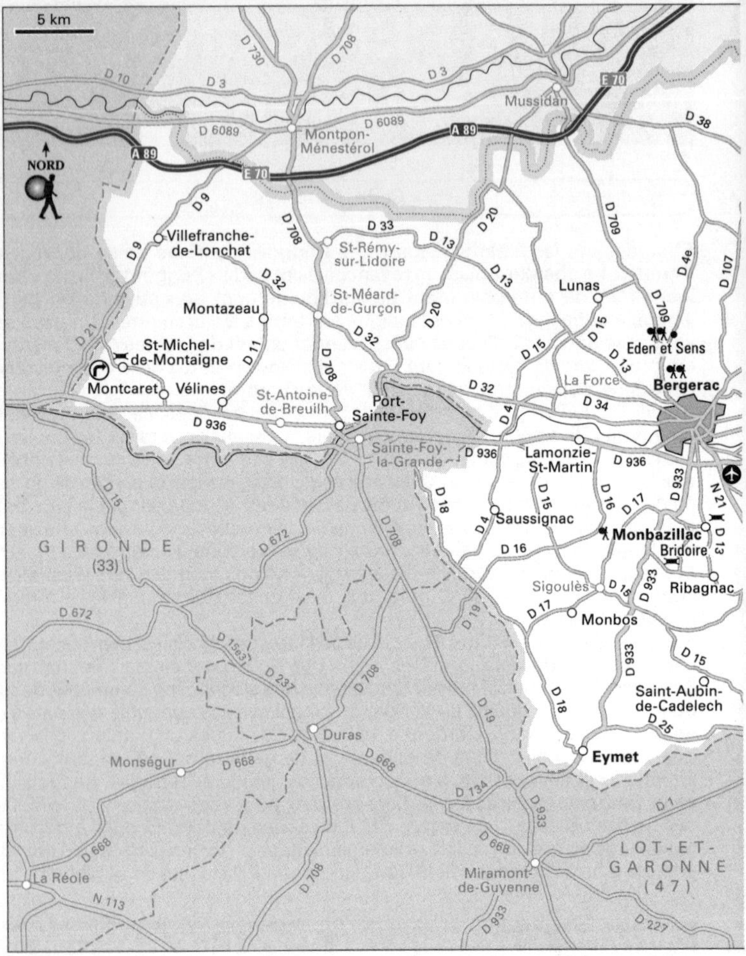

succès de la bastide dépend de sa capacité à proposer des conditions favorables au commerce et à la population : chacune rivalise d'inventivité pour détaxer certains échanges... le capitalisme avant l'heure ! Et puis, comme il faut bien peupler ces lieux sortis de nulle part, leur donner une consistance sociale, on envoie des hérauts par les campagnes, promettant aux croquants un avenir meilleur dans la bastide (la sûreté de l'emploi), la quiétude d'un lieu bien protégé (déjà le discours sécuritaire !) et des droits inédits (l'accession sociale). Et ça marche. Le concept de bastide fait tache d'huile un peu partout, mais les exemples les plus remarquables se concentrent sur l'ancienne ligne de démarcation entre les 2 royaumes. Avec, comme point d'orgue incontesté, celle de Monpazier.

LE PÉRIGORD POURPRE

MONPAZIER

(24540) 560 hab. *Carte Périgord, C4*

The most beautiful... **L'un des Plus Beaux Villages de France, et LA plus belle bastide du Périgord, construite par Édouard Ier, roi d'Angleterre et duc d'Aquitaine. Elle fut longtemps la rivale de Villefranche-du-Périgord : l'une anglaise, l'autre française ; puis l'une protestante et l'autre catholique. Un miracle qu'elle ait réussi, depuis 1284, à traverser les vicissitudes de l'histoire. Les remparts ceignent toujours sa taille de guêpe, que l'âge n'a**

pas déformée. Les ruelles gardent une rectitude qu'aucune ridule n'a défigurée. La place demeure rayonnante, bordée de vénérables demeures, rousses de leurs tuiles romaines, qui n'ont pas pris un cheveu blanc. En parcourant ses *carreyrous* (ruelles transversales) parfois grossièrement pavées, on tombe nez à nez avec des colombages, des fenêtres Renaissance, de belles portes en bois : un incroyable éventaire de beautés architecturales. À chaque passage voûté en ogive, on s'attend à voir débouler les archers de la garde écossaise...

TOUS LES CHEMINS MÈNENT AU RHUM

Sulfureux personnage que Jean Galmot, né dans la quiète bastide de Monpazier. Peut-être trop calme pour lui, car c'est un aventurier dans l'âme. Il laisse son job de journaliste en 1906 pour une concession d'or en Guyane. De filon en aiguille, il trempe dans la politique et y devient député. Il est éclaboussé par l'« affaire des rhums ». Immunité parlementaire levée, procès et quasi-relaxe, faute de preuves : il écope de 1 an avec sursis, replonge et se présente à nouveau à la députation, mais meurt empoisonné... pas au rhum frelaté, mais à l'arsenic, c'est plus efficace !

Adresse et infos utiles

Office de tourisme de Monpazier – Bastides Dordogne Périgord : *pl. des Cornières (la pl. principale). ☎ 05-53-22-68-59. • pays-bergerac-tourisme.com • De mi-avr à fin sept, lun-sam 9h-13h, 14h30-18h ; dim 9h-13h (et 14h30-18h juil-août). Le reste de l'année, mar-ven 9h-12h30, 14h-17h30.* Visites guidées de la bastide par une équipe dynamique toute l'année sur réservation. En été, visite guidée nocturne aux flambeaux le lundi à 21h30. Livret-jeu pour les enfants. Circuits de randonnées (carte en vente). Animations : festival de Musique ; fête des Fleurs, brocantes, vide-greniers, fête du Livre, cinéma en plein air, marché gourmand, théâtre de plein air en saison.

– **Marché :** *jeu mat.*

– **Grand marché aux cèpes :** *sur la pl. principale, sous la halle en saison selon la pousse, tlj à partir de 15h.*

Où dormir ? Où manger ? Où boire un verre ?

Comme dans tous les villages particulièrement touristiques, la restauration est inégale et peut réserver des surprises, voire de franches déceptions...

Hôtel-restaurant Edward Ier : *5, rue Saint-Pierre. ☎ 05-53-22-44-00. • info@hoteledward1er.com • hoteledward1er.com • Doubles 89-235 € ; familiales. Menus 32-53 €, le soir, sur résa.* Une petite folie XIXe s transformée en hôtel à l'atmosphère cosy chic. Plusieurs catégories de chambres pour 2, du simple au double en termes de surface, bien douillettes (moquette, literie). Délicieuse table intimiste sur place (résa obligatoire). Idéal pour une étape amoureuse et romantique. Excellentes prestations et équipe aimable et professionnelle.

Chambres d'hôtes Les Hortensias : *8, rue Saint-Joseph. ☎ 05-53-58-18-04. • bljr94@hotmail.fr • chambres-hotes-monpazier.fr • Doubles 80-105 €.* Le cadre est plus qu'agréable, dans ce jardin bien fleuri et entretenu où trône une belle piscine chauffée. Les 4 chambres sobrement mais confortablement arrangées, sont dans l'esprit maison de famille. Bon accueil de Bruno, attentif à ses hôtes.

La Bastide : *52, rue Saint-Jacques. ☎ 05-53-22-60-59. • restolabastide@aol.com • En été ouv* *tlj sauf dim soir ; le reste de l'année fermé sam midi, dim soir et lun. Résa très conseillée. Formule déj env 20 € ; menus 22-48 €. Café offert sur présentation de ce guide.* Cette *Bastide* offre une jolie carte équilibrée terre et mer, même si elle privilégie le terroir local. La cuisine est fine et soignée, jusque dans la présentation. Le chef, qui a manifestement la passion du métier et le goût du travail bien fait, passe à l'occasion saluer les clients. Tables bien espacées ; une poignée en terrasse, sur le trottoir. Accueil et service aimables et pros. Une excellente escale !

Chez Minou : *55, rue Notre-Dame. ☎ 05-53-22-46-59. • chez.minou@orange.fr • Près de la porte Nord. Fermé lun-mar, plus mer-jeu hors saison. Congés : janv. Menu 16 € ; carte 15-20 €. Digestif offert sur présentation de ce guide.* Pas de la grande cuisine, mais un café sympa à prix correct. Profitez de la terrasse ombragée dans le patio. Assiette de pays, omelettes, pizzas, pâtes, salades et bonnes viandes. En dessert, des crêpes maison et des glaces. C'est aussi le rendez-vous des jeunes, l'un des rares coins animés le soir... Billard. Et souvent, en saison, un petit concert le vendredi (blues rock, rock, reggae...). On regrette tout de même l'attente parfois longue...

Écureuil Café : *sur la pl. des Arcades. ☎ 05-53-61-62-17. • ecureuilcafe@orange.fr • Ouv tte l'année ; tlj 8h (9h w-e)-18h (19h en saison). Formules petit déj (servies tte la journée) env 10-15 €. Brunch dominical végétarien (11h-15h) 18 €.* Un *coffee shop* qui apporte un peu de l'air du temps au sein de cette vénérable bastide ! Et quel emplacement ! La jeune équipe très sympa ouvre les portes dès le petit déjeuner (d'ailleurs une bonne option en haute saison pour découvrir la bastide avant l'afflux des visiteurs). À la carte (cookies, gâteaux à la crème de marron...), des produits bio et locaux autant que possible, à accompagner de l'un des 14 cafés proposés par un vrai barista, d'un jus frais ou d'un milk-shake. On s'attable au comptoir ou côté terrasse, en partie ombragée par les arcades.

Pour prolonger la soirée, on passe à côté à ***La Réserve*** *(bar à vin de l'Écureuil) : tlj 17h-23h (minuit parfois) de mai à mi-sept ; le reste de l'année, 1 jeu ts les 15 j., soirées à thème.* Jolie salle tout en longueur et son beau comptoir en bois, où l'on s'attable, à moins que le mercure incite à se poser en terrasse, sous les arcades. Au programme, bons flacons bien choisis et planches, salades et tapas pour accompagner. Même équipe jeune et sympa.

Où camper dans les environs ?

Camping... et chic à la fois !

Camping Le Moulin de David : *24540* ***Gaugeac.*** *☎ 05-53-22-65-25. • contact@moulindedavid.com • moulindedavid.com • Ouv mai-sept. Compter env 30-36 € pour 2-6 en hte saison. Locatifs 4-6 pers.* Un vaste camping bien équipé, dont les emplacements (160 !) s'échelonnent tout en longueur, séparés par des haies pour planter la tente (3 tailles d'emplacements proposés), tous situés dans la partie gauche. Pas mal de locatifs (lodges toilés et mobile homes) sur le reste du terrain. Bonnes infrastructures et activités proposées variées. Animations nocturnes à la terrasse du bar (préférer un emplacement éloigné si vous ne comptez pas y participer). Bassin d'eau naturelle en été, en plus de la piscine.

À voir

On insiste, Monpazier est LA bastide idéalement conservée. Outre son indéniable charme, on y trouve toutes les spécificités de l'urbanisme de ces villes nouvelles du XIIIe s.

La place des Cornières : presque au centre géometrique du bourg. Quasiment parfaite, elle servit de lieu de tournage à de nombreux films de cape et d'épée. Les 4 coins de la place sont « chanfreinés » : l'arête des piliers des maisons est tronquée pour laisser passer les gens d'armes à cheval. Malgré le rythme irrégulier des arcades, toutes les maisons ont les mêmes dimensions (8 m de façade, 20 m de profondeur). C'étaient des lotissements façon XIIIe s. Les bâtisses sont du XIIIe ou XIVe s, mais ont été remaniées ultérieurement (du XVe au XVIIIe s). D'où le mélange de styles gothique et Renaissance avec ogives ou fenêtres à meneaux, larmiers, etc. Toutes réservent un espace couvert au rez-de-chaussée (la cornière) destiné aux échanges commerciaux. Un faible espace entre elles, l'androne, servait de coupe-feu. Accessoirement, l'usage en a fait un vide-ordures, et des bretèches en encorbellement y servaient également de latrines : purge et nettoyage automatique les jours de fortes pluies.

La halle : de 1287 (rien que ça), elle possède une très belle charpente en bois. On utilisait du châtaignier car, d'une part, il était répandu dans le coin, mais, surtout, il a des vertus pour repousser les insectes : pratique en ce lieu où transitaient des céréales. Pour l'histoire, on donnait le temps au temps alors, car un arbre abattu était immergé 30 ans dans l'eau puis séché 15 ans à l'air libre avant d'être employé comme matériau de construction. Le résultat est édifiant : les piliers sont durs comme de la pierre... 3 anciennes mesures à grain (en pierre) sont visibles. La 4e a traversé les siècles, avant d'être volée en 1945.

La maison des dîmes (ou du chapitre) : *rue Notre-Dame, proche de l'église.* Une des plus anciennes, et la plus haute des constructions de la bastide. Belles ouvertures gothiques. On y collectait la dîme (taxe de 10 % de la récolte, payée à l'Église ou au seigneur). Aujourd'hui, son rez-de-chaussée est devenu une boulangerie.

Le trou du pal : en 1284, un des 1ers actes politiques a été de percer un trou au centre géographique et géométrique de la cité pour y installer le pal. Il est toujours matérialisé au sol par une pièce de laiton devant l'église (côté gauche en sortant). Le pal n'est pas ici un outil de châtiment mais un pieu, un mât symbolique de la création de la bastide d'où sont tirés les cordeaux pour le tracé des rues.

L'église Saint-Dominique : un édifice religieux de style éclectique. Base du XIIIe s, clocher du XVe s, fronton largement remanié au XVIIIe s (et très effacé par le temps). Dedans comme dehors, c'est globalement du gothique... pas flamboyant d'intérêt.

Bastideum *(CIAP ; Centre d'interprétation de l'architecture et du patrimoine) :* *☎ 05-53-57-12-12. • bastideum.fr • Juil-août, tlj 10h-19h ; avr-juin et sept, tlj sauf lun 10h30-13h, 14h30-18h ; fermé le reste de l'année. Entrée : 4,80 € ; réduc. Ateliers enfants et prêt de déguisements pour les enfants.* Une scénographie moderne et multimédia destinée à mieux découvrir la bastide qui fait la fierté de Monpazier. Découvertes archéologiques, archives et survol virtuel de la ville... Un espace met à la disposition des visiteurs une trentaine de jeux médiévaux remis au goût du jour, fabriqués dans les environs. À la fin de la visite, possibilité de télécharger gratuitement un guide multimédia pour visiter ensuite la bastide de manière ludique. Jardin médiéval avec plantes médicinales et aromatiques.

LE RENIEMENT DE LA RELIGION

La Révolution avait clairement une dent contre le clergé, allié du pouvoir royal. Saccage d'églises, décapitation de statues de saints... Les croyants n'étant pas très bien vus, on inventa « l'Être suprême ». C'était politiquement plus correct. Vous apercevrez ainsi, sur l'église de Monpazier, la devise : « Le peuple français reconnaît l'existence de l'Être suprême. »

DANS LES ENVIRONS DE MONPAZIER

LE CHÂTEAU DE BIRON

Le château : *au centre du village. ☎ 05-53-63-13-39. • chateau-biron.fr • Situé à 8 km au sud de Monpazier par la D 2, puis la D 53. 6 juil-28 août, tlj 10h-19h30 ; 4 avr-5 juil et 29 août-30 oct, tlj 10h-13h, 14h-18h ; 1er nov-3 janv et 8 fév-3 avr, tlj sauf lun 10h-12h30, 14h-17h (17h30 8 fév-3 avr). Fermé 4 janv-7 fév. Entrée : 8,80 € ; 5,90 € pour les 5-12 ans. Livret-jeu pour les enfants disponible à l'accueil. Audioguide 3 €. Visite guidée sur résa (1h). Billet jumelé avec le cloître de l'abbaye de Cadouin : 12,50 € ; réduc. Pdt les vac scol, différents ateliers sont proposés pour adultes et enfants (2-4 €, sur résa). Jeu soir, dès 19h, marché des producteurs et visites nocturnes. En été, spectacle « Le Fleuret d'Élise » ; festival musical du Périgord pourpre et concerts. Expo contemporaine toute l'année, incluse dans le prix d'entrée.*

Un peu d'histoire

Les Gontaut-Biron ont donné leurs corps et leurs têtes à la couronne de France. Le 1er à entrer dans ce qu'on nomme le compagnonnage royal est ***Armand de Gontaut,*** frère d'armes de François Ier, Henri II, Charles IX, Henri III. Adversaire d'Henri de Navarre durant les guerres de Religion, il se rallie à son panache avant qu'il soit couronné roi de France. Une belle complicité s'installe alors entre ces 2 Gascons, et Armand ne ménage pas sa peine pour guerroyer au profit du roi. ***Maréchal,*** il inspecte avec son suzerain le siège d'Épernay lorsque le vent enlève le fameux chapeau à panache blanc d'Henri. Armand le ramasse et s'en coiffe pour amuser le roi : et paf ! Un boulet bien ajusté, croyant toucher la tête de l'État français, emporte celle brièvement couronnée du maréchal ! ***Son fils Charles*** prend la suite, gravit également les échelons du commandement militaire pour devenir un très populaire maréchal. Aimé « comme un frère » par Henri IV, il se languit de privilèges que le roi ne lui donne pas. Il conspire, le suzerain l'apprend et... la noble tête de Biron tombe sur le billot ! Le personnage étant très aimé, les habitants de Biron mettront quelques générations avant d'arrêter de boycotter « Henri » comme prénom... ***En disgrâce,*** la lignée continue toutefois de fournir aux Bourbons des généraux et maréchaux parmi les plus vaillants, et ce jusqu'à Louis XVI. Le dernier Biron à perdre la tête pour la France est Armand-Louis, qui combat en Vendée pour la République, avant que celle-ci ne le remercie en l'envoyant voir M. Guillotin en 1793 ! Le roi n'y est pour rien cette fois...

Le château

Ce château est l'un des témoignages les mieux conservés de l'histoire du Périgord. De sa haute stature, il surveille la région sur au moins 30 km. Construit au XIIe s, il a appartenu à la même famille (les Gontaut) sur 24 générations, jusqu'au XXe s. Tous les types d'architecture y cohabitent : du donjon du XIIe s aux bâtiments du XVIIIe s en passant par une chapelle Renaissance. C'est d'ailleurs un lieu privilégié de tournage de films. Il fut largement utilisé pour *Les Visiteurs II.*

Du rempart ouest, un incroyable panorama met en évidence la place stratégique qu'occupait le château, aux frontières du Périgord, du Quercy et de la Gascogne. La tour Saint-Pierre, à l'origine tour de garde, devenue à la Renaissance cabinet de travail, abrite une collection de peintures du XVIe s. Les dimensions de l'immense cuisine aménagée au XVIIIe s, en font l'une des plus vastes de France. Destinée aux grandes réceptions, on y voit encore les potagers, les cheminées et la citerne. La voûte en anse de panier qui couvre l'ensemble est impressionnante.

La cour d'honneur distribue les bâtiments d'habitation des seigneurs, du plus ancien (le donjon du XIIe s) au plus récent (la loggia du XVIIIe s). Beaucoup de charme se dégage de l'ensemble (on est saisi par l'espace intérieur de la cour). La loggia, inattendue, ouvrant la cour sur la campagne, faisait partie d'un projet un peu mégalo consistant à relier le château à la plaine par un escalier plagiant Versailles (faisons simple !) avec cascades de marches et paliers de repos. Dans l'angle de la cour, la recette, face à la chapelle, l'appartement réservé au fermier général. Bel escalier à vis, cheminées Renaissance et quelques latrines croquignolettes en encorbellement sur les remparts. Très belle charpente de toit. Au-delà de la cour d'honneur, on entre dans l'aile des maréchaux, restaurée à l'identique, avec salle de bal et de réception. C'est la plus grande pièce du château, qui était censée accueillir les 4 Baronnies du Périgord, mais il y eut la disgrâce de Charles de Gontaut-Biron. En chemin, ne manquez pas de monter sur la terrasse panoramique pour profiter de la vue. Passage par les salons de compagnie du XVIIIe s, on voit quelques tentatives de décors lambrissés et boiseries inachevées car les seigneurs résidaient plutôt à la Cour. Dans la partie Renaissance, appelée « château de Pons », on trouve de grandes salles pourvues de belles cheminées gothiques et une peinture de Jimmy Richer, reprenant les codes des danses macabres du Moyen Âge. Ces grandes pièces servaient aussi bien de chambre, de salle de réception que de salle de justice ! Puis une petite halte à la petite cuisine dans l'ancien logis médiéval, avant de terminer la visite par la chapelle.
– ***La chapelle :*** d'époque Renaissance (XVIe s), est joliment gothique. À l'extérieur, superbe balustrade en dentelle de pierre. La porte est également très ouvragée. À l'intérieur, 2 gisants de belle facture sont fort bien conservés. Un étage inférieur, accessible depuis l'extérieur des remparts, était l'église paroissiale (pour ne pas mélanger les serviettes de soie avec les torchons de toile !).
Boutique et, toute l'année, à la disposition des enfants, jeux en bois et tir à l'arc.
– Le ***village de Biron*** vaut le coup d'œil : il n'y a que quelques rues, mais prenez le temps d'y flâner et d'admirer les façades médiévales coquettement fleuries. Il y a même une jolie maison d'hôtes dans le vignoble pour qui veut rêver en paix au milieu des vignes.

Où dormir à Biron ?

Chambres d'hôtes Le Prieuré du Château de Biron : *le Bourg. ☎ 05-53-61-93-03. 06-84-31-38-38. • leprieurebiron@gmail.com • leprieurebiron.com • Ouv Pâques-fin oct. Doubles 120-175 € ; familiales.* Les actuels propriétaires de ce magnifique prieuré du XIIe s (modifié à la Renaissance), proposent 5 chambres d'hôtes superbes, toutes orientées sud avec une vue imprenable sur la campagne périgourdine et au-delà. Les chambres ont été rénovées avec goût, en préservant le cadre historique du lieu, et dans le souci d'offrir un confort et des salles de bains modernes, ce qui leur confère un charme indéniable. Le petit déjeuner est servi dans la belle salle à manger, ou en terrasse l'été avec vue à 360°. Grand salon de la maison à disposition des hôtes. Une bien belle adresse.

BEAUMONT-DU-PÉRIGORD

(24440) 1 120 hab. *Carte Périgord, C4*

Bastide fondée en 1272 au nom du roi d'Angleterre Édouard Ier. Elle possède une pléiade de richesses architecturales parmi lesquelles de nombreuses maisons des XIVe, XVe et XVIe s, la plupart classées. Pour protéger tout ce

beau monde, la colossale et admirable église fortifiée *Saint-Laurent-Saint-Front* veille. C'est l'une des plus imposantes du Périgord. Elle mérite bien le détour.

Adresse et info utiles

i *Bureau d'information touristique – Bastides Dordogne Périgord :* *16, pl. Jean-Moulin.* ☎ *05-53-22-39-12.* • *pays-bergerac-tourisme.com* • *Juil-août, lun-sam 9h-13h, 14h30-18h et dim mat ; avr-juin et sept-nov, lun-ven 9h-12h30, 14h-17h30 ; nov-mars, uniquement mar. Juil-août, le jeu à 21h30, visites théâtralisées aux flambeaux (6 €, plus 2 € pour le flambeau).* Bonne documentation sur la région et accueil très sympathique.

– ***Marchés :*** *mar et sam sur la pl. centrale. Marché gourmand nocturne lun, fin juin-début sept.*

Où dormir ? Où manger dans les environs ?

Bon marché

Chambres d'hôtes à la ferme, chez M. et Mme Laparre : *au lieu-dit Le Tronc, 24440* ***Labouquerie.*** ☎ *05-53-22-40-22. À 3 km de Beaumont, route de Monpazier, puis suivre les panneaux « Labouquerie ». Accès par la D 26 également. Tte l'année. Double 48,50 €, ou 75 € (pour 2) en ½ pens.* Le couple Laparre est retraité de son activité d'élevage de vaches laitières depuis quelque temps. Hébergement simple et propre, plus rustique que charmant ; bonne cuisine familiale et périgourdine avec un menu complet à base de produits de la ferme. Accueil vraiment sympathique, à la bonne franquette.

Prix moyens

Chambres d'hôtes La Borie du Chevrier : ***Tailladet.*** ☎ *05-53-73-57-88. 06-81-28-97-88.* • *contact@borie-du-chevrier.com* • *borie-du-chevrier.com* • *À env 9 km de Beaumont par la D 660 ou la D 25 et la D 26 ; suivre le (rare) fléchage. Doubles 83,50-106,50 €. Table d'hôtes sur résa 25 €.* Christine vous accueille avec chaleur dans sa coquette maison du XVIIIe s située au milieu de nulle part. Cuisinière hors pair, elle concocte des repas savoureux et propose même des cours aux amateurs. Pour dormir, des chambres d'hôtes rustiques et confortables. Et pour se relaxer, une grande piscine, un jacuzzi et un sauna (infrarouge), ainsi qu'un espace bien-être. Prêt de vélos. Un vrai cocon.

La Closerie de la Beyne : *lieu-dit La Beyne, 24440* ***Naussannes.*** *06-38-85-50-85.* • *contact@lacloseriedelabeyne.com* • *À 7 km de Beaumont par la D 660 et la D 25. Menus 26-32 €. Sur résa tlj l'été, l'hiver uniquement pdt les vac scol.* Un sympathique restaurant en pleine campagne, dans une ancienne grange très bien restaurée. On s'installe sur la belle terrasse, surplombant le jardin et la piscine, l'été, ou dans la salle cosy et chaleureuse, au coin de la cheminée l'hiver. Le chef propose une bonne cuisine méditerranéenne, élaborée à partir de produits saisonniers et locaux. Le menu change régulièrement. Un cadre paisible et champêtre bien agréable.

Coup de folie

Les Châteaux dans les Arbres : *domaine de Puybeton, 24440* ***Nojals-et-Clotte.*** *06-30-64-26-00.* • *contact@chateaux-dans-les-arbres.com* • *chateaux-dans-les-arbres.fr* • *Doubles 240-360 €. Repas et paniers repas sur résa.* Non, vous ne rêvez pas. Sur ce vaste domaine de 11 ha, 6 cabanes (de grand luxe !) inspirées de châteaux du coin, dotées d'un confort au top (TV, enceintes, clim, coffre-fort...). Un festival de passerelles, tourelles, chemins de ronde ! La cabane

LE PÉRIGORD POURPRE

« Monbazillac » est un vrai petit château en bois avec ses tourelles et sa terrasse. À l'intérieur, c'est l'Orient et l'Asie réunis... La « Milandes », perchée dans son bosquet de chênes, enjambe la douve et offre une belle vue sur les villages du secteur. Idéal si on est en famille. « Hautefort », quant à elle, peut accueillir jusqu'à 6 personnes avec ses 3 chambres. Ceux qui ont le vertige choisiront Biron ou Jumilhac, superbement posés sur l'eau. Notez que chaque cabane possède un spa sur la terrasse. Et quelle atmosphère la nuit ! La passion du bois et de la construction de cabanes ont conduit Rémi Becherel à devenir compagnon charpentier. Et voilà le travail ! Cher, mais vraiment magique !

Où acheter de bons produits ?

Charcuterie Daniel Delpech, Lou Belmou : *pl. Jean-Moulin. ☎ 05-53-22-30-28. Ouv mar-sam 8h-12h30, 15h15-19h15 et dim mat, ainsi que lun mat juil-août.* La basse-cour s'invite au festin sous forme de saucissons secs de canard, pavé de noix de Beaumont, aiguillettes de canard fourrées au foie gras, et de nombreuses autres recettes plus classiques comme l'enchaud (porc confit).

À voir

L'église Saint-Laurent-Saint-Front : construite à la fin du XIIIe s, début XIVe s, de style gothique anglais, avec un chevet plat. Elle apparaît comme une véritable forteresse, avec ses 4 tours d'angle, dont celle de la façade, au sud, qui faisait office de donjon donnant sur la place principale. Balustrade avec ravissante frise historiée en dessous (masques, monstres, animaux fantastiques, représentation des 4 évangélistes, etc.). Ce sont des motifs qui ornaient traditionnellement les chapiteaux à l'époque romane. En l'absence de château, l'église était utilisée comme refuge fortifié en cas d'attaque de la bastide. La nef servait d'asile à la population, mais on y engrangeait également bêtes et provisions. À l'entrée, le puits primitif permettait à tout ce petit monde de s'abreuver. Si nécessaire, le dernier retranchement était de gagner les combles. La nef est large, d'un seul bloc, avec uniquement 2 petites chapelles côté nord. Au milieu à gauche, la chapelle Saint-Joseph est plus ancienne que l'église, comme en témoigne la voussure de la fenêtre en plein cintre. On y trouve un bassin pour les ablutions rituelles des prêtres.

La place centrale : la halle disparue au XIXe s a été reconstruite à l'identique. La place a belle allure avec 7 maisons à cornières sur 3 côtés. Il y en avait 16 à l'origine qui clôturaient l'espace. La plus ancienne (la maison Laphite) exhibe encore fièrement ses pans de bois. D'autres se drapent de pierres usées par les ans. Juste en contrebas de la place, la *porte de Luzier,* vestige des remparts, montre toujours la rainure de la herse. C'est la dernière des 16 portes qui ouvraient la ville. Promenade agréable le long des anciens remparts.

Balade dans la ville : difficile de s'égarer dans cet ensemble régulier de rues et ruelles à angles droits. Depuis la place centrale, on peut suivre la ***rue Féliciane,*** bordée de maisons fortifiées qui servaient de 2d rempart. On aboutit à la ***tour de Bannes*** qui faisait l'angle du rempart, remaniée aux XVIe et XVIIe s et déplacée à la Révolution. Le bâtiment de la ***mairie,*** construit à la fin du XVIIIe s, a servi d'hospice avant de devenir l'hôtel de ville. L'étroite rue du Barry, mène à la ***maison Feyt,*** dont on apprécie une fenêtre Renaissance joliment ouvragée et bien conservée. Les 3 roses du blason sont celles de la famille Lancastre (un nom qui ne renie pas ses accointances anglaises). Mais ne ratez pas, rue Foussal, la ***quincaillerie Bariat,*** le plus vieux magasin du village (il a été fondé en 1846).

Manifestation

– ***Journée de l'artisanat d'art :*** *1er mer d'août.*

DANS LES ENVIRONS DE BEAUMONT-DU-PÉRIGORD

L'allée couverte du Blanc : *24440* ***Nojals-et-Clotte.*** *Fléché depuis la D 676, à 2 km au nord de Nojals et 3,5 km au sud de Beaumont.* Assez pittoresque. Un des plus beaux mégalithes de la région, qui dresse ses pierres blanches vieilles de 4 000 ans sous un petit bouquet d'arbres (un peu plus récents).

La maison à empilage : *au lieu-dit Saint-Germain, 24440* ***Sainte-Sabine-Born.*** *À 9 km au sud de Beaumont par la D 676. De Sainte-Sabine, suivre la direction Fonqueyrade, c'est env 1 km au nord, sur la gauche.* La datation de ces maisons de bois très originales (à priori du XVIe s) et leur raison d'être ne font pas l'unanimité. Constituées d'un soubassement en pierre, puis d'empilements de poutres en chêne, le résultat est passablement massif (peu d'ouvertures).

Achats

Clos de Noel : *au lieu-dit Noel, 24560* ***Faurilles.*** *07-86-28-21-33. • eynardyohan@gmail.com • À 13 km au sud de Beaumont par la D 25. À 5 km à l'ouest de Sainte-Sabine, par la D 19E et D 19. Visites juil-août, tlj sauf dim-lun 10h-19h. GRATUIT.* Exploitation familiale depuis plusieurs générations, de 16 ha de vignes. Le fils Yohan a repris le flambeau et propose des visites du vignoble et de la cave, avec explications passionnées sur la vinification (environ 1h) qui se terminent par une petite dégustation, avant l'éventuel achat de quelques flacons.

LE PÉRIGORD POURPRE

MONTFERRAND-DU-PÉRIGORD

(24440) 180 hab. *Carte Périgord, C4*

On ne peut que tomber sous le charme de ce village aux curieux atours qui pourrait sans rougir prétendre au titre des Plus Beaux Villages de France. De la D 26, il apparaît, niché dans la verdure, sur une colline qui domine la vallée de la Couze. Comme pour maints petits villages, son histoire se raconte au fil des rues. Ou plutôt de sa longue rue en pente bordée de solides maisons paysannes datant des XVIe-XVIIIe s, à la ravissante teinte ocre.

Où dormir ? Où manger ?

De bon marché à prix moyens

Auberge Lou Peyrol : *au lieu-dit La Barrière. ☎ 05-53-63-24-45. • sarah.mori@orange.fr • hotel-loupeyrol-dordogne.com • En bas du village, à l'angle avec la D 26. Ouv Pâques-sept. Fermé le midi. Double 66 €. Menus 21-39 €. Apéritif maison offert sur présentation de ce guide.* Joli petit hôtel-resto de campagne, posé au bord d'une route très peu fréquentée la nuit. Tenu par Sarah et Thierry, un couple corso-britannique très accueillant. Chambres simples, décorées avec goût. C'est aussi une très bonne table où l'on vous servira, par exemple, une goûteuse omelette aux girolles, une canette de Barbarie rôtie ou un carré d'agneau aux herbes et miel.

À voir

Le village présente un ensemble d'une remarquable homogénéité architecturale. Peu visité, bien conservé. On a l'impression d'évoluer dans un décor. Sur sa partie basse, on découvre une superbe halle du XVIe s bien restaurée. Belle demeure derrière le chevet de l'église, avec des fenêtres en anse de panier et à meneaux. Sa tour-pigeonnier se tord le cou, comme pour épier le caquetage des mégères sous la vieille halle. Sur le chemin menant au château (qui ne se visite pas), impressionnant donjon. D'autres maisons intéressantes rythment le parcours avec lucarnes sculptées, meneaux travaillés. Toits traditionnels à 4, voire 8 pentes.

L'église Saint-Christophe : *à 900 m du village, sur le plateau (si fermée hors saison, demander la clé à la mairie).* Perdue au milieu de la campagne, cette adorable église du XIIe s occupe l'emplacement initial du village. Entourée d'un petit cimetière, sa silhouette est étonnante : son clocher est disproportionné par rapport à un moignon de nef. C'est tout simplement que le reste de l'édifice a été détruit au XIXe s faute de fonds pour la rénovation. L'œuvre admirable se trouve à l'intérieur : des fresques de toute beauté couvrent murs et plafonds de ce qui a pu être préservé du bâtiment. Plusieurs époques y sont représentées. Dans la 1re arcade, à gauche en entrant, saint Léonard (il aurait délivré Clotilde, femme de Clovis, qui ne parvenait pas à accoucher). Dans le chœur, la voûte est « célestement » décorée (étoile, soleil et lune). Au fond du chœur, la tête sur la voûte (le ciel), mais les pieds sur le mur (la terre), le Christ en majesté est entouré des 4 évangélistes : saint Matthieu sous les traits d'un homme ailé, le lion de saint Marc, le taureau de saint Luc (particulièrement bien conservé) et l'aigle de saint Jean, qui, lui, a pris les airs.

SAINT-AVIT-SÉNIEUR

(24440) 430 hab. *Carte Périgord, C4*

Petit ménil accroché à un piton rocheux au-dessus d'une vallée encaissée. L'ensemble ne manque pas de charme, avec ses grosses pierres qui tiennent le haut du pavé. Un ensemble de couleur miel qui mérite les vivats tôt le matin et tard dans l'après-midi. Mais c'est surtout l'église abbatiale qui guide ici les pas des touristes ou des pénitents.

UN PEU D'HISTOIRE

La destinée de Saint-Avit-Sénieur est intimement liée à celle de son saint fondateur. Une histoire qui tient au fil ténu des légendes plus qu'à l'histoire avérée, gravée dans le marbre. Le jeune ***Avitus,*** issu d'une petite noblesse du pays, enrôlé dans les armées des Wisigoths, qui contrôlent la région, est fait ***prisonnier par Clovis*** à la bataille de Vouillé (en 507) et vendu comme esclave. « Madame Clovis », Clotilde elle-même, l'aurait amené à la ***conversion*** : il devient catholique dans la lignée du roi des Francs. De retour sur ses terres d'origine, il détruit le temple païen « aux mille idoles », situé sur l'éperon rocheux où il installe son ermitage, dans une grotte. Un ermitage qui se pérennisera, puisqu'on y bâtit ensuite une ***abbaye,*** lieu de pèlerinage important, sur la route des coquillards. La 2e église du département (avec Saint-Front de Périgueux) ***répertoriée aujourd'hui au Patrimoine de l'Unesco.***

Où manger ?

La Petite Épicerie : *dans le bourg. ☎ 05-53-22-92-80. Tlj 9h (10h sam-dim)-19h. Plats 8-14,50 €.* L'adorable petite épicerie toute pimpante et bien achalandée de Sylvia, propose des spécialités périgourdines et basques, fruits et légumes, des épices, des glaces artisanales... Mais aussi chaque midi un plat du jour préparé avec soin, ou pour grignoter à toutes heures de la journée, de bonnes petites pizzas, tartes salées, planches de charcuteries ou fromages. On opte pour l'une des 2 petites terrasses avec vue sur l'abbaye ou à l'intérieur dans les petites salles bien aménagées.

La Table de Léo : *dans le bourg. ☎ 05-53-57-89-15. • contact.tabledeleo@gmail.com • Fermé dim soir, lun, mer. Congés : 3 sem en janv, 1 sem en juil et 2 sem en oct. Menus 34-55 €.* Florent Reversat, après un joli parcours chez des étoilés de la région, s'est installé en famille dans cette belle maison périgourdine. Le fils Léo pourra tester en grandissant les plats de saison (la carte change tous les 2 mois) travaillés avec soin et joliment présentés, du terre-mer plein d'imagination qui a fidélisé les gourmands du secteur. Terrasse bien agréable.

À voir

L'église abbatiale Saint-Avit-Sénieur : *accès libre. Visites guidées organisées à l'occasion par l'association* Les Amis de Saint-Avit-Sénieur *(infos dans les offices de tourisme).* Elle faisait partie d'une importante abbaye du XIIe s, dédiée à saint Avit et située sur le chemin de Saint-Jacques-de-Compostelle. La façade massive de l'église, sans aucune fioriture, comporte un beau porche rehaussé d'un balcon à redents. Architecture d'inspiration byzantine avec ses 3 coupoles. On est étonné par l'ampleur de la nef (52 x 18 m) et par sa hauteur (18 m aux clefs de voûtes). Le plafond est entièrement décoré de peintures avec des entrelacs de rubans de couleur ocre et un motif floral à dominante rouge ou noire. Tant qu'on a le nez en l'air, on peut aussi jeter un œil sur les belles clefs de voûtes en médaillons. Les murs sont également revêtus de peintures : côté sud, une Vierge en majesté, saint Christophe et, sur le côté droit de la nef, de grands décors représentant des tentures sont assez bien conservés. L'ensemble a fait l'objet d'une restauration très réussie. Du 1er juin au 30 septembre, dans le cadre des « Murmures de Saint-Avit », belles projections sur les façades de l'abbaye, un son et lumières racontant son histoire et ses mystères, tous les soirs à la tombée de la nuit.

Les vestiges de l'abbaye : perpendiculaire à l'église, au sud, une large esplanade correspond à l'***ancien cloître.*** Longtemps utilisé comme cimetière municipal. Dans l'axe du transept, le ***dortoir des moines*** (au 1er étage) surmonte la salle capitulaire. Sur le côté sud de l'ancien cloître, très beau ***presbytère*** du XVIIe s (construit sur un rez-de-chaussée du XIe s) : belle coursive couverte au 1er étage, et toiture en tuiles romaines.

La grotte et la source : en traversant la place devant l'église, on rejoint la mairie (ancien hospice et léproserie). Le lavoir utilise la source qui délectait saint Avit, et la grotte dans la falaise était son *home.*

CADOUIN (24480) 320 hab. *Carte Périgord, C4*

On pourrait aisément passer à côté de ce minuscule et discret village qui cache pourtant une remarquable abbaye cistercienne et une superbe église romane. Lesquelles composent, avec les anciennes maisons alentour et les vieilles halles, un fort harmonieux ensemble. On y fait halte avec grand plaisir. Comme le font depuis bien longtemps les pèlerins en route pour Saint-Jacques-de-Compostelle, qui ont pris l'habitude, au fil des siècles, de quitter la voie traditionnelle toute tracée (celle qui longe la vallée de l'Isle, depuis Périgueux) pour faire un détour par Cadouin, afin d'aller se recueillir devant le saint suaire. Le mythe est tombé, en 1934, mais le lieu vaut le détour (même si le cloître est payant).

Adresse utile

Office de tourisme : *dans la rue de la République, en face de l'abbaye. ☎ 05-53-22-06-09 (bureau du Buisson-de-Cadouin). • pays-bergerac-tourisme.com • Juil-août, tlj sauf sam 10h-13h, 15h-19h (18h dim). Le reste de l'année, lun-ven 11h-13h, 15h-18h.*

Où dormir ? Où manger ?

Camping

Camping Les Jardins de l'Abbaye : *juste au-dessus du village. ☎ 05-53-61-89-30. 📱 06-88-38-45-31. • jardins-abbaye@hotmail.fr • jardinsabbaye.com • ♿ Ouv mai-oct. Compter 12-20 € pour 2 en hte saison. 32 empl. Mobile homes 2-6 pers. Réduc de 10 % (hors frais de dossier, taxes de séjour et électricité) sur présentation de ce guide.* Surplombant littéralement Cadouin, cet adorable petit camping est organisé en terrasses, sous les arbres, bien ombragé donc. Familial et simple, il ne fait certes pas partie des campings dernière génération, mais il est bien tenu et l'atmosphère y est vraiment conviviale. Agréable piscine (avec pataugeoire) sur la terrasse supérieure et snack. Bon accueil des gérants.

De bon marché à prix moyens

Auberge de jeunesse : *15, pl. de l'Abbaye, au cœur du village. ☎ 05-53-73-28-78. • cadouin@hifrance.org • hifrance.org • ♿ Fermé début déc-janv. Accueil des individuels avec la carte FUAJ (délivrable sur place). Nuitée 22,20-25,20 € en dortoir de 2-6 lits, avec draps et petit déj. Repas 12,60 €. CB refusées.* Un must, cette AJ ! Installée dans une partie de l'abbaye magnifiquement restaurée, parc attenant. Les chambres pour 1 ou 2 personnes sont les anciennes cellules, elles en ont gardé un côté monacal ; dans certaines chambres doubles, le lit est niché en mezzanine, la tête au niveau d'une petite fenêtre donnant sur le cloître. Les autres sont agréables et spacieuses, et certaines donnent sur la place du village. Celles du 1er étage ont encore leur plancher du XVIIe s. Dans les dortoirs, des lits superposés à structure de bois lasuré. C'est moderne et pratique. Toutes les chambres collectives possèdent salle de bains et w-c à l'intérieur. Possibilité de pique-nique, repas ou cuisine à disposition. Bon accueil.

Restaurant de l'Abbaye : *pl. de l'Abbaye (évidemment !). ☎ 05-53-63-40-93. • restaurant.abbaye@gmail.com • ♿ Resto tlj sauf lun et jeu soir (hors saison, ouv le midi sauf lun, plus sam soir). Congés : 1 sem en janv, 2 sem* *en mars et 3 sem après la Toussaint. Menus 17,50-30 €. Apéritif maison offert sur présentation de ce guide.* Une halte très agréable et le charme authentique d'une auberge de village. Salle de resto élégante, avec cheminée en hiver, qui se prolonge sur la place par une terrasse. Cuisine de terroir comme on l'aime, savoureuse et généreuse. Bon accueil.

Le Veilleur d'Urval : *le bourg,* ***Urval.*** *☎ 05-47-77-25-31. • leveilleurdurval@gmail.com • À 4 km de Cadouin. Ouv 12h-13h30, 19h-20h30. Fermé sam midi, mar-mer. Congés : janv. Formules 19-25 €.* Le jeune propriétaire de ce petit resto de village est passionné de cuisine et autodidacte (diplômé en sciences alimentaires). Il a confié ses fourneaux à un jeune chef, pour être plus présent en salle, mais c'est bien souvent un 4 mains qui sublime les produits avec une simplicité étonnante. Les menus changent toutes les semaines et les produits proviennent directement de chez les producteurs locaux. La salle en longueur, laisse sa place à une terrasse en été.

De prix moyens à plus chic

Chambres d'hôtes Les Songes de l'Abbaye : *pl. de l'Abbaye. 06-87-36-89-57. • emmanuelle.lamaud@gmail.com • songesdelabbaye.com • Doubles 80-115 €.* En retrait de la place principale, mais signalées par un panneau bien voyant, de jolies chambres contemporaines, dont 3 avec vue sur l'abbaye. La dernière donne sur un jardin (celui du voisin...) à l'arrière, égayé de sculptures en été. Miniterrasse. Petit déj bio à prendre dans le chouette espace commun traversant. Emmanuelle n'habite pas sur place mais tient l'épicerie au rez-de-chaussée (glaces artisanales !).

Où camper dans les environs ?

Camping

Camping La Grande Veyière : *à* ***Molières*** *(très joli village !), à 5 km de Cadouin. ☎ 05-53-63-25-84. • contact@lagrandeveyiere.com • lagrandeveyiere.com • Ouv avr-début nov. Forfait pour 2 pers 15-23,80 €. 60 empl. Locatif. Sur présentation de ce guide, réduc de 5 % sur le camping (hors locatif).* Grande propriété dans les bois, en pleine nature. Confort total, emplacements ombragés grâce aux nombreux arbres (et le camping est entouré de bois), sanitaires impeccables. Nombreuses activités et club équestre à proximité. Ambiance calme, familiale et excellent accueil. Possibilité de faire des barbecues ; snack-bar. Piscine. Camping très engagé en faveur de l'environnement. Membre LPO (Ligue pour la protection des oiseaux).

LE PÉRIGORD POURPRE

À voir

L'église : édifiée au XIIe s, elle présente une façade peu commune. Large et imposante, percée d'étroites baies romanes surmontées d'arcatures aveugles tout en lignes épurées. Porte à voussures, très sobre là encore. À l'intérieur, 3 nefs et toujours l'austérité cistercienne. Nef principale élancée et lourde à la fois, aux solides piliers carrés. Dans le chœur, quelques chapiteaux historiés, assez rares dans une église cistercienne (végétaux et entrelacs). Vitraux refaits au XIXe s. Quelques vestiges de fresques sur un des piliers de la nef, côté droit. Vierge en pierre du XVe s, au sourire doux, serein et « jocondien ».

L'abbaye et le cloître : *☎ 05-53-63-36-28 ou 05-53-05-65-65. • cloitre-cadouin.fr • 6 juil-28 août : tlj 10h-19h. 4 avr-5 juil et 29 août-1er nov : tlj 10h-13h, 14h-18h. 2 nov-3 janv : tlj sauf lun hors vac scol et j. fériés*

10h-12h30, 14h-17h. 8 fév-3 avr : tlj sauf lun hors vac scol et j. fériés 10h-12h30, 14h-17h30. Fermé 4 janv-7 fév. Entrée : 7,20 € ; 4,40 € pour les 5-12 ans. Billet jumelé avec le château de Biron : 12,50 € (enfant 8 €). 3 visites guidées/j. juil-août (1 visite pour les enfants, sur résa) ; audioguide (3 €). Visites nocturnes à thème lun à 21h (8 juil-19 août, sur résa). Les mercredis (8 juil-19 août, sur résa, 4 €) visite « Marmouset » pour les enfants (5-12 ans), avec atelier de moulage pour réaliser sa propre sculpture. Le reste de l'année à partir de mi-mars (sauf juil-août), une « collation » chaque 2e sam du mois à 15h30. Conférences à thème différentes chaque mois.

Fondée en 1115 par Géraud de Salles et affiliée à Cîteaux en 1119, l'abbaye fut l'objet d'un important pèlerinage et aurait même eu l'honneur de la visite de Richard Cœur de Lion, Aliénor d'Aquitaine, Saint Louis et Blanche de Castille, Charles V, Rabelais... Inscrit au Patrimoine mondial de l'Unesco, son cloître se révèle un pur chef-d'œuvre. C'est Louis XI qui finança la construction de cette véritable bande dessinée dans la pierre, de style gothique flamboyant. Linteaux et chapiteaux sont tous ciselés avec un incroyable sens de l'harmonie.

Dans l'une des galeries, des scènes sculptées illustrent péchés et vertus : moines avec livres (la Connaissance), marchands se disputant une oie (l'Envie), musiciens (la Joie), etc. Chapiteaux des retombées de voûte richement ornés, festival fantastique de clefs de voûtes pendantes. Toutes différentes, il en reste 25 d'origine sur 95. Dais en gothique flamboyant, portes ouvragées. Piliers ornés de représentations bibliques (Job sur son tas de fumier, Lazare chez le mauvais riche, etc.). Superbes portes de la fin du XVe s. Clocher original entièrement en bois, du XVe s, toits de bardeaux. Châsse en bronze qui contenait le saint suaire de Cadouin (dont on retrouve la palpitante histoire sur les vitraux de l'église d'Issigeac). Le faux suaire a été remplacé par un fac-similé. Le faux du faux, en quelque sorte.

PAS TRÈS CATHOLIQUE !

Le suaire de Cadouin, rapporté par des moines revenant des croisades, fut l'objet d'une incroyable dévotion pendant plus de 700 ans... jusqu'à ce qu'une expertise de 1934 révèle qu'il datait en réalité du XIe s et que les broderies honoraient Allah ! C'est gênant pour les bons chrétiens. C'est en tout cas un superbe exemple de l'art textile de l'Égypte... musulmane.

La halle : *sur la place devant l'abbaye.* Noter la splendide charpente de bois en étoile, entièrement montée avec des chevilles, soutenue par d'épais piliers.

La porte du XIIe s : donnant sur la place de l'Abbaye. Belle architecture.

Fête

– **Floralies :** *le 8 mai.* Une des grandes fêtes des fleurs du secteur.

DANS LES ENVIRONS DE CADOUIN

Molières (24480) **:** *quelques km à l'ouest de Cadouin.* L'une des plus petites bastides (qui n'en est pas moins jolie !), d'origine anglaise. Présente toujours sa place carrée traditionnelle, mais un seul édifice à cornière, l'élégante maison Bayle. Dans la rue principale, église massive avec imposant clocher, construite dans le style gothique Plantagenêt. Dans l'un des coins du village, vestiges du château et du donjon au milieu.

LE PÉRIGORD POURPRE

LE BUISSON-DE-CADOUIN

(24480) 2 125 hab. *Carte Périgord, C3-4*

Une gentille bourgade qui s'étire en longueur. Ce n'est pas la plus belle du Périgord, mais elle possède ses propres atouts : une belle adresse pour acheter du foie gras, une grande plage, des grottes intéressantes à visiter et une gare pour vous accueillir.

Adresses et info utiles

Bureau d'information touristique – Bastides Dordogne Périgord : *pl. André-Boissière, au centre du village à 2 pas de la gare. ☎ 05-53-22-06-09. • pays-bergerac-tourisme.com • Juil-août : lun-ven 9h-13h, 14h30-18h, et dim le mat seulement. Avr-juin et sept-oct, lun-ven (sauf mer) 9h-12h30, 14h-17h30. Nov-mars, ouv seulement ven.* Bon accueil.

Gare SNCF : *dans le centre du Buisson-de-Cadouin. ☎ 36-35.* Plusieurs liaisons/j. *Bordeaux-Sarlat* et *Agen-Périgueux,* qui s'arrêtent toutes au Buisson-de-Cadouin. Bien pratique.

– ***Marché :*** *ts les ven mat et marché nocturne ts les ven soir en juil-août.*

Où dormir ?

Camping du Pont de Vicq en Périgord : *av. de la Dordogne. ☎ 05-53-22-01-73. • le.pont.de.vicq@orange.fr • campinglepontdevicq.com • À la sortie du Buisson, en direction de Limeuil. Ouv avr-oct. Compter env 13,50-22,50 € pour 2. 100 empl. Loc mobile homes 4-6 pers.* Sympathique camping en bord de rivière (plage herbeuse le long de la rive), aux emplacements bien ombragés. Terrain de foot en plein milieu. Peu d'équipements mais l'ambiance y est simple, conviviale et familiale. Dommage que la piscine soit si proche de la route.

Chambres d'hôtes L'Intemporelle : *2, route de Cabans. ☎ 05-53-22-31-93. 06-83-81-33-66. • lintemporellebnb@gmail.com • lintemporellebnb.com • Doubles 80-100 €.* Chineurs et amoureux des vieilles pierres, les propriétaires de cet ancien relais de diligence du XVI°, restauré avec un mélange de matériaux anciens et modernes, proposent 3 belles et grandes chambres d'hôtes. Une déco différente pour chacune et meubles fabriqués ou restaurés par le maître des lieux. Spa dans la chambre du rez-de-jardin, baignoire balnéo ou douche italienne pour une de celles à l'étage. Belle terrasse commune où l'on sert les petits déj l'été, salon cosy avec cheminée et adorable cuisine-salle à manger pour les jours de pluie. Magnifique jardin à la française pour se prélasser.

Où acheter de bons produits ?

Maison Arvouet : *26, av. des Sycomores, à 500 m du centre, par la D 25 (sur la droite). ☎ 05-53-22-00-37. • arvouet.com • Lun-sam 8h30-12h, 14h-19h ; juil-août, également dim 9h-12h. Également sur le marché, mai-fin août, au Bugue mar mat et de Lalinde jeu mat.* Maison tenue de père en fils. Rigoureuse sélection des éleveurs-gaveurs et mise en conserve dans un respect d'hygiène parfait. Produits d'excellente qualité. Foie gras, confits, magrets séchés, saucisson de canard, terrines, rayon boucherie. Prix

LE PÉRIGORD POURPRE

raisonnables. Identification géographique protégée (IGP) garantissant la provenance du Périgord. Et quelques produits du terroir (huiles, confitures). Une des meilleures adresses de la région.

Localement Vôtre : *17, rue de la République. ☎ 05-53-61-77-90. Ouv mar-dim 9h-12h30, 15h30-18h30 (sauf dim). Fermé dim ap-m et lun ; ouv lun juil-août.* Belle variété de produits proposés, des foies gras aux pâtes à tartiner, farines, conserves, spiruline, soupes... y compris des produits frais tels que viandes, charcuteries, laitages, légumes. Également quelques produits de départements limitrophes. Mon tout proposé aux prix producteurs.

Où se baigner dans le secteur ?

La plage du Pont-de-Vicq : *sous le pont de Vicq, en prenant la direction du Bugue. Accès gratuit mais baignade non surveillée.* La plus longue des plages aménagées sur la Dordogne. Une chouette pause en toute tranquillité.

À voir

Les grottes de Maxange : *Mestreguiral, au Buisson-de-Cadouin. ☎ 05-53-23-42-80. • maxange.com • À 1,5 km du centre (suivre le fléchage). Départ des visites ttes les 20 mn : juil-août, tlj 9h40-18h20 ; avr-juin et sept, tlj 10h30-11h15, 14h30-17h15 ; oct 14h30-16h15. Visite guidée de 40 mn env. Résa possible sur Internet (permet d'éviter l'attente sur place). Entrée : 8,90 € ; 5,90 € pour les 4-12 ans.* En août 2000, Angel Caballero a découvert une grotte dans la carrière qu'il exploitait. Aujourd'hui, c'est toute la famille qui est impliquée dans l'activité. Ouvert à la visite depuis 2003, le parcours de 200 m est composé d'un long couloir assez haut, que l'on suit au rythme d'un jeu de lumières réussi, d'une douce musique et des explications du guide. Les concrétions brillent ici de mille feux. Et quelles concrétions ! Des excentriques (ni stalagmites ni stalactites, mais qui partent un peu dans toutes les directions), uniques au monde, qui défient toutes les lois de l'apesanteur. Plus rare encore, leur profusion... Noter la petite excentrique évoquant un perroquet. Sans oublier de magnifiques panneaux d'aragonites (sortes de concrétions en forme de chou-fleur), stalactites et stalagmites, fistuleuses (une autre variété de concrétions), etc. À l'extérieur, jeux pour enfants. Également un bar-boutique avec terrasse ombragée.

Les bambous de Planbuisson : *18, rue Montaigne. ☎ 05-53-57-68-02. • bambous-planbuisson.com • Suivre le fléchage. Juil-août : tlj 10h-19h. Avr-juin et sept-oct : mer-dim 10h-12h, 14h-18h. Déc-fév sur rdv. Entrée : 7 € ; réduc ; gratuit moins de 12 ans.* Une incroyable collection de bambous (240 variétés tout de même), dans un lieu reposant, vivant, où vous aurez en plus toutes sortes de graminées à vous mettre sous la dent (ou sous l'objectif) sur 2 ha.

AU FIL DE LA DORDOGNE, DE LIMEUIL À BERGERAC

Partons au fil de l'eau, sur la tumultueuse Dordogne, que plusieurs barrages ont aujourd'hui domptée. Ce ne fut en effet pas toujours le cas, et les traditionnels gabariers en bavaient dur pour ne pas sombrer dans les courants et les *malpas* (des rapides). Leurs bateaux, chargés ras la gueule de produits en tout genre, tentaient de rallier Bordeaux, d'où les marchandises étaient

exportées à travers le monde. Désormais, la contrée coule des jours heureux, et il fait bon y planter sa tente, boire un verre ou se dorer sur une plage, au bord de la rivière. On parle ici de rivière, histoire de ne pas attiser la polémique selon laquelle la Dordogne, se jetant dans un estuaire, et donc dans la mer (et non dans un autre cours d'eau), serait un fleuve et pas une simple « rivière ».

LIMEUIL

(24510) 354 hab. *Carte Périgord, C3*

Ah, l'adorable village ! Classé parmi les Plus Beaux Villages de France. À découvrir surtout depuis la D 31, en venant de Trémolat. Fortifié, très fleuri, dominant le confluent de la Dordogne et de la Vézère, il a conservé un charme, une intimité qui en font (surtout en dehors de juillet et août) une étape absolument délicieuse. Sur le plan historique, sa situation stratégique fit du bourg le témoin de tous les grands événements : conquête romaine, invasions barbares et normandes, règne des seigneurs, guerre de Cent Ans et guerres de Religion, révoltes des croquants (1594) et paysannes (1636), Fronde, révocation de l'édit de Nantes (1685). En 1789, les bourgeois éclairés de Limeuil furent à l'origine du cahier de doléances du Périgord.

ISABEAU LA BELLE

Catherine de Médicis, la pieuse catholique, s'était constitué un bataillon de choc : l'« escadron volant », une poignée de jeunes femmes désirables et volages chargées d'espionner quelques célébrités protestantes. Isabeau de Limeuil était ainsi supposée séduire Louis de Condé pour pouvoir bien le surveiller. Mais la belle espionne, prise à son jeu, finit sa mission... enceinte. La reine en fut pour ses frais et plaça sa coquine au couvent, avant de la marier à un richissime banquier.

Où dormir ? Où manger à Limeuil et dans les environs ?

Camping

⛺ ***Camping La Ferme de Perdigat :*** *au lieu-dit Perdigat. ☎ 05-53-63-31-54. • accueil@perdigat.com • perdigat.com • ♿ À 2 km sur la route du Bugue par la D 31. Fléché sur la droite. Ouv avr-oct. Compter env 25 € pour 2 en hte saison (plus frais de résa 15 €). 86 empl. Locatifs (mobile homes, tentes lodge et un gîte) 2-4 pers.* Il s'agit en fait d'une ancienne ferme, qui n'est plus en activité. Le coin est agréable, près du GR 6, bien isolé au bord de la Vézère et ombragé comme il faut. De quoi piquer une tête ! Les enfants sont à la fête avec miniclub en été, des jeux (trampoline, agrès, château gonflable...) et des animaux partout. Pour les plus grands, sauna (au milieu des ânes...), tir à l'arc, location de canoës, et pour tous un étang de pêche. Piscine. Cédric et Constance, engagés dans une démarche écolo (les animaux, par exemple, en sont acteurs à part entière, valorisant certains déchets et entretenant les espaces verts), sont dynamiques et très aimables. Le potager bio, fertilisé par les animaux, alimente l'épicerie, laquelle offre aussi des produits locaux. Nombreux équipements récents. Bref, une chouette escale !

De bon marché à prix moyens

🏠 🍽 ***Au Bon Accueil :*** *dans la partie haute du village, à Limeuil.*

☎ *05-53-63-30-97. • au-bon-accueil-limeuil@wanadoo.fr • au-bon-accueil-limeuil.com • Tlj midi et soir. Congés : nov-mars. Double 80 €. Menu 20 € au déj, puis 32 € ; carte env 30 €.* La belle surprise du pays. Des chambres colorées pour prendre le temps de se poser et de profiter de la table, mais aussi des vins ou des bières (très bonnes) du pays. Bien bonne cuisine à base de produits locaux : escargots aux cèpes, enchaud périgourdin, fricassée de porc à la bière de Limeuil, magrets, glaces artisanales. Surtout une magnifique terrasse, au cœur du village, sous la glycine centenaire. Ah, et le resto porte bien son nom !

Garden Party : *pl. du Château, à Limeuil. 06-83-48-36-61. • gardenpartylimeuil24@gmail.com • Fermé lun, sam midi et dim soir l'été ; hors saison, vérifier. Congés : oct-mars. Formules déj env 17 € ; carte env 30 €.* À l'entrée des Jardins panoramiques, un ravissant restaurant avec sa salle sobre, claire et contemporaine (demander une table le long des fenêtres), et sa joyeuse terrasse (jolie vue). La cheffe, seule en cuisine, mitonne des petits plats pleins de soleil et de saveurs. Elle emprunte à l'Asie, à l'Italie et change régulièrement sa courte carte, au gré de ses humeurs et des saisons.

Restaurant Chez Julien : *le bourg, 24510* **Paunat.** ☎ *05-53-63-21-08. À 6 km au nord de Limeuil par la D 31 (direction Trémolat), puis la D 2. En été : tlj sauf sam midi, dim soir et mer. Menus 18 € (midi en sem)-27 € ; carte env 35-40 €. Résa indispensable en été.* Dans ce petit village lové dans une vallée presque coupée du monde, à l'arrière d'une belle abbatiale, vous êtes *Chez Julien*. Un chef très sympa qui concocte des formules à la fois abordables et savoureuses, dans un beau cadre rural avec des bâtiments joliment retapés et une magnifique terrasse sur le devant.

Où boire un verre ?

L'Ancre de Salut : *pl. du Port.* ☎ *05-53-63-39-29. • ancre-de-salut@orange.fr • Tlj. Congés : vac scol de Noël.* Le seul bistrot de Limeuil : un lieu de vie pour le village. Agréable terrasse au bord de l'eau et petite salle en pierre apparente. Sert aussi des tapas. Accueil sympa.

À voir

On peut stationner sur les rives de la Dordogne, à l'ancien port. Les jarrets rechignant à grimper en haut du village peuvent toujours tenter leur chance sur un petit parking situé sur les hauteurs (accès depuis la route vers Le Bugue).

Devant la porte basse de la ville s'étend l'***ancien port,*** vaste esplanade à la mesure de l'important trafic commercial et des activités de pêche de jadis. En face, enjambant le confluent, noter le curieux pont en équerre : une patte au-dessus de la Dordogne, une au-dessus de la Vézère.

Balade pleine de charme dans la ***vieille ville.*** L'occasion de faire trempette dans une authentique atmosphère médiévale. Belle homogénéité architecturale des maisons bordant les remparts. Toits pittoresques. Monter la rue principale jusqu'à la dernière porte de ville en ogive. Après la maison-porche, harmonieuse rangée d'habitations très basses.

L'église du village, tout en haut, expose une jolie Vierge à l'Enfant au-dessus du porche. Sourire adorable et beau mouvement du corps.

La chapelle Saint-Martin : *à 1 km du village, sur la route du Bugue.* Église romane de la fin du XIIe s. Chœur en cul-de-four, vestiges de fresques, massif clocher, murs épais. Coupole à la croisée du transept, vénérable charpente avec galerie en bois, petits pavés ronds.

Les Jardins panoramiques : *sur les hauteurs de Limeuil. ● jardins-panoramiques-limeuil.com ● Juil-août : tlj 10h-20h. Avr-juin et sept-oct : dim-ven 10h-18h, plus sam ap-m en mai-juin et sept. Fermé nov-mars. Entrée, en visite classique, ou si on le souhaite en profitant de l'activité* Escape Garden *: 8,50 € ; réduc. En juil-août, animations et ateliers. Pass tarif réduit à la filature de Belvès et au moulin de la Rouzique.* Les jardins (près de 2 ha) couvrent tout un éperon dominant les épousailles de la Dordogne avec la Vézère et la plaine environnante. Conçu en 1891, le parc a subi peu de remaniements, sauf que la soixantaine d'essences d'arbres qui le compose a eu le temps de s'y faire belle (sentier d'interprétation). L'ensemble est entretenu au cordeau. Chemin faisant, en résolvant les énigmes très ludiques du livret *Escape Garden* fourni à l'accueil (ou non, si l'on préfère se balader de manière contemplative), on croise un ancien moulin transformé en pigeonnier. Dans un parc à l'anglaise, de façon didactique et ludique, plusieurs jardins ont été créés. Pour initier le grand public : jardin médiéval, jardin des couleurs (plantes tinctoriales), jardin des sorcières (plantes aromatiques), jardin des insectes (ruche pédagogique) et jardin d'eau (plantes aquatiques). Le tout ponctué d'informations passionnantes sur les plantes tinctoriales, les plantes utilisées pour les soins ou la beauté, le compost... proposé sur des panneaux pas du tout rébarbatifs. Vraiment intéressant ! Quelques jeux de plein air à damier ou géants, en bois (échecs, dominos...). Jolie petite librairie, et de quoi grignoter bio sur le pouce, attablé sous les arbres, ou savourer une glace artisanale (fruits locaux), et ce même si on n'entre pas dans les jardins.

LE PÉRIGORD POURPRE

À faire à Limeuil et dans les environs

– ***Ferme équestre de la Haute-Yerle :*** *24480* ***Alles-sur-Dordogne.*** *☎ 05-53-63-35-85. ● hauteyerle.fr ● Proche du confluent de la Vézère et de la Dordogne. Depuis Limeuil, suivre la D 51 vers Le Buisson-de-Cadouin, puis immédiatement la D 51E à droite. Continuer sur 2,5 km vers Reilhac, c'est fléché à droite.* Balades adaptées à tous les niveaux équestres.

– **Location de canoës Rivières Loisirs :** *lieu-dit Maisonneuve, 24510 Limeuil. ☎ 05-53-63-38-73. 📱 06-30-09-54-81. ● canoes-rivieres-loisirs.com ● Départ sur la Vézère ou la Dordogne depuis la pl. du Port, à Limeuil (guérite de mai à mi-sept ; téléphoner le reste de l'année). Compter 18-20 €/adulte la ½ journée.* Bon matériel. Proposent des suggestions de parcours sur la Vézère et sur la Dordogne, avec indication de temps et de distance.

TRÉMOLAT

(24510) 637 hab. *Carte Périgord, C3*

Village qui servit de décor au *Boucher* de Claude Chabrol (avec Jean Yanne) et qui rassemble donc tous les éléments de décor d'un film « provincial ». Un rythme nonchalant, à l'image de quelques félidés qui filent, frôlant les hauts murs de pierre de l'église.

Le lieu est aussi fameux pour son plan d'eau, qui a servi de base lors de plusieurs championnats du monde de canoë-kayak et *wakeboard.* Idéal pour la baignade, les sports nautiques divers, le tennis et pour camper.

Adresse et info utiles

ℹ ***Bureau d'information touristique – Bastides Dordogne Périgord :*** *rue Bertrand-de-Born. ☎ 05-53-22-89-33. ● pays-bergerac-tourisme.com ●*

15 mai-30 juin : lun-ven 9h-12h30, 14h-17h30 ; juil-août : lun-jeu 9h-13h, 14h30-18h et dim 14h30-17h ; 1er sept-12 oct : lun-ven 9h-12h30, 14h-17h30. Toutes les infos pour pratiquer les sports nautiques dans le secteur.

– ***Marché :*** *mar mat.*

Où dormir ? Où manger à Trémolat et dans les environs ?

Chambres d'hôtes Le Lion Dor : *440, Chemin-du-Lion-d'Or, 24150* ***Mauzac-et-Grand-Castang.*** *☎ 05-53-22-75-98. • contact@le-lion-dor.com • le-lion-dor.com • Doubles 75-95 € ; cabanes 155-190 €. Table d'hôte menu brochette ou périgourdin 20-28 €/pers.* Belle maison en bois, dans l'esprit d'un ancien séchoir à tabac, ouverte sur la nature. Les 2 grandes et très jolies chambres d'hôtes, chacune avec terrasse et entrée indépendante, offrent un confort et une déco parfaite (celle à l'étage possède la plus belle vue). Dans le jardin, également 2 cabanes en bois (pour 2 personnes), avec chacune : kitchenette, douche à l'italienne, jacuzzi privatif sur la terrasse et confort maximum, en pleine nature. Beau couloir de nage.

Le Bistrot de la Place : *sur la place de Trémolat ! ☎ 05-53-22-80-69. • vieuxlogis@relaischateaux.com • Tte l'année, tlj (sauf lun-mar de mi-oct à mi-avr). Résa impérative (au moins la veille). Menu déj en sem 19 €, le soir 27-32 €. Apéritif maison offert sur présentation de ce guide.* Bistrot de campagne très réputé dans la région. Même propriétaire que le célébrissime *Vieux Logis,* juste en face. Cuisine traditionnelle un peu rafraîchie : confit de canard grillé sauce gribiche, foie gras au naturel maison et des desserts extra. Et, pour s'attabler moins longtemps et à un moindre budget, la petite sœur : *Les Tartines etc. (en été seulement, tlj 11h-21h)* ; tartines, salades, et des burgers... version périgourdine.

Restaurant l'Abbatiale Chez Julien : *le Bourg, 24150* ***Paunat.*** *☎ 05-53-63-21-08. Ouv 12h-13h, 19h-20h30. Fermé sam midi, dim soir et mer. Menus 18 € (déj sem) et 27 € (midi et soir).* Il serait dommage de ne pas faire un petit tour par Paunat, pour ce joli petit village et sa belle abbatiale, mais aussi pour cette halte gourmande. Le cadre à lui seul donne envie. Posée à l'arrière de l'abbatiale, cette belle maison périgourdine et sa grande terrasse/jardin lui confèrent d'entrée un très bel atout. L'assiette ne déçoit pas. Au menu, des spécialités périgourdines bien cuisinées et copieusement servies. Si vous hésitez à tenter les ris de veau, c'est le moment, un délice !

LE PÉRIGORD POURPRE

À voir. À faire

L'église : ancienne abbatiale fortifiée, elle servit bien souvent de refuge à la population (le village n'ayant pas de château). Anguleuse à souhait, elle en impose ! En guise d'ouvertures dans les murs, juste quelques meurtrières. Clocher-donjon assez imposant de 25 m de haut. À l'intérieur, tout en longueur, noter les 3 coupoles de la nef et celle du transept, qui culmine à 17 m. Et puis, ce n'est pas courant, l'abside est carrée. On y décèle des restes de fresques. Dans le cimetière, petite église romane ornée de vitraux réalisés par Paul Becker.

Le cingle : c'est du haut du belvédère de Rocamadour qu'on peut le mieux contempler le plus célèbre « cingle » de la Dordogne (un méandre, quoi !). Pour s'y rendre, prendre la route de Mauzac vers Lalinde. La rivière, bordée par de belles falaises calcaires, s'entortille sur elle-même. C'est ici que son cours se révèle le plus indolent.

– ***Bases nautiques Aqua Fun :*** *📱 06-77-18-66-46. • aquafundordogne.com • Ouv de mi-juin à fin août. Loc de canoës, kayaks, embarcations à pédales et* *stand-up paddle ! Sur place, un club de ski nautique,* ***École de ski de Trémolat,*** *06-83-03-04-07. Ouv de mi-mai à mi-oct.*

– **Balade en bateau, L'Échappée du Pêcheur :** *bassin nautique.* *06-87-41-45-06. • patrick@lechappeedupecheur.fr • Résa par tél ou mail au préalable. Départs de la base nautique à gauche du camping. Adulte 12 € ; moins de 12 ans 8 €. CB refusée. Départ en principe tlj 10h30, 14h et 15h30 garanti à partir de 5 pers.* Balade (environ 1h15) sur la Dordogne avec Patrick, pêcheur professionnel, pour découvrir au fil de l'eau l'histoire de cette rivière et celle de ses bateliers, mais aussi sa faune et sa flore. Partie de pêche à la clef !

DANS LES ENVIRONS DE TRÉMOLAT

Les Jardins de la Chartreuse du Colombier : *630, route de Colombier, 24150* ***Paunat.*** *06-84-60-74-75 ou 06-84-28-91-42. • lesjardinsducolombier@orange.fr • chartreuseducolombier.com • Sur la D 31 entre Limeuil et Trémolat. Ouv mer-dim, avr-fin sept, 10h-19h30. Visite env 1h30. Entrée 6,50 € ; gratuit moins de 12 ans. Visites guidées sur rdv.* Superbes jardins qui s'étendent autour de la Chartreuse du XVIIe s (qui ne se visite pas). On y découvre des espaces clos, pavillons baroques, pigeonniers et alignement d'essences très variées. Un ensemble de broderies de buis, de parterres et de buissons odorants, des roses anciennes, pivoines et bulbes. Un important potager d'inspiration florentine, avec fontaine, pavillons et espaliers qui complètent l'ensemble. Labellisé « Jardin Remarquable ». Restauration légère sur place, salon de thé.
Concerts et lectures l'été *(résa à l'OT de Sainte-Alvère : ☎ 05-53-61-76-89. Places 25 € ; réduc).*

LALINDE (24150) 3 040 hab. *Carte Périgord, C4*

Avec ses rues perpendiculaires, son plan particulier, la disposition de la place centrale, c'est une bastide. Fondée en 1267 par le roi d'Angleterre Henri III, en bord de Dordogne, à l'emplacement d'un gué stratégique, Lalinde était célèbre pour ses franchises.
Un texte protégeait particulièrement les habitants contre le vol. Extrait : « Celui qui a volé de jour ou de nuit une chose valant 2 sols ou en dessous parcourra la ville avec l'objet volé attaché au cou, paiera une amende, etc. » Valait mieux voler une plume qu'une enclume !
Les guerres ayant ravagé la bastide, rares sont les vestiges. À l'entrée ouest, belle porte romane en pierre et brique rouge, coincée entre 2 maisons. Croix du XIVe s sur la place. Dans les environs directs de Lalinde, on ne manquera pas de remonter le courant de la charmante vallée de la Couze, célèbre entre autres pour ses moulins à papier.

Arriver – Quitter

En train

Gare SNCF : *av. du Général-Leclerc. ☎ 36-35. • sncf.com •* Ligne ***Bordeaux-Bergerac-Sarlat.*** Nombreux trains dans les 2 sens.

En bus

LCB Voyages : *☎ 05-53-58-49-33. • lcb-voyages.com •* Vers/de ***Bergerac.*** Environs 10 bus/j. selon période ; trajet env 30 mn, tarif unique : 2 €.

Adresse et info utiles

Bureau d'information touristique – Bastides Dordogne Périgord : *au jardin public. ☎ 05-53-61-08-55. • pays-bergerac-tourisme.com • Juil-août, lun-sam 9h-13h, 14h30-18h et dim mat ; avr-juin et sept-oct, lun-ven 9h-12h30, 14h-17h30 ; nov-janv, seulement jeu.* Nombreuses infos sur les randonnées (topoguides en vente), activités nautiques sur la Dordogne...

– **Marché :** *jeu mat.*

Où manger ? Où boire un verre ?

La Petite Cuillère : *12, rue des Déportés. ☎ 05-53-27-36-39. • pelong.franck@orange.fr • Ouv 9h-19h (plus tard jeu-dim en saison) ; fermé lun. Formule env 16 €.* Un salon de thé baigné de lumière, où flotte une atmosphère cosy et chaleureuse, aux murs bardés de bois (pour un peu, on se croirait en montagne). Des produits frais cuisinés simplement : asperges sauce mousseline, onglet, tarte poire-amande... Un choix entre 3 plats est proposé quotidiennement. Le regard navigue d'un objet de déco à l'autre, tous à vendre. Terrasse donnant sur une rue piétonne.

Le Bitoufly : *6, rue de la Première-Armée. ☎ 05-24-10-35-81. • lebistoufly@outlook.fr • Tlj sauf mar-mer, 21h-2h. Menu 29 € ; carte env 20 €.* Un lieu insolite pour boire un verre sur la grande terrasse, derrière la voie ferrée (peu ou pas de train). Animé par une équipe jeune, ambiance détendue et dynamique. Un des rares lieux animés le soir. Fait également resto, si vous prolongez l'apéro et que la faim vous tiraille.

LE PÉRIGORD POURPRE

Où dormir ? Où manger dans les environs ?

Côté Rivage : *24150* ***Badefols-sur-Dordogne.*** *☎ 05-53-23-65-00. • cote-dordogne.com • Tlj juil-août. Fermé dim-lun avr-juin et sept-oct ; dim soir, lun-mer nov-mars. Congés : janv et vac scol de la Toussaint. Doubles 53-80 €, petit-déj 13 €. Formules déj sem 15-18 € ; menus 27-39 €.* Idéalement placé au bas du village, au bord de la Dordogne, ce charmant petit hôtel tenu par un jeune couple sympathique, offre un cadre presque bucolique. Les 7 chambres toutes différentes, décorées avec soin, sont d'un excellent confort. L'été on prend le petit déj dans le jardin face à la Dordogne. Le restaurant de l'hôtel, le Chopin Gourmand, mérite que l'on s'y attarde, le chef a plus d'un atout dans ses marmites.

Ferme-auberge du Rebeyrotte : *24150* ***Pressignac-Vicq.*** *☎ 05-53-61-13-87. 📱 06-86-77-52-30. • thierry.roussel5@wanadoo.fr • ♿ À 9 km au nord de Lalinde par la D 8 puis la D 36. Dans le bourg. Resto sur résa, tlj sauf lun. Repas env 23 €, vin de Bergerac compris. Digestif offert sur présentation de ce guide.* Thierry gave ses canards et propose ses préparations à la table de sa ferme-auberge et dans sa boutique. Une pléiade de menus pour découvrir tous les bons produits de la maison. Il y a même un menu végétarien (sur commande, faut pas rigoler avec ça). On vient de loin déjeuner ici, il y a sur place une piste privée pour avions et ULM !

Le Clos des Pélissous : *6, chemin de Merles, 24100* ***Creysse.*** *L'accès en voiture se fait par le 111 bis, route de Pélissous. 📱 06-87-23-98-76. • contact@clos-des-pelissous.com • clos-des-pelissous.com • Doubles 75-130 € (2 nuits min), petit déj copieux inclus.* Magnifique longère du XVIIIe et ses dépendances, plantée au milieu d'un parc de 2 ha clos de murs, rénovée dans le souci de préserver ses matériaux d'origine et de ne pas dénaturer le lieu. Les 3 chambres sont toutes différentes, très spacieuses et d'un grand confort. Celle du rez-de-chaussée, avec petit salon, possède une entrée indépendante directement sur le jardin. Un grand salon-salle-à-manger, avec son imposante cheminée, est à la disposition des hôtes. Également 1 gîte totalement indépendant (4 personnes). Et enfin, 1 grande maison (8 personnes avec piscine privée). Belle piscine accessible à tous, mais aussi terrain de pétanque et 2 ping-pong. Bel accueil de la propriétaire.

À faire

– ***Cycl'Hope :*** *6, bd de Stalingrad. 06-25-34-49-05. • cyclhope.dordogne@gmail.com • cyclhope-dordogne.com • Compter 20-45 €/j (dégressif selon le nombre de j.) selon le vélo choisi.* Indépendamment de la location du vélo, on vous suggère 3 circuits libres à découvrir en aller-retour dans la journée. Entre autres, la nouvelle véloroute voie verte V 91, jalonnée de visite patrimoniales, de Lalinde à Bergerac (et retour). Également des circuits avec guide (journée ou demi-journée) à vélo à assistance électrique. Ou encore des randonnées à VTT et VTC pour les plus sportifs.

DANS LES ENVIRONS DE LALINDE

COUZE-ET-SAINT-FRONT (24150)

Ses eaux, réputées pour leur pureté, attirèrent à partir du XVe s les moulins à papier. La particularité de ce mode de fabrication vient de l'utilisation de chiffons (et non de fibres d'arbre) comme matière première. Un procédé tout à fait original datant du Moyen Âge. Le village devint jusqu'au XIXe s le plus gros centre de production papetière du Périgord. Il en fallut, des feuillets, pour que Cyrano abreuvât Roxane de ses doux mots... Vestiges de nombreux moulins au bord de la rivière (la Couze en compta jusqu'à 13 !).

À voir. À faire

Le moulin de la Rouzique – l'économusée du Papier : *suivre les panneaux à l'entrée de Couze-et-Saint-Front. ☎ 05-53-24-36-16. • moulin-rouzique.com • Avr-juin et sept-oct : tlj sauf sam 14h-18h. Juil-août : tlj 10h-19h. Le reste de l'année, sur rdv (groupe). Entrée : 8,50 € (visite guidée + atelier de fabrication du papier) ; réduc. Pass tarif réduit aux jardins de Limeuil et filature de Belvès.* Magnifique moulin du XVe s, très patiemment restauré. Cadre enchanteur. Visites guidées passionnantes avec démonstration de fabrication de papier sur d'impressionnantes machines d'époque. On apprend que la mécanisation permit de passer de 10 kg de papier en 40h à 30 kg en 10h... c'est fou ! Au 1er étage, collection de papiers filigranés : pièces du XVe s à nos jours. Le musée dispose également d'une salle troglodytique faisant office de chiffonnerie, pour préparer la matière première.

– ***Ateliers-découverte :*** *avec l'association* Au Fil du Temps *(basée à Cadouin). Même tél que celui du moulin. • moulin-rouzique.com • Activité incluse dans le prix de la visite du moulin.* Atelier de fabrication du papier : de la pâte à papier jusqu'à la feuille qu'on colore ensuite de façon traditionnelle.

À 5 km environ vers le sud de Couze-et-Saint-Front (sur la D 660), pittoresque ***château de Bannes*** (ne se visite pas), perché sur un éperon rocheux, au milieu des arbres. De sa 1re mouture, au XIVe s, la guerre de Cent Ans n'a pas laissé grand-chose. Le XVIe s s'est chargé de lui donner cet aspect massif, médiéval dans la forme mais Renaissance dans le fond. Tours en poivrières, faux mâchicoulis, fenêtres à meneaux...

Domaine de Barbe : *24150* ***Badefols-sur-Dordogne.*** *☎ 05-53-73-42-20. • contact@domainedebarbe.com • domainedebarbe.com • Tlj sauf dim, 9h (10h sam)-12h30, 14h (15h sam)-18h. Visite guidée en juil-août, mar-jeu 10h30 et 17h30, ven 10h30. Adulte 2,50 € ; réduc. Visite libre gratuite.* Intéressante visite (environ 1h30) de l'exploitation, descriptif historique, élevage, gavage, plumaison et dégustation. Tout ce que vous voulez savoir sur le canard et l'oie. Boutique bien approvisionnée avec de bons produits de l'exploitation, mais aussi d'autres producteurs locaux. C'est le moment de remplir son panier !

LANQUAIS (24520)

Dans le ***village,*** à côté de l'église, petite *halle* à colonnes de pierre. *Grange dîmière* du XVIe s : lieu où sont donnés des concerts de musique baroque. Quelques belles demeures anciennes, dont la Maison forte à la sortie, vers Couze. Petit plan d'eau aménagé à l'entrée du bourg.

À voir. À faire

Le château de Lanquais : *sur la D 703. 📱 06-10-79-12-69. • chateaudelanquais.fr • Juil-août, tlj 10h-19h ; avr-juin et sept-oct, tlj sauf mar 14h30-18h. Visite libre avec cartels de visite, audio et vidéo. Entrée : 8 € ; réduc. Différentes animations en été, se renseigner.*
Un château étonnant, resté dans son jus depuis pas mal d'années de par la volonté de sa dernière propriétaire, ce qui en fait tout l'intérêt, aux yeux de certains. Mais l'on peut regretter l'état général de ce bel édifice gothico-Renaissance qui pourrait, après une solide rénovation, devenir un des temps forts de la visite au pays de Bergerac.
On perçoit bien les 2 périodes de construction : à droite, la partie XVe s (grosse tour à mâchicoulis) ; à gauche, l'élégante aile Renaissance dont le propriétaire (de l'époque !) ambitionnait de faire une copie du Louvre ; rêve bien vite déçu, mais la façade n'est pas sans rappeler le célèbre palais. Elle porte encore les stigmates de boulets reçus lors du siège par les armées protestantes en 1577.
L'intérieur est intéressant par son ameublement qui est resté dans la même famille depuis 1732 malgré les guerres et autres révolutions : lit à baldaquin, instruments de musique, billard, salle à manger. Là encore, une muséographie plus contemporaine apporterait beaucoup.
Le bâti en lui-même est captivant. La superbe porte Renaissance de l'escalier octogonal donne le ton (à l'instar de sa porte à l'accolade très raffinée). Le reste est à l'avenant : au sommet de l'escalier, voûtes gothiques en palmier, cheminées monumentales (noter celle du XVIe s dans l'appartement de monsieur), salle de jeu et de musique, salle à manger du XVIe s aménagée au XIXe s.
On visite aussi les cachots ainsi que 2 longues caves voûtées que les fugitifs empruntaient pour quitter le château ; ils descendaient ensuite dans le puits et passaient par des abris préhistoriques avant de ressortir loin de là, sur les berges de la Dordogne, à 7 km (on n'exagère pas, promis !). Le château abrite aussi un petit musée renfermant quelques éléments de la collection préhistorique du vicomte Alexis de Gourgue.

– ***Centre équestre la Métairie du Roc :*** *Métairie Haute, 24560* ***Faux.*** *☎ 05-53-24-32-57. • lametairieduroc.com • À 5 km, à l'entrée de Faux, en direction de Lanquais.* Balades et randonnées à cheval, dans la paisible campagne et dans les 40 ha de la verte forêt de Lanquais. On pousse parfois la monture jusqu'au château.

TUILIÈRES

Creusé de 1838 à 1843, le ***canal latéral,*** bras d'eau d'une quinzaine de kilomètres, relie ***Mauzac*** à ***Tuilières*** en évitant les redoutables rapides de Grand Thoret, de la Gratusse et des Pesqueyroux. L'arrivée du chemin de fer, puis le développement des routes ont mis à mal l'économie du transport fluvial. Adieu les gabariers qui acheminaient bois, vins, papier, grain, sel et épices. Ce paisible cordon aqueux est désormais le royaume des pêcheurs, kayakistes, joggers ou cyclistes (sur le chemin de halage).

Les écluses de Tuilières : *à 9 km à l'ouest de Lalinde. Accès fléché depuis la D 660 à l'entrée de Tuilières (en venant de Lalinde).* Belle succession de 6 paliers d'écluses, étalés sur 300 m, qui permettaient aux bateaux de franchir une dénivelée de 22 m. Un site très visuel depuis sa partie basse. Intéressant sentier d'interprétation. Ce ne sont pas les écluses du canal de Panama, mais quand même !

L'ascenseur à poissons : *sur le site de Tuilières (au niveau du barrage électrique). ☎ 05-34-39-88-70 (espace EDF). En principe, accès gratuit avr-oct ; j. et horaires d'ouverture variables selon la période.* La construction du barrage ayant perturbé la migration des poissons, il fallait bien leur donner un petit coup de pouce. 1er essai, une échelle à poissons : succession de cascades que les bestioles gravissent par bonds successifs. Mais la dénivelée était trop importante. Qu'à cela ne tienne, on a donc installé un ascenseur (carrément) : des courants artificiels attirent dans une cuve saumons, truites, aloses et autres écaillés de passage. Régulièrement, le bac grimpe à l'étage supérieur. Là, un canal de 70 m avec de faux rochers en béton permet à la poissonnaille de continuer son périple sous l'usine, vers l'amont. Il existe en France 2 ingénieux ouvrages de ce type. Et, bande de chanceux, un hublot accessible au niveau du barrage permet de voir les mouvements de cette joyeuse faune. Ça évite de chausser le maillot et le masque.

LE PAYS DE BERGERAC, CÔTÉ VIGNOBLE

Le Périgord profite d'une très ancienne culture viticole, puisque les Romains avaient implanté la vigne dans la région. Mais c'est au Moyen Âge qu'elle atteint son apogée. Ravagé, comme partout en France, par le phylloxéra à la fin du XIXe s, le vignoble couvre 6 fois moins de surface qu'auparavant, ce qui représente tout de même 12 500 ha cultivés par 1 200 viticulteurs, dont la moitié sont réunis en 7 coopératives.
Le phylloxéra ayant remis en cause jusqu'à l'existence même du vignoble, les viticulteurs ont réagi – un peu poussés, il faut l'avouer, par des investisseurs étrangers (anglais, belges, néerlandais...) flairant la bonne affaire d'un terrain encore bon marché et pourtant lucratif – en y mêlant patience et recherche des meilleures techniques. La plupart produisent aujourd'hui des vins de grande qualité, tout en restant à des prix abordables. Un atout majeur : 35 % des surfaces cultivées sont désormais certifiées HVE (haute valeur environnementale) et agriculture biologique. Chapeau !

QUAND BERGERAC VOYAIT ROUGE...

Le Périgord pourpre pays de Bergerac est divisé en 5 appellations de vins rouges et rosé : bergerac, côtes-de-bergerac, pécharmant, montravel rouge et bergerac rosé. 8 blancs, dont le célèbre monbazillac, mais aussi montravel, rosette, saussignac... Détrôné par son voisin bordelais, le vin de la région a longtemps souffert d'une réputation de vin de 2d ordre. Il faut dire que les négociants bordelais bloquaient les vins de Bergerac jusqu'à écoulement de leur propre stock. Cela laissait le temps aux concurrents de tourner vinaigre !

L'Interprofession des vins de Bergerac et de Duras (IVBD) a mis en place une *route des Vins.* Possibilité de visite de propriétés viticoles : promenade dans les vignes, visite des chais, dégustation, en compagnie du viticulteur. Départ et renseignements à la ***Maison des vins*** *(quai Cyrano, 1, rue des Récollets, 24100* ***Bergerac*** *; ☎ 05-53-63-57-55. Voir plus bas).*

BERGERAC

(24100) 26 900 hab. *Carte Périgord, B3-4*

• Plan *p. 245*

La 2e « capitale » du Périgord. Une vieille ville séduisante au rythme indolent, calme, très provincial. À parcourir pour découvrir ses plus belles demeures à colombages, ses musées, et constater comment on peut rénover intelligemment un centre-ville.

Pendant la guerre de Cent Ans, la ville changea 6 fois de nationalité. Au XVIe s, elle devint la capitale intellectuelle du protestantisme et s'opposa pendant plus d'un siècle au pouvoir central. Louis XIII fit démolir les remparts. Louis XIV entreprit des conversions de force. Des milliers d'habitants choisirent l'exil. Pourtant, jusqu'à la veille de 1789, Bergerac resta la ville la plus importante du Périgord, avec pour principales ressources le vin... et le tabac.

Arriver – Quitter

En avion

✈ ***Aéroport Bergerac – Dordogne-Périgord :*** *☎ 05-53-22-25-25. • bergerac.aeroport.fr •* Vols réguliers : nombreuses liaisons vers le Royaume-Uni *(of course !),* Rotterdam, Bruxelles, mais aussi... Nice ; également des vols saisonniers.

Par la route

Bergerac est à une croisée de chemins. Reliée à Périgueux (48 km au nord-est) et Agen (90 km au sud-est) par la N 21 ; à Bordeaux (100 km à l'ouest) par la belle D 936 ou bien l'A 89 (échangeur à 19 km au nord de Bergerac via la D 709) ; et Marmande (50 km au sud-ouest) par la bonne D 936.

En train

Gare SNCF *(hors plan par B1) : ☎ 36-35. • sncf.com •* Liaisons Bordeaux-Bergerac-Sarlat env 8 fois/j.

➢ ***Ligne Bergerac-Sarlat :*** Bergerac, Couze-et-Saint-Front, Lalinde, Mauzac, Trémolat, Le Buisson-de-Cadouin, Siorac-en-Périgord, Saint-Cyprien, Sarlat.

➢ ***Liaison Bergerac-Bordeaux :*** Bergerac, Lamonzie-Saint-Martin, Gardonne, Sainte-Foy-la-Grande, Saint-Antoine-de-Breuilh, Vélines, Lamothe-Montravel, Castillon-la-Bataille, Saint-Émilion, Libourne, Bordeaux.

En bus

Terminal des bus : pas de gare routière, mais les bus passent à la gare ferroviaire.

■ ***Transperigord :*** *☎ 05-53-08-43-13. • transperigord.fr •* Vers/de Périgueux, 3-5 bus/j., selon période, en sem seulement ; trajet 1h15.

■ ***LCB*** *(Les Cars Boullet et Les Cars Bleus) : ☎ 05-53-58-49-33. • lcb-voyages.com •* 2 lignes ont respectivement pour terminus Lalinde (à l'est de Bergerac) et Eymet (au sud).

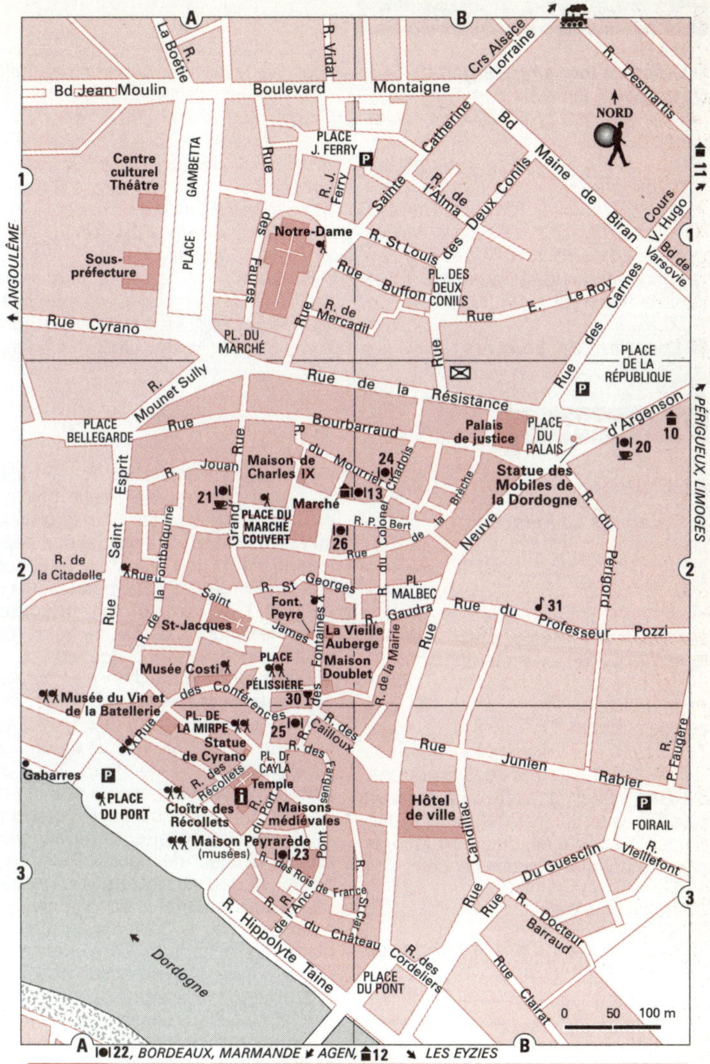

BERGERAC

Adresse utile

- Office de tourisme (A3)

Où dormir ?

- 10 Chambres d'hôtes Le Clos d'Argenson (B2)
- 11 Chambres d'hôtes L'Ostal de Pombonne (hors plan par B1)
- 12 Ludik for Rêveurs (hors plan par A3)
- 13 L'Atypic (plan A-B2)

Où manger ?

- 13 L'Atypic (A-B2)
- 20 Chez Albert (B2)
- 21 PicNic en Ville (A2)
- 22 Le Bistro d'en Face (hors plan par A3)
- 23 Une Cuillère pour Maman (A3)
- 24 Le Confluence (B2)
- 25 L'Imparfait (A3)
- 26 La Table du Marché (A2)

Où boire un verre ? Où sortir ?

- 30 Le Plus que Parfait (A2-3)
- 31 Rocksane (B2)

Adresses et infos utiles

Office de tourisme Bergerac – Sud Dordogne *(plan A3)* **:** *quai Cyrano, 1, rue des Récollets ou 2, pl. André-Cayla, même bâtiment que la maison des vins. ☎ 05-53-57-03-11. • pays-bergerac-tourisme.com • Tlj, tte l'année (sauf 25 déc et 1er janv), 10h-19h. Rens et doc complète sur tt le Périgord.* Visites guidées variées durant l'été et des visites gourmandes de Pâques à la Toussaint le mercredi à 10h30 *(9 €, durée 1h30 ; réduc).*

■ **Location de voitures :** *ttes les agences de loc sont situées à proximité de la gare (et à l'aéroport).* **Ada :** *68, rue Clairat ; ☎ 0 800-33-20-00 ; • hertz.fr •* **Avis :** *aéroport (aussi à la gare SNCF) ; ☎ 05-53-57-69-83 ; • avis.fr •* **Europcar :** *aéroport (autre agence à la gare) ; ☎ 05-53-61-61-61 ; • europcar.fr •*

Taxis : Abeilles Bergerac Taxi, *☎ 05-53-23-32-32.*

– **Marchés :** *mer et sam, autour de l'église Notre-Dame et au marché couvert. Ven, pl. de la Madeleine. Marché bio (devant l'église Notre-Dame), mar ap-m.*

Où dormir ?

Camping

Camping La Pelouse : *8 bis, rue Jean-Jacques-Rousseau. ☎ 05-53-57-06-67. • campinglapelouse24@orange.fr • campingdebergerac.com • ♿ Traverser la Dordogne, direction Bordeaux, puis fléché. En bus, depuis la gare, lignes no 1 puis no 2 (changer à République) ; descendre à l'arrêt La Madeleine. C'est à 500 m le long de la Dordogne. Ouv avr-oct. Compter 113 € pour 2. 60 empl. Mobile homes 2-6 pers.* Sur les rives de la Dordogne, à 10 mn à pied du centre-ville, dans un paisible quartier résidentiel. Emplacements ombragés. Juste en face, la station nautique loue des canoës.

Prix moyens

Chambres d'hôtes L'Ostal de Pombonne *(hors plan par B1,* **11***)* **:** *19, rue du Bourg-de-Pombonne. ☎ 09-51-12-59-82. 📱 06-83-24-79-68. • ostaldepombonne@gmail.com • ostaldepombonne.fr • À 2 km au nord de Bergerac. Doubles 80-90 €. Possibilité de louer* L'Ostal *comme gîte (12 pers). Table d'hôtes 25 €.* Des chambres d'hôtes lumineuses dans une jolie maison d'un quartier résidentiel, soigneusement aménagées de façon chaleureuse et contemporaine. Petite préférence pour la chambre « Acacias », avec ses poutres et sa baignoire sur pattes directement dans la chambre. « Aubépines » donne sur le joli patio ombragé par une bien belle glycine en saison, « Magnolias » sur la piscine au sel, et « Jasmins » affiche une belle luminosité, d'une blancheur presque immaculée. Bonne table d'hôtes, et un petit déj bien complet, fait maison et essentiellement bio. Prêt de vélos (on peut facilement rallier Bergerac).

Ludik for Rêveurs *(hors plan par A3,* **12***)* **:** *9, route d'Agen. ☎ 05-53-24-89-76. • contact@ludik-for-reveurs.com • ludik-for-reveurs.com • Doubles 70-82 €, petit déj inclus. Parking.* Le pari, reprendre cet hôtel un peu ingrat à l'écart du centre, conserver les standards de l'hôtellerie traditionnelle, tout en ajoutant des touches ludiques autour du jeu de société. Progressivement les chambres sont rénovées, avec douches à l'italienne en lieu et place des baignoires et thématisées. On peut donc choisir entre la chambre bibliothèque, l'imaginaire, la dixit... Les familiales ont une mezzanine avec lit double et 2 petits en bas, confort et literie impeccable dans toutes les chambres. Préférez évidement celles à thème, qui ont été rénovées. Un bar ludique au rez-de-chaussée tourne autour de 600 jeux de société, ouvert à tous et guidé par l'équipe de l'hôtel. Évidemment une boutique où l'on peut se procurer des jeux de société. Ils ont également un bar avec immersion totale dans un *escape-game,* dans le bâtiment juste à côté de l'hôtel. En gros, si vous êtes accroc aux jeux, vous avez trouvé votre escale !

L'Atypic *(plan A-B2, **13**) : 3, rue du Dragon. ☎ 05-53-74-19-79. 06-68-40-81-03. • contact@hotel-restaurant-atypic.com • hotel-restaurant-atypic.com • Ouv tte l'année. Doubles 74-95 €, petit déj en plus. Formule déj 16,50 € ; carte env 25-35 €.* Le plus bel avantage de ce nouveau petit hôtel de 7 chambres est sa situation au cœur de la vieille ville, à 2 pas du marché couvert. Les chambres, pas bien grandes, à la déco moderne, offrent tout le confort. Au rez-de-chaussée, directement sur la place avec une belle terrasse, le restaurant propose une bonne cuisine péruvienne et colombienne. Notamment de bons ceviches, poulpe à la plancha... Bon rapport qualité-prix du menu déj.

Plus chic

Chambres d'hôtes Le Clos d'Argenson *(plan B2, **10**) : 99, rue Neuve-d'Argenson. 06-12-90-59-58. • contact.closdargenson@gmail.com • leclosdargenson.com • Doubles 115-165 €. Parking gratuit.* Cette belle maison bourgeoise du XIXe s cache bien son jeu : de vastes volumes, des suites aménagées avec un mélange de mobilier ancien et contemporain auxquelles on accède par un escalier remarquable, et un petit jardin d'Éden avec piscine. Au cœur de la ville, c'est un point de chute de choix. Super accueil.

Où manger ?

Très bon marché

Chez Albert *(plan B2, **20**) : 93, rue Neuve-d'Argenson. ☎ 05-53-27-88-16. Ouv lun-sam 9h-20h (22h ven). Formule du jour env 11 €.* Un véritable lieu de vie ouvert dès l'heure du petit noir. L'endroit a une âme, grâce à l'énergie positive insufflée par Dominique, aux manettes. Uniquement une – trèèès – courte carte du jour (une assiette ou un croque), mais comme c'est bon, et préparé avec des ingrédients locaux et bio... Les becs sucrés choisiront parmi la petite poignée de desserts et de glaces artisanales. À l'heure de l'apéro, c'est rillettes, pâté de sanglier aux airelles ou de canard à l'armagnac, escortés d'une bière artisanale locale. À portée de main, des journaux (et même des lunettes !), quelques livres, jeux, et, dans un espace dédié, des cours éclectiques, du yoga à la langue des signes, des expos... Ni baba ni bobo, une escale conviviale où l'on se sent juste bien. Et pourquoi *Chez Albert* l'orignal ? Ah ça, c'est une autre histoire...

PicNic en Ville *(plan A2, **21**) : 33, Grand'Rue. ☎ 05-53-23-18-67. • sarl.tbrb@gmail.com • Mar-sam (et lun en juil-août) 8h30-18h. Formule 8 € ; carte env 10 €.* En plein cœur du vieux Bergerac, ce petit local chaleureux est impeccable pour une pause naturelle et vitaminée. Dehors, petite terrasse pour avaler son bagel au pastrami avec un jus de légumes frais. Tout ce qu'on grignote ici est fait maison, frais et bon : soupes, salades, tartes...

De bon marché à prix moyens

Le Bistro d'en Face *(hors plan par A3, **22**) : 1, rue Fénelon. ☎ 05-53-61-34-06. Ouv lun-sam midi ; ven-sam soir. Résa conseillée. Menus-carte 24-28 €.* Un cadre contemporain baigné de lumière où œuvre une équipe pleine de talent. Après avoir opté pour un des plats de la carte qui change régulièrement, on observe le ballet qui se joue dans la cuisine en partie ouverte sur la salle, ou, si l'on a la chance d'être attablé en terrasse au bord de la Dordogne, on embrasse la vieille ville du regard. Et surtout on se régale avec des assiettes vives et savoureuses ! Et les desserts ne sont pas en reste. Atmosphère conviviale, et service enjoué et pro.

Une Cuillère pour Maman *(plan A3, **23**) : 10, pl. du Feu. ☎ 05-53-27-29-83. 06-64-66-45-34. Mar-sam midi, ven-sam soir (plus en principe* *mar-jeu soir en saison). Fermé dim-lun. Congés : fév et nov. Formules 14-20 €. Café offert sur présentation de ce guide.* Une petite adresse au cadre sobre, vitaminé par quelques touches colorées. Carte courte proposant chaque jour des plats végétariens et protéinés, à base d'ingrédients de saison, locaux et principalement bios. Café et vin (bio également), jus de fruits. Accueil souriant. Une belle terrasse, dont on profite d'autant mieux que le quartier est piéton.

De prix moyens à chic

Le Confluence *(plan B2,* ***24****) : 16, rue Colonel-de-Chadois. ☎ 05-53-24-30-63. • restaurant.leconfluence@gmail.com • Tlj sauf dim-lun, 12h-14h, 19h-21h. Menus déj en sem 16-18 € ; le soir 26-29 €. Résa conseillée.* Après plusieurs expériences dans des restos étoilés à Lyon, le chef s'est installé dans son resto « Confluence » clin d'œil au quartier dynamique de Lyon, où il a travaillé. Une salle épurée agréable et une terrasse qui s'étend sur la rue piétonne aux beaux jours, pour le décor. Dans l'assiette, une cuisine raffinée qui allie créativité et simplicité pour ravir nos papilles. Une belle surprise qui se dévoile dès la mise en bouche.

L'Imparfait *(plan A3,* ***25****) : 8-10, rue des Fontaines. ☎ 05-53-57-47-92. • sarl.lesfontaines@orange.fr • Tlj midi et soir, sauf 1er janv et 25 déc. Résa fortement conseillée. Menus 29,50-49,50 € ; au déj, plat du jour 17 € (avec un verre de vin).* On a ici l'amour du travail bien fait. Les fonds et les fumets constituent les bases d'une cuisine joyeuse et savoureuse, qui suit les saisons et le marché. Sous la baguette d'Hervé Battiston, les fraîcheurs de la mer font écho à celles du terroir, comme la terrine de foie gras mi-cuit au naturel ou la sole meunière. Terrasse (zone piétonne). Une institution.

La Table du Marché *(plan A2,* ***26****) : 21, pl. Louis-de-la-Bardonnie (pl. du Marché-Couvert). ☎ 05-53-22-49-46. • contact@table-du-marche.com • ♿ Ouv lun-sam. Congés : fin fév-mars et fin juin-début juil. Résa conseillée. Formule déj en sem 27 € ; menus à partir de 36 € ; carte env 48 €.* Depuis son piano, disposé à même la salle, Stéphane Cuzin joue d'imagination pour surprendre sa clientèle : saint-jacques snackées et infusion de baies, paleron braisé et polenta, céréale soufflée et extraction moka... Quant aux desserts, ils rivalisent d'originalité. Tout cela dans un cadre contemporain baigné de lumière. Terrasse.

LE PÉRIGORD POURPRE

Où dormir ? Où manger dans les environs ?

Camping

Tamana Tuquet écocamping : *château du Tuquet, D 709, 24100 Bergerac. 06-38-26-96-29. • tamana.tuquet@yahoo.com • tamana-tuquet.com • À 6 km au nord-ouest de Bergerac par la D 709. Ouv mai-oct (selon météo). Nuit 60-70 € pour 2, avec petit déj ; 360-550 €/sem (max 6 pers). Pas d'électricité dans les tentes.* De vastes kaïmas (tentes mauritaniennes) sont plantées dans un champ au milieu du vignoble, bien espacées les unes des autres, et posées sur une estrade de bois qui se prolonge en terrasse. Les accueillants proprios, viticulteurs, les ont bien arrangées ; la literie est assez ferme. Le point de ralliement est la gargote, où l'on peut s'attabler autour d'un panier-repas, d'un jeu de société ou d'un bouquin. Juste à côté, les toilettes et la douche. Atmosphère conviviale. Massage possible sur réservation. Accueil très sympa.

De prix moyens à plus chic

Domaine La Queyssie : *La Queyssie, 24240* ***Saussignac.*** *05-53-27-39-37. 06-86-92-61-42. • contact@laqueyssie.com • laqueyssie.com • À 19 km au sud-ouest de Bergerac par la D 32. Doubles 90-110 €. Table d'hôtes le soir sur résa 30 €. 1 bouteille de bergerac rouge du domaine offerte sur présentation de* *ce guide.* On dort dans les vignes, au sein d'une belle propriété vinicole de caractère qui abrite 5 jolies chambres. La déco est classique et le confort est bien au rendez-vous. À expérimenter sur place : piscine, initiation à l'aquarelle, réflexologie plantaire, initiation à l'œnologie, découverte de la culture en biodynamie et bien évidemment dégustation des vins de la propriété. Chaleureux accueil des propriétaires.

Chambres d'hôtes La Libertie : *24140* ***Campsegret.*** *☎ 05-53-61-66-45. 06-85-07-06-55. • info@lalibertie.com • lalibertie.com • À 15 km de Bergerac, direction Périgueux, sur la N 21. À l'entrée de Campsegret, prendre à gauche, puis, à l'église, tourner à droite : c'est à env 2 km en dehors du village (fléché). Congés : fêtes de fin d'année. Doubles 100-110 €. Table d'hôtes 24 € sur résa (boissons non comprises).* Belle propriété en pierre, un ancien hôtel baigné dans un océan de verdure, dont le parc est agrémenté d'un étang et d'une grande piscine. Les charmants propriétaires l'ont rénovée au goût du jour. 5 petites chambres feutrées et coquettes, chacune étant éclairée par une porte-fenêtre ouverte sur le joli jardin.

Chambres d'hôtes L'Ostal en Périgord : *3, Grande-Rue, 24230* ***Vélines.*** *06-52-04-57-30. • ostalenperigord.com • À 33 km de Bergerac, direction Bordeaux, sur la N 21, suivre Vélines-centre. Ouv avr-oct. Doubles 90-100 € ; familiale. Table d'hôtes 30 €.* De l'extérieur, rien n'indique le bel espace occupé par la propriété, avec jardin, potager, piscine et terrasse pour boire l'apéritif – car le couple franco-belge étonnant qui vous accueille n'est pas du genre à laisser ses hôtes mourir de soif. Chambres spacieuses, décoration de bon goût, comme on pouvait s'y attendre. Petit déjeuner mémorable, tant au niveau de la qualité que de la quantité.

La Ferme de Biorne : *lieu-dit Biorne, 24130* ***Lunas.*** *☎ 05-53-57-67-26. • martine@ferme-biorne.com • À 12 km de Bergerac ; prendre la D 709 en direction de Mussidan, puis la D 15 vers Lunas. Ouv juil-août, sur résa le soir mar et ven. Menus 21-28,50 €.* La même famille se partage le hameau, de sorte qu'il constitue un genre de mini complexe agrotouristique, avec des gîtes, une piscine et une belle ferme-auberge couverte de lierre et coquettement restaurée. Vous pourrez aussi suivre des stages de cuisine ou visiter l'exploitation. Aux menus, beaucoup de (bon) canard sous forme de magret, de confit, de cassoulet, de civet, ainsi que tous les produits de l'exploitation. Vente de conserves cuisinées sur place.

Le Bistrot du Presbytère : *24140* ***Queyssac.*** *☎ 05-53-58-73-36. • lepresbytere24@orange.fr • À 12 km au nord de Bergerac, par la N 21 direction Lembras, puis la D 21E à gauche. Ouv mer midi-dim midi. Fermé dim soir et lun-mar (plus mer soir hors saison). Congés : vac scol d'hiver et de la Toussaint, et dernière sem d'août. Menu déj en sem 14 €, formules 23-28 €. Café offert sur présentation de ce guide.* Un beau bistrot de campagne niché dans l'ancien presbytère d'un coquet village bien rénové et pas encore trop touristique. Des spécialités du Sud-Ouest goûteuses et généreuses, mais aussi des soupes savoureuses : du bonheur dans l'assiette. Atmosphère très conviviale. Grande cheminée pour l'hiver et belle terrasse en été.

L'Estela : *le Bourg, 24520* ***Saint-Nexans.*** *☎ 05-53-58-63-08. À 9 km au sud-est de Bergerac. Mar-sam 12h-14h, 19h-21h30. Fermé dim-lun et mer soir. Menu du jour 14,50 € ; menu-carte 22-26 €.* Ne pas se fier à l'extérieur, la cuisine tradi et raffinée, à base de produits frais et locaux, est vraiment bonne. De la salle, pour ne rien gâcher, les baies vitrées offrent une vue imprenable sur l'église du XIIe s. Accueil convivial.

Où boire un verre ?

Où sortir à Bergerac et dans les environs ?

Voir aussi ***Le Quai,*** dans la rubrique « À voir ».

Le Plus que Parfait *(plan A2-3,* ***30****) :* *12, rue des Fontaines, à Bergerac.*

LE PÉRIGORD POURPRE

☎ 05-53-61-95-11. • auplusqueparfait@orange.fr • Tte l'année, tlj 9h-1h/2h. Un bar à bières en plein cœur de la ville. Ambiance animée de vieux pub, bonne atmosphère et bon son pour les oreilles. Propose – presque – toutes les bières du monde. Jeu de fléchettes. Régulièrement des concerts, cours de salsa, soirée poker, etc. Petite terrasse (rue piétonne).

Lembarzique : *31, route de Périgueux, 24100* ***Lembras*** *(en plein centre). ☎ 05-53-57-70-53. • lembarzique-cafe@orange.fr • lembarzique.fr • ♿ À 5,5 km de Bergerac par la N 21. Tte l'année, tlj sauf dim-lun 17h-1h (2h ven-sam).* Bar musical aménagé dans un hangar. Clientèle d'habitués qui se régalent d'une bonne mousse et font claquer les boules de billard, baby-foot et ping-pong en attendant le concert. Programmation musicale variée, et des concerts tout aussi éclectiques. La plupart du temps, du rock, du jazz, jusqu'au lyrique et des surprises, des bœufs... Le mercredi, soirée jeux (de société, de rôle...).

Rocksane *(plan B2,* ***31****) : 14, rue du Professeur-Pozzi, à Bergerac. ☎ 05-53-63-03-70. • rocksane.com •* C'est la salle de concerts de Bergerac. Programmation éclectique, électrique, électronique, électro-acoustique. Propose également des apéros-concerts, et des pièces de théâtre à l'occasion.

Où acheter du vin ou un bon alcool à Bergerac et dans les environs ?

La Maison des vins de Bergerac : *voir plus loin dans la rubrique « À voir. À faire ».*

Cave coopérative de Bergerac – Le Fleix : *70, bd Santraille (derrière la gare), à Bergerac. ☎ 05-53-57-16-44. Hte saison : mar-sam 9h-12h, 14h-18h (plus lun en juil-août).* Une association d'environ 150 vignerons propose des vins de Bergerac de bonne qualité à prix intéressants.

– Et puisque l'heure est à l'œnotourisme, vous pourrez placer vos sorties dans le pays de Bergerac sous l'angle du label Vignobles et découvertes et des animations mises en place par les vignerons, après avoir jeté un œil sur le site *• pays-bergerac-tourisme.com/fr/decouvrir/vignoble-et-gastronomie/vignobles-decouvertes •*

– Parmi les incontournables, le ***Clos des Verdots*** à ***Conne-de-Labarde*** (au sud-est de Bergerac), beau domaine avec superbe et grande salle de dégustation, chai à barriques traversé par une rivière souterraine *(• verdots.com •).* Ce domaine est très renommé pour la qualité de ses vins et propose des dégustations accompagnées de casse-croûte périgourdins sur réservation l'été.

– Citons aussi un domaine qui a le vent en poupe : ***Terroir Feely.*** Vignerons bio, Caroline et son Irlandais de mari, Sean Feely, ont une salle de dégustation et un *ecowine lodge* à ***Saussignac,*** au sud-ouest de Bergerac *(• chateaufeely.com •).* Sinon, le ***Domaine du Bout du Monde*** *(• domaineduboutdumonde.com •)* vaut aussi le coup pour l'accueil très sympa, ses visites et ses ateliers d'assemblage. En plus, leurs vins bio (et même en biodynamie) sont très bons !

Distillerie Clovis Reymond : *49, rue Gabriel-Reymond, 24140* ***Villamblard.*** *☎ 05-53-81-90-01. • clovisreymond.com • ♿ À 23 km au nord de Bergerac par la D 4. Tlj sauf dim-lun (ouv lun juil-août et déc) 8h30-12h, 14h-18h. Visite gratuite 30 mn l'été (appeler pour les horaires) ; sur rdv le reste de l'année. Dégustation offerte sur présentation de ce guide.* La 6e génération familiale est aux commandes de cette distillerie artisanale fondée en 1834 par le bouilleur de cru Clovis Reymond. Durant la courte visite, vous verrez les cuves pour cuire les fruits (tous produits localement) et les beaux alambics en cuivre. La cuisson a lieu en juillet et la distillation en hiver, le processus total de la récolte à la mise en bouteilles s'étalant sur un an.

Où acheter de bons produits dans les environs ?

Saveurs de Saison : *32, av. de Bergerac, 24680* ***Lamonzie-Saint-Martin.*** *☎ 05-53-22-41-53. Ouv en principe du mar ap-m au dim mat.* Un vaste choix de produits locaux proposés par la réunion d'une trentaine de producteurs. Canard, volailles, pâtes à tartiner, miels, spiruline, vin...

À voir. À faire

➢ Offrez-vous une ***visite autoguidée*** sur ***les Pas de Cyrano*** à travers la vieille ville. Brochure gratuite à prendre à l'office de tourisme.

Commencez la promenade sur l'***ancien port*** *(plan A3)* où se dressait le château de Bergerac construit en 1088, marquant la fondation de la châtellenie. Il était flanqué de 2 ports où des gabares apportaient les produits du haut pays et d'où l'on expédiait les vins de Bergerac vers l'Angleterre et l'Europe du Nord via le port de Bordeaux. Une fois à bon port, les embarcations étaient détruites pour être recyclées en bois de chauffe. Sur le vieux port, une gabare à l'ancienne a été mise à l'eau en 2000. Elle sert aujourd'hui à promener les touristes selon les techniques de navigation à l'ancienne (voir plus loin).

CYRANO (PAS) DE BERGERAC

De Bergerac, le fameux Cyrano n'est pas originaire. Il naquit à Paris en 1619, et mourut « trépané » à Sannois en 1655. S'il inspira bien des auteurs, c'est Edmond Rostand qui lui donna son panache. Mais on le dit, on le redit : il ne vint jamais à Bergerac ! Pour le remercier « nez en moins » de la publicité involontaire liée à ce pied de nez à l'homonymie, les Bergeracois lui ont élevé 2 statues.

À l'angle de la ***rue du Port*** *(plan A3),* l'échelle des crues témoigne de l'impétuosité de la rivière avant la construction de barrages au début du XXe s. Dans l'étroite ***rue du Château*** *(plan A3),* un admirable pignon sur toit permettait de hisser des marchandises dans d'imposants greniers. Maison à colombages du XIIIe s, puis immeubles Louis XIII ***rue de l'Ancien-Pont.*** On aperçoit de l'autre côté de la rivière la dernière pile du pont fortifié, détruit en 1783.

Le musée du Tabac et la maison Peyrarède *(plan A3) :* *à l'angle de la rue des Rois-de-France, pl. du Feu. ☎ 05-53-63-04-13. Juil-août, mar-ven 10h30-18h, sam-dim 14h-18h ; avr-juin et sept, mar-ven 10h-12h30, 13h30-18h, sam-dim 14h-18h ; oct-mars, mer 10h-12h30, 13h30-18h et le 1er dim du mois 14h-18h. Entrée : 4 € ; réduc ; gratuit moins de 18 ans et pour ts le 1er dim du mois.*
Cet élégant édifice, construit en 1603, accueillit Louis XIII lors de pourparlers sur le protestantisme en Guyenne. On remarquera la splendide tourelle en encorbellement flanquée d'une échauguette.
Cadre intérieur assez remarquable, qui abrite plus de 500 pièces racontant, à leur façon... l'histoire du tabac et de la pipe à travers les âges.
Quel rapport avec Bergerac ? Le tabac fut introduit dans la vallée au XVIIe s et de nombreux viticulteurs se reconvertirent après l'épidémie de phylloxéra. Le musée évoque 3 000 ans d'histoire des civilisations et donc du tabagisme au travers des sociétés, depuis l'Amérique précolombienne. Nombreux documents, objets gravés, sculptés, personnalisés (pots en faïence, pipes en terre, en porcelaine, boîtes émaillées, râpes en ivoire...), peintures, gravures, estampes et témoignages insolites de son implantation en Afrique, en Asie et surtout en Europe. Quelques pièces splendides.

➢ En sortant, faites un détour dans la ***rue Saint-Clar*** *(plan A-B3)* aux intéressantes maisons à colombages, et revenez vers la maison Peyrarède en passant sous une treille offrant une superbe vue sur la bâtisse.

➢ Rue d'Albret, passez la ***place du Feu,*** son platane-marronnier ancestral et sa haute maison gothique avec arcs en ogive et dernier étage à colombages.

Le Quai Cyrano-La Maison des vins de Bergerac-Duras *(plan A3)* **:** *1, rue des Récollets (angle avec le quai Cyrano). Autre entrée 2, pl. du Dr-André-Cayla. ☎ 05-53-63-57-55. • vins-bergeracduras.fr • Ouv tlj, tte l'année (sauf 25 déc et 1er janv), 10h-19h. Dégustations à partir de 11h30. GRATUIT.*
L'Interprofession des vins de Bergerac et de Duras occupe un lieu génial. Côté face, c'est un espace cosy dédié aux crus du secteur, avec une vinothèque présentant plus de 160 références de vins de Bergerac et Duras, une salle sensorielle (pour humer les arômes, toucher les textures, voir les couleurs de ce qui compose le bouquet d'un vin...) et un bar à vins, doté d'une terrasse formidable à l'étage, braqué sur la Dordogne (top pour découvrir la sélection du moment en picorant fromages et charcutaille).
Mais côté pile se cache une véritable pépite, le ***cloître des Récollets*** avec l'autre terrasse plus secrète, au centre. Cet ensemble architectural singulier est en parfaite harmonie avec le cloître du XVIIe s. La cour intérieure aux murs de brique et de pierre est bordée de galeries des XVIe et XVIIIe s. Au centre, un paulownia centenaire étire sa frondaison vers le soleil.
Jouxtant le cloître, le ***temple*** protestant a été érigé dans l'ancienne chapelle des Récollets, elle-même construite au milieu du XVIIe s et rachetée par les protestants après la Révolution.

La place de la Mirpe *(plan A3)* **:** la *statue de Cyrano* dresse sa silhouette entre 2 alignements de bâtisses médiévales, des entrepôts à colombages à droite et d'anciennes maisons de bateliers du port à gauche, composant une délicieuse place ombragée de généreux marronniers.

La rue des Conférences *(plan A2-3)* **:** ainsi nommée pour commémorer la *paix de Bergerac,* 1re ébauche de l'édit de Nantes, signée en 1577 à l'instigation du futur roi Henri IV.

Le musée Costi *(plan A2)* **:** *pl. de la Petite-Mission. ☎ 05-53-63-04-13. Juil-août, mar-ven 10h30-18h, sam-dim 14h-18h ; le reste de l'année, uniquement le mer 10h-12h30, 13h30-18h. GRATUIT.* Costi, sculpteur et élève de Bourdelle, a offert à la ville de Bergerac l'ensemble de son œuvre sculptée. Dans des caves voûtées du XVIIe s sont exposées 57 sculptures (bronzes et plâtres) rendant, pour la plupart, hommage au corps féminin : nus, portraits, figures mythologiques...

La place Pélissière *(plan A2)* **:** c'était la place des marchands de peaux (les pélissiers, d'où le nom). Moulin à eau du XVIe s alimenté par un canal du XIIe s. Fontaine qui servit de lavoir et agréables reposoirs sous les clochers de l'église Saint-Jacques. Sculptures contemporaines en bois polychrome dans le chœur. Quant à la statue en bronze coloré de Cyrano, sur la place, elle a été réalisée par Mauro Corda, un artiste espagnol. On finirait par croire que Cyrano fût bergeracois ! (Voir encadré en tête de rubrique.)

La rue Saint-James *(plan A2)* **:** littéralement « Saint-Jacques », nom que nous ont emprunté les Anglais. On y trouve d'intéressantes demeures du XVe au XVIIIe s, dont l'une est ornée de symboles franc-maçonniques et d'instruments de musique baroques en bas-relief.

La rue des Fontaines *(plan A2-3)* **:** la *maison Gaudra* a conservé ses arcades moulurées et ses chapiteaux du XIVe s, ainsi qu'une baie ogivale donnant sur la rue Gaudra où l'on aperçoit la chute d'eau qui alimentait un des moulins de la ville, aujourd'hui disparu. Récemment apparue à la faveur de l'effondrement d'un très vieux bâtiment : une centrale hydroélectrique datant du début du XXe s (panneaux d'explication sur place) ; cette installation est désormais mise en valeur dans le cadre de la reconstruction de l'immeuble qui l'abrite.

La place du Marché-Couvert *(plan A2)* **:** tourelle d'angle et pignon de la maison où logèrent, le 8 août 1565, Charles IX et Catherine de Médicis. C'est là qu'eurent lieu les « conférences » de la paix à Bergerac en 1577.

Agréable ***quartier piéton*** entre la rue du Colonel-de-Chadois et la Grand-Rue.

Au bout de la Grand-Rue, ***église Notre-Dame*** *(plan A1)*, dans le pur style néogothique puisque construite par Abadie au XIXe s ; elle possède 2 intéressants tableaux de la Renaissance italienne.

TROP FORTE, LA MÉDICIS !

Catherine de Médicis était une femme gironde, mais on ne savait pas jusqu'à quel point. L'hôtel particulier dans lequel elle devait dormir avait des escaliers étroits. Si bien qu'elle n'a jamais pu accéder à sa chambre par l'intérieur de la maison, sinon en passant par une échelle installée à l'extérieur... Oui, elle rentrait dans sa chambre par la fenêtre !

➢ ***Balade sur la Dordogne en gabare :*** *à l'ancien port (plan A3).* ☎ *05-53-24-58-80.* • *gabarres.fr* • *Juin-oct, tlj : 4-9 départs/j. selon saison. Téléphoner pour les horaires. Tarifs : 10 € ; enfant 7 € (également une croisière de 1h30 l'été 13 € ; enfant 8 €).* Belle promenade commentée de 50 mn sur une gabare (réplique de bateaux des XVIIIe et XIXe s) au pied de la ville et dans un secteur ornithologique.

À voir dans les environs

Eden et Sens : *Béluzie, 24130* ***Ginestet.*** *06-36-66-68-13.* • *eden-et-sens.com* • *Juil-août, tlj sauf lun 10h-19h. Entrée : 8 € ; 6 € moins de 12 ans.* Emmanuel Reclus, ingénieur agronome spécialisé en génétique des plantes, a tourné le dos aux ordinateurs et aux manipulations génétiques pour vivre en accord avec lui-même. Il s'est ainsi lancé avec passion dans la création d'un parc ludo-pédagogique paysager. Une poignée d'années plus tard, après avoir mobilisé sa créativité et consacré beaucoup de temps à son projet, Eden et Sens offre, sur 6 ha, une étonnante découverte ludique de la nature et de l'agriculture. Parcours de jeux à énigme sur plusieurs thématiques (les grandes découvertes, la botanique, la mythologie grecque...) dans un labyrinthe naturel et paysager au cours desquels on croise des animaux de ferme, mais également des ateliers, ou encore des rencontres artistiques... En saison, le théâtre de verdure accueille des spectacles, et la halle des marchés de producteurs durant lesquels la dégustation de produits locaux s'accompagne d'un concert de jazz, de chanson française... ; une animatrice s'occupe alors des enfants gratuitement. Accueil charmant d'Emmanuel et de son équipe, bénévoles pour certains. Vente de produits locaux.

Le Château de Barrière : *le Bourg, 24140* ***Villamblard.*** *Rens : office de tourisme de Mussidan* ☎ *05-53-81-73-87.* • *tourisme-isleperigord.com/site-monument-chateau/chateau-de-barriere* • *ou* Association Taillefer : *06-30-02-17-39. Visite libre tlj (tte l'année) 10h-18h.* Cette forteresse médiévale au cœur du bourg (homonyme du château de Périgueux) édifiée au XIIIe s, autour d'un donjon carré a été récemment en partie rénovée. Berceau du comte Wlgrin de Taillefer, personnalité périgourdine, mort en 1833, la forteresse a été malmenée par les siècles. La partie rénovée présente 2 importantes collections d'objets provenant de forges du Périgord et voisines. Des manifestations culturelles y sont organisées chaque année : concerts, expositions, pièces de théâtre, redonnant ainsi vie à ce château et de fait, au village.

Fêtes et manifestations

- ***Marché aux puces :*** *1er dim du mois, pl. Gambetta.*
- ***Festival Jazz Pourpre en Périgord :*** *en mai.* Apéros-jazz, ciné-jazz, concerts, expos... à Bergerac et aux alentours *(gratuit pour certains).*
- ***Les Estivales :*** *juin-sept.* Une animation par jour toute la semaine. Concerts gratuits et théâtre de rue les vendredi, samedi et dimanche.
- ***Tablées du terroir :*** *les lun en juil-août.* Marchés gourmands nocturnes.
- ***Les Mardis on chante :*** *juil-août.* Concerts en plein air dans la ville l'après-midi et le soir *(gratuit).*
- ***Les Jeudis, ça danse :*** *juil-août.* Danses en plein air sur la place du marché couvert, à partir de 21h *(cours gratuits).*
- ***L'Été musical en pays de Bergerac :*** *juil-août.*
- ***Village italien :*** *10 j. fin août.*

À L'OUEST DE BERGERAC : FIN DE LA BALADE AU FIL DE L'EAU

LE PÉRIGORD POURPRE

PORT-SAINTE-FOY-ET-PONCHAPT (33220)

Le code postal est bien en Gironde. Et pourtant c'est sur les berges périgourdines de la Dordogne, à une vingtaine de kilomètres à l'ouest de Bergerac, que se trouve ce bourg. Face à sa cousine Sainte-Foy-la-Grande. Voilà l'occasion de passer sur la rive gauche pour visiter cette ancienne bastide. La plus importante et l'une des mieux conservées de Gironde. Promenade agréable dans l'ancienne cité, avec ses rues tirées au cordeau, bordées souvent de maisons à colombages, et la belle place à couverts.

Le musée de la Dordogne batelière : *rue Notre-Dame, à Port-Sainte-Foy. Juin-sept, tlj sauf lun 14h-17h30, le reste de l'année sur rdv (☎ 05-53-22-24-10). Entrée : 3 € ; réduc enfants.* Jolie petite exposition avec maquettes et dioramas sur le commerce du vin à Sainte-Foy et sur le rôle des hommes du fleuve qui convoyaient les vins de Dordogne (mais aussi bois destiné à la tonnellerie bordelaise, charbon, minerai, châtaignes) vers Bordeaux et ses négociants. Les gabares remontaient à contre-courant en utilisant marée, vent, voile, halage... chargées d'autres marchandises, alors que les plus petites embarcations, les courpets, moins bien finies et en bois pauvre car destinées à un usage unique, étaient déchevillés et le bois vendu à l'arrivée ; les bateliers rentraient ensuite chez eux, le plus souvent à pied !
On a bien aimé les maquettes de couraux, ces bateaux à fond plat et faible tirant d'eau communs à toute l'Aquitaine médiévale, mais aussi la reconstitution de l'atelier de tonnellerie. Plus globalement, c'est toute la vie et les activités autour du fleuve qui sont évoquées : oiseaux, poissons, techniques de pêche, moulins à bateaux, travail de l'éclusier...

SAINT-MICHEL-DE-MONTAIGNE (24230)

À une quarantaine de kilomètres à l'ouest de Bergerac. C'est dans une jolie et paisible campagne que nous vous invitons à rencontrer Montaigne, célèbre penseur et auteur des immortels *Essais*. Ses préceptes de bon sens ont traversé les âges avec une cruelle actualité : « Les femmes ont raison de se rebeller contre les lois car nous les avons faites sans elles »... un appel à la parité politique qui devra attendre 450 ans pour trouver un timide début de mise en œuvre. Mais qu'on se rassure, la philosophie n'est pas la seule raison de venir à Saint-Michel-de-Montaigne : le château séduit les yeux autant que la tour de la librairie inspire le cœur.

Où dormir à Saint-Michel-de-Montaigne ?
Où manger dans les environs ?

Chambres d'hôtes Relais de la Renaissance : *Le Bourg, 24230 Saint-Michel-de-Montaigne. ☎ 05-53-57-23-57. 06-81-91-77-26. • relaisrenaissance@orange.fr • chambrehote-relaisrenaissance.com • À la sortie du village, à l'opposé du château. Doubles 84-105 € ; familiales.* Jolie maison de village, avec son grand et beau jardin à l'arrière. Les 4 chambres sont toutes très soigneusement décorées et très cosy, avec salle de douche italienne récente, 2 côté jardin et 2 côté rue. 2 d'entre elles possèdent un petit salon au rez-de-chaussée avec un canapé hirondelle (qui peut servir de couchage pour un enfant), puis 2 chambres à l'étage (une avec 1 lit une place et l'autre avec lit double). Une 3e chambre avec grand salon, très belle cheminée et canapé lit pour 2, ainsi qu'une grande chambre à l'étage avec un lit double et un lit 1 personne. Accès à la cuisine, avec sa belle cheminée, bien équipée pour les hôtes. Ne manquez pas de jeter un œil à l'amusant livre d'or, petits messages écrits sur de grosses clefs anciennes, qui sont ensuite fixées sur un vieux volet qui sert de support. Très bon accueil de la propriétaire.

Quilles et Papilles : *41, rue Fénelon, 24610* ***Villefranche-de-Lonchat.*** *06-63-88-17-11. • quillesetpapilles@gmail.com • Ouv tte l'année, lun-ven 8h-18h30 (15h30 mer et 22h ven), ainsi que le soir mar-sam en saison 16h-21h. Menu déj complet avec verre de vin ou café 16 €, puis menu 28 € ; assiette de charcuterie/fromage 6-12 €. Droit de bouchon 6 €.* C'est dans une ancienne boucherie aujourd'hui muée en un bien bon petit resto que Sophie régale les habitués de plats de saison et de marché super rapport qualité-prix. Et le vendredi soir *(sam soir en juil-août),* c'est la pizza artisanale qui fait le buzz ! Jolie déco bien cosy, qui se prolonge dans une cour intérieure verdoyante, ou sur la terrasse, de l'autre côté de la petite rue. Également un jardin d'hiver. Fait aussi cave à vins (de belles quilles pour rafraîchir les papilles !).

L'un des Sens : *24, rue Michel-Montaigne, 24610* ***Villefranche-de-Lonchat.*** *☎ 05-53-82-35-86. • lundessens@yahoo.com • Tlj sauf lun-mar et dim soir, midi et soir. Congés : de mi-janv à la 1re sem de fév. Formule déj 17 €, puis menus 29-47 €.* Une bien agréable salle à l'arrière et une belle et grande terrasse sur la place pour apprécier la cuisine du chef. Une cuisine innovante rythmée par les saisons et les produits du terroir, sans bouder les épices et herbes aromatiques qui font voyager. Poissons et plats végétariens sont aussi au menu, pour n'oublier personne. Excellent rapport qualité-prix pour le menu déj.

LE PÉRIGORD POURPRE

À voir

Le château et la tour Michel-de-Montaigne : *☎ 05-53-58-63-93. • chateau-montaigne.com • Juil-août, tlj 10h-18h30 ; dernière visite 1h avt fermeture. Hors saison, mer-dim 10h-12h, 14h-18h30 (17h30 nov-fév). Visites guidées à heures fixes (3-6/j. selon période). Congés : janv. Visite commentée de la tour : 9 € ; réduc ; gratuit moins de 5 ans. Forfait château + tour : 16 €. Visite libre du parc : 3 € ; réduc.* Le corps principal du château fut détruit par un incendie au XIXe s puis reconstruit à l'identique, dans le style Renaissance mais avec quelques libertés propres à Viollet-le-Duc. Par miracle, la tour de la « librairie » de Montaigne (sa salle de travail) et les 3 ailes du château, dont la construction date du XIVe s, échappèrent aux flammes. On visite cette tour avec émotion et on se dit que Montaigne devait avoir la même vue qu'aujourd'hui, tant le site est préservé. Sur les poutres, ce dernier avait fait inscrire des maximes tirées de l'*Ecclésiaste,* d'auteurs de l'Antiquité... Il a eu la modestie de ne pas citer ses propres réflexions. Superbe coffre de voyage de l'écrivain. Vente de vins de la propriété (du bergerac, évidemment) à l'accueil.

MONTCARET *(24230)*

Juste au sud de Saint-Michel-de-Montaigne, sur le terroir du fameux vignoble de Montravel, dans la région où eut lieu la décisive bataille de Castillon (défaite des Anglais), qui mit fin à la guerre de Cent Ans, Montcaret propose un monument qui regarde du haut de ses presque 2 000 ans les petits rebondissements de l'histoire.

Où dormir ? Où manger dans les environs ?

Chambres d'hôtes Côté Verger : *Le Malpas Cazal, 24230* ***Montazeau.*** *06-49-57-70-70. • info@coteverger.net • coteverger.net • À 11,5 km au nord-est de Montcaret par la D 10E3, puis la D 11. Doubles à partir de 75 € ; familiale. Table d'hôtes 23,50 €.* Alexander et Esther, vraiment charmants, ont quitté leur Hollande natale et retapé une grande bâtisse bourgeoise entourée d'arbres fruitiers, nichée dans un environnement particulièrement paisible. Les beaux volumes (superbe pièce de vie traversante !) sont désormais occupés, notamment, par 5 chambres baignées de lumière (2 fenêtres sauf une) au décor sobre et contemporain. Une poignée de tentes aménagées *(3 nuits min)* et 2 emplacements libres.

À voir

Le site gallo-romain de Montcaret : *au pied de l'église. ☎ 05-53-58-50-18. • villa-moncaret.fr • De mi-juin à fin sept, tlj sauf lun 10h-13h, 14h-18h ; oct-mai : tlj sauf sam 10h-12h30, 14h-17h30. Dernière entrée 45 mn avt fermeture. Fermé 1er janv, 1er mai, 1er et 11 nov, et 25 déc. Entrée : 4 € ; gratuit moins de 26 ans (UE) ; réduc.* Vestiges d'une riche villa de l'Antiquité tardive (du Ier au Ve s) qui s'organisent tout autour de l'église romane. Le site dégage une atmosphère paisible et pleine de poésie. Superbes mosaïques, thermes assez bien conservés, espace de réception. Le circuit de visite est bien conçu, didactique et vite fait (adapté pour les familles, donc...). Armé de sa brochure, on déambule à travers les vestiges. De nombreuses pierres du site se retrouvent imbriquées dans les maisons du village.

DE VIGNES EN VILLES, AU SUD DE BERGERAC

MONBAZILLAC (24240) 1 045 hab. *Carte Périgord, B4*

Célèbre vignoble à 7 km au sud de Bergerac qu'on doit à un groupe de moines : les frères de Saint-Martin défrichèrent le « mont Bazillac » au XIe s et plantèrent les 1res « vignes du Seigneur ». Quelques vins de messe plus tard, on retrouve un très beau château construit en 1550 suivant un plan rectangulaire régulier, avec 4 grosses tours à mâchicoulis. Tout autour du castel

s'étend le vignoble du célèbre cru. C'est un vin liquoreux de couleur jaune qui, comme le sauternes, se fabrique à partir de la « pourriture noble ». Le *Botrytis cinerea* (un sacré champignon) se développe sur les grains mûrs à la faveur d'un phénomène propre à Monbazillac : les brumes matinales de la Dordogne, retenues par les coteaux, combinées à la chaleur de l'après-midi. Pour les meilleures cuvées, la vendange s'effectue donc très tardivement, en plusieurs fois, grain par grain...
Question habituelle : « Ce vin se garde-t-il longtemps ? » Réponse : un navire de la compagnie des Indes hollandaises naufragé en 1747, les cales pleines de monbazillac, a été découvert par des plongeurs. Remontées à la surface, des bouteilles vieilles de 350 ans ont ainsi été goûtées par des œnologues, et il paraît que le vin avait gardé une bonne tenue.

Adresse utile

i *Maison du tourisme et des vins :* *à la mairie. ☎ 05-53-58-63-13. Tlj sauf dim-lun 11h30-15h (10h-16h30 ven-sam).* Infos pratiques et personnel accueillant. Au 1er étage, petit film explicatif sur la spécificité de ce vin liquoreux et belle terrasse panoramique dominant la plaine et ses lignes vertes de vignes.

Où manger ?

La Maison Vari : *dans le bourg, en face de l'église. ☎ 05-53-73-52-96. • maison@chateau-vari.com • Avr-oct : tlj 11h-17h (23h ven en juil-août). Fermé nov-mars. Assiettes env 10-12 €.* Un domaine de 20 ha (dont 14 ha en monbazillac), certifié agriculture bio depuis 2012. Ce producteur de vin a ouvert un local au cœur du village, avec un jardin ombragé plus vaste que la salle, vraiment agréable. Vins à déguster avec une assiette périgourdine, une assiette de charcuterie ou de fromages, ou la salade du moment ; produits régionaux uniquement. Pour la touche sucrée, on peut miser sur des glaces artisanales et de la faisselle, en plus des gâteaux du jour. Simple et sympa, d'autant que l'été des apéros-concerts de jazz sont proposés le vendredi. Petit coin enfants.

À voir

Le château de Monbazillac : *☎ 05-53-61-52-52 ou 05-53-63-65-00 (nov-mars). • chateau-monbazillac.com • ♿ (limité au rdc). Juil-août, tlj 10h-19h30 ; juin et sept, tlj 10h-19h ; avr-mai et oct, tlj 10h-12h30, 14h-18h ; nov-mars, tlj sauf lun 10h-12h, 14h-17h. Fermé 1er-15 déc et janv. Dernière entrée 1h30 avt fermeture. En juil-août, visites guidées possibles, et animations enfants. Entrée : 7,80 € ; réduc.* Architecture particulièrement remarquable avec sa superbe toiture. Ayant franchi sans encombre toutes les

UN VIN PROTESTANT DE SA BONNE FOI

La révocation de l'édit de Nantes a contraint nombre de vignerons à l'exil. Ces protestants bergeracois se réfugièrent dans les pays d'Europe où la Réforme avait été admise. Beaucoup d'entre eux atterrirent en Hollande. Ils créèrent un commerce de vin avec leurs relations, restées en Périgord. On parle de « marques hollandaises » pour ces vins directement exportés. D'ailleurs, les curés catholiques refusaient de le boire comme vin de messe...

vicissitudes de l'histoire (chose rare), le château nous arrive aujourd'hui quasiment dans son état initial. Avec des meubles de différentes époques et de différentes collections. Visite éclectique : quelques pièces d'origine du château comme le grand salon avec sa cheminée Renaissance, un beau plafond à la française et quelques meubles périgourdins du XVIIe s de belle facture. Une évocation de l'histoire du protestantisme dans la région. Salle consacrée à l'œuvre du caricaturiste Sem (auteur du dessin de la carte de *Maxim's*, qu'on connaît même si on n'y a jamais mangé). 2 salles mettent en scène le mobilier baroque italien exubérant du célèbre acteur fantasque bergeracois Mounet-Sully (un intime de Sarah Bernhardt). Dans la tour de la librairie, une grande bibliothèque avec des ouvrages anciens du XVIe au XIXe s. Et bien sûr, les caves. Un étonnant mur de 7 000 bouteilles illuminé par l'arrière donne le ton dès la 1re salle. Expo sur l'histoire des « marques hollandaises ». Dans les fondations de la tour sud-est, on voit un ancien fruitier : c'est la partie la plus ancienne, qui date de la bâtisse précédant la construction du château.

Boutique du château : *mêmes horaires que le château mais fermé nov-mars.* Dégustation gratuite de vin (à la cave, pas bien loin, en hiver) et possibilité d'achat au pavillon d'accueil.

DANS LES ENVIRONS DE MONBAZILLAC

LE PÉRIGORD POURPRE

RIBAGNAC (24240)

Le château de Bridoire : *06-30-39-38-22. • chateaudebridoire.com • (rdc). À 4 km de Monbazillac. Juil-août, tlj 10h-19h ; avr-juin et sept-oct, les w-e, j. fériés et vac scol 14h-18h. Fermé nov-Pâques. Entrée : adulte 9,50 €, réduc. Nombreuses animations, dont les nuits hantées de Bridoire (murder-escape game organisé mar-mer en hte saison ; 16 €, réduc). Présentations équestres occasionnelles en hte saison.* Un splendide château du XIIIe s, à taille humaine. Les propriétaires ont changé au gré des batailles de la guerre de Cent Ans. En 1576, Henri IV vint y dîner. Le château pâtit des guerres de Religion avant d'être repris par la famille de Charles de Foucauld. Il fut ensuite vendu à une famille africaine liée au fils Bokassa, lequel avait un moment été marié à une Bergeracoise. Après 22 ans de pillage (dans certaines pièces des photos témoignent de son piteux état), l'édifice fut enfin sauvé par une dynamique famille, les Guyot. On parcourt une quinzaine de pièces sur fond de musique classique. Magnifique cuisine avec une splendide collection de 100 cuivres et un tournebroche du XVIIIe s. La salle à manger avec ses boiseries en noyer a été remeublée. Intéressante chapelle où le père de Foucauld disait la messe. On peut visiter la salle des gardes où Henri de Navarre a déjeuné. Les enfants et ados n'ont pas été oubliés : dans la cour et même dans tout le château, une centaine de jeux originaux issus de l'époque médiévale. On peut apprendre à écrire à la plume d'oie, tirer à l'arbalète ou enfiler une armure. Tout le monde joue, et finalement pas que les enfants ! Labyrinthe en sous-bois, avec toutes sortes d'énigmes à résoudre (billet à part).

|●| Petite restauration maison (produits locaux et bios) en juillet-août.

> **ACCORDER SES FAVEURS**
>
> *À la Renaissance, les faveurs étaient des rubans de soie qui resserraient les encolures des chemises de nuit. Quand la dame accordait que l'on délie ses faveurs, aussitôt la chemise tombait à ses pieds. Une expression plutôt torride !*

Château Tour des Gendres : *Les Gendres, Ribagnac. ☎ 05-53-57-12-43. • chateautourdesgendres.com • Lun-ven 9h-12h30, 14h-17h30, plus sam l'été, ou sur rdv.* Un excellent vin bio (certifié) travaillé scrupuleusement, vieilli en partie en fût de chêne neuf.

MONBOS (24240)

Le village : tout petit, il n'en mérite pas moins le détour pour sa mairie, grande comme un Abribus, attenante à l'église des XIe-XIIe s. Le chœur en est de toute beauté. Abside en cul-de-four d'une blancheur immaculée. On y voit encore des traces de l'ancienne polychromie. Colonnes et chapiteaux de style très primitif sculptés dans le calcaire du pays. On distingue des scènes de chasse (sonneur de trompe, cerf, chasseur, hibou, biche, lapin...). Facture rudimentaire, mais un tel dépouillement se révèle bien poétique et émouvant ! Quant au village, parfaitement préservé, il est d'une rare et belle homogénéité.

ISSIGEAC

(24560) 740 hab. *Carte Périgord, B4*

Pittoresque cité, que l'on vous conseille de visiter un dimanche matin, jour de marché, si vous voulez la voir revivre (ou un lundi, si vous préférez la solitude). Pour peu que vous vous intéressiez à elles, toutes ces vieilles maisons iront de leurs ragots, qui sourcillant d'un linteau tordu par les âges, qui lorgnant la ruelle de sa fenêtre à meneaux, qui ridant ses antiques et massives pierres en un sourire bon enfant. Vieilles bicoques « à pans de bois » percluses de rhumatismes, déformées par quelque scoliose qui leur donne un air penché. Et de cette assemblée populaire, les notables du lieu haussent évidemment le cou : l'église tintinnabule, le château des Évêques sermonne ses ouailles depuis son échauguette, la prévôté juge tout ce beau monde, la maison des dîmes en impose et... la maison des têtes sourit de tous ses modillons. Qu'on aime ou pas les maisons anciennes, Issigeac mérite qu'on y déambule. D'ailleurs, les cinéastes ne s'y trompent pas. Le film *La Soule,* avec Richard Bohringer et Christophe Malavoy, y fut tourné en 1988, ainsi qu'une partie du film *Jappeloup,* avec Guillaume Canet et Daniel Auteuil, en 2011.

Adresse utile

Bureau d'information touristique : *☎ 05-53-58-79-62. • pays-bergerac-tourisme.com • De mai à mi-sept, lun-sam 10h-12h30, 14h-18h et dim 10h-13h ; le reste de l'année, mar-sam 10h-12h, 14h-17h30 et dim 10h-12h30.* Visites guidées de la ville en juillet-août *(4 €).* Aussi en nocturne avec lampions certains mercredis d'été. Accueil avenant et compétent, office abrité dans le beau château des Évêques : le Pérou !

Où dormir ? Où manger ?

La Brucelière : *pl. de La Capelle. ☎ 05-53-73-89-61. • bruceliere@wanadoo.fr • labruceliere.com • Tlj sauf mar-mer. Congés : vac scol d'hiver, 1re sem de juil et vac scol de la Toussaint. Doubles 65-80 €. Formule déj en sem 23 € ; menus 32-36 € ; carte env 35 €. Café offert sur présentation de ce guide.* Cet ancien relais de poste abrite 5 chambres d'hôtes simples et climatisées, très agréables, avec salle de bains et vieux parquet. Mais si l'on vient jusqu'à la *Brucelière,* c'est d'abord pour la table. Le chef, David Douet, qui porte bien son nom, nous régale avec une cuisine (ré)créative d'un excellent rapport qualité-prix. Ajoutez l'accueil souriant et le service décontracté, et le plaisir est au rendez- vous.

L'Atelier : *62, Tour-de-Ville. ☎ 05-53-23-49-78. • latelierissigeac@gmail.com • Fermé mar-mer. Formule déj en sem 19,50 € ; menu 38 €.* Ambiance tomettes et pierre apparente, nappes blanches et mise en bouche. Les plats sont soignés et maîtrisés, les associations de saveurs originales juste ce qu'il faut, et le tout est joliment présenté. On se régale ! Grande cour-jardin en été, et cheminée en hiver. Attenant au resto, le salon de thé. Service pro. Une très bonne escale.

Le Bouchon Médiéval : *41, Grand-Rue. ☎ 05-53-58-46-13. • contact@lebouchonmedieval.com • Tlj sauf jeu et dim soir en saison. Hors saison fermé jeu et les soirs dim-mer. Plat du jour 12 €, menu du bouchon (servi en sem lun-ven) 19,50 €. Compter env 25-30 € à la carte.* Voilà un petit restaurant qui se vit en famille, le père aux fourneaux, la maman et la fille en salle. Une salle en longueur, habillée de pierre apparente et de brique avec de grandes baies vitrées qui s'étendent le long du trottoir. Une cuisine traditionnelle de qualité et soigneusement présentée vient se poser dans votre assiette. On y mange bien, l'accueil est souriant et le menu du bouchon est d'un très bon rapport qualité prix ! Que demander de mieux ?

Où dormir ? Où manger dans les environs ?

LE PÉRIGORD POURPRE

Chambres d'hôtes Château Gauthié : *24560* ***Monmarvès.*** *☎ 05-53-27-30-33. • info@chateaugauthie.com • chateaugauthie.com • Ouv avr-oct. Doubles 105-120 € (min 2 nuits). Cabane perchée 2 pers 135-175 € ; dégressif. Table d'hôtes (min 4 adultes sur résa) 40 €. 2 boissons offertes par chambre et par nuit sur présentation de ce guide.* L'endroit idéal pour se ressourcer. Cette belle propriété dispose d'un vaste parc de 8 ha parfaitement au calme avec un étang, une piscine et un jacuzzi. Dans la demeure, dont certaines parties datent du XVe s, 5 belles chambres d'hôtes anciennes et sobres à la fois. Mais peut-être craquerez-vous pour les cabanes dans les arbres, carrément séduisantes... Très bon accueil de Florence et Stéphane.

Auberge des Moulins de Boisse : *route de Faurille, 24560* ***Boisse.*** *☎ 05-53-24-12-01. • moulins.de.boisse@wanadoo.fr • Ouv sur résa uniquement (min 6 pers). Menu 28 € ; apéro-dégustation (3 fois/sem, juil-août) 9 €.* Vignerons, Bernard et Stéphanie Molle accueillent les visiteurs dans leur auberge construite en bois, sur leur domaine. Ils proposent une petite promenade apéritive dans le vignoble, dominé par 2 anciens moulins à vent, avant de vous servir un repas maison, simple et bon, accompagné d'une dégustation de vins du domaine, *of course,* comme on dit souvent par ici.

À voir

Petit rappel en passant. Les maisons qui exhibent leurs structures de bois à fleur d'hourdis (ou torchis) sont dites « à pans de bois ». Entre les pans de bois verticaux (poteaux), certaines pièces forment une « croix de Saint-André », facile à reconnaître. Lorsqu'une seule entretoise oblique relie 2 pans verticaux, on parle de colombe, parfois soutenue par une jambe elle-même oblique : l'éclisse. Et l'ensemble des colombes, ce sont les... colombages. Quant aux poutres horizontales, ce sont les sablières.

La maison des têtes : *à l'intersection entre la Grand-Rue et la rue Cardénal.* Une bâtisse remarquable à plusieurs titres. En 1er lieu, elle est élevée (3 niveaux) au-delà de ce qu'on a l'habitude de voir sur une maison à pans de bois. Ensuite et surtout, au 3e niveau, l'appui des fenêtres est orné de naïves et grimaçantes têtes sculptées. D'autres motifs effacés par le temps agrémentent les pièces de bois : chapiteaux fantaisie, écailles...

La maison champignon : *en remontant la rue Cardénal, sur la pl. Bari-Paliou.* Très bel exemplaire de maison à pans. Et comme les solives du plancher du 1er étage dépassent sérieusement des 4 murs du rez-de-chaussée, ça donne une croquignolette habitation qui ressemblerait presque à un cèpe.

L'église Saint-Félicien : largement saccagée lors de la guerre de Cent Ans et des guerres de Religion, elle est de style gothique tardif, avec un massif clocher-porche octogonal.

Le château des Évêques : *à l'ouest, dans les murs du bourg.* Dès le XIVe s, Issigeac a été rattachée à l'évêché de Sarlat. La grande bâtisse de pierre blanche a été construite au XVIIe s par François II de Salignac de Lamothe-Fénelon (rien que ça !). Il s'agit d'un grand corps rectangulaire flanqué de tours carrées (ou pavillons d'angle) aux extrémités. Une petite tourelle, façon échauguette, vient briser l'arête de ces pavillons. L'office de tourisme occupe désormais le rez-de-chaussée de l'édifice.

Le tour des anciens remparts : agréable balade autour du bourg, là où furent les remparts. De nobles et vénérables demeures y siègent. Quelques rares vestiges de la fortification. Le bâtiment le plus remarquable est certainement la ***prévôté,*** à l'ouest du village, coiffée d'une toiture à la Mansart et affublée d'un pigeonnier fortifié à l'angle (ils tenaient à leurs pigeons !).

Fêtes et manifestations

- ***Expositions temporaires :*** *tte l'année, dans les salles du château attenantes à l'office de tourisme.* Expositions de peinture, sculpture, photos...
- ***Courses hippiques :*** *Pentecôte.* Grand Prix du conseil général.
- ***Marché aux fleurs :*** *1er dim de mai.*
- ***Marché nocturne et table des producteurs :*** *respectivement les jeu soir et ven soir en juil-août.*
- ***Les Soirées des Ménestrels :*** *2 mar en juil et 2 mar en août.*
- ***Foire aux paniers :*** *dim en juil (après le 14).* Des artisans vanniers viennent tresser des 6 coins de la France. On peut y acheter des « bouyricous » : pas de panique, ce n'est qu'un panier en forme de coquille d'escargot, typique dans les parages.
- ***Brocante et Antiquités :*** *1er w-e d'août.* Près de 70 exposants professionnels.
- ***Les Médiévales :*** *1 dim mi-août.* Festival d'animation de rue, jeux, spectacles, marchés, banquet autour du thème du Moyen Âge.
- ***Foire aux potirons :*** *fin-oct.*

EYMET

(24500) 2 600 hab. *Carte Périgord, B4*

Cette bastide, de fondation « française » (1270), située à la frontière du département du Lot-et-Garonne, faisait face à nombre de bastides « anglaises ». Prise par les Grands-Bretons, reprise par Du Guesclin, attaquée lors des guerres de Religion (Eymet opta pour la Réforme), la bastide subit pas mal de destructions. Cependant, il reste la place à arcades et ses nobles demeures à pignon. Noter les larges couverts, les arcs, de forme et de taille différentes, et les façades de pierre blanche ou à pans de bois avec remplissage de torchis ou de bricous. Beaux vestiges imposants du château, où l'on déambule

librement. De construction antérieure à la bastide (début du XIIIe s), donjon carré aux gargouilles grimaçantes, portes, échauguette.
Petite anecdote : si on compte quelque 10 000 Britanniques installés en Dordogne (surnommés *Dordogneshire*), les sujets de sa Gracieuse Majesté représentent un tiers de la population d'Eymet.
Une étape agréable avant de repartir pour de nouvelles aventures, côté Gironde ou Lot-et-Garonne.

SO BRITISH !

Le marché d'Eymet se tient depuis plus de 700 ans. On le doit au roi de France, Philippe le Bel himself... *Aujourd'hui, on y parle beaucoup l'anglais. Car vivre en France, et surtout dans le Périgord, est un rêve pour bien des* Britishs. *16 % de la population est anglaise, et l'école compte 30 % d'élèves britanniques. En effet, n'ayant pas fait la Révolution, l'Angleterre possède une aristocratie propriétaire d'immenses territoires... qu'ils vendent trop rarement.*

Adresse et infos utiles

Bureau d'information touristique : *pl. Gambetta. ☎ 05-53-23-74-95. • pays-bergerac-tourisme.com • De mai à mi-sept, lun-sam 10h-12h30, 14h-18h (mar 22h en été) ; juil-août, également dim 10h-12h30. Le reste de l'année, mar-sam 10h-12h, 14h-17h30.* Organise une visite commentée de la bastide *(seulement pour les groupes ; 4 €/pers ; gratuit moins de 12 ans).* Également 3 parcours d'interprétation disponibles, avec livrets-jeux pour les familles. 2 visites aux flambeaux sont aussi organisées en été.
– ***Marché :*** *jeu mat, plus mar soir fin juin-début sept.*
– ***Fête de l'Huître et du Vin blanc :*** *15 août.* Le titre de cette manifestation dit tout. Vin du pays de Bergerac, et huîtres venant de la côte.
– ***Fête médiévale :*** *en août.*

Où dormir ? Où manger à Eymet et dans les environs ?

De bon marché à prix moyens

Les Vieilles Pierres : *route de Marmande, au lieu-dit* **La Gilette**, *24500 Eymet. ☎ 05-53-23-75-99. 06-02-09-79-57. • les.vieilles.pierres@wanadoo.fr • lesvieillespierres.fr • Juste au sud de la bastide (accès depuis le bd National). Congés : de mi-déc à mi-mars. Doubles env 59-70 € ; familiales.* Pour les amateurs de confort et de calme. Bâti autour d'anciens bâtiments du XVIIe s, pas mal transformés, petit hôtel dans la verdure, aux chambres très bien entretenues, claires et bien équipées, bordant un patio. Certaines d'entre elles ont vue sur la bastide et la vallée. Piscine. Accueil souriant.

L'Atelier des Mets : *7, rue de l'Engin, à Eymet. 06-34-25-84-87. • latelierdesmets24@gmail.com • Tlj midi et soir en juil-août, hors saison lun-ven déj uniquement. Carte en saison env 22-24 €. Hors saison, plat du jour unique à 11 € (14 € avec dessert).* Cette jolie petite épicerie fine et cave à vin, propose essentiellement des produits du sud-ouest, d'où le propriétaire et chef est originaire. De très bon plats cuisinés à déguster sur les quelques tables à l'intérieur, où sur la terrasse dans la rue piétonne. Hors saison, le chef propose un plat unique au déjeuner, on aime ou pas le plat proposé, mais si on aime, c'est une super option, car c'est délicieux et imbattable pour le prix.

De prix moyens à chic

La Cour d'Eymet : *32, bd National, à Eymet. ☎ 05-53-22-72-83. Tlj* *sauf mer et dim soir, ainsi que lun-mar hors saison. Résa conseillée. Formule déj en sem 26 € ; menu 39 €.* François Kartheiser est un chef discret qui exerce son métier avec passion et dévouement. Formé chez les plus grands, il s'est installé dans cette jolie maison et régale les gourmands qui poussent sa porte. Dans la grande tradition française, la belle cuisine privilégie des produits de qualité et de saison. Viandes fondantes, cuissons précises, saveurs exquises. Le chef fait tout lui-même, jusqu'au pain et aux glaces et sorbets (réalisés minute) ! C'est dire à quel point il veut maîtriser la qualité de ce qu'il propose. Chapeau bas ! La salle est un peu sage, mais la jolie terrasse dans la cour est charmante. Cours de cuisine proposé le mercredi.

À voir. À faire dans les environs

Le Domaine de Siorac : *24500* ***Saint-Aubin-de-Cadelech.*** *☎ 05-53-74-52-90. • domainedusiorac.fr • À 10 km au nord-est d'Eymet par la D 25 puis la D 107.* La dynamique famille Landat produit des vins rouge, blanc et rosé sur une propriété qui se transmet de génération en génération depuis... 1818. 26 ha de vignes en HVE (Haute Valeur Environnementale), à découvrir dans le cadre de l'une des différentes balades proposées en été (guidée, en gyropode, géocaching...) ; réserver. On peut aussi visiter le chai. Quant aux plus pressés (quel dommage !), ils pourront profiter d'une dégustation. Marché à la ferme le 3e vendredi de juillet.

HOMMES, CULTURE, ENVIRONNEMENT

ARCHITECTURE ET HABITAT

De Cro-Magnon aux bobos des grandes cités en passant par les seigneurs du XVIIIe s et les retraités anglais, l'homme, au cours de son évolution, a toujours trouvé ici le bon et le bien-vivre.

– ***Les abris-sous-roche :*** si les grottes furent plus abri qu'habitat, les abris-sous-roche (large ouverture en façade) servirent véritablement de logement aux hommes préhistoriques. Situés au pied des falaises ou à flanc de celles-ci, ils accueilleront les ateliers d'outils de silex des 1ers visiteurs, ainsi que les fresques qui ornent les parois. Les hommes préhistoriques ont en effet très tôt édifié des structures en s'appuyant aux falaises, ou en construisant des installations nomades dont les traces aujourd'hui sont quasi nulles. Il en est de même des villages de bois, établis sur les collines au Néolithique puis, plus tard, par la civilisation celtique.

– ***Les monuments gallo-romains :*** ce sont les 1ers vestiges importants de l'architecture en Périgord. Le temple de Vésone, à Périgueux, en pierre et brique, est typique de cette civilisation mixte. Les arènes, remparts et villas, avec leurs mosaïques, témoignent de cette époque de la *pax romana*.

– ***Cluzeaux et troglos :*** c'est au Moyen Âge que la barre à mine a permis d'aménager des refuges et logements permanents ou temporaires, taillés à flanc ou au pied des falaises, là où Cro-Magnon s'abritait seulement. Ces « cluzeaux » sont repérables à leurs ouvertures rectangulaires en hauteur et aux trous de boulins qui supportaient des poutres. Certains sont regroupés en nids d'aigle vertigineux, comme La Roque Saint-Christophe et certains sites à Brantôme, où les hommes vécurent encore parfois longtemps (jusqu'au début du XXe s) dans ces maisons troglodytiques qui s'étaient « embourgeoisées » pour permettre aux paysans d'y survivre quelque temps et d'y abriter une partie de leur récolte.

– ***Les « bories » ou cabanes de pierre :*** c'est au ras du sol, se confondant quasiment avec la terre, qu'on trouve une autre construction caractéristique du Périgord, les bories, ces petites cabanes rondes, composées de pierres sèches, à la toiture faite de lauzes, lames de calcaire ajustées, et sans aucune charpente pour les soutenir. Parfois habitations, comme à Saint-André-d'Allas où l'on admire les grandes vagues de ces toits qui ondulent tranquillement, elles étaient le plus souvent de simples abris de plein champ pour les bêtes, les outils ou le cultivateur.

– ***Les châteaux :*** ils ont poussé pour la plupart à partir du XIIe s. Ne cherchez pas à les compter, il y en a plus de 2 000 en comptant les maisons fortes et les gentilhommières. Merveilleux à l'œil, coiffant un mamelon, soulignant le contour d'un vallon ou ponctuant d'une trouée blonde la verdeur d'une vallée, ils sont souvent conçus de la même manière sur le plan architectural. Seul le décor change. Ainsi trouve-t-on une cour, une enceinte, 2 ou 4 tours, un logis, un donjon (qui pouvait servir de logis) et une chapelle pour les plus riches. C'est déjà pas mal. Pour se différencier les uns des autres, tout est affaire de taille de tours, d'épaisseur de donjon, de hauteurs de fenêtres, de nombre d'échauguettes, de longueur de mâchicoulis... et de point de vue. Ce sont à la fois des chocs visuels et des empilements d'époques et de styles. D'autres, parmi les plus modestes, sont si bien cachés derrière leurs arbres qu'on peut passer devant sans les voir.

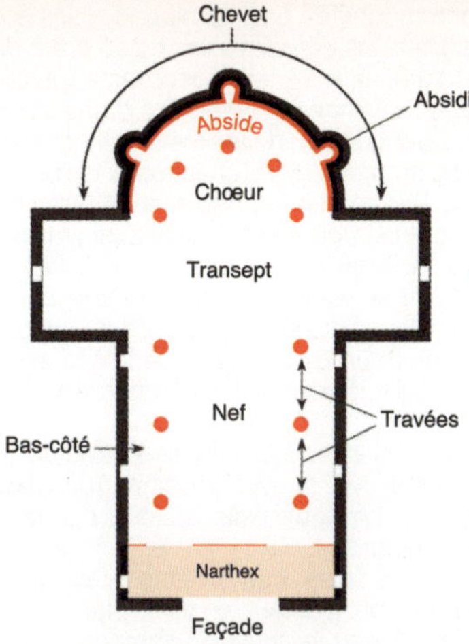

PLAN D'UNE ÉGLISE ROMANE

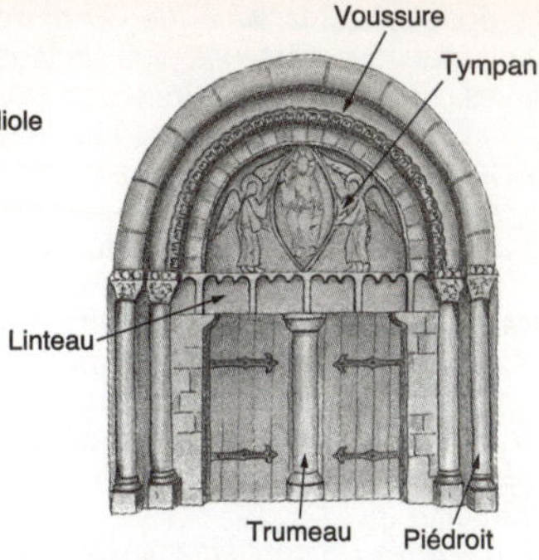

PORTAIL D'ÉGLISE ROMANE

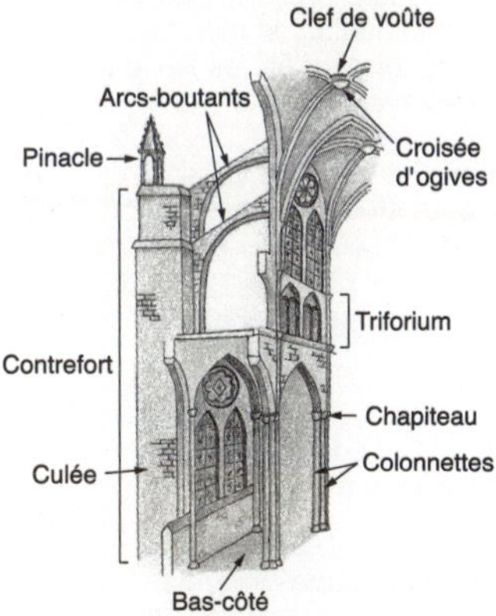

COUPE TRANSVERSALE D'UNE ÉGLISE GOTHIQUE

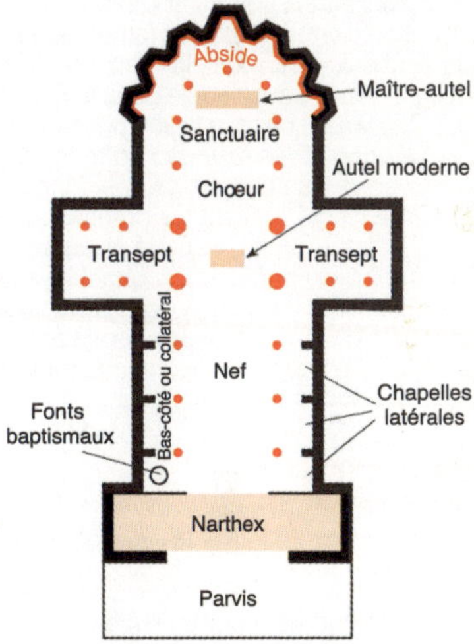

PLAN D'UNE ÉGLISE GOTHIQUE

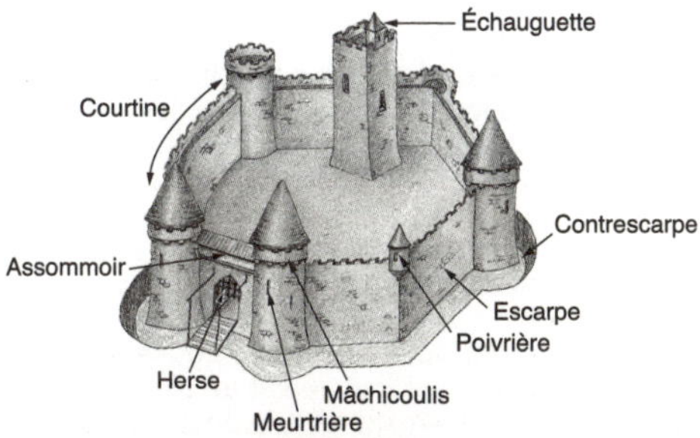

CHÂTEAU FORT

– ***Les églises :*** romanes et de dimensions modestes pour la plupart, elles sont d'un charme fou, même les plus simples. Dans les grandes villes ou au cœur des abbayes, elles prennent leurs aises, évidemment, mais leur décor reste toujours discret. Elles sont bâties en pierres de taille moyennes et couvertes d'une simple coupole au-dessus du chœur. Le décor, souvent un peu nu, se résume à des moulures soulignant l'architecture, quelques sculptures sur les chapiteaux du portail, du chœur et sur les modillons du chevet. Des monstres, des scènes historiées plus rarement, ou de simples feuillages, tout cela de manière assez minimaliste. Toutes « orientées », les façades offrent les couleurs les plus chaudes sous le soleil de l'après-midi, découvrant une palette allant du jaune paille à l'ocre le plus profond, tirant vers le rouge au couchant. L'église est aussi et surtout un refuge pour les habitants, quand il n'y a pas de château pour les protéger. Certaines seront fortifiées jusqu'à se muer parfois en véritables forteresses (Saint-Amand-de-Coly ou Trémolat).
– ***Les bastides :*** la frontière entre le pays anglais et le pays français a offert au sud du département une ligne de villes franches au XIIIe s, avec enceinte, rues régulières à angles droits, place d'armes centrale et inévitable halle, toujours cernée de maisons sur arcades en ogive, comme à Monpazier.
– ***Le toit sarladais :*** pentu et élevé sur des murs épais, il se confond avec ceux-ci car il est en pierres plates, les fameuses lauzes, ou, à défaut, en tuiles plates. Et les murs sont eux aussi multiples : en torchis du côté de la Double, en grandes pierres de taille blanches avec étage dans le Ribéracois, en petit appareil ocre en Périgord noir... Quasiment chaque vallée possède ses particularismes architecturaux.
– ***Les villages et les fermes :*** pour ce qui est de l'habitat en milieu isolé, le cœur balance entre les chartreuses, résidences bourgeoises d'été, et les fermes, dont les bâtiments qui abritent les hommes et les animaux se côtoient, en « longère » dans certains endroits, en carré ailleurs.
– ***Le « petit patrimoine » :*** marquant joyeusement le paysage urbain, s'ajoutent en contrepoint tous les puits, lavoirs, fontaines, courettes et fours à pain qui donnent une touche d'harmonie et de charme à la pierre périgourdine. Le paysage rural est également ponctué de pigeonniers, moulins à eau et clédiers, qui rythmaient une société paysanne pas si lointaine...

CUISINE

« La cuisine du Périgord est sans beurre et sans reproche. »
Curnonsky

Bien sûr, il y a les incontournables (truffes, cèpes, foie gras, canard...), mais parions que vous ne connaissez pas tout !
– ***Foie gras :*** comme la truffe, cette merveille d'onctuosité et de finesse gustative mérite son chapitre à elle toute seule (voir plus loin « Foie gras »).
– ***Truffes :*** à tout seigneur, tout honneur. Vous trouverez le texte consacré au « diamant noir » plus loin dans ce chapitre.
– ***Noix :*** le Périgord, 1er producteur français avec l'Isère, est sa terre d'élection et Sarlat sa capitale. Pour s'en tenir à son seul usage gastronomique, notons en 1er lieu l'huile, délicieuse et puissamment parfumée, vendue partout dans la région, en même temps que de rassasiants gâteaux aux noix et d'exquises liqueurs (eau de noix) et « crèmes » aux vertus intestinales et stomacales. 3 variétés sont aujourd'hui porteuses d'une AOC « noix du Périgord » : la *corne,* la *grandjean* et la *marbot.* Sans oublier la bonne *franquette,* introduite plus récemment. ● *noixduperigord.com* ●
– ***Cèpes :*** frais de début septembre jusqu'à la Toussaint, en conserve ou séchés le reste de l'année, les cèpes inspirent à tout le Sud-Ouest une infinité de recettes. Rissolés assez brièvement en Gironde, on préfère les faire longuement mijoter en Dordogne. On les aime aussi poêlés avec une persillade,

en sauce, farcis ou encore en omelette. Les marchés de Monpazier et de Villefranche-du-Périgord sont les plus réputés.

– ***Châtaignes :*** les forêts de châtaigniers, que l'on trouve surtout en Périgord vert et au sud du Périgord noir, donnent des tonnes de châtaignes. Normal ! Les principales variétés que l'on trouve en Périgord répondent aux doux noms de *marigoule, bouche de bétizac, montagne, poutaloune,* et encore *bournette* et *maridonne.*

– ***Fraises :*** la Dordogne fournit presque le quart de la production annuelle française. La fraise du Périgord a décroché une IGP (indication géographique protégée) qui s'appuie sur la culture en plein sol, au cœur d'un triangle formé par Sarlat, Bergerac et Ribérac. Cette IGP concerne 5 000 des 7 500 tonnes de fraises annuellement produites dans le département. On y cultive avec amour, entre mai et octobre, la *gariguette* et la *cigaline* (en mai), puis la *darselect* et la *seascape* (en juin-juillet), et enfin la *mara des bois* qui montre son petit nez tout rouge plus tardivement (août et septembre).

– ***Confits :*** le confit n'est pas un plat, au départ, c'est un mode de conservation utilisé par les paysans afin de ne pas perdre la viande des oies et des canards après en avoir extrait le foie gras. Devenus préparation à part entière, ce sont les ornements obligés et rituels des plats traditionnels périgourdins. Dinde, porc (on l'appelle alors *enchaud*), lapin et poulet en fournissent, mais les plus fins sont d'oie et de canard. La recette est simple : on cuit les morceaux de viande dans leur graisse pendant 3h, puis on les met en bocaux, toujours avec leur graisse, pour une consommation ultérieure. Vous les mangerez souvent accompagnés de pommes sarladaises et de cèpes.

– ***Demoiselles :*** ce sont les carcasses de canard gras, simplement grillées au feu de bois. Exquis.

– ***Graisse d'oie ou de canard :*** ici, le beurre est remplacé par de la graisse de canard ou d'oie, comme dans les fameuses pommes de terre sarladaises.

– ***Grattons :*** genre de rillettes, avec de gros morceaux de maigre.

– ***Magret :*** il s'agit des filets pectoraux des oies et canards gavés, « découverts » au début des années 1970 quand on a résolu l'épineuse question : que faire du canard une fois le foie gras vendu ? Certains chefs les mettent à toutes les sauces. Mais en Périgord, on s'en tient à juste titre à la recette qui leur convient le mieux : simplement grillés. Et accompagnés de pommes sarladaises ou de cèpes.

– ***Pâté de Périgueux :*** l'un des plus anciens « pâtissiers » que l'on connaisse est Marie Raulet, qui, au début du XVe s, exerçait son art à Périgueux. Les pâtés étaient alors préparés à base de pâte, remplie de toutes sortes de mets. Relancé grâce à la confrérie des Maistres pâtissiers du pâté de Périgueux, il revit sous 2 formes : pâté en croûte et pâté classique, toujours à base de truffe, de foie gras de canard ou d'oie, de chair de porc et d'alcool. Un concours du meilleur pâté est même organisé chaque année.

– ***Aiguillettes :*** ce sont des petits filets de viande de canard ou d'oie retirés de la carcasse et servis grillés ou en sauce.

– ***Cabécou du Périgord :*** appellation contrôlée pour ce petit palet de fromage de chèvre onctueux. À déguster comme simple fromage, ou cuisiné chaud, avec des asperges par exemple !

– ***Tourin (ou tourain) :*** il s'agit d'une soupe à l'ail et à l'oignon, réalisée à la graisse d'oie ou au saindoux et servie avec des tranches de pain.

– ***Mique :*** commune au Sarladais, cette boule à base de petites

FAIRE CHABROL

Connu également dans d'autres régions, « faire chabrol » (ou chabrot) consiste à mélanger un peu de vin rouge au fond de l'assiette avant de finir sa soupe. Mode d'emploi : on fixe sa serviette autour du cou, on saisit l'assiette avec les 2 mains, on lève, on ouvre grand le bec et on avale doucement à coups de grands « slurk, slurk », et d'un « haaahh » final en souriant alors que la dernière goutte tombe sur la liquette. Pas le comble de l'élégance, certes, mais nom d'un magret, c'est bon !

tranches de pain, d'œufs, d'un peu de farine, de levure dans sa version levée, de lard dans sa version riche, est cuite dans un bouillon de légumes et de viandes. Très nourrissant. Les restes sont délicieux poêlés avec du beurre.
- ***Omelettes :*** elles ne sont qu'un prétexte à des ajouts plus ou moins riches. Certains en bavent pour les truffes, les cèpes, les peaux de canard et le jambon. Au printemps, avec des pointes d'asperges, c'est un régal !
- ***Pommes de terre sarladaises :*** plus couramment appelées « pommes sarladaises ». Cette préparation de stricte observance locale exige que les patates soient émincées et cuites « à cru » et à la graisse d'oie ou de canard. On retrouve les pommes sarladaises à quasiment tous les menus de terroir.
- ***Sauce Périgueux :*** un grand classique des banquets républicains d'autrefois avec le vol-au-vent et le jambon au madère. Ladite sauce conjugue la truffe noire, l'échalote et l'oignon. Certains l'enrichissent de madère ou de cognac. Et même de foie gras.
- ***Tournedos Rossini :*** c'est un plat inventé au XIXe s à Paris par le cuisinier du *Café Anglais* mais que le Périgord a fait sien. Du moins à la carte de la plupart de ses restaurants. Pour mémoire : tranche de cœur de filet de bœuf, foie gras, plus truffes.
- ***Safran :*** surnommé « l'or rouge », cette épice aux multiples vertus relève aussi les saveurs des plats. C'est dans le Quercy (le Lot voisin) qu'on en cultive le plus en France, mais on en trouve aussi en Dordogne. Le rendement du safran ? il faut compter 150 à 200 fleurs pour obtenir...1 gramme sec. Et la récolte ne peut pas être mécanisée... D'où son prix.

ÉCONOMIE

Riche d'un patrimoine naturel et humain cultivé depuis des millénaires, l'économie du Périgord se nourrit du tourisme, de filières agricoles emblématiques, d'un tissu artisanal très dense et d'activités industrielles très spécialisées. Quelque 30 000 entreprises commerciales, artisanales (et notamment le secteur de l'artisanat de luxe, avec des ateliers Hermès à Nontron ou Repetto à Saint-Médard-d'Excideuil), agricoles et industrielles bénéficient d'une politique d'aménagement propice à l'essor économique du département, notamment grâce à l'accélération des investissements routiers et autoroutiers, et à la présence de liaisons aériennes internationales notamment vers l'Angleterre au départ de Bergerac ou Brive.

Le tourisme

Avec plus de 3 millions de visiteurs et 18 millions de nuitées par an, la Dordogne est le 1er département touristique non côtier de France. En 50 ans, le Périgord a su se construire une position dominante en la matière en associant valorisation du patrimoine, agrotourisme, qualité de ses hébergements, respect de l'environnement et diversité des sites et activités ouverts au public : grottes, châteaux, musées, parcs d'animations, descente de rivières, loisirs de pleine nature, avec une forte concentration sur le Périgord noir. Le tourisme représente actuellement près d'un quart de l'économie départementale, le site de Lascaux étant toujours le plus visité.

L'agriculture et la forêt

Environ 7 % de la population périgourdine est issue du monde agricole : exploitants, salariés, activités para-agricoles... C'est considérable, même si le nombre d'exploitations est en baisse, comme partout. L'agriculture est ici extensive, avec des exploitations à taille humaine. C'est le 1er aménageur de l'espace périgourdin en gérant 333 500 ha, soit 41 % du territoire départemental. La moitié de la surface agricole utile est destinée à l'élevage, le restant étant consacré à plus de 20 filières, à 50 % engagées par des signes officiels de qualité : AOC (appellation d'origine contrôlée) et IGP (indication géographique protégée). En tête de liste, le vin (monbazillac, pécharmant), avec 13 800 ha de vignobles ; suivi par la fraise en IGP, principalement localisée autour de Vergt, qui représente 20 % de la production française (et le 1er producteur). Viennent ensuite le foie gras d'oie, la noix (AOC), la prune et le tabac, 3 productions placées au 2e rang national, puis la châtaigne, les veaux de boucherie, le foie gras de canard et évidemment la truffe du Périgord. Avec 397 000 ha de forêt, la Dordogne est par ailleurs le 4e département le plus boisé de France et développe les filières y afférent : entreprises d'exploitation forestière et industrie de fabrication de papier et de carton avec, entre autres, les papeteries de Condat (même si celles-ci ont été touchées aussi par la crise).

Artisanat et industrie

L'artisanat regroupe 250 métiers pour 9 330 entreprises, à 42 % dans le bâtiment. Le secteur industriel compte, toutes branches confondues, 25 500 salariés. Parmi les secteurs d'activités les plus représentés, on trouve l'agroalimentaire (Sobeval, Fromagerie des Chaumes, Euralis) ; le bois et le papier ; la chimie, le caoutchouc et le plastique ; la métallurgie ; le textile, le cuir (Hermès) et les chaussures (Repetto) ; l'édition et l'imprimerie dont l'activité se réduit, même si l'imprimerie de timbre-poste (Phil@poste) est toujours implantée à Boulazac, depuis 1970... Enfin, le commerce et les prestataires de services emploient plus de 28 000 salariés auxquels s'ajoutent, dans le secteur touristique, quelques milliers de saisonniers.

ENVIRONNEMENT

Périgord, pays de l'art de vivre ! Mais l'évolution des mentalités et le tourisme de masse ont, à certains endroits, un peu émoussé cette richesse humaine. Le cadre de vie reste, quant à lui, bien protégé, et tous les acteurs de l'économie locale semblent conscients de l'importance de ne pas détériorer cet environnement merveilleux.

Une nature pas dénaturée

Le patrimoine naturel est généreux avec des plaines, des collines, des cours d'eau et des vallées préservées, des massifs forestiers fournis, une agriculture à taille humaine contenue. Et l'on doit sans doute cela au fait que la Dordogne a longtemps été oubliée par les grands axes de communication. Le département est de ce fait peu urbanisé et industrialisé. Les principales usines sont surveillées comme le lait sur le feu. Ainsi en est-il de la SNPE à Bergerac (ex-poudrerie nationale) ou la papeterie de Condat, 1er employeur du département, qui rejetait par le passé ses effluents malodorants dans la précieuse rivière Vézère, à un jet de silex taillé de la grotte de Lascaux. Les eaux de la Vézère ont depuis recouvré une belle santé. De son côté, la Dordogne reste une des rivières les plus propres d'Europe. La pression touristique, les gravières, les rejets et l'irrigation d'une agriculture déraisonnée et axée sur la culture du maïs et du tabac l'ont quelque temps menacée, mais la tendance s'est heureusement inversée. Reste toujours à régler le problème de la gestion de son débit avec les exploitants des barrages en amont, pour combler riverains, pêcheurs, loueurs de canoës et de gabares qui râlent (avec raison) quand on leur ferme les rivières durant plusieurs jours en pleine saison touristique...

Dans ce département parmi les plus boisés de France, une gestion intelligente permet de juguler aussi bien l'appétit des chasseurs que le mitage résidentiel, préservant ainsi la beauté des massifs. Par ailleurs, la Dordogne est devenue le terrain d'expression de très actives associations de sauvegarde de l'environnement, promptes à défendre l'intérêt général. En 2012, le Conseil international de coordination du programme « Man and the biosphere » de l'Unesco classait le bassin de la Dordogne au réseau mondial des réserves de biosphère. Une grande reconnaissance, puisque ce réseau rassemble des sites qui concilient conservation de la diversité, valorisation culturelle et développement économique et social.

FOIE GRAS

Référence absolue de la gastronomie périgourdine, le foie gras, qu'il soit d'oie (le Périgord est la 1re région productrice) ou de canard, est une merveilleuse tentation à laquelle il faudra succomber. Mais attention aux imitations et aux produits de 2de catégorie. Il n'est pas toujours si aisé de faire la différence. Au fait, c'est quoi au juste le foie gras ?

Le gavage

Contrairement à ce qu'on pense généralement, le gavage est un phénomène naturel chez les canards et les oies sauvages, qui « s'empiffraient » eux-mêmes afin de fabriquer leurs réserves de graisse. Réserves qui, stockées dans le foie, leur permettaient d'entreprendre leurs grandes migrations. « L'homme s'est contenté de pousser à l'extrême ce que l'animal a toujours fait », affirment les éleveurs. Vrai. Ce qui n'enchante pas pour autant les « contre », qui considèrent comme une véritable torture ce procédé qui se pratique depuis le début de notre ère. Mais passons à la technique.

L'ORIGINE DU FOIE GRAS

Tout vient de l'Égypte antique. Les oies d'Europe qui migraient en Afrique se surnourissaient pour tenir tout le vol. Ayant abattu quelques spécimens, les juifs égyptiens se régalèrent de leurs foies bien gras et décidèrent par la suite de les gaver eux-mêmes. Cette technique arriva dans le Sud-Ouest grâce aux juifs qui s'enfuirent d'Espagne après 1492.

– Le foie gras résulte du gavage d'oies ou de canards qui s'étale sur plusieurs semaines (entre 12 et 16 jours, selon qu'il s'agisse d'oies ou de canards). Le gavage consiste à faire ingurgiter aux palmipèdes plusieurs fois par jour (2 fois pour les canards, jusqu'à 4 fois pour les oies) du maïs, le plus souvent broyé additionné d'eau. Il se déroule en général d'octobre à mars, mais les installations ultramodernes d'aujourd'hui permettent à certains éleveurs de gaver quasiment à l'année (sauf au cœur de l'été).
– Les canetons et oisons croissent tout d'abord dans une atmosphère protégée et chauffée jusqu'à environ 3 mois. Le gavage « traditionnel » attend souvent la 14e semaine avant de débuter, et ne s'effectue que sur des mâles. Les animaux nourris traditionnellement le sont avec des grains de maïs entiers cuits ou du maïs concassé, tandis que les gavages industriels utilisent une sorte de pâtée de maïs (plus rapide à descendre !). Le maïs est souvent cultivé par l'éleveur lui-même, ce qui réduit les coûts. Quand l'animal est prêt, il passe au laboratoire pour être transformé.

D'oie ou de canard ? *That is the question !*

L'un est-il meilleur que l'autre ? Le meilleur, c'est tout simplement celui que vous préférez ! Il y a de l'excellent dans les 2. De fait, il y a peu de chance que vous ayez à vous embarrasser d'une telle question, car la majorité de la production de foie gras est réalisée à base de canard (on compte 1 oie pour 25 canards), l'oie ayant malheureusement été un peu délaissée dans les années 1980-1990, même si la demande en foie gras d'oie revient doucement ces dernières années.
Pourquoi le canard plutôt que l'oie : l'oie « prête-à-gaver » est tout simplement plus chère à l'achat et plus longue à gaver. En effet, le canard, doté d'un cou un peu plus large que celui de l'oie, peut ingurgiter plus de maïs à chaque passage, on ne le gave donc que 2 fois par jour. L'oie nécessite 3 ou 4 passages, ce qui fait des heures de boulot en plus. Autrefois les risques de « fonte » du foie de canard à la cuisson étaient plus grands. Mais les progrès réalisés par la sélection des « souches de

canard » ont rendu cet argument caduc. Plus de risque de se retrouver avec un foie riquiqui à la cuisson ! Autre argument : que faire avec la viande après qu'on a retiré le foie ? La viande d'oie est réputée plus fragile, moins commode à travailler. Les foies d'oie sont environ 2 fois plus gros que ceux du canard (contrairement aux magrets). Enfin, le foie de canard est réputé plus « goûteux », dans le sens où son goût est plus marqué, tandis que celui de l'oie est plus « fin », mais moins franc.

Les principaux produits

On distingue le foie gras entier de ce qu'on appelle le bloc de foie gras. À noter que les producteurs de foie gras de canard ont obtenu une IGP (indication géographique protégée) garantissant l'appellation « canard à foie gras du Sud-Ouest Périgord », et que l'oie devrait bientôt obtenir la sienne !

– ***Le foie gras*** est vendu soit cru (il faudra alors le cuire à votre convenance), soit mi-cuit (durée de conservation limitée), ou encore en conserve. Ce dernier ayant été cuit plus longtemps, sa texture et son goût sont différents, et sa durée de conservation bien plus longue (plusieurs années). Partout dans la région, chez les artisans comme sur les marchés « au gras » très pittoresques, on trouve des foies de 1er ou de 2d choix, et également des foies transformés (mi-cuit ou conserve). À noter que le foie gras cru peut se faire cuire en terrine et se déguster dans les jours qui suivent, ou tout simplement cuire en tranches d'un demi-centimètre, accompagné de fruits frais de saison (pêche, pomme ou figues). C'est un régal.

– ***Le bloc de foie gras*** est un produit bien différent : il s'agit de morceaux de foie gras broyé (on utilise du 2d choix), puis travaillé en émulsion et reconstitué sous forme de bloc. C'est un produit souvent servi dans les 1ers menus des restaurants.

– ***Le pâté de foie de canard*** mêle en général de la viande de porc et du foie gras de canard. C'est goûteux et peu coûteux. Quant au *cou farci*, on y mélange des viandes de porc et/ou de canard et d'oie, avec du foie gras, souvent niché en son centre. L'ensemble est fourré dans le cou du canard qui lui sert d'enveloppe et que l'on découpe en tranches. On le sert chaud ou froid.

Bien choisir ses produits

Rarissimes sont les bonnes surprises réservées par les conserveries locales, d'où le conseil que nous réitérons d'année en année d'aller visiter une ferme qui élève des canards ou des oies. On assiste à tout le processus, de l'élevage des poussins au travail de labo, en passant par le gavage. On goûte, on discute... et on repart en sachant ce qu'on a acheté. On indique plusieurs adresses de producteurs dans les rubriques « Où acheter du bon foie gras ? ». ● *foiegras-perigord.com* ●

GABARIERS DE LA DORDOGNE

On est au pays de l'eau et l'histoire du département est intimement liée à celle de ses rivières. La Dordogne, la Vézère et l'Auvézère en constituent le trio de tête, auquel il faut ajouter l'Isle et la Dronne, et encore le Céou et la Nauze, ces derniers étant de plus petit calibre, certes.

C'est donc cette rivière longue de 475 km, et qui fut dès le début de notre ère une voie de communication importante, qui a donné son nom au département ; juste

POURQUOI LA « DORDOGNE » ?

Prenant corps dans le Massif central de la rencontre de la Dore et de la Dogne, la rivière phare du Périgord se trouva facilement un nom : Dordogne. En fait, son patronyme provient d'une dérivation de son 1er nom celte Du-unna, signifiant « eau rapide », qui se transformera en Duraniu, puis Doronania, pour devenir in fine Dordogne. En 1790, elle donne son nom au département.

retour des choses quand on sait que l'enclavement des vallées et la pauvreté des voies terrestres firent de la rivière le chemin le plus court pour rallier le centre de la France, jusqu'au XIXe s.

Un passage obligé

La découverte d'amphores dans le lit de la Dordogne atteste d'un certain trafic maritime datant d'avant notre ère. Zone stratégique durant les différentes guerres, notamment celle de Cent Ans, la rivière fit longtemps office de frontière entre les Plantagenêts et les Capétiens. Son rôle économique et politique devint alors déterminant : le seigneur qui avait la main sur cette voie navigable (comme à Beynac) touchait les taxes de passage, gérait les flux et dominait la vallée. C'est une des raisons de l'établissement de si nombreux châteaux fortifiés. Les villages au pied des forteresses tiraient profit des taxes portuaires, des pêcheries, mais aussi des haltes que constituaient ces villages pour les bateliers. Le trafic était riche et varié : bois de chêne du Massif central pour la fabrication des tonneaux dans le Bordelais, expédition de la pierre du Sarladais, papier fabriqué dans la vallée de la Couze, et évidemment transport des vins du Bergeracois jusqu'à l'océan. De la mer, on remontait du sel et du poisson séché.

La gabare, véritable train de marchandises

Regroupées sous le nom de gabares, les embarcations qui naviguaient sur la Dordogne portaient le nom de *courpets* ou *couralins*. Ces derniers, plus sophistiqués, étaient équipés d'un habitat édifié sur le pont arrière et d'une cale sur l'avant. Construites en bois rustique et fragile (bouleau, hêtre...), avec un faible tirant d'eau et un fond plat (pour éviter les écueils), les gabares n'étaient pas faites pour durer. Elles étaient le plus souvent détruites à l'arrivée et revendues au prix du bois de chauffage aux gens des villes. Celles qui remontaient le faisaient en partie à la voile ou tirées par des chevaux depuis le chemin de halage.

De la voie d'eau à celle du chemin de fer

C'est l'arrivée du train dans la 2de moitié du XIXe s qui enterrera l'économie fluviale de la Dordogne. L'activité décroît doucement pour disparaître complètement à la fin des années 1920, quand le maillage ferroviaire de toutes les grandes villes du Sud-Ouest est établi. Il faudra attendre l'explosion du tourisme pour que les gabares sortent des hangars et retrouvent le fil de l'eau (voir « À faire » à Beynac, à La Roque-Gageac ou à Bergerac).

GÉOGRAPHIE ET GÉOLOGIE

Les frontières actuelles du département de la Dordogne se confondent avec celles du Périgord historique. À mi-chemin entre les hauteurs du Massif central et l'océan Atlantique, c'est un territoire de transition bordé au nord et au nord-est par le Limousin, à l'ouest par les Charentes et la Gironde, et qui s'inscrit dans sa partie sud aux confins du Quercy (le Lot) et de l'Agenais. Le Périgord présente 4 régions naturelles, aux structures géologiques et aux paysages distincts. En s'élevant du sud-ouest au nord-est, soit du Bassin aquitain aux limites occidentales du Massif central, l'altitude croît sur cette même ligne, de 8 m au-dessus du niveau de la mer à Saint-Seurin-de-Prats, dans la vallée de la Dordogne, jusqu'à 472 m en forêt de Vieillecour, sur la commune de Saint-Pierre-de-Frugie.

Dordogne ou Périgord ?

Autrefois découpée en provinces, la structure administrative de la France prend sa forme actuelle à partir de 1790. La plupart des découpages des anciennes provinces disparaissent ou sont largement redessinés, et nombre d'appellations passent à la trappe. Le Périgord fait partie des provinces qui conservent ses contours et frontières, à peu de choses près, mais il doit tout de même changer de nom, puisque l'Assemblée nationale a décidé d'opter pour des patronymes en rapport avec l'hydrographie. Qu'à cela ne tienne, la province du Périgord devient donc le département de la Dordogne, rivière la plus importante qui le traverse. C'était sans compter sur le poids des habitudes locales, solidement ancrées. Les habitants n'adopteront jamais vraiment la nouvelle terminologie, ou, plus précisément, ils ne cesseront jamais d'utiliser l'ancienne. Voilà pourquoi aujourd'hui encore on utilise les 2 noms, l'officiel et l'historique.

Si pour les Périgourdins – qui connaissent leur histoire – il n'y a pas de confusion entre Périgord et Dordogne, la chose est moins claire pour les touristes.

« MESSIRE, UN SARRASIN ! »

On parle peu du passage des Arabes dans la région lors des grandes invasions du VIIIe s. Pourtant, elle s'en souvient, comme l'attestent certains noms de localités tels que Mauriac, Sarrazac, Montmoreau... De même, le puits du château est souvent désigné sous le nom de « puits des Sarrasins », héritage du système de défense contre les invasions des Maures... La population fut reconnaissante à Charles Martel d'avoir bouté les infidèles hors du royaume !

Les couleurs du Périgord

Continuons de défendre les couleurs du Périgord, même si certaines sont en train de passer. Passées de mode comme de couleur, en fait : seuls les Périgord vert et noir continuent à les revendiquer. Au pied des monts du Limousin, le ***Périgord vert*** est un écrin de verdure vallonné aux prairies d'herbe grasse, recouvert de forêts, où le châtaignier et le chêne règnent en maîtres, et de landes de bruyère, sillonné de ruisseaux et de rivières (Dronne, Bandiat, hautes vallées de l'Auvézère). Au centre du département, autour de Périgueux et Ribérac, le ***Périgord blanc*** est formé de plateaux calcaires très blancs, découpés par les cours d'eau (Isle, Auvézère) qui élargissent alors les vallées en prairies. Le ***Périgord noir*** est un pays de « pechs », ces collines rondes surmontées de taillis de châtaigniers, de bosquets de chênes verts et de forêts de pins ; un pays de basses vallées (Dordogne et Vézère) plantées de noyers et de tabac, dont les abords s'élèvent en falaises de calcaire. Enfin, en descendant vers l'embouchure de la Dordogne, le ***pays de Bergerac, l'ancien Périgord pourpre,*** est une région de vergers et de vignobles (la couleur des raisins ayant inspiré les politiques d'alors). Ces 4 couleurs ont fait couler beaucoup d'encre, si bien que le comité départemental du tourisme joue désormais la carte de l'unification du territoire sous une seule couleur : l'Or, de PérigORd et de DORdogne. L'or noir, bien sûr.

Du Primaire au Quaternaire

Si les sols du Périgord ont commencé leur genèse dès l'ère primaire, alors que les futurs sommets du Massif central émergent de l'écorce terrestre, leur formation en elle-même ne remonte qu'à l'ère secondaire. Il y a 250 millions d'années, la mer envahit l'Aquitaine et établit alors un règne marin, à l'origine des calcaires du Jurassique des causses périgourdins. Au début du Crétacé (144 millions d'années tout de même), les eaux régressent une 1re fois pour soumettre la région

DES CINGLES QUI SERPENTENT

Le cingle est une boucle de rivière très fermée, qui ressemble à la courbe d'un serpent. D'ailleurs, c'est ainsi que l'on désigne une espèce de couleuvre.

à d'intenses érosions avant de revenir pour créer de nouveaux calcaires. À leur retrait définitif, au début du Tertiaire (65 millions d'années), le climat tropical chaud et humide favorise l'érosion du Massif central et les fleuves recouvrent le Périgord de sables, graviers et galets. Au Quaternaire, soit il y a « seulement » 2 millions d'années, le réseau hydrographique se structure en rivières principales : la Dordogne, la Vézère, l'Isle et la Dronne. Des courants à l'origine ravageurs sculptent alors progressivement le relief actuel, en creusant les vallées mais aussi en formant une multitude de cavités et de galeries dans les roches tendres, plus particulièrement dans les calcaires crétacés du Périgord noir pour donner naissance aux abris-sous-roche et aux habitats troglodytiques occupés ici par l'homme depuis tout de même... 400 000 ans.

GROTTES ET GOUFFRES

La Dordogne compte des centaines de cavités, résultats de l'action conjuguée des éléments depuis des millénaires. Celles-ci se sont formées grâce au relief karstique provenant du crétacé, qui charge les eaux de pluie en acide carbonique, propice à la dissolution de certaines roches. C'est ainsi un véritable gruyère qui traverse le département sur une quarantaine de kilomètres de large, en passant approximativement par La Tour-Blanche, Périgueux, Les Eyzies et Sarlat. Au passage, les eaux se chargent en calcite qu'elles déposent au gré de la géologie, créant quelques décors merveilleux.

Une féerie minérale

Le patrimoine concrétionnaire du Périgord est riche, mais l'accès à la plupart des sites reste réservé aux spéléologues. Les amateurs d'explorations souterraines peuvent toutefois admirer le travail de la nature dans 4 grottes et 1 gouffre aménagés pour la visite : Villars et ses cascades de calcite immaculée, le Grand-Roc aux Eyzies, avec une géode à mi-falaise servant d'écrin à des dentelles cristallines, la grotte de Maxange, appelée aussi grotte aux étoiles, découverte en 2000 dans une carrière du Buisson-de-Cadouin, et la grotte de Tourtoirac, perle géologique du Périgord. Enfin, la grande symphonie du gouffre de Proumeyssac, à Audrix, près du Bugue, baptisée la « cathédrale de cristal » par le spéléologue Norbert Casteret.

L'héritage du passé

Terre promise des préhistoriens, le Périgord recense à ce jour 54 grottes ou abris ornés. Elles recèlent des chefs-d'œuvre légués au cœur de la pierre par nos lointains aïeux. Avec la Charente, la Garonne, la façade septentrionale et les Asturies, la Dordogne détient ainsi 85 % du patrimoine pariétal européen. Cette concentration vient du fait de l'éloignement géographique des zones froides et glaciaires. Un art ancestral s'est développé en Périgord, et qui présente ici la particularité unique de balayer toute la palette chronologique du Paléolithique supérieur, de l'Aurignacien au Magdalénien supérieur.

LES CLUZEAUX

Le Périgord est envahi par ces kilomètres de souterrains parfois très anciens. En effet, les villageois creusèrent des labyrinthes pour se protéger des envahisseurs et aussi de l'Inquisition. Un bon nombre sont complètement oubliés.

À l'exception de la grotte de Lascaux à Montignac, les témoignages les plus accessibles sont ouverts au public. Placés sous la tutelle du ministère de la Culture, Teyjat, les Combarelles, l'abri du Poisson, l'abri de Cap-Blanc et sa grande fresque de chevaux sculptés sont célèbres pour leurs gravures, alors que la grotte de Font-de-Gaume, aux Eyzies, présente les dernières peintures polychromes d'Europe visibles (mais pour combien de temps encore ?) par le public. La grotte aux Cent Mammouths à Rouffignac, la grotte dite « du Sorcier » à Saint-Cirq, celles de Bara-Bahau, Bernifal et Villars sont des sites privés et gérés comme tels. En revanche, mise au jour en 2000, la grotte de Cussac près du Buisson ne sera probablement jamais ouverte au commun des mortels, pour des raisons atmosphériques et afin de préserver son environnement.

HISTOIRE

Les Pétrocores (4 tribus celtes) qui vécurent ici vers 450 av. J.-C. trouvèrent ce doux territoire à leur goût. Ils donnèrent son nom au Périgord. Ils se mêlèrent avec bonheur aux autochtones qui en connaissaient déjà les vertus depuis quelque 140 000 ans. Un succès qui ne s'est pas démenti, séduisant successivement les Romains qui y posèrent leurs villas, les chrétiens leurs églises romanes, les Anglais leurs bastides pendant la guerre de Cent Ans, suivis par des couches successives d'amoureux qui se le disputèrent de façon souvent sanglante. Dans la cohabitation, aujourd'hui pacifique, indigènes et « néos », augmentés d'un nuage de *British,* goûtent ensemble le bonheur d'y vivre.

L'aube de l'humanité et la genèse du territoire périgourdin

C'est au réchauffement climatique, après la dernière glaciation, avec le recul de la calotte glaciaire, qu'on doit l'installation des humains à l'abri des grottes et falaises tempérées de la vallée de la Vézère. Le Périgord, c'est 400 000 ans de présence humaine. C'est au village du Moustier qu'on doit le nom de la période du Moustérien (140 000-20 000 av. J.-C.) au cours de laquelle les cousins de l'*Homo sapiens neanderthalensis* perfectionnèrent les 1ers outils et armes de chasse en silex.

Et c'est au village de La Madeleine qu'on doit le nom du Magdalénien (16 000-9000 av. J.-C.), âge d'or de la préhistoire, avec les magnifiques peintures de Lascaux, mais aussi de Pech-Merle, les Combarelles, Font-de-Gaume...

La révolution néolithique (6500-2300 av. J.-C.) voit les chasseurs-cueilleurs se transformer en agriculteurs, organisant les 1res communautés villageoises protégées sur les hauteurs et érigeant des dolmens.

En 450 av. J.-C., les Pétrocores vinrent se mêler aux autochtones, fondant notamment leur capitale gauloise de la colline de la Curade, sur l'actuel territoire de Périgueux. Les Romains, qui créèrent, en 16 av. J.-C., une cité dans la boucle de l'Isle, au pied de cette colline, surent mêler en bonne intelligence les dieux des 2 peuples. Les vestiges des monuments témoignent de l'essor et de la richesse de cette période gallo-romaine, qui perdurera pendant les 2 premiers siècles de notre ère.

Après la récession du Bas-Empire, en 466, les Wisigoths s'installent en Dordogne, mettant fin à la civilisation gallo-romaine. Les Francs, repoussés vers le sud après la victoire de Clovis sur ces derniers (en 507), intégreront alors le Périgord déjà chrétien à leur royaume.

Avec les Carolingiens, à partir de 976, moins pour répondre aux invasions que pour assurer son pouvoir épiscopal, l'évêque Frotaire fait construire des forteresses le long des cours d'eau, dont le fort de La Roque Saint-Christophe. En cette fin de siècle se mettent également en place une cinquantaine de châtellenies qui vont constituer le Périgord en comté indépendant.

À partir de 1025, c'est la 1re vague de créations monastiques – qui se poursuivra tout au long des XIe et XIIe s – dont Saint-Jean-de-Côle, Saint-Amand-de-Coly et Saint-Avit-Sénieur. C'est une période religieuse faste au cours de laquelle le Périgord se couvre d'un blanc manteau d'églises romanes à coupoles.

Les prémices d'une guerre

Au début du XIIe s, Aliénor d'Aquitaine (1122-1204) est mariée à Louis VII, roi de France, et apporte en dot la Guyenne (ancien nom de l'Aquitaine). Aliénor a, dit-on, la cuisse légère, tandis que son mari est pieux (au sens premier, hélas !). Elle s'ennuie tellement avec son Louis VII qu'elle va voir le pape pour se faire répudier. Elle parvient à ses fins, récupère sa liberté... et surtout les terres de sa dot. Elle se remarie 6 semaines plus tard au futur roi d'Angleterre, Henri II Plantagenêt, à qui elle remet sa dot.

L'Aquitaine, qui tombe alors dans l'escarcelle du roi d'Angleterre, ne sait pas ce qui l'attend. Vont s'affronter le fils d'Aliénor, Richard Cœur de Lion, et les châtelains périgourdins, dont le seigneur troubadour Bertran de Born. Au XIIIe s, un accord entre Saint Louis et Henri III laisse à l'Angleterre la région située au sud, entre Dordogne et Dropt. Le long de cette zone frontière (et plus tard d'autres régions aussi), de belles bastides seront construites, comme Monpazier et Villefranche-du-Périgord. Mais, en 1337, la guerre de Cent Ans est déclenchée : elle met à mal les villes et châteaux qui passent alternativement dans le camp anglais, puis français... puis anglais, et ainsi de suite... Le Périgord sera libéré en 1450 par les troupes de Charles VII, sur la lancée de l'effet Jeanne d'Arc, juste avant la victoire française définitive à Castillon, en Gironde, 3 ans plus tard.

Des croquants au tourisme

Si le début du XVIe s est celui d'un renouveau qui voit s'ériger des demeures Renaissance dans les villes, les guerres de Religion ne vont pourtant pas épargner le Périgord. La cathédrale de Périgueux est saccagée, et en 1562 la bataille de Vergt voit les forces royales écraser l'armée protestante. Au soir de ce combat, les paysans, exaspérés par le saccage de leurs terres, achèveront les blessés. Le philosophe Montaigne, qui publie ses *Essais* en 1580 (« M'aymerais mieux à l'aventure deuxième à Périgueux que premier à Paris »), joue les conciliateurs à la veille de l'avènement d'Henri IV.

Au siècle suivant, les mille et un châteaux et demeures se multiplient. Mais en même temps, le soulèvement des « croquants », paysans révoltés, entre dans la légende et inspirera le romancier Eugène Le Roy, qui fait de son Jacquou le Croquant une figure emblématique locale. Le visage du Périgord, devenu département de la Dordogne en 1790, ne changera vraiment qu'au Second Empire, avec le désenclavement par le chemin de fer et le développement urbain. Ruraux et ouvriers en feront aussi une terre de résistance au moment de la Seconde Guerre mondiale. Amorcé dès 1863 avec les découvertes préhistoriques et les fouilles aux Eyzies dans un département peu industriel, c'est cependant le tourisme qui a constitué le tournant du XXe s périgourdin. La grotte de Lascaux, découverte par 4 gamins à la recherche de leur chien un beau jour de 1940, et le feuilleton *Jacquou le Croquant,* diffusé à la télévision dans les années 1960, seront les 2 locomotives de l'engouement du grand public pour la Dordogne-Périgord. Sans oublier l'installation de Joséphine Baker, artiste de music-hall américaine qui racheta le château des Milandes et fit venir le Tout-Paris dans les mêmes années.

Si Lascaux, victime de son succès, a dû fermer en 1963, son fac-similé ouvert au public en 1983 fut le site le plus visité du département, jusqu'à l'ouverture fin 2016 d'un Centre international de l'art pariétal, baptisé Lascaux en toute simplicité, qui compte bien accueillir 400 000 visiteurs par an.

Quelques dates

Préhistoire

– 245 000 000 à 65 000 000 av. J.-C. : Mésozoïque, apparition des mammifères et présence des dinosaures.

– ***56 000 000 av. J.-C. :*** ère tertiaire, apparition des 1ers primates et 1ers mammouths.
– ***6 000 000 av. J.-C. :*** ère quaternaire, apparition des 1ers hommes : les Australopithèques.
– ***1 800 000 av. J.-C. :*** 1res traces d'*Homo* en France.
– ***400 000 av. J.-C. :*** Paléolithique, l'homme de Neandertal est en Dordogne (site de la Micoque).
– ***140 000-20 000 av. J.-C. :*** Moustérien, du nom de la grotte du Moustier. Les cousins de l'*Homo sapiens* sont des chasseurs armés de silex, à l'abri des falaises de la Vézère.
– ***75 000-10 000 av. J.-C. :*** dernière période de la glaciation de Würm.
– ***16 000-9000 av. J.-C. :*** Magdalénien, du nom de la grotte de La Madeleine. Âge d'or de la préhistoire avec Lascaux.
– ***6500-2300 av. J.-C. :*** révolution du Néolithique : les chasseurs-cueilleurs deviennent agriculteurs. Les 1res communautés villageoises s'organisent.
– ***1700 av. J.-C. :*** disparition du dernier mammouth, en Sibérie, mais des peintures témoignent de son passage en France comme à la grotte de Rouffignac (- 11 000 av. J.-C.).

Histoire

– ***450 av. J.-C. :*** civilisation gauloise des Pétrocores (« les 4 tribus ») celtiques, qui donnera son nom au Périgord.
– ***16 av. J.-C. :*** conquête romaine, création de la capitale de la province à Périgueux.
– ***466 :*** les Wisigoths suivent et occupent le Périgord. Les Francs les remplacent à partir de 507.
– ***1025 :*** 1re grande vague de créations monastiques et des 1res églises romanes.
– ***1337 :*** guerre de Cent Ans, le Périgord devient anglais. Il est reconquis en 1453.
– ***1580 :*** publication des *Essais*, de Michel de Montaigne.
– ***1790 :*** l'ancienne province du Périgord prend le nom de département de la Dordogne.
– ***1863 :*** 1res découvertes et fouilles préhistoriques aux Eyzies et dans la vallée de la Vézère.
– ***1899 :*** Eugène Le Roy publie *Jacquou le Croquant* en hommage aux révoltes paysannes du Périgord.
– ***1940 :*** découverte de la grotte de Lascaux par 4 jeunes qui suivaient leur chien descendu dans un trou.
– ***1962 :*** Sarlat est la 1re ville de France bénéficiant de la loi Malraux sur la conservation et la restauration des secteurs sauvegardés.
– ***1963 :*** fermeture de la grotte de Lascaux, dont les peintures sont victimes de trop nombreuses visites et des travaux d'aménagement.
– ***1983 :*** ouverture de Lascaux II, fac-similé de la grotte, site le plus visité de Dordogne.
– ***1996 :*** création du parc naturel régional Périgord-Limousin et ouverture de Vesunna, le Musée gallo-romain de Périgueux (muséographie de Jean Nouvel).
– ***2010 :*** ouverture du Centre d'accueil de la préhistoire aux Eyzies-de-Tayac, un projet d'envergure nationale ; et ouverture des grottes de Tourtoirac, accessibles aux personnes handicapées.
– ***2011 :*** ouverture au public du manoir de Gisson, à Sarlat.
– ***2013 :*** ouverture au public du château de Sauvebœuf, à Aubas.
– ***2014 :*** Lascaux III part à la conquête du monde. L'exposition itinérante visite Chicago, Houston et Montréal, et présente au public 800 m^2 de parois reproduites au millimètre près.
– ***2017 :*** Lascaux IV s'apprête à multiplier par 2 ou 3 le nombre de visiteurs déjà impressionnant, l'été, dans la vallée de la Vézère. Mais oubliez la numérotation : désormais on ne parle plus que de... LASCAUX.

– ***2019 :*** Le centre international de l'art pariétal (Lascaux) franchit le cap du millionième visiteur (en 3 an !)
– ***2020 :*** 13 nouvelles gravures rupestres découvertes dans la grotte de Rouffignac.

PERSONNAGES

– ***Aliénor d'Aquitaine :*** née en 1122 ou 1124. Fille et unique héritière de Guillaume X, dernier duc d'Aquitaine et de Poitou, ses noces (en 1137, à l'âge de 15 ans) avec Louis VII devaient unir la France du Sud à celle du Nord. Doutant (apparemment, il avait quelques raisons...) de la vertu de son épouse, et par ailleurs ne réussissant pas à avoir d'enfant, Louis VII fait casser le mariage. En fait, pour être précis, c'est à la demande de la reine que le mariage sera cassé. Quoi qu'il en soit, 6 semaines plus tard, Aliénor tombe dans les bras d'Henri Plantagenêt. 2d mariage (d'amour celui-là !), qui offre en dot l'Aquitaine aux Anglais. Mais, cette fois, c'est son mari qui accumule les maîtresses. Aliénor le quitte et installe sa propre cour à Poitiers. Elle garde toutefois une sérieuse rancœur à l'égard d'Henri, intrigue contre lui avec ses propres fils, et est enfermée pendant 16 ans ; libérée par son fils Richard Cœur de Lion, qu'elle a aidé à reconquérir le trône d'Angleterre, elle termine sa vie en 1204, à 80 ans passés, à l'abbaye de Fontevraud.
– ***Joséphine Baker :*** 1re star noire du *Casino de Paris,* elle avait 3 amours : le Missouri, où elle est née en 1906, le général de Gaulle (elle fut une grande résistante) et le château des Milandes, dont elle fit un « village du monde » avec ses 12 enfants adoptifs de divers continents. Elle mourut ruinée en 1975 à Paris (voir le texte sur son histoire en intro du « Château des Milandes »).
– ***Étienne de La Boétie :*** né en 1530 à Sarlat, dans la belle maison qu'on admire en face de la cathédrale. Juriste, philosophe et ami de Montaigne : « Parce que c'était lui, parce que c'était moi. » On retrouve certaines de ses idées dans les *Essais.* Son *Discours sur la servitude volontaire* est une référence politique sur laquelle se sont appuyés plus tard les défenseurs de la démocratie. Il est mort près de Bordeaux en 1563, à l'âge de 32 ans.
– ***Pierre de Bourdeille :*** né à Bourdeilles en 1540, il est l'auteur, sous le nom de Brantôme – ville où il est... abbé –, de *Vies des dames galantes.* C'est une chronique des mœurs de la Renaissance inspirée par la vie amoureuse de ses copines, qu'il fréquentait à la cour de Catherine de Médicis. Il décède en 1614, dans son château de Richemont à Brantôme, mais ses lestes confidences ne seront publiées qu'en 1655. Du chaud, du très chaud.
– ***L'abbé Breuil** (1877-1961) :* préhistorien français, l'abbé fut surnommé « le pape de la préhistoire ». Avec Louis Capitan et Denis Peyrony, il fait 2 découvertes majeures : les grottes de Combarelles et de Font-de-Gaume. Devenu un grand spécialiste de l'art pariétal, il étudiera de nombreux sites ornés dans le monde entier, notamment en Espagne et en Afrique.
– ***Dominique Brun-Maaoui :*** la judokate de poids mi-léger a remporté les championnats du monde en 1986. Née en Dordogne, elle y enseigne aujourd'hui.
– ***Thomas Robert Bugeaud :*** maréchal « à casquette » selon une chanson populaire durant la conquête de l'Algérie : « L'as-tu vu la casquette, la casquette du père Bugeaud ? », chantée par les troupes françaises. Né à Limoges en 1784, impitoyable pacificateur et gouverneur de l'Algérie. Député de la Dordogne, il y a créé le 1er comice pour pousser à la modernisation de l'agriculture. Il meurt à Paris en 1849.
– ***Noë Chabot :*** né en 1869 à Périgueux, ce prêtre y ouvrit le bistrot-tabac du Coderc, appelé alors carrément *Chez le Curé,* où il fit scandale et se vit finalement interdire de messe.
– ***Roger Constant :*** né en 1921 à Montignac, ce pittoresque agriculteur a exhumé du sol de sa ferme du Regourdou, sur la colline de Lascaux, des sépultures de l'homme de Neandertal. Il bataillera sans complexe avec les spécialistes pour défendre ses découvertes. Il meurt en 2002.

– ***Daumesnil :*** maréchal d'Empire, dit « à la jambe de bois ». Né à Périgueux en 1776, il perd sa jambe à la bataille de Wagram. Connu pour avoir refusé de céder le fort de Vincennes, encerclé par l'ennemi, par ces mots : « Rendez-moi ma jambe et je vous rendrai Vincennes. »

– ***Fernand Desmoulins :*** peintre né à Javerlhac en 1853 et décédé en 1914. Il a expérimenté dans les années 1900 l'école du dessin sous hypnose, dont les étonnants résultats sont visibles au musée de Brantôme. Portraitiste de talent, il a également croqué ses potes : Dumas, Ferry, Poincaré...

– ***Roland Dumas :*** avocat de profession, l'homme politique fut député de Dordogne, 2 fois ministre de François Mitterrand (Affaires étrangères et Relations extérieures), avant de présider le Conseil constitutionnel.

– ***Fénelon :*** François de Salignac de La Mothe Fénelon, pour être précis, est né en 1651 dans le château qui porte son nom et se visite. Il y vivra jusqu'à 11 ans, en rapport étroit avec la nature dont il se sentira toujours proche. Académicien et pédagogue, il est l'auteur des *Aventures de Télémaque* et de traités d'éducation considérés comme précurseurs du Siècle des lumières. Mme de Maintenon le fit nommer précepteur du duc de Bourgogne, petit-fils de Louis XIV. Nommé archevêque de Cambrai, il connaît ensuite la disgrâce, accusé d'être trop proche de la doctrine quiétiste vantant les mérites de l'abandon total à Dieu. Il meurt à Cambrai en 1715.

– ***Sylvain Floirat :*** né en 1899 en Dordogne (mort en 1993), ce fils de fonctionnaire des Postes devint apprenti charron à 11 ans. Le chemin était tout tracé pour qu'il devienne carrossier, puis fabricant de pièces automobiles. Et pourquoi pas transporteur routier puis fabricant d'autocars ? Il suffisait d'y penser. Alors pourquoi ne pas s'intéresser également aux avions (P.-D.G. de Bréguet en 1955), aux satellites (vice-président de Matra en 1957) et à la radio (Europe 1 en 1957) ? Une de ses grandes fiertés fut d'aider les jeunes du pays dans le cadre d'une « Fondation de la vocation » dont il remettait les prix chaque année en pleurant d'émotion. En fait, cet homme, parmi les plus riches de France, eut de son vivant 2 titres de gloire : président de la Fédération des producteurs de truffes, et maire de Nailhac, son village.

– ***Jean Galmot :*** journaliste né à Monpazier en 1879, il partit à l'aventure en Guyane pour y devenir député et réclamer plus d'autonomie pour les autochtones. Il est mort empoisonné à Cayenne en 1928. Blaise Cendrars en a fait le héros de *Rhum*.

– ***Kendji Girac :*** né à Périgueux en 1996, le chanteur-guitariste de variété a été révélé par la 3e saison de *The Voice*.

– ***Suzanne Lacorre :*** née en Corrèze, institutrice à Abjat-sur-Bandiat où elle mourra centenaire en 1975, elle est sous le Front populaire une des 1res femmes de gouvernement. C'est à ce titre, cependant modeste – il ne faut pas exagérer –, de « sous-secrétaire d'État à la Protection de l'enfance » que nous lui rendons hommage.

– ***Édouard Lartet :*** né en 1801 dans le Gers, ce licencié en droit, issu d'une famille de grands propriétaires terriens, se passionnera bien vite pour la géologie et la préhistoire. En 1834, il fouille le gisement de Sansan (Gers) dans lequel il trouve d'importants restes de mammouths continentaux, puis 2 ans plus tard la mâchoire du 1er grand singe fossile. En 1861, il fouille les sites du Moustier, de Laugerie-Basse et de La Madeleine, où il découvre avec Henry Christy de nombreux objets gravés, dont un célèbre mammouth. Cette trouvaille met fin à la théorie affirmant que l'homme n'avait jamais été contemporain du mammouth. Ses recherches l'amènent à séparer 2 importantes cultures : celle du Magdalénien et celle du Solutréen. Il établit alors l'une des 1res chronologies préhistoriques. Considéré comme l'un des pionniers de la préhistoire, précurseur de la paléontologie moderne, il meurt en 1871.

– ***Robert Merle :*** né en 1908, le Prix Goncourt 1949 *(Week-end à Zuydcoote)* vécut à Sarlat après sa captivité en Allemagne durant la dernière guerre. Dans les 1ers tomes de *Fortune de France,* il évoque l'enfance de Pierre de Siorac en Périgord noir. Il meurt en 2004.

– ***Michel de Montaigne :*** né en 1533 et mort en 1592 à Saint-Michel-de-Montaigne. « J'étais ami de presque tous les esprits et ennemi de presque tous les cœurs. » L'un des pères de la littérature française est un homme de paradoxes. Misanthrope cloîtré dans son château pour rédiger ses œuvres, il se laisse élire 2 fois maire de Bordeaux. Parrain des esprits modérés, fuyant les guerres de Religion, il édifie un ex-voto après la Saint-Barthélemy. Restent les *Essais,* longue et méticuleuse introspection d'une pensée joyeuse, dans lesquels des générations d'intellectuels ont puisé leurs exercices spirituels.
– ***Jean Nouvel :*** né en 1945 à Fumel (Lot-et-Garonne), il passa une bonne partie de son enfance à Sarlat, ville à laquelle il reste très attaché. Ce grand architecte militant et urbaniste excelle aussi bien dans le neuf que dans les réhabilitations. Ses matériaux : le métal, le béton, le verre et la lumière. Son credo : envisager l'architecture sans jamais la couper de son environnement, de son contexte urbanistique, écologique et artistique. Dans le Périgord, il a travaillé sur le superbe Musée gallo-romain de Périgueux ainsi que sur l'église Sainte-Marie à Sarlat. 2 réussites.
– ***Marcel Ravidat et Jacques Marsal :*** le 12 septembre 1940, ces 2 adolescents périgourdins, en compagnie de 2 copains parisiens réfugiés et d'un chien, découvrent... Lascaux, en cherchant justement l'animal égaré. Ils en sont donc les découvreurs officiels.
– ***Eugène Le Roy :*** né en 1836 à Hautefort, il est l'auteur régionaliste périgourdin du célèbre roman *Jacquou le Croquant.* Il meurt en 1907 à Montignac.
– ***Antoine de Tounens – Orélie-Antoine Ier :*** né en 1825 à Chourgnac. Truculent petit avoué périgourdin, parti pour le Chili plein de rêves de conquête, et revenu sur ses terres avec le titre de roi d'Araucanie et de Patagonie. Un titre offert par les Indiens Mapuches en 1860, cause de ses multiples expulsions du Chili et d'Argentine. En 1878, il meurt de sa belle mort, roi, dans l'anonymat et l'indifférence de Tourtoirac, où il repose toujours.
– ***Les Talleyrand-Périgord :*** noble et puissante famille du Périgord, du XIIe au XXe s, dont est issu Talleyrand, fameux homme d'État et diplomate à la fin du XVIIIe, qui a notamment été à l'initiative de la grande nationalisation des biens du clergé en 1789. Plus tôt, Adalbert de Talleyrand-Périgord se rendit célèbre et affirma la fierté et l'indépendance de la famille lorsque, à Hugues Capet lui demandant qui l'avait fait comte, il répondit avec panache : « Et toi, qui t'a fait roi ? »

PRÉHISTOIRE : NEANDERTAL ET CRO-MAGNON

L'homme de Neandertal

C'est en 1856, dans la vallée de Neander (Allemagne), que fut découvert l'homme de Neandertal. Son émergence se situe aux alentours de 200 000 ans et sa disparition entre 35 000 et 25 000 ans BP (Before Present, avant le temps présent, qui commence à 1950). Chasseur-collecteur, il vécut uniquement en Europe et au Moyen-Orient.
On ne connaît pas de représentations figuratives (ni animales ni humaines) attribuées à Neandertal. Cependant, des préoccupations symboliques ont été

UN LOOK DIFFICILE

L'homme de Neandertal mesurait environ 1,60 m, son front était fuyant, ses arcades sourcilières formaient un bourrelet, sa face était massive, et il n'avait pas de menton. Il avait une capacité crânienne de 1 600 cm^3, ce qui est fort correct pour trouver du boulot. Vu son faciès, aujourd'hui on lui demanderait ses papiers et pourtant on sait depuis peu que nous sommes issus de l'union entre l'homme de Neandertal et l'Homo sapiens.

décelées. Des crayons d'ocre et de manganèse ont été découverts dans son habitat. Ils ont peut-être été utilisés pour se peindre le corps. Des perles, pendeloques, blocs de pierre décorés de cupules (La Ferrassie, Dordogne), os encochés ont également été retrouvés. Il collectionnait aussi des objets : fossiles et pierres aux formes curieuses.

L'art de mettre en terre

Mais le comportement social et symbolique le plus remarquable concerne l'enterrement de certains individus, souvent des enfants. On connaît plusieurs sépultures en Dordogne. À La Ferrassie, enfants et adultes furent par exemple placés dans des fosses. Dans l'un des abris du Moustier, un adolescent fut enterré. En Corrèze, un adulte a été mis en fosse dans la petite grotte de la Chapelle-aux-Saints. Souvent, les bras et les jambes des défunts étaient repliés.

Neandertal et Cro-Magnon vécurent-ils ensemble ?

Les Néandertaliens disparaissent entre 35 000 et 25 000 ans BP, laissant seul l'*Homo sapiens sapiens* comme représentant du genre *Homo* sur la Terre. Neandertal et Cro-Magnon sont donc 2 types humains distincts, issus d'un ancêtre commun (et donc cousins). Sur l'échelle du temps, ils ont coexisté pendant 10 millénaires environ, sur un vaste territoire qui s'étendait de l'Atlantique à l'Altaï (Sibérie), mais avaient un niveau d'évolution différent.

ET LA PRÉHISTOIRE ENTRA DANS L'HISTOIRE

La Madeleine devint le Magdalénien, le Moustier le Moustérien, la Micoque le Micoquien... Pas moins de 3 sites du Périgord ont donné leur nom à des périodes de la préhistoire. Ou comment de minuscules lieux acquirent une renommée mondiale.

Cro-Magnon, sa vie, son art

Originaires d'Afrique, les *Homo sapiens,* très semblables à nous, arrivent en Europe vers 40 000 ans BP. Ils peupleront le monde durant une trentaine de millénaires.
La présence de cet homme anatomiquement moderne est attestée par les restes fossilisés de son squelette. En 1868, on découvrit dans l'abri Cro-Magnon, aux Eyzies-de-Tayac, une sépulture de 5 individus dont le plus âgé avait une cinquantaine d'années. De haute stature (entre 1,60 et 1,80 m environ), il avait une capacité crânienne de 1 400 cm^3 en moyenne, un front bien développé et le menton formé.

Climat, faune, flore

Ces hommes vécurent pendant la dernière glaciation de Würm, qui dura de 75 000 à 10 000 av. J.-C. Le climat à cette époque était généralement froid et sec, avec une phase spécialement rude il y a environ 19 000 ans.
Le grand *inlandsis* (glacier) s'étendait du pôle Nord à la latitude de Londres, et les glaciers, d'extension variable selon les époques, se développaient sur les chaînes montagneuses. Le niveau marin était beaucoup plus bas qu'actuellement et les plates-formes continentales étaient libérées des eaux. La Manche et la mer du Nord n'existaient pas. Des variations climatiques régionales se faisaient sentir selon la latitude, l'altitude ou la distance à la mer. Ces changements climatiques, faisant alterner phase froide et phase tempérée, entraînèrent des modifications du paysage et de la faune. Du nord au sud, en bordure des glaciers, poussait la toundra, avec un sous-sol constamment gelé, à végétation de mousses, de lichens et de bouleaux nains. Ici vivaient les rennes et les bœufs

musqués. Au sud de la toundra se développait la taïga (ou steppe arbustive), composée de pins, d'aulnes et de bouleaux.
Dans un tel environnement, on trouvait des mammouths, des chevaux et des rhinocéros laineux ainsi que de petits animaux (lièvres blancs, perdrix...). Dans les régions méridionales, les forêts avaient comme principaux occupants les cerfs, les sangliers et des aurochs. En montagne, et dans les endroits escarpés, vivaient les chamois et les bouquetins. De nombreux carnivores hantaient ces régions (lions, hyènes, loups, lynx), sans compter les ours bruns et les ours des cavernes, qui se retiraient dans les grottes pour hiverner. Faune et flore se modifieront à partir du réchauffement humide, inaugurant la période géologique actuelle, l'Holocène, vers 10 000 ans BP.

Modes de vie

Ignorant l'élevage et l'agriculture, les principaux moyens de subsistance des hommes de cette époque reposaient pour une large part sur la chasse au renne, la pratique de la pêche et la cueillette de végétaux. Ils se nourrissaient essentiellement de baies : myrtilles, framboises, mûres, mais aussi de noisettes et de champignons. Les groupes, constitués d'une trentaine d'individus, se déplaçaient à l'intérieur d'un territoire en fonction des activités saisonnières : chasse, pêche, cueillette, collecte de coquillages pour la confection de parures ou encore recherche de matières premières comme le silex.
Les armes, de plus en plus perfectionnées, rendaient plus facile la collecte de la nourriture animale et végétale. Ainsi, les pointes de sagaies emmanchées dans des hampes de bois sont apparues à l'Aurignacien (vers 30 000 ans BP environ). Plus tard, le propulseur inventé au Solutréen (vers 19 000 ans BP), arme de jet (encore usité dans certaines peuplades actuelles), leur permettra de lancer la sagaie avec plus de précision et d'obtenir une force de pénétration plus importante. Les harpons inventés au Magdalénien (vers 13 000 ans BP) rendaient la pêche plus fructueuse.
Ces objets étaient souvent décorés. Décoration soignée pour les armes qui servaient longtemps (bâtons percés et propulseurs), plus sobre pour les pointes de sagaies par exemple, qui se brisaient souvent. La peau et la fourrure des animaux servaient non seulement à confectionner des vêtements (pantalons, blousons) et des chaussures (mocassins), mais aussi à recouvrir les tentes constituées de branchages, sous un abri rocheux comme à l'abri Pataud (Dordogne) ou sous le porche d'une grotte comme à Bédeilhac (Ariège). Le sol pouvait être pavé de pierres ou de galets comme au Plateau Parrain (Dordogne). En Europe orientale, à cause de la rareté du bois, l'ossature de l'habitation était constituée à partir de défenses de mammouths comme à Méziritch (Ukraine). Près de l'entrée ou au centre de la demeure, le feu était allumé sur le sol.

L'art paléolithique

Les grottes de Font-de-Gaume et des Combarelles (aux Eyzies-de-Tayac), ainsi que d'autres découvertes depuis 1895, ont permis la reconnaissance de l'art pariétal souterrain. La répartition des principaux sites d'art paléolithique (environ 300 grottes et abris ornés entre 32 000 et 8 000 ans av. J.-C.) ou rupestres (peintures réalisées sur rochers à l'air libre – un site en France et une dizaine connus en Espagne et au Portugal) montre d'une part la concentration de l'art pariétal (art réalisé sur des parois de grottes et d'abris) dans l'ouest de la France et dans les régions du littoral atlantique, et d'autre part la dispersion de l'art mobilier dans toute l'Europe. L'art a donc existé sous 2 formes principales : pariétale et mobilière (tout ce que l'on peut déplacer), auxquelles il faut ajouter la parure corporelle (bijoux en pendeloques de pierre, d'ivoire, d'os ou de bois de renne, dents d'animaux et coquillages).

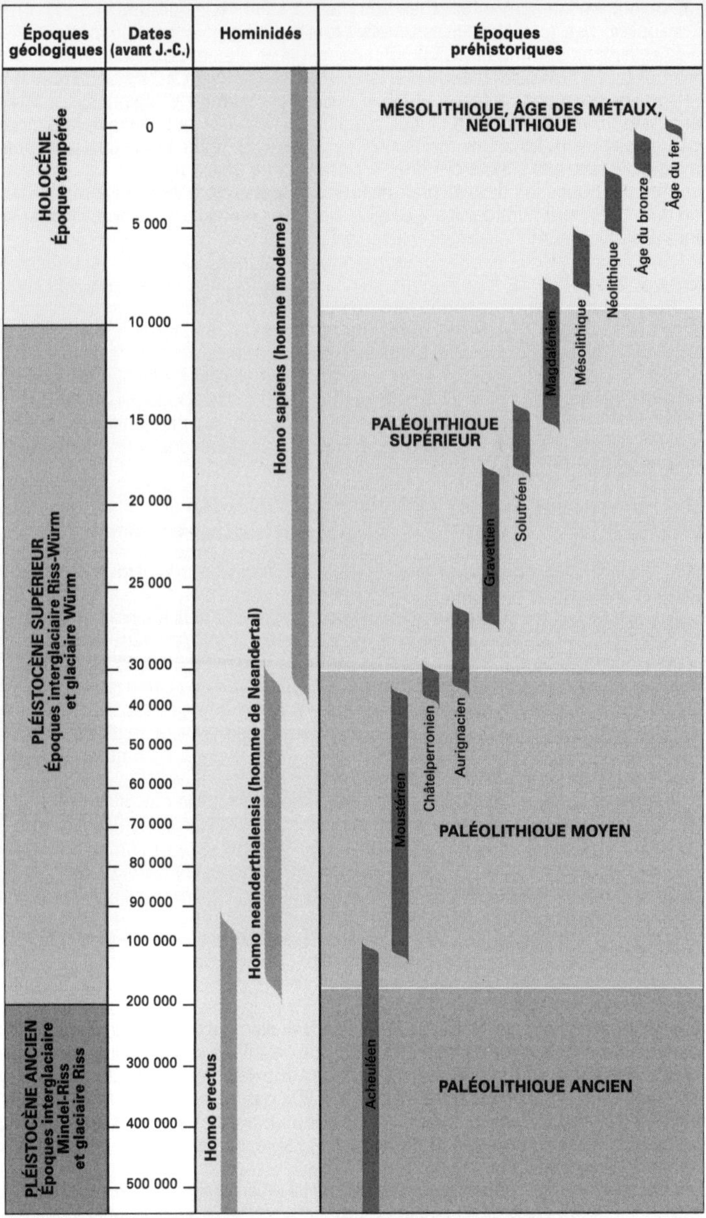

LES ÉPOQUES PRÉHISTORIQUES

Les objets se déplaçaient avec les hommes tandis que les grottes et abris ornés marquaient des territoires. Ces objets proviennent souvent des sépultures (les plus anciennes ont 100 000 ans) où certains corps étaient parés de colliers, bracelets, etc. Les représentations préhistoriques se réduisent à 2 catégories principales : figurative (les animaux et les humains) et abstraite (les signes). La 1re est largement dominée par les animaux avec une préférence pour les chevaux et les bisons. Les carnivores sont irrégulièrement figurés. La petite faune (oiseaux, poissons...) est presque évincée. Enfin, il n'y a jamais de paysage.
Les figures humaines, soumises à des déformations certainement d'ordre idéologique, sont moins fréquentes. Les animaux (sans respect des proportions) et les humains n'entretiennent aucun lien narratif.
Aux représentations animales, on doit ajouter les signes : plus petits, et beaucoup plus nombreux que les représentations figuratives, ils offrent des variations structurelles importantes. Il s'agit souvent de tracés élémentaires (points, traits, croix). L'ensemble de ces signes reste totalement énigmatique et personne, jusqu'à ce jour, n'a pu en percer le secret. L'absence de documents écrits et la diversité des cultures empêchent d'appliquer une signification unique à un même signe par exemple, attesté dans divers endroits du monde et à des époques différentes.
Enfin, il existe un lot réduit de figures fantastiques, des animaux impossibles à identifier et des tracés inorganisés qui ne décrivent ni un animal ni un signe construit.

Les grandes cultures du Paléolithique supérieur

C'est à partir des outils et armes en os, silex, ivoire et autres que furent distinguées les grandes cultures du Paléolithique supérieur en Europe entre 40 000 et 10 000 ans BP environ. L'art figuratif apparaît dans la plus ancienne civilisation de l'homme de Cro-Magnon en Europe. Il s'agit de l'***Aurignacien,*** qui s'étendit à toute l'Europe, de l'Oural aux Asturies, entre 38 000 et 26 000 ans BP environ.
La pénétration sous terre fut possible grâce à l'invention de l'éclairage portatif, les lampes, sans oublier les feux allumés au sol et l'utilisation de torches. C'est à cette époque que les artistes préhistoriques décorèrent les parois de la grotte Chauvet (Ardèche). En Allemagne, ils sculptèrent dans de l'ivoire de mammouth des figurines animales et humaines (à Vogelherd et à Hohlenstein-Stadel).
En Périgord, quelques habitats ont livré sur blocs et dalles calcaires des tracés gravés non figuratifs : alignements de cupules et de traits dans les abris Lartet et Blanchard, interprétés par certains chercheurs comme des systèmes de compte ou des calendriers. À l'exception de l'animal de Belcayre, les animaux sont traités de façon rudimentaire, contrairement aux représentations vulvaires féminines. D'autres évoquent plus des empreintes animales.
La culture gravettienne (28 000-21 000 ans BP), étendue à toute l'Europe, a livré un important art mobilier, caractérisé notamment par les statuettes féminines. La plupart ont une poitrine volumineuse, des fessiers exagérés et des ventres rebondis. D'autres ont un corps longiligne portant 2 seins lourds. En Dordogne, un cheval gravé sur un galet a été découvert dans l'abri Labattut. C'est également durant cette période que les grottes de Cussac (Dordogne) et de Pair-non-Pair (Gironde) ont été décorées.
La culture solutréenne, de courte durée (21 000-18 000 ans BP), se répand au sud de la Loire et à l'ouest du Rhône en France, des Pyrénées aux Cantabres, et le long du littoral levantin espagnol. En Dordogne, des sculptures monumentales sur blocs ont été élaborées au Fourneau-du-Diable, sur lesquels se détachent en bas-relief 3 aurochs.
Le Magdalénien (17 000-10 000 ans BP) fut la plus brillante des civilisations du Paléolithique supérieur. L'essentiel des œuvres mobilières et pariétales (sur des parois, rappel !) date d'ailleurs de la période magdalénienne. Les représentations animales (aurochs, chevaux) et les signes (quadrangulaires et motifs en traits-tirets) conçus à l'époque de Lascaux sont signalés dans la grotte de Villars, celle

de Gabillou et celle de la Mouthe (pas ouverte au public). Dans la phase moyenne du Magdalénien, on constate une multiplication des habitats dans toute l'Europe. L'art de la gravure, de la sculpture (également sur objets) et de la peinture sur les parois des grottes et abris atteint son apogée.

Les techniques d'exécution

Tous les moyens techniques (peinture, gravure, sculpture) ont été employés. La gravure (technique la plus utilisée et parfois étroitement associée à la peinture comme à Lascaux), fine, large ou profonde, était obtenue avec une pointe de silex. Parfois les tracés sont exécutés au doigt dans l'argile molle, comme à Rouffignac. La peinture (le plus souvent monochrome, exceptionnellement bichrome et rarement polychrome) est obtenue avec des minéraux naturels (ocre rouge, marron ou jaune des argiles, bioxyde de manganèse), plus rarement avec du charbon de bois. Les colorants utilisés à sec ou mélangés à un liant (eau calcaire, graisse animale) pouvaient être appliqués au doigt, à l'aide d'un pinceau fait de fibres végétales, de crins, ou bien à l'aide d'un tampon comme à Lascaux.
La sculpture, inconnue en grotte, consiste à dégager les contours du sujet pour qu'il apparaisse en relief. Cette technique a été pratiquée dans quelques abris comme à Cap-Blanc (Dordogne) ou Angles-sur-l'Anglin (Vienne). Le modelage de l'argile est rare à cette époque.

Les techniques graphiques

Les représentations animales et humaines, exprimées dans des styles différents selon les cultures et les régions, utilisent régulièrement les reliefs naturels des parois. Et cela en dit long sur le souci esthétique des artistes. Ils utilisaient la forme de la paroi rocheuse pour mettre en relief la bosse d'un dos, la courbe d'une patte, le tracé d'une corne, ce qui est assez subjuguant quand on y pense. Ces figures peuvent être complètes ou partiellement exécutées. Si la figuration de face a été pratiquée à plusieurs reprises pour les humains, les animaux sont, quant à eux, presque toujours de profil, avec utilisation de la perspective, technique qui ne resurgira en peinture qu'à la Renaissance italienne ! Ils sont très rarement vus de face, comme le cheval gravé dans le Diverticule des félins de Lascaux.

Interprétations de l'art paléolithique

D'une culture à l'autre, d'une région à l'autre et d'une grotte à l'autre, s'opèrent des choix symboliques différents. Les peintres de Lascaux dessinaient des cerfs, des chevaux, des aurochs et des signes quadrangulaires, tandis que, 2 000 ans plus tard, les parois de la grotte de Font-de-Gaume seront décorées de bisons, de mammouths, de rennes, réalisés dans un style différent et accompagnés de signes tectiformes (en forme de toit). L'existence de signes complexes communs à un ensemble de grottes traduit certainement des contacts interethniques, à l'occasion d'activités saisonnières (pêche, cueillette et approvisionnement en matières premières comme le silex). Le partage, la diffusion et les échanges de symboles devaient également s'envisager sous l'angle de relations sociales privilégiées. Mais les contacts intergrottes n'ont pas eu d'influences décisives, au point d'engendrer 2 grottes identiques. En créant des grottes originales, les hommes de Cro-Magnon se distinguaient les uns des autres par des croyances et des mythes sans cesse différents.

Où le mystère reste entier...

Les spécialistes, scientifiques et grands prêtres de la préhistoire restent modestes et humbles quant à l'art pariétal préhistorique. S'ils savent le comment et qui, la principale question reste en suspens : pourquoi ? Tentons de nous plonger, même vainement, dans la tête d'un homme préhistorique (on sait, c'est un peu ridicule !). Qu'est-ce qui peut bien expliquer le fait que ces hommes aient eu l'envie de se faufiler dans des endroits improbables, avec un éclairage approximatif, au fin fond d'un étroit boyau rocheux pour dessiner, en des traits si justes et habiles, d'incroyables bestiaires ? Avec une telle réalité, et d'un 1er coup de pinceau ! Mystère. Mystère absolu, et c'est sans doute cela aussi qui fascine. Comme le disait l'un de nos guides au fond d'une grotte : « On entre dans une grotte avec quelques certitudes, on en ressort la tête farcie de questions sans réponses ! »

SITES INSCRITS AU PATRIMOINE MONDIAL DE L'UNESCO

Pour figurer sur la liste du Patrimoine mondial, les sites doivent avoir une valeur universelle exceptionnelle et satisfaire à un moins un des 10 critères de sélection. La protection, la gestion, l'authenticité et l'intégrité des biens sont également des considérations importantes.
Le patrimoine est l'héritage du passé dont nous profitons aujourd'hui et que nous transmettons aux générations à venir. Nos patrimoines culturel et naturel sont 2 sources irremplaçables de vie et d'inspiration. Ces sites appartiennent à tous les peuples du monde, sans tenir compte du territoire sur lequel ils sont situés. Pour plus d'informations : ● *whc.unesco.org* ●
– Pour le guide *Dordogne-Périgord* sont concernés ***la cathédrale Saint-Front à Périgueux, l'église Saint-Avit et l'église abbatiale du Buisson-de-Cadouin,*** au titre des chemins de Saint-Jacques-de-Compostelle, et ***15 sites préhistoriques et grottes ornées de la vallée de la Vézère*** (1979), notamment la grotte de Lascaux, l'abri de Cap-Blanc, le village troglodytique de La Madeleine, la grotte de Font-de-Gaume, la grotte des Combarelles, la grotte du Grand-Roc, l'abri préhistorique de Laugerie-Basse, le gisement de Laugerie-Haute, l'abri du Poisson, la grotte du Sorcier...

TRUFFE (OU DIAMANT NOIR)

C'est aujourd'hui le chien qui cherche le fameux champignon, pour le plaisir (et la bonne fortune) de son maître. Les « diamants noirs » sont devenus si rares et si chers qu'il vaut mieux ne pas se tromper. Le Périgord est un des centres truffiers les plus riches de France avec le Comtat Venaissin (et le Quercy, *of course !*). La période de ramassage s'étend de décembre à fin février. La reine des truffes, la *Tuber melanosporum,* la *mélano* pour les intimes, bien plus goûteuse et onéreuse que sa plus fade cousine la brumale, est d'ailleurs appelée communément « truffe du Périgord ». Pas moins de 11 confréries hautes en couleur veillent à la transmission des savoir-faire et au respect des produits authentiques. La lecture du génome de la truffe noire par l'INRA devrait par ailleurs limiter les fraudes à la truffe noire, les marqueurs génétiques permettant désormais de déterminer la véritable truffe du Périgord !

« HISTOIRE COCHONNE »

À la cour de François Ier déjà, on prêtait à la truffe des vertus aphrodisiaques... Bon, rien n'est prouvé, mais des études ont révélé que le champignon contient des substances chimiques qui évoquent les hormones sexuelles du porc ! Ce qui expliquerait qu'on utilise la truie pour la recherche des truffes. Ces mêmes substances sont présentes chez l'homme, malheureusement en petite quantité... C'est son côté cochon.

Des prix qu'on se chuchote à l'oreille

Au début de l'hiver et jusqu'à fin février-début mars, elles apparaissent sur les marchés de la région. Des marchés hebdomadaires au détail pour les particuliers se sont structurés à Sainte-Alvère le lundi, à Excideuil, Terrasson et Saint-Astier le jeudi, à Brantôme et Ribérac le vendredi, à Bergerac, Périgueux et Sarlat le samedi, à Saint-Geniès, Thiviers et Sorges le dimanche. Il est préférable d'opter pour ces marchés afin d'acheter les yeux fermés des champignons triés par catégories, brossés, lavés, ressuyés et « canifés » pour dévoiler l'intérieur. Au prix auquel se négocient les truffes (de 700 à 1 000 € le kilo en moyenne au détail), il vaut mieux ne pas acheter de la terre ou de la brumale, et se laisser guider par les conseils des trufficulteurs. Sarlat affiche également des ambitions dans le négoce professionnel et lance un marché au gros le mercredi après-midi pour les professionnels, unique en Périgord.

LE CHIEN TRUFFIER, APPRENTISSAGE

La plupart des chiens peuvent dénicher des truffes (le cavage), même si certaines races sont meilleures que d'autres. Un bon système consiste à badigeonner les mamelles de la mère avec une truffe. En tétant son lait, le chiot associe l'odeur de la truffe a un bon souvenir...

De quoi fournir des débouchés aux futures récoltes et retrouver les lustres d'antan, de la période d'avant le phylloxéra, les guerres et les exodes ruraux qui ont vidé les campagnes et déserté les truffières sauvages. Aujourd'hui, la Dordogne est le département français qui plante le plus de plants mycorhizés (plants de chênes ou de noisetiers dont les racines sont ensemencées), avec environ 100 ha chaque année.
De plus, la Fédération des trufficulteurs de Dordogne a créé en 2011 une société baptisée *Périgord Uni Truffes.* Son but ? Réguler le cours du diamant noir sur l'année et mieux gérer la production en la commercialisant sous 3 formes différentes. En effet, l'écoulement se fait beaucoup plus difficile à certaines périodes, après Noël par exemple. L'objectif est donc de conserver les truffes sous vide, en conserve ou congelées, pour mieux répartir les ventes sur l'année et éviter la chute des cours. Désormais, on peut aussi acheter des truffes en ligne sur le site • *auxtruffesduperigord.com* • Fraîches en saison, en conserve sinon. Un regroupement de petits producteurs qui a fait parler de lui.

Ne pas se faire prendre pour une truffe !

Mais les conserveries et les restaurateurs ont pris l'habitude de fourrer des truffes partout. C'est le plus souvent, hélas, un simple prétexte pour saler les prix : la qualité n'est pas au rendez-vous (il y a truffe et truffe), les dosages sont homéopathiques et les parfums évanescents. Optez donc résolument pour la truffe fraîche ou une très bonne conserve artisanale (1re ébullition), et de préférence dans les apprêts simples : en salade, avec des pommes de terre, des pâtes, des œufs brouillés ou en omelette, à la croque-au-sel ou sous la cendre. Et n'oubliez pas, il suffit d'une dizaine de grammes par personne pour se régaler !

VINS ET ALCOOLS

Ici, les hommes produisent du vin depuis plus de 2 000 ans et si le Bergeracois a su traverser les siècles dans la continuité, le sud-est du département renoue désormais tout entier avec les traditions d'un passé œnologique presque oublié au début du siècle dernier. Des vins pleins de charme et souvent à prix raisonnables !

Le vignoble de Bergerac

Voici 13 000 ha répartis sur 90 communes et pas moins de 13 appellations d'origine contrôlée (AOC) : sur les terrasses de graviers et d'alluvions jusqu'aux coteaux argilo-calcaires très ensoleillés qui surplombent la rivière Dordogne, les vignes ont donné leur nom au Périgord pourpre. « Authentiques, ronds et bouquetés, les vins de la région de Bergerac viennent déclamer aux papilles leurs tirades inspirées », aurait pu dire Cyrano. Rouge ou rosé, blanc sec, moelleux ou liquoreux, ils offrent la promesse de l'alchimie des cépages qui les composent. Petit état des lieux.

Prédominance de sauvignon, sémillon et muscadelle pour les blancs secs de ***Montravel*** (prononcer « monravel » – sans le t) et de ***Bergerac*** ; même tierce mais prédilection au sémillon pour la robe dorée du moelleux des ***côtes-de-bergerac.*** Même chose pour la complexité aromatique des ***côtes-de-montravel,*** ainsi que l'élégance de la *rosette* et le bouquet si particulier conféré au liquoreux de ***Monbazillac*** par la « pourriture noble ».

Récolté aux limites de la surmaturation, le ***saussignac*** reprend quant à lui des gammes de base identique (sémillon, sauvignon et muscadelle), assemblées à l'ondenc et au chenin blanc. Souples et fruités, les ***bergeracs rouges*** se partagent entre les cépages dits « nobles » (cabernet, sauvignon, merlot) et des cépages plus traditionnels (côt, fer, mérille). Enfin, souvent comparé au saint-émilion, le ***pécharmant,*** un rouge qu'on cultive sur 300 ha. C'est un nectar corsé et généreux qui n'acquiert toutes ses qualités qu'après une certaine garde.

Les vins du Périgord noir

Servi dit-on en d'autres temps à la cour du roi, le ***vin de Domme,*** situé sur les coteaux de la vallée du Céou, était autrefois exporté via Bordeaux dans le monde entier. Cent ans après sa disparition et avec la construction d'un chai en 1998, il revient sur le devant de la scène avec plusieurs médailles au concours général de Paris. Aujourd'hui, 3 vins de pays – 2 rouges et un rosé – issus de 20 ha de vignobles, composés à partir de merlot et de cabernet franc, mûrissent à Moncalou : le ***florimont,*** le rosé, le ***tradition*** et le ***périgord noir,*** tous présents au restaurant de l'Assemblée nationale.

Autre résurrection sur les coteaux de Saint-Cyprien, au domaine de la ***Voie blanche,*** avec le pari d'une conduite viticole convertie à l'agriculture biologique. Là, cabernet, mansois (ou fer servadou) et merlot laissent espérer la naissance d'un vin rouge bien particulier, pour peu que l'on soit patient : les 1res vendanges ne remontent qu'à l'automne 2008.

D'autres vins des pays du Périgord tentent d'émerger sur le marché, notamment à ***Limeuil.***

Alcools et liqueurs

Au-delà de ses vignes, le Périgord peut également compter sur les saveurs légendaires sorties des distilleries du département. On y retrouve toute la palette des fruits de l'année, mais surtout quelques spécialités endémiques, à l'image par exemple du ***vin de noix,*** de la ***liqueur de châtaigne,*** de l'***apéritif à la truffe*** et – plus surprenant – du ***pastis de Sarlat...*** Allez savoir ce qu'on en pense du côté de Marseille !

PETITS TRUCS ET ASTUCES POUR ÉVITER LES ABUS ET MAUVAISES SURPRISES

Un routard informé en vaut 2 ! Pour éviter les désagréments en tous genres, il est bon de les connaître. Voici un petit vade-mecum destiné à parer aux coûts et aux coups de bambous.

Bien sûr, nos enquêteurs veillent au grain, et les établissements qui ne répondent plus à nos critères ou abusent sont vite supprimés de nos guides. La réciproque est aussi valable. N'oublions pas que les hôteliers et restaurateurs font un métier difficile. S'ils se doivent de toujours garder le sourire, nous nous devons de les respecter en n'arrivant pas chez eux en terrain conquis.

À L'HÔTEL

1 – Arrhes ou acompte ? : au moment de réserver votre chambre par téléphone – par précaution, toujours confirmer par écrit (ou mail) –, il n'est pas rare que l'hôtelier vous demande de verser à l'avance une certaine somme, celle-ci faisant office de garantie. Il est d'usage de parler d'arrhes (et non d'acompte). Légalement, aucune règle n'en précise le montant. Toutefois, ne versez que des arrhes raisonnables : 25 à 30 % du prix total, sachant qu'***il s'agit d'un engagement définitif sur la réservation*** de la chambre. Cette somme ne pourra donc pas être remboursée en cas d'annulation de la réservation, sauf cas de force majeure qu'il vous faudra justifier (maladie ou accident) ou en accord avec l'hôtelier si l'annulation est faite dans des délais jugés raisonnables. Si, au contraire, l'annulation est le fait de l'hôtelier, il doit vous rembourser le double des arrhes versées. Si vous avez réservé une chambre (sans avoir rien versé) et que vous avez un empêchement, ***passez un coup de téléphone pour annuler,*** c'est la moindre des politesses.

2 – Subordination de vente : les hôteliers ont interdiction de pratiquer la subordination de vente. C'est-à-dire qu'***ils ne peuvent pas vous obliger à réserver plusieurs nuits d'hôtel si vous n'en souhaitez qu'une.*** Dans le même ordre d'idées, on ne peut vous obliger à prendre votre petit déjeuner ou vos repas dans l'hôtel ; ce principe, illégal, est cependant toléré en pratique, surtout en haute saison, dans les zones touristiques, où la demande est bien plus importante que l'offre !

3 – Les réservations en ligne : elles se sont généralisées. Mais voilà, si les centrales de réservation en ligne sont devenues incontournables, elles ne garantissent pas systématiquement de meilleurs prix qu'en direct. En outre, les promesses ne sont pas toujours tenues et l'on constate parfois des dérives, telles que promos bidons, descriptifs exagérés, avis d'internautes truqués... Les hôteliers s'estiment souvent étranglés par les commissions abusives prélevées au passage. ***N'hésitez pas à réserver directement auprès de l'hôtel.*** Aujourd'hui, la plupart alignent leurs prix sur ceux des sites commerciaux. Autre avantage, vous pouvez préciser le type de chambre souhaité (sur rue, sur jardin) et obtenir des renseignements fiables sur l'établissement.

4 – Responsabilité en cas de vol : un hôtelier ne peut en aucun cas dégager sa responsabilité pour des objets volés dans la chambre d'un de ses clients, même si ces objets n'ont pas été mis au coffre. En d'autres termes, les éventuels panonceaux dégageant la responsabilité de l'hôtelier n'ont aucun fondement juridique.

AU RESTO

1 – Les prix : ils sont libres, mais ***l'affichage est obligatoire*** à l'extérieur de l'établissement, de manière visible. Tous les menus doivent être affichés, même le moins cher. Ils doivent être identiques à ceux que l'on vous présente à l'intérieur.

2 – Formule ou menu ? Généralement, la formule est une proposition écourtée comprenant entrée + plat ou plat + dessert. Avec parfois un verre de vin et/ou le café. De fait, elle est moins chère que le menu, en principe complet (entrée + plat + dessert). Très souvent, les formules et les 1ers menus (les moins chers) ne sont ***servis qu'en semaine et/ou seulement au déjeuner,*** et plus rarement avant certaines heures (12h30 et 20h environ). C'est parfaitement légal, à condition toujours que ce soit clairement indiqué sur le panneau extérieur et sur le menu que l'on vous présente une fois installé. Il arrive qu'il disparaisse comme par enchantement (humm, mauvais signe…). Demandez-les, ça ne mange pas de pain.

3 – Attention aux suppléments. Certains menus imposent 3 suppléments pour 5 plats proposés. Cherchez l'erreur !

4 – Le « fait maison » : depuis que la législation existe, pour parer au sous-vide et tout congelé, et parallèlement valoriser le travail de restaurateurs scrupuleux, le « fait maison » (logo d'une casserole surmontée d'un toit de maison avec cheminée) apparaît comme un faire-valoir évident et rassurant. Même s'il ne garantit pas le 100 % maison (la loi est un peu tordue, et il n'y a pas de contrôle), ni la qualité du chef ! Cela dit, ***c'est un bon début.***

5 – La carte en dit long ! Voici, foi d'enquêteur, quelques trucs très simples pour analyser un menu : tout d'abord la ***brièveté de la carte*** est un bon gage de fraîcheur ; quand les produits sont locaux et de saison, c'est encore mieux ! On peut aussi questionner le serveur. Sa franchise (ou son embarras) vous en dira long. Autre indice : si la carte n'est composée que de plats passe-partout dont certains peuvent nécessiter des cuissons très longues (parmentier de canard, suprêmes de volaille en sauce, souris d'agneau, bourguignon...), ce n'est pas forcément bon signe, surtout s'ils sont servis trop rapidement. Même topo avec les desserts bistrotiers type tarte Tatin, mi-cuit ou mousse au chocolat, crème brûlée, panna cotta, tiramisù qui sortent soit du congélateur, soit d'une brique ! Tout comme les mignardises qui accompagnent le café gourmand souvent surfacturé, insipide… et certainement pas « maison ». Un bon chef n'est pas forcément un bon pâtissier. Et il a rarement le temps de préparer 36 desserts ! Enfin, en dehors des zones côtières, on évite les poissons et fruits de mer le lundi… les livraisons ayant rarement lieu le week-end !

6 – Commande jugée insuffisante : sachez qu'il est illégal de pousser le client à la consommation.

7 – *Doggy bag* : la lutte anti-gaspi a du bon ! Si la pratique du *doggy bag* est déjà bien répandue dans certains pays, en France on a longtemps traîné la patte. À partir de juillet 2021, les restaurateurs seront dans l'obligation de proposer à leurs clients ce qu'ils auront laissé dans leur assiette. Dans les faits, certains le pratiquent déjà. Alors, n'hésitez pas à le demander, même si cela n'est pas (encore) dans nos habitudes culturelles.

8 – Eau : une carafe d'***eau du robinet*** est ***gratuite*** à condition qu'elle accompagne un repas. On ne peut pas vous la refuser, sauf si elle est jugée impropre à la consommation par décret. Dans certains restos, on vous l'apporte d'office en guise de bienvenue. Un vrai bon point ! La bouteille d'***eau minérale*** doit, quant à elle, comme le vin, être ouverte devant vous. L'arnaque consiste parfois à proposer d'emblée une eau minérale, facturée au prix fort. À la question du serveur : « … et pour l'eau, plate ou gazeuse ? », vous pouvez répondre : « une carafe, s'il vous plaît ».

9 – Vins (et autres alcools) : la marge la plus importante des restaurateurs ! Et certains en abusent… Au-delà de 2 verres (gare aux prix exorbitants), il peut être plus intéressant de commander une bouteille, quitte à l'emporter en fin de repas si elle n'est pas terminée. Sinon, ne pas hésiter à demander un ***petit vin de pays en pichet,*** l'occasion de découvrir ainsi des petites cuvées locales et bon marché.

les ROUTARDS sur la FRANCE 2021-2022

(dates de parution sur • *routard.com* •)

Découpage de la FRANCE par le ROUTARD

Autres guides sur la France

- Nos meilleurs campings en France
- Nos meilleures chambres d'hôtes en France

Autres guides sur Paris

- Paris
- Paris balades
- Restos et bistrots de Paris
- Le Routard des amoureux à Paris
- Week-ends autour de Paris

Le Routard à vélo

- EuroVelo6
- La Bourgogne du Sud à vélo
- La Flow Vélo
- La Loire à Vélo
- La Vélodyssée (Roscoff-Hendaye)
- Le Canal des 2 mers à vélo
- Paris Île-de-France à vélo
- ViaRhôna
- Les plus belles escapades à Vélo en France

les ROUTARDS sur l'ÉTRANGER 2021-2022

(dates de parution sur • **routard.com** •)

Découpage de l'ESPAGNE par le ROUTARD

Découpage de l'ITALIE par le ROUTARD

Autres pays européens

- Allemagne
- Angleterre, Pays de Galles
- Autriche
- Belgique
- Bulgarie
- Crète
- Croatie
- Danemark, Suède
- Écosse
- Finlande
- Grèce continentale
- Hongrie
- Îles grecques et Athènes
- Irlande
- Islande
- Madère
- Malte
- Norvège
- Pays baltes : Tallinn, Riga, Vilnius
- Pologne
- Portugal
- République tchèque, Slovaquie
- Roumanie
- Suisse

Villes européennes

- Amsterdam
- Berlin
- Bruxelles
- Budapest
- Copenhague
- Dublin
- Lisbonne
- Londres
- Moscou
- Naples
- Porto
- Prague
- Saint-Pétersbourg
- Stockholm
- Vienne

les ROUTARDS sur l'ÉTRANGER 2021-2022

(dates de parution sur • *routard.com* •)

Découpage des ÉTATS-UNIS par le ROUTARD

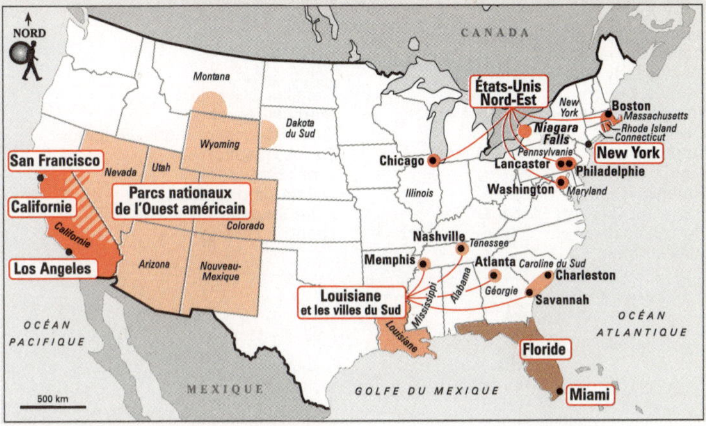

Autres pays d'Amérique

- Argentine
- Brésil
- Canada Ouest
- Chili et île de Pâques
- Colombie
- Costa Rica
- Équateur et les îles Galápagos
- Guatemala, Belize
- Mexique
- Montréal
- Pérou, Bolivie
- Québec et Ontario

Asie et Océanie

- Australie côtes est et nord + Red Centre
- Bali, Lombok
- Bangkok
- Birmanie (Myanmar)
- Cambodge, Laos
- Chine
- Hong Kong, Macao, Canton
- Inde du Nord
- Inde du Sud
- Israël et Palestine
- Istanbul
- Jordanie
- Malaisie, Singapour
- Népal
- Shanghai
- Sri Lanka (Ceylan)
- Thaïlande
- Tokyo, Kyoto et environs
- Turquie
- Vietnam

Afrique

- Afrique du Sud
- Égypte
- Kenya, Tanzanie et Zanzibar
- Maroc
- Marrakech
- Sénégal
- Tunisie

Îles Caraïbes et océan Indien

- Cuba
- Guadeloupe, Saint-Martin, Saint-Barth
- Île Maurice, Rodrigues
- Madagascar
- Martinique
- République dominicaine (Saint-Domingue)
- Réunion

Guides de conversation

- Allemand
- Anglais
- Arabe du Maghreb
- Arabe du Proche-Orient
- Chinois
- Croate
- Espagnol
- Grec
- Italien
- Japonais
- Portugais
- Russe
- G'palémo (conversation par l'image)

Livres-photos/Livres-cadeaux

- La France de Stéphane Bern (**nouveauté**)
- Voyages
- Voyages : États-Unis
- Voyages : France
- Voyages : Italie
- Road Trips Monde
- Road Trips en France (**nouveauté**)
- 120 coins secrets en Europe
- 50 voyages à faire dans sa vie
- 1 200 coups de cœur dans le monde
- 1 200 coups de cœur en France
- 52 week-ends dans les plus belles villes d'Europe
- 52 week-ends coups de cœur en France
- 52 escapades nature en France (**nouveauté**)
- Cahier de vacances du Routard

Nous tenons à remercier tout particulièrement Loup-Maëlle Besançon, Thierry Bessou, Gérard Bouchu, François Chauvin, Grégory Dalex, Fabrice Doumergue, Cédric Fischer, Carole Fouque, Nicolas George, Michelle Georget, David Giason, Claude Hervé-Bazin, Emmanuel Juste, Dimitri Lefèvre, Fabrice de Lestang, Romain Meynier, Éric Milet, Pierre Mitrano, Jean-Sébastien Petitdemange, Thomas Rivallain et Jean Tiffon pour leur collaboration régulière.

Brice Andlauer
Jean-Jacques Bordier-Chêne
Agnès Debiage
Coralie Delvigne
Jérôme Denoix
Tovi et Ahmet Diler
Clélie Dudon
Sophie Duval
Alain Fisch
Bérénice Glanger
Adrien et Clément Gloaguen
Sébastien Jauffret
Alexia Kaffès
Augustin Langlade
Jacques Lemoine
Aline Morand
Louis Nagot
Caroline Ollion
Martine Partrat
Odile Paugam et Didier Jehanno
Céline Ruaux
Prakit Saiporn
Nejma Tahri Hassani
Alice Tonasso
Caroline Vallano

Direction : Sidonie Chollet
Direction éditoriale : Élise Ernest
Édition : Matthieu Devaux, Olga Krokhina, Gia-Quy Tran, Julie Dupré, Emmanuelle Michon, Pauline Janssens, Amélie Ramond, Margaux Lefebvre, Julie Wood, Ionah Vasseur et Anne Le Marois
Ont également collaboré : Brigitte de Vaulx, Pauline Margain et Moca Poposka
Cartographie : Frédéric Clémençon et Aurélie Huot
Contrôle de gestion : Jérôme Boulingre et Yannis Villeneuve
Secrétariat : Catherine Maîtrepierre
Fabrication : Nathalie Lautout et Audrey Detournay
Relations presse : COM'PROD, Fred Papet. ☎ 01-70-69-04-69.
• *info@comprod.fr* •, Martine Levens (Belgique) et Maureen Browne (Suisse)
Illustration : Anne-Sophie de Précourt
Direction marketing : Stéphanie Parisot, Élodie Darty et Charlotte Brou
Couverture : le-bureau-des-affaires-graphiques.com
Silhouette du Routard : Clément Gloaguen (d'après Solé)
Maquette intérieure : le-bureau-des-affaires-graphiques.com, Thibault Reumaux et npeg.fr
Contact Partenariats : Jérôme Denoix • *jeromedenoix@gmail.com* •
Contact Partenariats et régie publicitaire : Florence Brunel-Jars
• *fbrunel@hachette-livre.fr* •

INDEX GÉNÉRAL

LISTE DES CARTES ET PLANS

UNE PANDÉMIE INOUÏE !

Depuis toujours, ***Le Routard*** **se plaît à dénicher hôteliers et restaurateurs** qui accueillent nos lecteurs avec sourire et professionnalisme. Malgré toute notre vigilance, certains d'entre eux auront malheureusement fermé quand ce livre sortira. De même, les horaires et modalités d'accueil de certains sites et musées auront été momentanément modifiés. Cette terrible **pandémie de Coronavirus** a, on le sait, des conséquences importantes pour tous les professionnels du tourisme. **Nous sommes de tout cœur avec eux !**

Remarque importante aux hôteliers et restaurateurs

Les enquêteurs du *Routard* travaillent dans le plus strict anonymat. Aucune réduction, aucun avantage quelconque, aucune rétribution n'est jamais demandé en contrepartie. Face aux aigrefins, la loi autorise les hôteliers et restaurateurs à porter plainte.

Avis aux lecteurs

Le Routard, ce n'est pas comme le bon vin, il vieillit mal. On ne veut pas pousser à la consommation, mais évitez de partir avec une édition ancienne. Les modifications sont souvent importantes.

Les réductions accordées à nos lecteurs ne sont jamais demandées par nos rédacteurs afin de préserver leur indépendance. Les hôteliers et restaurateurs sont sollicités par une société de mailing, totalement indépendante de la rédaction, qui reste donc libre de ses choix. De même pour les autocollants et plaques émaillées.

Avec routard.com, choisissez, organisez, réservez et partagez vos voyages !

✓ Rejoignez la plus grande communauté francophone de voyageurs : **plusieurs millions d'internautes.**

✓ Échangez avec les routarnautes : forums, photos, avis d'hôtels.

✓ Retrouvez aussi toutes les informations actualisées pour choisir et préparer vos voyages : près de 300 guides destinations, une centaine de dossiers pratiques et un magazine en ligne pour découvrir tous les secrets de votre destination.

✓ Enfin, comparez les offres pour organiser et réserver votre voyage au meilleur prix.

Les **Routards** *parlent aux* **Routards**

Faites-nous part de vos expériences, de vos découvertes, de vos tuyaux et de vos coups de cœur. Aidez-nous à remettre l'ouvrage à jour. Indiquez-nous les renseignements périmés. Faites profiter les autres de vos adresses nouvelles, combines géniales... On adresse un exemplaire gratuit de la prochaine édition à ceux qui nous envoient les meilleurs courriers, pour la qualité et la pertinence des informations.
Quelques conseils cependant:
– Envoyez-nous votre courrier le plus tôt possible afin que l'on puisse insérer vos tuyaux sur la prochaine édition.
– N'oubliez pas de préciser l'ouvrage que vous désirez recevoir, ainsi que votre adresse postale.
– Vérifiez que vos remarques concernent l'édition en cours et notez les pages du guide concernées par vos observations.
– Quand vous indiquez des hôtels ou des restaurants, pensez à signaler leur adresse précise et, pour les grandes villes, les moyens de transport pour y aller. Si vous le pouvez, joignez la carte de visite de l'hôtel ou du resto décrit.
En tout état de cause, merci pour vos nombreux mails.

122, rue du Moulin-des-Prés, 75013 Paris

• guide@routard.com • routard.com •

Routard Assurance *2021*

Enrichie au fil des années par les retours des lecteurs, *Routard Assurance* reste l'assurance voyage référence des globe-trotters. Tout y est inclus, même la Covid : frais médicaux, assistance rapatriement, bagages, responsabilité civile... Avant votre départ, appelez *AVI* pour un conseil personnalisé. Besoin d'une attestation Covid, d'un avis médical, d'une prise en charge dans un hôpital ? Téléchargez l'appli mobile *AVI International* pour garder le contact avec *AVI Assistance* et disposer d'un vaste réseau médical à travers le monde. *AVI Assistance* est disponible 24h/24 pour une réponse en temps réel. De simples frais de santé en voyage ? Envoyez les factures à *AVI* dès votre retour, ils vous remboursent sous une semaine. *Le Colisée Gardens, 10 avenue de l'Arche, CS 70126, 92419 Courbevoie Cedex. ☎ 01-44-63-51-00. • avi-international.com • Ⓜ La Défense.*

Édité par Hachette Livre (58, rue Jean-Bleuzen, CS 70007, 92178 Vanves Cedex, France)
Photocomposé par Jouve (1, rue du Docteur Sauvé, 53100 Mayenne, France)
Imprimé par Lego SPA Plant (via Galileo Galilei, 11, 38015 Lavis, Italie)
Achevé d'imprimer en mars 2021
Collection n° 15 - Édition n° 01
47/3133/3
I.S.B.N. 978-2-01-787137-8
Dépôt légal : mars 2021

PAPIER À BASE DE FIBRES CERTIFIÉES